U0826045

為整体构建素质教育发展体系题

弘道養正風骨健
立德樹人浩氣長

己亥春月 柳斌

教育部原副部长柳斌题词

五育并举全面发展
立德树人融贯其中

己亥年季秋詹万生题

教育部中国教育科学研究院詹万生题词

整体构建中国素质教育发展体系

ZHENGTI GOUJIAN ZHONGGUO SUZHI JIAOYU FAZHAN TIXI

詹万生　刘　波　编　著

北京师范大学出版集团
BEIJING NORMAL UNIVERSITY PUBLISHING GROUP
北京师范大学出版社

图书在版编目(CIP)数据

整体构建中国素质教育发展体系 / 詹万生，刘波编著. —北京：北京师范大学出版社，2020.1
ISBN 978-7-303-25188-9

Ⅰ.①整… Ⅱ.①詹… ②刘… Ⅲ.①素质教育—教育体系—研究—中国 Ⅳ.①G40—012

中国版本图书馆 CIP 数据核字(2019)第 221287 号

营销中心电话 010-58802181 010-58805532
北师大出版社职业教育与教师教育分社网 http://zjfs.bnup.com
电子信箱 zhijiao@bnupg.com

出版发行：北京师范大学出版社 www.bnup.com
北京市西城区新街口外大街 12-3 号
邮政编码：100088
印　　刷：天津旭非印刷有限公司
经　　销：全国新华书店
开　　本：787 mm×1092 mm 1/16
印　　张：21
字　　数：435 千字
版　　次：2020 年 1 月第 1 版
印　　次：2020 年 1 月第 1 次印刷
定　　价：59.00 元

策划编辑：冯谦益　　责任编辑：姚贵平 冯谦益
美术编辑：焦 丽　　装帧设计：焦 丽
责任校对：包冀萌　　责任印制：陈 涛

版权所有 侵权必究

反盗版、侵权举报电话：010-58800697
北京读者服务部电话：010-58808104
外埠邮购电话：010-58808083
本书如有印装质量问题，请与印制管理部联系调换。
印制管理部电话：010-58808284

《整体构建中国素质教育发展体系》

编委会

主　编： 詹万生　刘　波

副主编： 刘世保　任振焦　张宏伟

编　委：（以拼音顺序）

冯铁山　符运杰　花冬梅　黄　葱

季铁军　李培东　刘　昊　刘　浩

刘世保　孙　玮　王昱崴　郁树廷

詹　栋　张翠苹　张国建　张宏伟

邹为民

序 一

2017 年 10 月，党的十九大报告郑重提出“发展素质教育”的号召，令人振奋，发人深思。素质教育自 20 世纪 80 年代中期提出以来，在教育界引起了前所未有的反响。经过长达八年(自 1985 年至 1993 年)的酝酿与自由讨论，并接着进行了长达五年(自 1994 年至 1998 年)的开创性实验探索之后，素质教育逐步为广大家长、教师、教育工作者所接受。1999 年第三次全国教育工作会议后，中共中央国务院郑重颁布了《深化教育改革 全面推进素质教育的决定》；2018 年修订的《中华人民共和国义务教育法》第三条规定：义务教育必须贯彻国家的教育方针，实施素质教育，提高教育质量，使适龄儿童、少年在品德、智力、体质等方面全面发展，为培养有理想、有道德、有文化、有纪律的社会主义建设者和接班人奠定基础。2010 年《国家中长期教育改革和发展规划纲要》规定：坚持以人为本、全面实施素质教育是教育改革发展的战略主题，是贯彻党的教育方针的时代要求，其核心是解决好培养什么人、怎样培养人的重大问题，重点是面向全体学生、促进学生全面发展，着力提高学生服务国家服务人民的社会责任感、勇于探索的创新精神和善于解决问题的实践能力。2018 年中共中央、国务院颁布的《中国教育现代化 2035》中又强调要更加注重全面发展。大力发展素质教育，促进德育、智育、体育、美育和劳动教育有机融合，全面提升学生意志品质、思维能力、创新精神等综合素质，提高身心健康发展水平，培育担当民族复兴大任的时代新人。这样，素质教育就逐步成为基础教育领域里一次声势极为浩大的改革，并由此推动我国教育发展站到了一个新的历史起点上。

基础教育当前的任务是什么？我认为，用一句话概括，就是“把素质教育进行到底”。

难道不可以有别的选项吗？目前除了素质教育这个选项以外，已经存在的选项，不外乎两个。一是“把应试教育进行到底”，其结果是加剧教育以考试为本，教育评价以分数为本，理想追求以狭隘的个人利益为本的负面影响，更加严重地加重学生的课业负担，冲击德智体美劳全面发展的方针，不利于国民素质的全面提高。二是“把教育国际化进行到底”，后果可能是加剧教育“西化”倾向，消解中国公民对国家公民身份的认同。有鉴于此，新时代基础教育的任务是把素质教育进行到底不是十分明确、十分重要的历史使命吗？

三十多年来，素质教育理念逐步深化，体系渐趋完整，得到了多数干部、多数教师、多数群众的认可和支持，拥有了较为广泛的群众基础；涌现了多个以县为单位，以市区为单位的素质教育教改实验区，在理念更新、教改内容、体制管理、教学方法等方面开展了广泛的改革实验，积累了丰富的教改经验；素质教育风生水起，新教改模式如愉快教育、成功教育、情境教育等不断涌现；教育教学实践中像北京市十一中学、江苏锡山高级中学、清华附小等典型案例及创新成果也层出不穷。应当说成效是显著的。

素质教育在推进过程中遇到的困难和阻力目前还是很大的。高考招生制度作为指挥棒对基础教育的负面影响仍然很大；义务教育质量评估仍无法可依；社会功利大潮还在裹胁着校长、教师及广大家长在“应试”的小道上奔跑；劳动人事制度及社会就业渠道等方面的改革不到位，促使广大学生仍旧需挤“高考独木桥”。这些问题都不是单纯的教育改革问题，需要社会各方面体制改革的配套。素质教育虽取得了一定成效，但仍然任重道远。

什么叫“素质”？“素质”这个词，社会上有多种不同的解释。主要是两种：一种解释是个人先天具有的解剖生理的特点，这种特点是通过遗传获得的，所以也叫作遗传素质，或称禀赋；另一种解释是个人在后天环境或教育的影响下形成的，是指人在后天通过环境影响和教育训练所获得的稳定的、长期发挥作用的基本品质结构，包括人的思想、知识、道德、心理品质等。其实把“素质”一词过分解读为“天生的”“一成不变的”，既不能后天习得，也不能发展、提高的观点，完全是一种形而上学的观点。既无益于教育，也无益于文化，更无助于社会的发展和进步。举个例子来说吧，识字、读书、计算，都不是先天遗传下来的，而是人通过后天学习而获得的基本能力。人类后天获得“读、写、算”能力，并由此而拥有了学习能力，拥有了建设世界，改造世界的知识、本领和力量。这在素质后天习得论者看来，就是素质的习得、养成、提高和升华的过程。然而素质先天遗传论者却否定这是素质，把这些在我们周围的现实中活生生存在的东西，贬斥为“伪科学”。

我们所说的素质不是指天性、天赋等遗传素质，而是指后天养成的长期稳定的品质、能力、修养或行为习惯。

我们确认素质(含素养，下同)的形成过程，是后天“习得”的过程。习得过程不是一次完成的，而是经过多次培养、反复训练才完成的。基础教育阶段正是各方面素质最好的、最重要的养成阶段。抓住这个素质养成的黄金时段，切实有效地开展养成教育，机不可失，时不再来。在我国两千年前的《汉书・贾谊传》中就有“少成若天性，习惯如自然”的古训，指出各种良好习惯的养成，要从小抓起，从儿童少年阶段抓起。教育家叶圣陶也说：教育就是习惯的培养。哲学家亚里士多德更强调：优秀是一种习惯。是的，好习惯成就人的一生，坏习惯毁灭人的一生。这是一个朴实的真理。

人类出现在这个世界上之后，为了自身的生存，就得有能力、有本领、有智慧、有道德。这些都不是人类先天就具有的。如何获得这些先天不具有而后天又必须有的东西呢？“学而时习之”，这五个大字就记录在先圣孔子与其弟子论道的伟大作品《论语》里，而且是《论语》开篇的第一章第一句。我们天天在讲“学习”，人人在说“学习”，现代社会里“学习”这个高频词就源于《论语》。可我们对“学习”二字究竟理解了多少呢？为什么时至今日还有大学教授、社会学专家把因学习而获得、而拥有的各方面的素质视为“伪科学”呢？要知道，“学习”能力的获得，是人类由动物界走向人类的最典型的一次飞跃，是“人的社会化”最重大的一次飞跃啊！“学而时习”是大道理，是大智慧；“学而时习”是对学而不习、浅尝辄止、一知半解等学习态度、学习行为的针砭；“学而时习”是对持之以恒、熟读精思、温故知新等积极态度和行为的倡导。“学而时习”中“时习”二字不就指出了长期坚持、反复训练是“学”的核心要义，是掌握能力、掌握本领、修养品德的必要过程吗？人们常常赞赏德国哲学家狄兹根“重复是学习之母”的名句，却不知道荻兹根是在18世纪才发现这个道理的，而孔子早在距今两千多年前就论述了这个道理。孔子还提出“温故而知新，可以为师矣”，明确地指出了故与新的关系，指出了对已有知识的复习是获取新知识的必要途径 。这里的“温故”不正是指对已有知识的反复温习、揣摩、习练吗？能力和素养需要“积累”，没有“积累”也就无法“习得”，而反复温习、训练是积累的必须手段。

究竟什么是素质教育？

以提高国民素质为宗旨，以立德树人为核心，以培养创新精神和实践能力为着重点，面向全体学生，求德、智、体、美全面发展，把知、情、意、行融合起来，把学会做人、学会求知、学会办事、学会健体、学会审美、学会创造贯穿于教育过程的始终，这就是素质养成的核心架构。素质教育，何伪之有？

素质教育既要坚持，更要“发展”，而且今后一段时间应在“发展”上下大功夫。有发展才会有活力，有发展才会有作为，有发展才会有成效。关于如何发展素质教育，我提出下面五点建议：第一，加强素质教育理论建设，以素质教育理论的正确、清晰、体系完整、内涵丰富去引领素质教育的发展。第二，以加强各级政府对素质教育发展的领导和推动去发展素质教育。古今中外凡是关系到人民大众切身利益的重大改革无一不是由国家(政府)使用公权力推动取得成效的，这种推动不应是暂时的短期的，而应该是持续的长期的，不仅应是中央的，也应是地方的。例如，高考改革，难度很大，迫切需要化解整个社会在教育问题上的功利主义大潮；另外，在我国高等教育已远离精英教育走向大众教育的今天，在大学招生名额已与高中毕业生名额基本相当的今天，解决高考独木桥问题，开辟大学招生在高考体制外入学的渠道，也迫切需要提上议事日程；每年数十万低龄学生出国留学读大学本科，甚至是读中学，仅付出的学费、杂费、交通费、生活费就数以万亿计。由此带来的诸多问题，也迫切需要制定政策予以引导和疏解。这些都是需要政府运用公权力来解决的。第三，以加强或完善法律、制度建设保障素质教育的发展。当前最紧迫的是要建立义务教育质量评估法，在义务教育阶段限制、降低被应试竞争附加进来的功利性、竞争性、选拔性、淘汰性一类的活动要求，逐步解决“过度教育”的问题，依法把义务教育阶段学生从考试的束缚中解放出来，在全面提高国民素质、提高民族素质上下功夫。第四，以进一步明确政策，突出九年义务教育阶段这个重点来发展素质教育。“没有重点便没有政策”，要认识并确立“九年影响一生”的理念。从小学到初中这九年是长身体、长知识以及人格形成的重要阶段，是德、智、体、美诸方面为人生奠基的黄金阶段。紧要的是这九年！重点的是这九年！九年影响一生！要集中力量，下大功夫办好九年义务教育。第五，以加强督导评估为抓手发展素质教育。督导评估既要督政，也要督学，尤其要加强教育质量评价(当前是薄弱环节)。要坚决清除社会以功利为本，教育以考试为本，学校以分数为本的负面影响，每年都要制订督导评估计划，落实到校，并写出督导评估报告，予以公示。不断树立先进典型，不断推广先进经验。

习近平总书记在北京市八一学校考察时着重指出：基础教育是立德树人的事业，要旗帜鲜明加强思想政治教育、品德教育，加强社会主义核心价值观教育，引导学生自尊自信自立自强。基础教育是提高民族素质的奠基工程，要遵循青少年成长特点和规律，扎实做好基础的文章。基础教育要树立强烈的人才观，大力推进素质教育，鼓励学校办出特色，鼓励教师教出风格。让我们牢记习总书记的嘱托，有胆有识有责任担当，把“发展素质教育”这件大事，做实，做好。

詹万生和他的团队有志于编写一部厚重的著作——《整体构建中国素质教育发展体系》，从理论与实践相结合的高度为我国素质教育的发展做出新的贡献，这是一件大好事，我们表示热烈欢迎！我想为他们送上一副对联，以表达我对这部著作的编辑出版寄予的深切期望：

弘道养正风骨健；

立德树人浩气长！

柳斌

2019 年 3 月 12 日

序　二

发展素质教育不仅是中国教育改革发展的重大理论问题，更是重大实践问题。素质教育自 20 世纪 80 年代中期以来，经过“提出、确立、推进”三个阶段，一直在徘徊中前进。我和我的学术团队一直在思考和探索：素质教育如何得到全面的、真正的落实。

党的十九大报告中明确指出：“要全面贯彻党的教育方针，落实立德树人根本任务，发展素质教育。”党的十九大开启了新时代“发展素质教育”的新征程，提出了“发展素质教育”的新目标、新任务、新要求。

为了贯彻落实党的十九大报告关于“发展素质教育”的精神，我和我的学术团队于 2018 年 4 月 20 日，在首座中国德育馆(位于天津市武清区)召开了“首届中国素质教育发展大会筹备联席会议”。会上我做了主旨演讲，会后开始撰写《整体构建中国素质教育发展体系》编写提纲并组建了编写委员会。这就是编写这部书的缘起。

什么是发展素质教育？为什么要发展素质教育？怎样发展素质教育？这三个问题，在编书之前我们必须认真思考并加以回答。

第一，什么是发展素质教育？

我认为发展素质教育应当具备以下五个特性。

——整体性。学生的素质是多种要素构成的整体。研究学生素质的整体性，应当遵循党和国家的教育方针，贯彻全国教育大会精神，落实立德树人根本任务，培养德智体美劳全面发展的社会主义建设者和接班人。因此，学生整体素质应当包括思想道德素质、科学文化素质、身体心理素质、审美艺术素质、劳动技能素质，也就是德、智、体、美、劳全面发展的整体素质。因此，发展素质教育就是面向全体学生综合素质的全面发展教育。

——有序性。学生整体素质的各种要素不是杂乱无章的偶然堆积，而是由横向系统和纵向系统有序组合的整体。横向系统包括思想道德素质、科学文化素质、身体心理素质、审美艺术素质、劳动技能素质这“五大素质”。纵向系统包括小学教育、初中教育、高中教育、职业教育、高等教育这“五个学段”学生的年龄特点和受教育程度的有序发展。因此，发展素质教育应当本着“横向贯通、纵向衔接、分层递进、螺旋上升”的原则，整体构建五大素质横向贯通、五个学段纵向衔接的学生综合素质全面发展的培养体系。

——层次性。学生综合素质全面发展的培养体系是有层次的。这里我们借用形式逻辑中的概念属种关系来说明学生综合素质全面发展体系的层次性问题，使其逻辑关系更清楚。在形式逻辑中，概念的包含关系可以用属种来划分，外延大的概念叫属概念，或上位概念；外延小的概念叫种概念，或下位概念。据此，我把学生整体素质暂定为“五属二十种”即“五大素质二十细目”。后来，根据全国教育大会的精神，我将其增补为“五大素质二十六细目”。思想道德素质包含六个细目：热爱祖国、遵纪守法、诚信友善、志向高远、自信自强、勤于圆梦；身体心理素质包含五个细目：尊重生命、增强体质、心理健康、健全人格、意志坚强；科学文化素质包含六个细目：勤奋学习、追求真理、实事求是、人文关怀、文化底蕴、创新思维；审美艺术素质包含四个细目：情趣高雅、艺术鉴赏、艺术创造、德艺双馨；劳动技能素质包含五个细目：崇尚劳动、尊重劳动、热爱劳动、诚实劳动、创造性劳动。

——发展性。学生综合素质是一个动态发展的过程。随着年龄的增长和受教育程度的提高，学生综合素质所包含的每一种素质都有由浅入深，由低到高，由具体到抽象，由感性到理性的成长发展过程。因此，素质教育需要依据小学教育、初中教育、高中教育、职业教育、高等教育等不同教育阶段学生的年龄特点和学业水平进行深化和细化研究。

——最优化。学生综合素质所包含的每一种素质在整体素质中发挥着各自不同的作用与功能。需要对学生个体素质发展过程进行最优化研究。思想道德素质是核心，对整体素养的形成和发展发挥着导向、动力和保证作用，“国无德不兴，人无德不立，德者才之帅，才者德之资”。立德树人是教育的根本任务，要把思想道德教育贯穿教育“五学段”的全过程。身体心理素质是基础，毛泽东曾说：“体者，载智之舟，寓德之舍也，无体即无德智也。”由此可引申为“无心也无德智也”，各学段都应重视学生的身心健康教育，特别是学生正在长身体的义务教育阶段。科学文化素质是重点，学校教育是以自然科学学科和社会科学学科建立起来的课程体系，学科教学仍然是素质教育的主要渠道，但不是唯一渠道，要改革考试制度，摒弃应试教育重智育、重考试、唯分数、唯升学的顽瘴痼疾。审美艺术素质是特长，就学生个体而言，有的喜欢唱歌，有的喜欢跳舞，有的喜欢绘画，这是学生各自的个性特长，基础教育阶段要根据学生的天赋和特长因材施教。劳动技能素质是综合，包括尊重劳动、热爱劳动、诚实劳动的品德，劳动制度、劳动规范的意识，体力劳动、脑力劳动的本领，科学劳动、创造性劳动的精神等，劳动教育在各个学段都应得到重视，特别是在职业教育阶段应当得到加强。每一位学生最终都要走向工作岗位，不管是做管理工作，还是做技术工作，都必须具备一定的劳动技能素质，或称之为职业素质。

总之，发展素质教育的要义从大的方向可以用两句话来概括：一是对教师而言：尊重个性，因材施教；二是对学生而言：全面发展，突出特长。尊重学生、全面发展是大根本，因材施教、突出特长是总法则。

第二，为什么要发展素质教育？

发展素质教育是素质教育发展历程的必然结果。我们有必要回顾一下素质教育从

“提出”到“确立”，再到“推进”，进一步到“发展”的历史演进过程。1985 年，《中共中央关于教育体制改革的决定》首次提出“教育改革的根本任务是提高国民素质，多出人才，出好人才”。1993 年，《中国教育改革和发展纲要》提出“中小学要由‘应试教育’转向全面提高国民素质的轨道”。1996 年，《中华人民共和国国民经济和社会发展“九五”计划和 2010 年远景目标纲要》十分明确地提出了要“改革人才培养模式，由‘应试教育’向全面素质教育转变”。1999 年，中共中央、国务院召开了第三次全国教育工作会议，颁布了《中共中央、国务院关于深化教育改革全面推进素质教育的决定》。我十分荣幸地参加了第三次全国教育工作会议，贯彻落实全教会精神和中央全面推进素质教育的决定，是我义不容辞的责任。此后不久，我和我的学术团队在河南开封举办了第三届全国德育年会，我在主题报告中全面阐释和解读了什么是素质教育，并概括出“素质教育六大要义”。时隔近二十年的今天，党的十九大报告提出“发展素质教育”，这是素质教育发展历程的必然结果。正如教育部原总督学柳斌同志当年指出的：素质教育对中国教育改革和发展来说，如果讲大事，这是头等大事；如果讲重要，这是重中之重；如果讲紧迫性，这是当务之急。

“应试教育”必须改革，发展素质教育势在必行。什么是“应试教育”？“应试教育”是对我们现行教育中单纯为应付考试而产生的种种弊端的概括。“应试教育”与“素质教育”的区别在于：第一，在教育对象上不是着眼于全体学生，而是注重升学有望的学生，如设置重点校、重点班，人为造成教育资源不均衡、天价学区房。第二，在培养目标上不坚持德智体美劳全面发展的方针，而是重视智育、重视分数，片面追求升学率，造成学生负担过重，身心疲惫。第三，在教育内容和方法上不是因材施教、扬长避短，而是用一把分数尺度衡量学生，齐步走，一刀切，淹没了学生的个性发展。第四，在教育过程中只重视考试成绩，忽视能力培养，造成学生高分低能，走向社会后难以成功。

“应试教育”虽然在选拔智力人才方面能够发挥一定的作用。但是，真正的人才除了智力因素之外，还应当具有非智力因素。智力因素包括观察力、注意力、记忆力、想象力、思维力，即认知能力的总和。非智力因素包括需要、兴趣、动机、情感、意志、性格、习惯以及理想信念、意志品质、道德修养、自信自强精神等。在教育过程中，非智力因素的培养和智力因素的培养同等重要，教育应是学生综合素质的培养，而不仅仅是智力因素的培养。学生走向社会、职场后能否取得成功，非智力因素往往比智力因素更加重要。因此，发展素质教育，培养学生德智体美劳全面发展的综合素质势在必行。

进入 21 世纪，中国高等教育已经实现了大众化，正在向普及高中教育发展，高考改革正在深入进行。这就在客观上给“应试教育”降了温，同时给素质教育开辟了广阔的前景，发展素质教育正逢其时。

第三，怎样发展素质教育？

全国教育大会于 2018 年 9 月 10 日在北京召开，习近平总书记出席会议并发表重要讲话，为怎样发展素质教育指明了方向——要努力构建德智体美劳全面培养的教育体系。那我们应如何贯彻落实总书记提出的关于中国教育的战略部署呢？

我基于 40 年的研究经验，基于在“九五”“十五”规划时期，主持的国家重点课题“整体构建大中小学德育体系的研究与实验”，基于曾经提出的课题研究的基本原则：“横向贯通，纵向衔接，分层递进，螺旋上升”，并带领百个实验区、千所实验校、万名实验教师进行了长达十年的研究与实验，取得的一批重要的研究成果，主动承担了整体构建德智体美劳全面发展的素质教育体系的研究任务。

我认为整体构建素质教育发展体系，要把“立德树人”根本任务融入到德育、智育、体育、美育和劳动教育全方位，贯穿于小学、初中、高中、职业教育、高等教育全过程。于是我提出了 32 字基本原则：五育并举，全面发展；五大要素，横向贯通；五个学段，纵向衔接；立德树人，融贯其中。横向系统是指德育、智育、体育、美育、劳动教育，这“五育”各自的培养目标、教育内容、实施途径、主要方法、管理评价“五大要素”。纵向系统是指小学、初中、高中、职业教育、高等教育这“五个学段”。整体构建素质教育发展体系，就是“五育”、横向系统“五大要素”、纵向系统“五个学段”的三维结构的整体构建。

为了全面反映我和我的学术团队关于中国素质教育发展的研究成果，全书共分为四篇三十章。各篇的名称是：第一篇，中国素质教育发展的理论研究；第二篇，中国素质教育发展的体系构建；第三篇，中国文化与素质教育发展研究；第四篇，中国素质教育发展的实践导引。

总之，发展素质教育要以习近平新时代中国特色社会主义思想为指导，贯彻党的十九大和全国教育大会精神，落实立德树人根本任务，整体构建德智体美劳综合素质全面发展的教育体系。这就是我们编写这部书的初心和使命。

是为序。

詹万生
2018 年 11 月 18 日
于北京立德书院

序　三

在我的恩师、中国教育科学研究院詹万生先生的带领下，在积累和总结过往研究成果的基础上，我们学术团队经过半年多的紧张工作，终于完成了《整体构建中国素质教育发展体系》这部书稿。

编写这部书是我们的夙愿。在近二十年教育实践中，我们一直在探索素质教育，一直在追寻党中央关于素质教育的声音。终于，习近平总书记在党的十九大报告中明确指出："优先发展教育事业。建设教育强国是中华民族伟大复兴的基础工程，必须把教育事业放在优先位置，加快教育现代化，办好人民满意的教育。要全面贯彻党的教育方针，落实立德树人根本任务，发展素质教育，推进教育公平，培养德智体美全面发展的社会主义建设者和接班人。""落实立德树人根本任务，发展素质教育"是当代中国教育的最强音！这使我感到振奋，看到了希望，坚定了信心。

那么，我们如何发展素质教育呢？2018 年 9 月 10 日，全国教育大会在北京召开，习近平总书记在讲话中提出了明确的要求：要努力构建德智体美劳全面培养的教育体系，形成更高水平的人才培养体系。要把立德树人融入思想道德教育、文化知识教育、社会实践教育各环节，贯穿基础教育、职业教育、高等教育各领域，学科体系、教学体系、教材体系、管理体系要围绕这个目标来设计，教师要围绕这个目标来教，学生要围绕这个目标来学。凡是不利于实现这个目标的做法都要坚决改过来。总书记的重要讲话为如何发展素质教育指明了方向，是我们编写这部书的指导思想。

在全国各界学习贯彻党的十九大精神和全国教育大会精神的时候，在庆祝改革开放四十周年之际，我们又迎来了一件喜事：《詹万生德育文选》正式出版了。2018 年 10 月 14 日，中国教育科学研究院、首都师范大学和北京先天智慧文化发展有限公司在首都师范大学举办了《詹万生德育文选》出版的新闻发布会暨学术研讨会。中共中央宣传部理论局原局长、新华通讯社原副社长路建平，中国教育科学研究院原院长、教育部基础教育课程教材发展中心主任田慧生，中国教育科学研究院副院长高宝立，首都师范大学副校长李有增等领导出席并发表讲话，对《詹万生德育文选》的出版表示热烈祝贺，对我的恩师四十年的德育科研成果给予了高度评价。中国著名德育专家任振焦教授，中国教育科学研究院原访问学者郁树廷、张宏伟，全国百个实验区的代表——北京市延庆区教工委书记王建军，对詹万生先生的德育科研情怀、德育理论贡献、德育实践品质给予了高度评价。我在会上代表三个主办单位和出席会议的六百多名代表宣读了《倡议书》。

《詹万生德育文选》是我的恩师近四十年的研究成果，是他大半生心血和智慧的结晶，为继续深化立德树人研究和发展素质教育研究奠定了坚实的基础。我作为詹万生德育思想传承人，必须带领我们学术团队认真拜读并传承发展这一成果。当我学习《詹万生德育文选》时，惊喜地发现恩师不仅对德育研究有很深的造诣，而且对素质教育研究也有许多真知灼见。

早在"八五"规划时期，恩师就主持了国家教委重点课题"我国各级各类学校德育现状调查研究"，他在调查报告中指出："大、中、小学生的政治思想道德素质如何，是衡量各级各类学校德育工作的标准。""全面提高学生素质，特别是政治思想道德素质，是关系到 21 世纪我国社会主义现代化建设战略目标能否实现的大事，是当前教育战线亟待解决的重大问题之一。"①"九五"规划时期，恩师主持了国家重点课题"整体构建大中小学德育体系的研究与实验"，不仅创建了大中小学德育体系，而且撰写了多篇关于素质教育的论文，其中收入《詹万生德育文选》第二卷第七编的就有《素质教育是现代化建设对教育提出的要求》《从应试教育向素质教育转变的几个问题》《德育是素质教育的核心》《全面实施素质教育 加强改进德育工作》等七篇论文。特别是 1999 年在河南开封举办的第三届全国德育年会上，恩师在主题报告中全面阐释和解读了什么是素质教育，概括出"素质教育的六大要义"。② 其中包括"一个宗旨"：素质教育以提高国民素质为根本宗旨；"两个重点"：素质教育以培养学生创新精神和实践能力为重点；"三个面向"：素质教育以面向现代化、面向世界、面向未来为指导；"四个统一"：指素质教育要坚持学习科学文化知识与加强思想修养的统一、坚持学习书本知识与投身社会实践的统一、坚持实现自身价值与服务祖国人民的统一、坚持树立远大理想与进行艰苦奋斗的统一；"五级教育和五育"：指素质教育要贯穿于幼儿教育、基础教育、职业教育、成人教育、高等教育，体现在德育、智育、体育、美育、劳动教育；"六大措施"：指全面推进素质教育的六大措施：扩大高校招生规模，大力支持民办教育，改革教育教学体系，改革升学考试制度，提高教师队伍质量，加强党对素质教育的领导。进入新时代，恩师更加注重素质教育研究，2016 年《中国德育》杂志第 5 期发表了他的论文《构建学生核心素养体系》，其中讲到学生综合素养的五个特性。由此可见，恩师在 20 世纪 90 年代就对素质教育有了全面而深刻的思考，并带领学术团队和实验区实验校进行了长达三十年的探索与实验，取得了一批重要的理论与实践研究成果。

今天，当全国教育界正在深入学习习近平新时代中国特色社会主义思想，贯彻落实全国教育大会精神的时候，我们学术团队必须做出新的、更大的贡献。

我们提出要整体构建德智体美劳全面发展的素质教育体系，要把"立德树人"根本

① 詹万生：《詹万生德育文选》第 1 卷，540 页，北京，首都师范大学出版社，2018。

② 詹万生：《詹万生德育文选》第 2 卷，197～203 页，北京，首都师范大学出版社，2018。

任务融入到德育、智育、体育、美育和劳动教育全方面，贯穿于小学、初中、高中、职业教育、高等教育全过程。过去三十年，恩师带领学术团队成功地整体构建了大、中、小学德育体系。现在党和国家比任何时候都更加重视素质教育，今后三十年，我们将继续整体构建德智体美劳全面发展的素质教育体系，为整体构建中国素质教育发展体系奠定理论基础和持续探索实践模式，相信中国一定会从教育大国走向教育强国！这不仅是豪迈的决心与誓言，更是我们的责任与担当。

是为序。

刘波

2019年1月18日

于北京

目　　录

第一篇　中国素质教育发展的理论研究　/ 1
第一章　中国素质教育发展的指导思想　/ 3
一、新时代发展素质教育思想　/ 3
二、教育部关于素质教育的文件精神　/ 5
第二章　中国传统文化与素质教育　/ 13
一、中国古代思想的素质教育体现　/ 13
二、“六艺”中的素质教育思想　/ 13
三、孔子教育思想的素质教育体现　/ 15
第三章　中国素质教育发展的历史过程　/ 18
一、中国素质教育的提出　/ 18
二、中国素质教育的确立　/ 20
三、中国素质教育的推进　/ 21
四、中国素质教育的发展　/ 23
第四章　中国素质教育发展的理论基础　/ 24
一、哲学基础　/ 24
二、社会学基础　/ 26
三、心理学基础　/ 27
四、教育学基础　/ 29
第五章　中国素质教育发展的基本含义　/ 31
一、素质教育的概念界定　/ 31
二、素质教育的基本特征　/ 35
三、素质教育的基本原则　/ 38
第二篇　中国素质教育发展的体系构建　/ 43
第六章　中国素质教育发展体系的整体构建　/ 45
一、中国素质教育发展体系整体构建模型　/ 45
二、第一维度——五育并举，全面发展　/ 47
三、第二维度——五大要素，横向贯通　/ 50
四、第三维度——五个领域，纵向衔接　/ 55
第七章　思想道德素质教育体系的构建　/ 61
一、思想道德素质教育目标体系　/ 61
二、思想道德素质教育内容体系　/ 63

三、思想道德素质教育途径体系 / 66
四、思想道德素质教育方法体系 / 68
五、思想道德素质教育管理评价体系 / 72
第八章 科学文化素质教育体系的构建 / 81
一、科学文化素质教育目标体系 / 81
二、科学文化素质教育内容体系 / 83
三、科学文化素质教育途径体系 / 91
四、科学文化素质教育方法体系 / 93
五、科学文化素质教育管理与评价体系 / 95
第九章 身体心理素质教育体系的构建 / 99
一、身体心理素质教育目标体系 / 99
二、身体心理素质教育内容体系 / 101
三、身体心理素质教育途径体系 / 105
四、身体心理素质教育方法体系 / 106
五、身体心理素质教育管理评价体系 / 108
第十章 审美艺术素质教育体系的构建 / 113
一、审美艺术素质教育目标体系 / 113
二、审美艺术素质教育内容体系 / 116
三、审美艺术素质教育途径体系 / 123
四、审美艺术素质教育方法体系 / 125
五、审美艺术素质教育管理评价体系 / 127
第十一章 劳动技能素质教育体系的构建 / 134
一、劳动技能素质教育目标体系 / 134
二、劳动技能素质教育内容体系 / 136
三、劳动技能素质教育途径体系 / 138
四、劳动技能素质教育方法体系 / 140
五、劳动技能素质教育管理评价体系 / 141
第三篇 中国文化与素质教育发展研究 / 147
第十二章 治国理政思想与学生政治素质发展 / 149
一、中国文化中的治国理政思想 / 149
二、治国理政思想与思想政治教育 / 151
三、治国理政思想与学生素质发展 / 154
第十三章 人生哲理与学生思想道德素质发展 / 162
一、中国文化中的人生哲理 / 162
二、人生哲理与思想道德教育 / 165
三、人生哲理与学生素质发展 / 168

第十四章　家训家规与学生立身处世素质发展　/173
一、中国文化中的家训家规　/173
二、家训家规与立身处世教育　/180
三、家训家规与学生素质发展　/182
第十五章　四大发明与学生科学创新素质发展　/185
一、中国文化中的四大发明成果　/185
二、四大发明与科学创新教育　/187
三、四大发明与学生素质发展　/190
第十六章　诗词歌赋与学生文学艺术素质发展　/194
一、中国文化中的诗词歌赋成果　/194
二、诗词歌赋与文学艺术教育　/196
三、诗词歌赋与学生素质发展　/200
第十七章　书法绘画与学生审美艺术素质发展　/204
一、中国文化中的书法绘画成果　/204
二、书法绘画与审美艺术教育　/206
三、书法绘画与学生素质发展　/208
第十八章　中医中药与学生身心健康素质发展　/212
一、中国文化中的中医中药成果　/212
二、中医中药与学生素质发展　/214
三、中医中药与身心健康教育　/217
第十九章　中华武术与学生身心健康素质发展　/219
一、中国文化中的武术成果　/219
二、中华武术与身心健康教育　/221
三、中华武术与学生素质发展　/223
第二十章　农耕文化与学生劳动技能素质发展　/225
一、中国文化中的农耕文化成果　/225
二、农耕文化与劳动技能教育　/228
三、农耕文化与学生素质发展　/229
第二十一章　长城文化与学生综合素质发展　/231
一、中国文化中的长城文化成果　/231
二、长城文化与综合素质教育　/232
三、长城文化与学生素质发展　/234
第四篇　中国素质教育发展的实践导引　/237
第二十二章　开展综合实践活动，提升学生综合素养　/239
一、综合实践活动课程的性质与基本理念　/239
二、综合实践活动课程的总目标和领域目标　/240

三、综合实践活动课程的主要内容和活动方式 / 241
四、综合实践活动的实施与考核评价 / 243
第二十三章 开发学科课程功能，融入素质教育理念 / 245
一、语、数、外课程教学中的素质教育 / 245
二、理、化、生课程教学的素质教育 / 248
三、政、史、地课程教学中的素质教育 / 250
第二十四章 贯彻因材施教原则，发展学生个性特长 / 253
一、个性特长与因材施教 / 253
二、因材施教的条件与保障 / 255
三、因材施教的主要方法 / 258
第二十五章 加强学校文化建设，丰富素质教育载体 / 261
一、学校文化与素质教育 / 261
二、学校文化建设的原则 / 264
三、学校文化建设的内容 / 265
四、运用学校文化，实施素质教育 / 267
第二十六章 设计系列主题班会，引导学生自我教育 / 271
一、主题班会设计的原则 / 271
二、主题班会活动的形式 / 272
三、主题班会设计与实施 / 274
第二十七章 发挥中国德育馆的功能，开展素质拓展活动 / 276
一、中国德育馆是素质教育的重要基地 / 276
二、中国德育馆的功能开发 / 278
三、中国德育馆与德育素质拓展 / 280
第二十八章 开展校园生态文明建设，引领学生素质发展 / 283
一、校园生态文明建设的指导思想和重要意义 / 283
二、校园生态文明建设的主要内容和基本原则 / 285
三、校园生态文明建设的基本途径与主要方法 / 289
第二十九章 进行智力因素评价，指导学生生涯规划 / 293
一、智力因素对素质教育的意义 / 293
二、智力因素的测试和评价 / 294
三、基于智力因素评价指导生涯规划 / 298
第三十章 进行非智力因素评价，指导学生做好生涯规划 / 300
一、非智力因素对素质教育的意义 / 300
二、注重非智力因素评价，对学生形成正向激励 / 302
三、关注非智力因素，指导学生生涯规划 / 305
后 记 / 312

第一篇

中国素质教育发展的理论研究

第一章　中国素质教育发展的指导思想

一、　新时代发展素质教育思想

中国素质教育发展的指导思想是习近平新时代中国特色社会主义思想中的发展素质教育思想。习近平新时代发展素质教育思想，集中体现在党的十九大报告、全国教育大会讲话，以及在五四青年节、教师节的重要讲话中。

（一）党的十九大报告中提出发展素质教育

党的十九大报告中指出："建设教育强国是中华民族伟大复兴的基础工程，必须把教育事业放在优先位置，加快教育现代化，办好人民满意的教育。要全面贯彻党的教育方针，落实立德树人根本任务，发展素质教育，推进教育公平，培养德智体美全面发展的社会主义建设者和接班人。"

党的十九大报告中提出了素质教育的两个首要观点。其一，落实"立德树人根本任务"，这就为发展素质教育提出了明确的要求。其二，明确提出了发展素质教育，这里的关键词是"发展"。素质教育经过"提出、确立、推进"三个阶段，在新时代进入了发展阶段。发展素质教育是新时代、新目标、新任务的必然要求。

（二）习近平总书记在全国教育大会上的重要讲话

2018 年 9 月 10 日，全国教育大会在北京召开，习近平总书记出席会议并发表重要讲话。他强调在党的坚强领导下，全面贯彻党的教育方针，坚持马克思主义指导地位，坚持中国特色社会主义教育发展道路，坚持社会主义办学方向，立足基本国情，遵循教育规律，坚持改革创新，以凝聚人心、完善人格、开发人力、培育人才、造福人民为工作目标，培养德智体美劳全面发展的社会主义建设者和接班人，加快推进教育现代化、建设教育强国、办好人民满意的教育。

要努力构建德智体美劳全面培养的教育体系，形成更高水平的人才培养体系。要把立德树人融入思想道德教育、文化知识教育、社会实践教育各环节，贯穿基础教育、职业教育、高等教育各领域，学科体系、教学体系、教材体系、管理体系要围绕这个目标来设计，教师要围绕这个目标来教，学生要围绕这个目标来学。凡是不利于实现这个目标的做法都要坚决改过来。

要深化教育体制改革，健全立德树人落实机制，扭转不科学的教育评价导向，坚决克服唯分数、唯升学、唯文凭、唯论文、唯帽子的顽瘴痼疾，从根本上解决教育评价指挥棒问题。

习近平总书记在全国教育大会上的重要讲话，从培养什么人、怎样培养人、为谁培养人三个方面指出了中国教育的发展方向，是我们整体构建德智体美劳全面发展的素质教育发展体系的指导思想。

（三）素质教育是教育的核心

2016 年 9 月 9 日，习近平总书记在看望北京市八一学校师生时谈话中提到，素质教育是教育的核心，教育要注重以人为本、因材施教，注重学用相长、知行合一，着力培养学生的创新精神和实践能力，促进学生德智体美全面发展。

习近平总书记全面而深刻地提出了发展素质教育的主要内容：第一，首次明确指出“素质教育是教育的核心”，这就确立了素质教育在教育中的核心地位。第二，再次提出了“教育要以人为本、因材施教”，这就指出了发展素质教育的主要特征。第三，进一步强调了“学用相长、知行合一”，这就提出了发展素质教育的基本原则。第四，进一步提出了“着力培养学生的创新精神和实践能力”，这就再次强调了发展素质教育的两个重点。第五，进一步提出了“促进学生德智体美全面发展”，这就再次强调了发展素质教育的根本目的。

（四）基础教育要大力推进素质教育

2016 年 9 月 9 日，习近平总书记在看望北京市八一学校师生时谈话时明确，基础教育是立德树人的事业，要加强思想政治教育、品德教育，加强社会主义核心价值观教育，引导学生自尊、自信、自立、自强。基础教育是提高民族素质的奠基工程，要遵循青少年成长特点和规律，扎实做好基础的文章。基础教育要树立强烈的人才观，大力推进素质教育，鼓励学校办出特色，鼓励教师教出风格。

2013 年 9 月 30 日，习近平总书记在十八届中央政治局第九次集体学习时讲话指出，要深化教育改革，推进素质教育，创新教育方法，提高人才培养质量，努力形成有利于创新人才成长的育人环境。

在这里，习近平总书记对基础教育提出了四点明确的要求，一是“基础教育是立德树人的事业”，指出立德就要“加强思想政治教育、品德教育，加强社会主义核心价值观教育，引导学生自尊自信自立自强”。二是“基础教育是提高民族素质的奠基工程”，指出“要遵循青少年成长特点和规律，扎实做好基础的文章”。三是“基础教育要树立强烈的人才观”，要求“大力推进素质教育，鼓励学校办出特色，鼓励教师教出风格”。四是“要深化教育改革，推进素质教育”，要求“创新教育方法，提高人才培养质量，努力形成有利于创新人才成长的育人环境”。

（五）加强道德修养，注重道德实践

2014 年 5 月 4 日，习近平总书记在北京大学师生座谈会上讲话指出，古人说：“大学之道，在明明德，在亲民，在止于至善。”核心价值观，其实就是一种德，既是个人

的德，也是一种大德，就是国家的德、社会的德。国无德不兴，人无德不立。

要修德，就应加强道德修养，注重道德实践。蔡元培先生说过，若无德，虽体魄智力发达，适足助其为恶。道德之于个人、之于社会，都具有基础性意义，做人做事第一位的是崇德修身。这就是为什么我们的用人标准是德才兼备、以德为先，因为德是首要、是方向，一个人只有明大德、守公德、严私德，其才方能用得其所。修德，既要立意高远，又要立足平实。立志报效祖国、服务人民，是大德，养大德者方可成大业。同时还得做好小事、管好小节，学会劳动、学会勤俭，学会感恩、学会助人，学会谦让、学会宽容，学会自省、学会自律。习近平总书记明确提出要“明大德、守公德、严私德”并且对大德、公德、私德提出了具体的要求，为发展素质教育指明了方向。

二、 教育部关于素质教育的文件精神

自党的十八大以来，教育部为了全面实施素质教育，进一步加强和改进德育、智育、体育、美育和劳动教育，颁布了一系列文件。这些文件集中反映了教育部关于实施和发展素质教育的基本精神。

（一）教育部印发《中小学心理健康教育指导纲要（2012 年修订）》（教基一［2012］15 号）

中小学心理健康教育，是提高中小学生心理素质、促进其身心健康和谐发展的教育，是进一步加强和改进中小学德育工作、全面推进素质教育的重要组成部分。在中小学开展心理健康教育，是学生身心健康成长的需要，是全面推进素质教育的必然要求。为进一步科学地指导和规范中小学心理健康教育工作，教育部在本纲要中主要提出了以下几点指导意见。

第一，提出了心理健康教育的目标与任务。

心理健康教育的总目标是：提高全体学生的心理素质，培养他们积极乐观、健康向上的心理品质，充分开发他们的心理潜能，促进学生身心和谐可持续发展，为他们健康成长和幸福生活奠定基础。

心理健康教育的主要任务是：全面推进素质教育，增强学校德育工作的针对性、实效性和吸引力，促进学生形成健康的心理素质，减少和避免各种不利因素对学生心理健康的影响，培养身心健康、具有社会责任感、创新精神和实践能力的德智体美全面发展的社会主义建设者和接班人。

第二，规定了心理健康教育的主要内容。

心理健康教育的主要内容包括：普及心理健康知识，树立心理健康意识，了解心理调节方法，认识心理异常现象，掌握心理保健常识和技能。其重点是认识自我、学会学习、人际交往、情绪调适、升学择业以及生活和社会适应等方面的内容。

心理健康教育应从不同地区的实际和不同年龄阶段学生的身心发展特点出发，做

到循序渐进，设置分阶段的具体教育内容。

第三，指出了心理健康教育的途径和方法。

学校应将心理健康教育始终贯穿于教育教学全过程。全体教师都应自觉地在各学科教学中遵循心理健康教育的规律，将适合学生特点的心理健康教育内容有机渗透到日常教育教学活动中。要开展心理健康专题教育。专题教育可利用地方课程或学校课程开设心理健康教育课。心理健康教育课应以活动为主，可以采取多种形式，包括团体辅导、心理训练、问题辨析、情境设计、角色扮演、游戏辅导、心理情景剧、专题讲座等。

学校要帮助家长树立正确的教育观念，了解和掌握孩子成长的特点、规律以及心理健康教育的方法，加强亲子沟通，注重自身良好心理素质的养成，以积极健康和谐的家庭环境影响孩子。

学校要加强与基层群众性自治组织、企事业单位、社会团体、公共文化机构、街道社区以及青少年校外活动场所等的联系和合作，组织开展各种有益于中小学生身心健康的文体娱乐活动和心理素质拓展活动，拓宽心理健康教育的途径。

（二）教育部颁布《关于推进学校艺术教育发展的若干意见》（教体艺[2014]1号）

为全面贯彻党的教育方针，实施素质教育，改进美育教学，提高学生审美和人文素养，促进学生健康成长，教育部就推进学校艺术教育发展主要提出如下意见。

第一，艺术教育对于立德树人具有独特而重要的作用。

学校艺术教育是实施美育的最主要的途径和内容。艺术教育能够培养学生感受美、表现美、鉴赏美、创造美的能力，引领学生树立正确的审美观念，陶冶高尚的道德情操，培养深厚的民族情感，激发想象力和创新意识，促进学生的全面发展和健康成长。落实立德树人根本任务，提高学生审美和人文素养，学校艺术教育承担着重要的使命和责任。

第二，确保每个学生都能参与艺术活动。

开展学生艺术活动要以育人为宗旨，面向全体学生，坚持社会主义先进文化导向，体现向真、向善、向美、向上的校园文化特质。要进一步办好大中小学生艺术展演活动和高雅艺术进校园活动，抓好中华优秀传统文化艺术传承学校与基地的建设工作。鼓励学校开展小型分散、灵活多样的学生艺术活动，因地制宜建立学生艺术社团和兴趣小组，定期举办艺术节，让每个学生都能根据自身兴趣爱好自愿选择参加，并形成本地、本校学生艺术活动的特色和传统。

第三，建立中小学学生艺术素质评价制度。

依据普通中小学艺术课程标准和中等职业学校公共艺术课程教学大纲，组织力量研制学生艺术素质评价标准、测评指标和操作办法，2015 年开始对中小学校和中等职业学校学生进行艺术素质测评。艺术素质测评纳入学生综合素质评价体系以及教育现代化和教育质量评估体系，并将测评结果记入学生成长档案，作为综合评价学生发展状况的内容之一，以及学生中考和高考录取的参考依据。

（三）教育部印发《体育卫生与艺术教育司 2016 年工作要点》（教体艺司函［2016］1 号）

本工作要点指出：紧紧围绕立德树人根本任务，以每个学生都成为德智体美全面发展的社会主义建设者和接班人为目标，切实提高教育质量，着力提升学生综合素质。这里主要摘编关于体育工作的要点。

第一，继续强化体育课和课外锻炼。

研究制订《深化学校体育改革 强化体育课和课外锻炼的实施意见》，召开全国学校体育工作推进会议，展示交流体育教学经验和成果，推广“一校一品”教学模式，实施学校体育示范引领项目。完善学校体育评价机制。

第二，加快推进校园足球的普及。

推动各地把足球列入体育课教学内容，积极推进足球教学模式的多样化。发布青少年校园足球教学指南、学生足球运动技能等级标准，规范指导校园足球教学。研制校园足球课余训练大纲，指导学校合理组织校园足球课余训练。

（四）教育部、共青团中央颁布《关于加强中小学劳动教育的意见》（教基一［2015］4 号）

劳动教育是全面贯彻党的教育方针的基本要求，是实施素质教育的重要内容。为深入贯彻落实立德树人根本任务，更好地培养广大青少年的社会责任感、创新精神和实践能力，教育部就新时期中小学劳动教育提出如下意见。

第一，明确劳动教育的主要目标。

通过劳动教育，提高广大中小学生的劳动素养，促进他们形成良好的劳动习惯和积极的劳动态度，使他们明白“生活靠劳动创造，人生也靠劳动创造”的道理，培养他们勤奋学习、自觉劳动、勇于创造的精神，为他们终身发展和人生幸福奠定基础。

第二，坚持劳动教育的基本原则。

充分发挥劳动综合育人功能，以劳树德、以劳增智、以劳强体、以劳育美、以劳创新，促进学生德智体美劳全面发展。

坚持思想引领。中小学劳动教育既要让学生学习必要的劳动知识和技能，更要通过劳动帮助学生形成健全人格和良好的思想道德品质。

坚持有机融入。要有效发挥学科教学、社会实践、校园文化、家庭教育、社会教育的劳动教育功能，让学生在日常学习生活中形成劳动光荣、劳动伟大的正确观念。

坚持实际体验。要让学生直接参与劳动过程，增强劳动感受，体会劳动艰辛，分享劳动喜悦，掌握劳动技能，养成劳动习惯，提高动手能力和发现问题、解决问题的能力。

第三，抓好劳动教育的关键环节。

要根据《义务教育课程设置实验方案》和《普通高中课程方案（实验）》，将国家规定的综合实践活动课程、通用技术课程作为实施劳动教育的重要渠道，开足开好。

要在学校日常运行中渗透劳动教育，积极组织学生参与校园卫生保洁和绿化美化，普及校园种植。

要将校外劳动纳入学校的教育工作计划，小学、初中、高中每个学段都要安排一定时间的农业生产、工业体验、商业和服务业实习等劳动实践。

教育学生自己的事情自己做，家里的事情帮着做，弘扬优良家风，参与孝亲、敬老、爱幼等方面的劳动。

（五）教育部、司法部、全国普法办印发《青少年法治教育大纲》（教政法［2016］13号）

为推动法治教育纳入国民教育体系，提高法治教育的系统化、科学化水平，教育部等三部委研究制定了《青少年法治教育大纲》，大纲提出“将法治教育纳入国民教育体系，从青少年抓起，在中小学设立法治知识课程”，并提出如下要求。

第一，青少年法治教育的目标。

总体目标：以社会主义核心价值观为引领，普及法治知识，养成守法意识，使青少年了解、掌握个人成长和参与社会生活必需的法律常识和制度、明晰行为规则，自觉遵法、守法；规范行为习惯，培育法治观念，增强青少年依法规范自身行为、分辨是非、运用法律方法维护自身权益、通过法律途径参与国家和社会生活的意识和能力；践行法治理念，树立法治信仰，引导青少年参与法治实践，形成对社会主义法治道路的价值认同、制度认同，成为社会主义法治的忠实崇尚者、自觉遵守者、坚定捍卫者。

阶段目标：

义务教育阶段。使学生初步了解公民的基本权利义务、重要法治理念与原则，初步了解个人成长和参与社会生活必需的基本法律常识；初步树立法治意识，养成规则意识和遵法守法的行为习惯，初步具备依法维护自身权益、参与社会生活的意识和能力，为培育法治观念、树立法治信仰奠定基础。

高中教育阶段。使学生较为全面地了解中国特色社会主义法律体系的基本框架、基本制度以及法律常识，强化守法意识，增强法治观念，牢固树立有权利就有义务的观念，初步具备参与法治实践、正确维护自身权利的能力。

高等教育阶段。进一步深化对法治理念、法治原则、重要法律概念的认识与理解，基本掌握公民常用法律知识，基本具备以法治思维和法治方式维护自身权利、参与社会公共事务、化解矛盾纠纷的能力，牢固树立法治观念，认识全面依法治国的重大意义，坚定走中国特色社会主义法治道路的理想和信念。

第二，青少年法治教育的内容。

总体内容：青少年法治教育要以法律常识、法治理念、法治原则、法律制度为核心，围绕青少年的身心特点和成长需求，结合青少年与家庭、学校、社会、国家的关系，分阶段、系统安排公民基本权利义务、家庭关系、社会活动、公共生活、行政管理、司法制度、国家机构等领域的主要法律法规以及我国签署加入的重要国际公约的核心内容；按不同的层次和深度，将自由、平等、公正、民主、法治等理念，宪法法律至上、权利保障、权力制约、程序正义等法治原则，立法、执法、司法以及权利救济等法律制度，与法律常识教育相结合，在不同学段的教学内容中统筹安排、层次递进。

分学段的教学内容与要求：

初中阶段，进一步深化宪法教育。了解国家基本制度，强化国家认同。初步了解政府依法行政的基本原则，了解重要国家机构的职权。认知国家尊重和保障人权的意义。加深对公民基本权利和义务的认识。

高中教育阶段，根据学生成长需要和认知能力的发展，全面拓展法律常识、法律制度的内容，有针对性地增加重要的法律知识；加大法治原则、法律理念的教学深度，注重增加教育教学的实践性、参与性和思辨性，结合现实案例、法治实践，着重引导学生理解、认同法律背后的价值、宗旨，注重法治意识的培养。

高等教育阶段，针对非法律专业的学生，根据高等教育阶段法治教育的目的，系统介绍中国特色社会主义法学理论体系的基本内涵；掌握法治国家的基本原理，知晓法治的中西源流；明确全面推进依法治国的战略目标、道路选择和社会主义法治体系建设的内容与机制；了解法治的政治、经济、文化、社会和国情基础，理解法治的核心理念和原则；掌握宪法基本知识，了解中国特色社会主义法律体系中的基本法律原则、法律制度及民事、刑事、行政法律等重要、常用的法律概念、法律规范；增加法治实践，提高运用法律知识分析、解决实际问题的意识和能力。

第三，青少年法治教育的实施途径。

青少年法治教育要充分发挥学校主导作用，与家庭、社会密切配合，拓宽教育途径，创新教育方法，实现全员、全程、全方位育人。

学校教育。法治教育要与德育课程紧密结合，要适时、相应修订中小学德育课程标准，完成本大纲要求的教学内容。在课程建设和课程标准修订中要强化法治教育内容，并将法治教育内容落实到各学科课程的教育目标之中。要在各学科课程中挖掘法治教育因素。要充分利用主题教育、校园文化、党团队活动、学生社团活动、社会实践活动等多种载体，全过程、全要素开展法治教育。要全面落实依法治校要求，把法治精神、法治思维和法治方式落实在学校教育、管理和服务的各个环节，建立健全学校章程、相关规章制度，完善学生管理、服务以及权利救济制度，实现环境育人。在法治教育中要注重发挥学生的主体作用。要根据学生实际，引导、支持学生自主制定规则、公约等，逐步培养学生参与群体生活、自主管理、民主协商的能力，养成按规则办事的习惯，引导学生在学校生活的实践中感受法治力量，培养法治观念。

社会教育。各级教育部门和学校要积极组织学生参加法治社会实践活动。要广泛组织和动员国家机关和社会力量支持和参与青少年法治教育工作，建立社会法治教育网络。要充分利用网络上的优质法治教育资源，丰富教学的形式和内容，建立学校、社会、家庭共同参与的立体教育网络。

家庭教育，推动家庭与学校形成开展青少年法治教育的合力。积极引导家长重视家庭美德和家庭文化的建设，成为子女学法、守法、用法的榜样。

（六）教育部印发《中小学德育工作指南》（教基［2017］8号）

为深入贯彻落实立德树人根本任务，加强对中小学德育工作的指导，切实将党和国家关于中小学德育工作的要求落细、落小、落实，着力构建方向正确、内容完善、学段衔接、载体丰富、常态开展的德育工作体系，大力促进德育工作专业化、规范化、实效化，努力形成全员育人、全程育人、全方位育人的德育工作格局，教育部制定本指南，对德育工作提出如下指导意见。

第一，明确提出了德育目标。

总体目标：

培养学生爱党爱国爱人民，增强国家意识和社会责任意识，教育学生理解、认同和拥护国家政治制度，了解中华优秀传统文化和革命文化、社会主义先进文化，增强中国特色社会主义道路自信、理论自信、制度自信、文化自信，引导学生准确理解和把握社会主义核心价值观的深刻内涵和实践要求，养成良好政治素质、道德品质、法治意识和行为习惯，形成积极健康的人格和良好心理品质，促进学生核心素养提升和全面发展，为学生一生成长奠定坚实的思想基础。

学段目标：

小学低年级，教育和引导学生热爱中国共产党、热爱祖国、热爱人民，爱亲敬长、爱集体、爱家乡，初步了解生活中的自然、社会常识和有关祖国的知识，保护环境，爱惜资源，养成基本的文明行为习惯，形成自信向上、诚实勇敢、有责任心等良好品质。

小学中高年级，教育和引导学生热爱中国共产党、热爱祖国、热爱人民，了解家乡发展变化和国家历史常识，了解中华优秀传统文化和党的光荣革命传统，理解日常生活的道德规范和文明礼貌，初步形成规则意识和民主法治观念，养成良好生活和行为习惯，具备保护生态环境的意识，形成诚实守信、友爱宽容、自尊自律、乐观向上等良好品质。

初中学段，教育和引导学生热爱中国共产党、热爱祖国、热爱人民，认同中华文化，继承革命传统，弘扬民族精神，理解基本的社会规范和道德规范，树立规则意识、法治观念，培养公民意识，掌握促进身心健康发展的途径和方法，养成热爱劳动、自主自立、意志坚强的生活态度，形成尊重他人、乐于助人、善于合作、勇于创新等良好品质。

高中学段，教育和引导学生热爱中国共产党、热爱祖国、热爱人民，拥护中国特色社会主义道路，弘扬民族精神，增强民族自尊心、自信心和自豪感，增强公民意识、社会责任感和民主法治观念，学习运用马克思主义基本观点和方法观察问题、分析问题和解决问题，学会正确选择人生发展道路的相关知识，具备自主、自立、自强的态度和能力，初步形成正确的世界观、人生观和价值观。

第二，具体规定了德育内容。

理想信念教育。开展马列主义、毛泽东思想学习教育，加强中国特色社会主义理论体系学习教育，引导学生深入学习习近平总书记的系列重要讲话精神，领会党中央治国理政新理念新思想新战略。加强中国历史特别是近现代史教育、革命文化教育、中国特色社会主义宣传教育、中国梦主题宣传教育、时事政策教育。

社会主义核心价值观教育。把社会主义核心价值观融入国民教育全过程，落实到中小学教育教学和管理服务各环节，深入开展爱国主义教育、国情教育、国家安全教育、民族团结教育、法治教育、诚信教育、文明礼仪教育等，引导学生牢牢把握富强、民主、文明、和谐作为国家层面的价值目标，深刻理解自由、平等、公正、法治作为社会层面的价值取向，自觉遵守爱国、敬业、诚信、友善作为公民层面的价值准则，将社会主义核心价值观内化于心、外化于行。

中华优秀传统文化教育。开展家国情怀教育、社会关爱教育和人格修养教育，传承发展中华优秀传统文化，大力弘扬核心思想理念、中华传统美德、中华人文精神，引导学生了解中华优秀传统文化的历史渊源、发展脉络、精神内涵，增强文化自觉和文化自信。

生态文明教育。加强节约教育和环境保护教育，引导学生树立尊重自然、顺应自然、保护自然的发展理念，养成勤俭节约、低碳环保、自觉劳动的生活习惯，形成健康文明的生活方式。

心理健康教育。开展认识自我、尊重生命、学会学习、人际交往、情绪调适、升学择业、人生规划以及适应社会生活等方面的教育，引导学生增强调控心理、自主自助、应对挫折、适应环境的能力，培养学生健全的人格、积极的心态和良好的个性心理品质。

第三，指出了实施途径和要求。

课程育人，充分发挥课堂教学的主渠道作用，将中小学德育内容细化落实到各学科课程的教学目标之中，融入渗透到教育教学全过程。严格落实德育课程，不得减少课时或挪作他用。

文化育人，要依据学校办学理念，结合文明校园创建活动，因地制宜开展校园文化建设，使校园秩序良好、环境优美，校园文化积极向上、格调高雅，提高校园文明水平，让校园处处成为育人场所。

活动育人，要精心设计、组织开展主题明确、内容丰富、形式多样、吸引力强的教育活动，以鲜明正确的价值导向引导学生，以积极向上的力量激励学生，促进学生形成良好的思想品德和行为习惯。

实践育人，要与综合实践活动课紧密结合，广泛开展社会实践。开展各类主题实践，加强劳动实践。

管理育人，要积极推进学校治理现代化，提高学校管理水平，将中小学德育工作的要求贯穿于学校管理制度的每一个细节之中。

协同育人，要积极争取家庭、社会共同参与和支持学校德育工作，引导家长注重家庭、注重家教、注重家风，加强家庭教育指导，构建社会共育机制，营造积极向上的良好社会氛围。

第二章　中国传统文化与素质教育

文化是民族的血脉，是人民的精神家园。中华文化源远流长、博大精深、灿烂辉煌。中华民族在五千多年文明发展中，孕育了伟大的民族精神、传统美德和素质教育思想。

一、中国古代思想的素质教育体现

素质教育思想在夏、商、周三代已有体现，夏、商、周三代不但有了正规学校，而且逐渐出现了素质教育的思想。据《孟子·滕文公上》描述："夏曰校，殷曰序，周曰庠，学则三代共之，皆所以明人伦也。"西周时学校有"国学"和"乡学"两种：国学是设在周王朝都城和诸侯国都城的学校，乡学是设在都城之外的学校，两者均是贵族子弟接受教育的场所。国学按知识程度，分为大学、小学两类。小学以"礼"为主要教育内容，大学的教育内容是礼、乐、射、御，同时诵读《诗》《书》。

春秋时期的大思想家、大教育家，被后世尊称为至圣先师的孔子提出"性相近也，习相远也"(《论语·阳货》)，认为人性或人的天赋素质是相近的，人的个性差异主要是因为后天教育与社会环境影响的结果，因而人人都可以受教育，人人都应该受教育。他提倡"有教无类"，创办私学，广招学生，打破了奴隶主贵族对学校教育的垄断，把受教育的范围扩大到平民，顺应了当时社会发展的趋势。孔子三十岁左右开始办学，四十多年不间断地从事教育活动，在从政的五年间也不间断；周游列国时，也随处讲学。有的学生品德很差，或屡犯错误，他也不会嫌弃，而是耐心诱导，助其成才。孔子"仁者爱人"的师德风范和"诲人不倦"的教学态度蕴含了素质教育的思想。孔子虽然没有提出"素质教育"的概念，但他把礼、乐、射、御、书、数"六艺"作为教育的基本内容，体现了素质教育的思想。

二、"六艺"中的素质教育思想

孔子开设私塾教授"六艺"，即礼、乐、射、御、书、数。

(一)礼——礼仪、礼节

孔子十分重视礼仪、礼节教育，把"礼"放在"六艺"之首。他说："不学礼，无以立。"(《论语·季氏》)孔子认为：礼教是立身之本。有礼则安，无礼则危。不学礼，则无以立身。学礼、懂礼、守礼，就会品行端正、德行坚定，故能立身处世。

春秋时期另一位大政治家、思想家管子也十分重视礼仪教育，他说："礼义廉耻，国之四维。四维不张，国乃灭亡。"(《管子·牧民》)把礼仪教育上升到治国理政的高度。管子还说："仓廪实而知礼节，衣食足而知荣辱。"(《管子·牧民》)这就把礼仪教育建立在朴素唯物主义的基础之上了。管子还提出"一年之计，莫如树谷；十年之计，莫如树木；终身之计，莫如树人"的观点，是"立德树人"教育思想的来源之一。

自周代以来，国家礼仪分为"五礼"：吉礼、凶礼、宾礼、军礼、嘉礼。民间婚嫁、丧娶、入学、拜师、祭祀自古都有礼乐之官(司礼)。孔子上代屡为司礼之官，孔子年少即习礼，"为儿嬉戏，常陈俎豆，设礼容"(《史记·孔子世家》)。

《周礼》提出"三曰礼典，以和邦国，以统百官，以谐万民"。中华文化的重要理念是"和谐"，倡导天人和谐、人我和谐、群己和谐，和而不同，和而不流。《礼记·曲礼上》指出："夫礼者，所以定亲疏，决嫌疑，别同异，明是非也……道德仁义，非礼不成；教训正俗，非礼不备；分争辩讼，非礼不决；君臣上下，父子兄弟，非礼不定；宦学事师，非礼不亲；班朝治军，莅官行法，非礼威严不行……为礼以教人，使人以有礼，知自别于禽兽。"礼是区别人伦关系的准则，是明辨是非的标准，是仁义道德的表现形式，是教正民风的有效方法。礼教是中华民族成为礼仪之邦的源泉。

（二）乐——音乐、舞蹈

音乐、舞蹈教育源远流长，起源于尧舜禹时代，形成于夏商周时代。尧时有《咸池》，舜时有《大韶》，禹时有《大夏》，商时有《大濩》，周时有《大武》。这都是古代著名的礼仪性乐舞。虞舜时代就有了"诗教"和"乐教"。据《尚书·舜典》记载，舜帝与掌管音乐的大臣讨论诗歌和音乐的作用时就指出：音乐可教人"直而温，宽而栗，刚而无虐，简而无傲"，又说"诗言志，歌咏言，声依永，律和声。八音克谐，无相夺伦，神人以和"。这里提出"乐"的最高标准是和谐，和谐就是美，就是优雅，可以感天动地惊鬼神。和谐的诗歌和音乐可以陶冶人们的内在情操，培养性情高雅的君子。

周时保存有完整的六套乐舞《云门》《大咸》《大韶》《大夏》《大濩》《大武》均是在重大的祭祀活动中使用的：《云门大卷》是礼仪性乐舞，用于祭祀天神；《咸池》祭地神；《大韶》祭四望；《大夏》祭山川；《大濩》祭周始祖姜嫄；《大武》祭祀周代祖先。六乐流传到汉代，只剩《大韶》《大武》二乐。

孔子自称听过韶乐，称韶乐乐舞尽善尽美。据《论语·述而》记载："子在齐闻韶，三月不知肉味。曰：不图为乐之至于斯也。"意思是说孔子在齐国听到了韶乐，有很长时间尝不出肉的滋味。他说：想不到韶乐的美达到这样迷人的地步。这说明孔子欣赏音乐，赞美音乐，痴迷音乐，精通音乐，擅长音乐。因此把"乐"作为"六艺"的重要组成部分。

（三）射——射箭技术

射箭技术本是以狩猎为生的古代先民劳动技能，逐渐发展为古代体育运动项目，成为古时教育不可或缺的项目。因此，孔子把“射”列为“六艺”之一。射箭技能有五种：白矢、参连、剡注、襄尺、井仪。白矢：箭穿靶子而箭头发白，表明发矢准确而有力。参连：前放一矢，后三矢连续而去，矢矢相属，若连珠之相衔。剡注：谓矢发之疾，瞄时短促，上箭即放箭而中。襄尺：臣与君射，臣与君并立，让君一尺而退。井仪：四矢连贯，皆正中目标。

（四）御——驾驶马车的技术

驾驭马车是古代贵族和武士必须掌握的一项劳动技能，逐渐成为古时教育不可或缺的项目。因此，孔子把“御”列为“六艺”之一。驾驶马车有五种技术：鸣和鸾、逐水车、过君表、舞交衢、逐禽左。鸣和鸾：谓行车时和鸾之声相应。逐水车：随曲岸疾驰而不坠水。过君表：经过天子的表位有礼仪。舞交衢：过通道而驱驰自如。逐禽左：行猎时追逐禽兽从左面射获。

（五）书——书写、识字、作文

古代的汉字书写、识字、作文是学校教育的一门必修课程，因此，孔子把“书”列为“六艺”之一。“书”首先是识字。古代传说中有“仓颉造字”，仓颉是轩辕黄帝的史官，曾把流传于先民中的文字加以搜集、整理、使用，在汉字创造中起了重要作用，被后人尊为“造字圣人”。东汉的文字学家许慎在《说文解字》中系统地阐述了汉字的造字规律。根据汉字造字的规律，识字有六种方法：象形、指事、会意、形声、转注、假借。其中形声字约占百分之九十。“书”也有书法之意，汉字书法最早出现的是殷墟甲骨文，在商周时期青铜器上刻的文字叫钟鼎文，也叫金文。周宣王时太史籀创立大篆，秦始皇时李斯创立小篆，汉代兴起隶书，东汉、魏、晋时期出现楷书、行书、草书，历代则一以贯之，传承至今。“书”还有记事、作文、著书立说、诗词歌赋之意。中国的诗词歌赋源远流长，《诗经》是中国历史上最早的诗歌总集。它汇集了从西周初年到春秋中期五百多年间的诗歌三百零五篇，分为风、雅、颂三部分，又称《诗三百》。从汉代起，儒家学者把它尊为“五经”之一，始称《诗经》。

（六）数——数学、计算技术

古代的数学和计算技术也是一门必修课程，因此，孔子把“数”列为“六艺”之一。“数”即数学之数，指数学的计算、技术、方法、技巧等。现代已经延伸为“数理化”之数。中国古代数学很早就已经很发达，《九章算术》是中国古代第一部数学专著，成书于1世纪，其作者已不可考。该书内容十分丰富，系统总结了从春秋战国到秦汉时期的数学成就。《九章算术》标志着中国古代数学体系的形成。

三、孔子教育思想的素质教育体现

（一）教育培养，德育为首

孔子认为教育中应当把“德”放在首位，而“德”的培养目标与核心内容是“仁”，据

《论语》记载：樊迟问仁，子曰："爱人。"孔子还说"克己复礼曰仁"，"孝悌"为仁之本，"忠恕"为仁之道。在"仁德"的统摄下，孔子还提出一系列道德规范，如忠、孝、仁、义、礼、诚、信、宽、敬、和、温、良、恭、俭、让、刚、毅、木、讷、勇等。孔子十分注重道德学习，要求做到"学而不厌""诲人不倦"。他要求诵读《诗》《书》，主张用诗、礼、乐激发道德情感。他注重道德行为习惯的训练和养成，主张"听其言而观其行"。他倡导将心比心、推己及人的修养方法，主张"己欲立而立人，己欲达而达人""己所不欲，勿施于人"。

（二）有教无类，因材施教

孔子"有教无类"的教育思想出自《论语·卫灵公》。意思是说：不管是哪类人，不管是贵族还是平民，所有的人都该受到教育。"因材施教"出自《论语·先进》。孔子对不同学生提出的相同问题，做了不同回答，从而体现出他"因材施教"的素质教育思想，该思想是指教师要从学生的实际情况、个别差异出发，有的放矢地进行有差别的教育教学，使每个学生都能扬长避短，获得最佳发展。孔子在教育实践的基础上，创造了因材施教的方法，并作为一个教育原则，贯穿于日常的教育工作之中。

（三）学思结合，知行统一

在教学中，孔子把"学而知之"作为根本的指导思想，他的"学而知之"就是说学是求知的手段，知是由学而得的。学，不仅是学习文字上的间接经验，而且还要通过见闻获得直接经验，两种知识都需要。孔子重视学，也重视思，主张学思并重，思学结合。他在论述学与思的关系时说"学而不思则罔，思而不学则殆"(《论语·为政》)，可见他既反对思而不学，也反对学而不思。孔子还强调学习知识要"学以致用"，要将学到的知识运用于社会实践之中。他还强调把学到的知识要"笃行之"，要求学生们说话谨慎一些，做事则要勤快一些，"君子欲讷其言而敏于行"，应当更重视行动。由学而思而行，这就是孔子所探究和总结的学习过程，也就是素质教育的过程。

（四）启发诱导，循序渐进

孔子说："不愤不启，不悱不发，举一隅，不以三隅反，则不复也。"(《论语·述而》)愤与悱是内在心理状态在外部容色言辞上的表现。就是说，在教学之前必须先让学生认真思考，已经思考相当时间但还想不通，可以启发他；经思考并已有所领会，但未能以适当的言辞表达出来，此时可以开导他。教师的启发是在学生思考的基础上进行的，启发之后，应让学生再思考，获得进一步的领会。孔子在启发诱导、循序渐进的教学中常用的方法有三种：由浅入深，由易到难；能近取譬，推己及人；叩其两端，攻乎异端。

（五）严谨治学，求真务实

"知之为知之，不知为不知，是知也。"(《论语·为政》)几乎人人都知道孔子这句话。这是孔子做学问的态度——严谨治学、求真务实。他曾说："夏礼，吾能言之，杞不足征之；殷礼，吾能言之，宋不足征也。文献不足故也，足则吾能征之矣。”(《论语·八佾》)意思是说：夏朝的礼，我能说出来，但是，它的后代杞国不足以作证明；殷朝的礼，我能说出来，但它的后代宋国不足以作证明。这是杞国、宋国资料和熟悉历史的贤人不够的缘故。如果资料充足，那么我就可以用来作证明了。这足以说明孔子治学严谨的态度。

（六）勤奋好学，温故知新

《论语·雍也》中有“知之者不如好知者，好知者不如乐知者”。孔子十分注重培养学生自觉学习的乐趣，对优秀者给予表扬，对怠惰者给予批评。他曾多次表扬颜回。孔子主张“温故而知新”。他说：“学而时习之，不亦说乎?”并说：“温故而知新，可以为师矣。”在学习时应当独立思考，但思考必须以认真读书为基础，他指出：“学而不思则罔，思而不学则殆。”(《论语·为政》)

综上所述，以孔子为代表提出的中国古代教育内容“六艺”——礼、乐、射、御、书、数，以及六大理念——教育培养，德育为首；有教无类，因材施教；学思结合，知行统一；启发诱导，循序渐进；严谨治学，求真务实；勤奋好学，温故知新。这些优秀思想，在当代中国素质教育发展中是值得而且应当被传承和发展的。

第三章　中国素质教育发展的历史过程

中国素质教育发展的历史过程，是从“提出”到“确立”，再到“推进”，进一步到“发展”的历史演进过程。

一、中国素质教育的提出

1985 年，《中共中央关于教育体制改革的决定》首次提出“教育改革的根本任务是提高国民素质，多出人才，出好人才”。于是，教育界便有了“素质教育”的提法。“素质教育”的提出绝不是偶然的，是现代化建设对教育提出的任务和要求，也是针对“应试教育”提出来的教育改革措施。

（一）现代化建设对教育提出的任务和要求①

现代化概念是一个历史的范畴，又是一个国际的范畴。在国际上，各国对现代化理解不同，标准不同，很难有一个国际公认的现代化定义。然而，国际上有一个区分贫富的社会指标体系，它是各国公认的国际标准。这个指标体系把世界各国或地区划分为五种类型：贫困型(最低收入)、温饱型(低收入)、小康型(下中等收入)、宽裕型(上中等收入)、富裕型(高收入)。区分这五种类型的标准分为四类 21 项指标。这四类是：经济发展水平、社会结构、人口素质、生活质量。这 21 项指标是：经济水平类 1 项，即人均国民生产总值；社会结构类 5 项，即农业在国民生产总值中的比重、第三产业在国民生产总值中的比重、城市人口占总人口的比重、非农业人口就业占总就业人口的比重、享受保健服务人口的比重；人口素质类 6 项，即成人识字率、中学生占 12～17 岁人口比重、大学生占 20～24 岁人口比重、人口净增率、平均预期寿命、婴儿死亡率；生活质量类 9 项，即平均多少人有一名医生、平均每日摄取热量、恩格尔系数、人均住宅面积、农村饮用清洁水人口比例、年劳动工时、人均能量消费量、通货膨胀率、贫富差距。在这 21 项指标中人均国民生产总值最为重要，这项指标的标准是：贫困型是 200 美元，温饱型是 330 美元，小康型是 1380 美元，宽裕型是 3240 美元，富裕型是 17080 美元。我国 1988 年为 330 美元，1992 年为 470 美元，属于温饱型。

根据世界银行 1994 年《世界发展报告》公布的数据，在世界 132 个人口超过 100 万

① 詹万生：《詹万生德育文选》第 2 卷，520 页，北京，首都师范大学出版社，2018。

人的国家和地区中，1992 年人均国民生产总值在 675 美元以下的有 42 个国家，人口有 31.91 亿(这属于低收入国家，含贫困型和温饱型)，我国也列在其中，排倒数第 28 位；人均国民生产总值在 676～8356 美元的有 67 个国家，人口有 14.18 亿(这属于中等收入国家，含小康型和富裕型)；人均国民生产总值在 8356 美元以上的有 23 个国家，人口有 8.28 亿(这属于高收入国家，为富裕型)。国际上一般认为进入小康型社会就算初步实现现代化，进入宽裕型社会可以说基本实现现代化，进入富裕型社会就达到了完全现代化。按照这个标准，20 世纪 80 年代末期，我国正在从温饱型向小康型迈进，处在现代化建设的进程之中。

实现现代化必须优先发展教育，重视提高公民的素质。在现实生活当中，不论是党和政府，还是人民群众，从来没有像现在这样对于人的素质问题如此关注。

在经济战线上，人们把许多指标的提高归咎于人的素质的提高，而把许多任务不能完成都归咎于人的素质不行。工程质量是如此，产品质量是如此，服务质量也是如此。当时我们到商场购买家用电器时都希望买进口原装的，光进口不行，还要加上一个原装；其实是原装还是国内组装，元件上没有任何差别，但是大家就要原装，不要国内组装。这是为什么？因为大家觉得国内组装，同样的元件而质量却不可靠。那么这个差异在哪儿？大家自然想到，可能是我们劳动者的工艺水平不如人家，责任心不如人家等。归结起来说，我们的人素质不行。在社会生活领域，人们把许多不良现象也归结于人的素质问题。比如，社会治安状况明显存在许多问题，社会的文明程度存在的问题比较多，没有一个良好的秩序，没有一个友爱礼让的习惯。

当看到整个社会存在这些情况之后，大家越来越意识到我们这个社会想要进步，不提高人的素质不行。特别是当中央提出了实现现代化必须实行两个转变之后，大家更感到提高人的素质的重要性。这两个转变，一个是实现由计划经济体制向社会主义市场经济体制的转变；一个是经济增长方式由粗放型向集约型转变。实现这两个转变必须依靠科技进步和提高劳动者素质。科技进步要依靠科技工作者的素质，整个生产水平提高要依靠劳动者的素质。国际竞争，说到底是人才的竞争，是人的素质的竞争。实现现代化，关键是提高人的素质。

（二）针对“应试教育”提出来的改革措施

1977 年，高考制度恢复之后，长期处于文化饥渴状态下的青年人，重新踏入了知识的殿堂，举国上下形成了蔚为壮观的学习科学文化知识的良好风气，这无疑是中华民族走向进步、富强的蓬勃精神状态的显著表现。由于国家的劳动人事制度中把人的学历水平作为就业、社会分工和晋级晋升的基本条件，加上重视读书、轻视劳动的传统观念的影响，整个社会乃至青年学生都渴望通过考取大学获取文凭，从而得到比较满意的工作。于是，对一个学校教学质量高低的评价便集中在升学率这个尺度上，片面追求升学率的现象便愈益严重起来。

教育界曾围绕“素质教育”和“应试教育”展开了一场大讨论。有的同志提出：应试教育是对我们现行教育的概括，因此要通过一场改革，把中国现行的教育改为素质教育。但很多同志认为这样理解不对，因为我们现行的教育为提高民族素质做了许多贡献，也是有成效的，不能说我们现在的教育不是素质教育，是应试教育，因此要做彻底改变，转变为另外一种素质教育。还有的同志提出：应试教育不能全盘否定，应试教育也能提高素质。总之，这些同志担心从应试教育向素质教育转变的提法，会全盘否定改革开放以来的教育成果。

大多数同志认为这种担心是不必要的。因为从应试教育向素质教育的转变是现行教育的改进或改革，而不是像“文化大革命”初期对十七年教育的彻底批判和全盘否定。我们曾经有过“停课闹革命”“零分光荣”的惨痛教训，也有过以课堂为中心，片面追求升学率的失误，正反两方面的教训使我们清醒地认识到悲剧不能重演，而片面追求升学率、忽视素质教育和全面发展的现象也不能再继续下去了。因此，从应试教育向素质教育的转变，首先是教育思想的转变，是我们国家面临的形势和基础教育现状得出的必然的结论。它不是对基础教育现状的全盘否定，而是对基础教育迎接 21 世纪挑战的一个响亮的回答，是推动基础教育发展的一个建设性目标。①

二、 中国素质教育的确立

1996 年 3 月，《中华人民共和国国民经济和社会发展“九五”规划和 2010 年远景目标纲要》明确提出了要“改革人才培养模式，由‘应试教育’向全面素质教育转变”。素质教育从 1985 年提出，到 1996 年确立，经历了长达十余年的发展历程，这是中国教育改革在世纪之交面对新的形势所做出的必然选择。确立素质教育是全面提高全体受教育者的综合素质水平和个性发展水平的教育。素质教育的确立就应当克服和改变应试教育的做法，归纳起来有以下几个方面。

（一）素质教育的目的

素质教育以受教育者个体发展和社会发展的需要为出发点，旨在提高国民素质，追求教育的长远利益与根本目标。素质教育的目的与应试教育有根本的区别，“应试教育”以应付考试为出发点，以考取高分、片面追求升学率为目的。素质教育的确立就应当改变应试“片面追求升学率”的教育目的。

（二）素质教育的对象

素质教育面向全体学生，尊重差异，因材施教，使每个人都在他原有的基础上有所发展，都在他天赋允许的范围内充分发展。而“应试教育”只重视高分学生，忽视升学无望的学生，致使部分学生流失，部分学生成为教育的“失败者”而走向社会。素质教育的确立就必须贯彻义务教育的宗旨，遵循“教育机会人人均等”的原则。

---

① 詹万生：《詹万生德育文选》第 2 卷，528 页，北京，首都师范大学出版社，2018。

（三）素质教育的内容

素质教育坚持育人为本、德育为先，落实立德树人根本任务，教育内容是学生德智体美劳综合素质全面发展。而“应试教育”紧紧围绕考试和升学需要，考什么就教什么，重智育轻德育，重知识传授轻能力培养，重课堂教学轻社会实践。素质教育的确立就应当改变应试教育“考什么就教什么”的教育内容。

（四）素质教育的方法

素质教育则要求开发学生的潜能与优势，重视启发式教学，因材施教，重视培养学生的创新精神和实践能力。而“应试教育”大搞题海战术、猜题押题、加班加点、死记硬背、“填鸭式”等，不仅加重了学生的课业负担，也使学生的能力得不到全面的培养。素质教育的确立就应当改变应试教育“填鸭式”的教育方法。

（五）素质教育的评价标准

素质教育则立足于学生素质的全面提高，以多种形式全面衡量学生的综合素质、教师的教育教学水平和学校的办学质量。而“应试教育”以分数作为衡量学生学习水平、教师教学水平和学校办学质量的唯一标准。素质教育的确立必须改变应试教育唯考试、唯分数、唯升学的评价标准。

总之，素质教育更加符合教育的规律，更加适应学生的全面发展。确立素质教育是全社会的必然选择。

三、 中国素质教育的推进

当人类社会即将进入21世纪的时候，党中央国务院于1999年6月召开了改革开放以来第三次全国教育工作会议。在大会主题报告中，全面阐述了推进素质教育的战略意义和实施素质教育的重要措施。党中央国务院做出了《深化教育改革，全面推进素质教育的决定》(以下简称《决定》)。1999年10月，第三届全国德育科研年会在河南开封召开，詹万生做的主题报告第一部分题为“认真学习和深刻领会全教会精神”，对全教会精神谈了以下六点认识。①

（一）素质教育以提高国民素质为根本宗旨

素质教育的基本内涵，集中体现为一个宗旨，即全面贯彻党的教育方针，以提高国民素质为根本宗旨。素质教育及其宗旨的确立，有助于我们加深理解教育的本质问题。教育的本质简言之就是适应社会要求培育人或塑造人的社会活动。具体一点表述，教育就是由教育者根据社会要求和人的身心发展规律，对受教育者施加的一种系统的以提高人的素质为目的的培育和塑造活动。这样的认识，就在社会—教育—人之间建

① 詹万生：《詹万生德育文选》第2卷，197～202页，北京，首都师范大学出版社，2018。

立起合乎规律的联系。我国的教育方针，科学地、具体地反映了教育的本质，也就是素质教育的宗旨：培养德智体美劳全面发展的社会主义建设者和接班人。

（二）素质教育的两个重点是培养学生的创新精神和实践能力

教育是知识创新、传播和应用的主要基地，也是培育创新精神和创新人才的摇篮。人的创造能力的形成，是人的思想道德素质和科学文化素质和谐统一的结果。人的良好的品德和个性对其创造能力的形成与发展具有决定性的作用。如人勤奋的学习态度，强烈的求知欲，对事物的好奇心，爱科学爱创造的情感，坚强的毅力和坚定的信念，进取创新意识与社会责任感，以及崇高的理想，科学的世界观等诸项品德素质，对人的智力和创造活动起着导向、动力、调节和支撑作用。

培养学生的实践能力在素质教育中具有多方面的意义。社会生活在本质上是实践的。实践是人的根本的存在方式。实践是知识和能力的源泉。学生的学习能力、创造能力本质上是实践能力。人的思想道德在现实生活中是以实践表现出来的。实践，是素质教育的根本特性。

（三）素质教育要坚持面向现代化、面向世界、面向未来

面向现代化、面向世界、面向未来是一个相互统一的整体。其基础与核心是面向国家社会主义现代化建设。面向现代化就是通过教育提高劳动者素质，为现代化建设提供人才和知识保证。教育面向现代化的必要条件和表现方式是面向世界。我们是在一个开放的世界中进行现代化建设的。我们的现代化建设，需要继承和发扬中华民族的优秀文化传统，也需要学习吸收世界各国人民创造的优秀文明成果。在当今科学技术飞速发展的形势下，关注、了解、掌握世界政治、经济、文化发展的新情况，对教育改革与发展是十分重要的。只有面向世界，我们才能站在时代教育改革发展的前沿，进行科学的分析和选择，使教育与现代化建设相互适应。现代化作为一个朝着特定目标有序发展的过程，其本身就是指向未来的，而这一未来目标的实现，需要教育培养一代又一代能将现代化建设引向未来的人才。三个面向相互联系，互为条件，是素质教育必须坚持的。

（四）素质教育要坚持“四个统一”和“四有”

素质教育要坚持“四个统一”，即“坚持学习科学文化知识与加强思想修养的统一”“坚持学习书本知识与投身社会实践的统一”“坚持实现自身价值与服务祖国人民的统一”“坚持树立远大理想与进行艰苦奋斗的统一”。“有理想、有道德、有文化、有纪律”是邓小平对新一代社会主义建设者和接班人提出的殷切希望和要求，“四个统一”是对“四有”人才标准所做的赋予时代特征的具体阐述。

“四个统一”和“四有”是一个联系紧密的整体。“坚持学习科学文化知识与加强思想修养的统一”是青年人成才的先决条件；“坚持学习书本知识与投身社会实践的统一”是青年人成才的有效途径；“坚持实现自身价值与服务祖国人民的统一”是青年人成才的

目的；“坚持树立远大理想与进行艰苦奋斗的统一”是青年人成才的动力。“四个统一”和谐地统一于为现代化建设培养“四有”新人。

（五）素质教育贯穿五级教育与“五育”

《决定》指出，素质教育应当贯穿于幼儿教育、中小学教育、职业教育、成人教育和高等教育五级教育，这充分体现出素质教育面向全体的思想。在促进学生全面发展上，《决定》指出，实施素质教育必须把德育、智育、体育、美育和劳动技术教育这五育有机地统一在教育活动的各个环节中。

（六）素质教育的六大措施

第一，调整现有教育体系结构，扩大高中和高等教育规模，拓宽人才成长道路，减缓升学压力。第二，大力支持民办教育，将其视为经济增长点，以利于全面推进素质教育。第三，进行教育教学体系的整体改革，重点进行课程内容、结构、体系的改革。第四，搞好升学考试制度和教育评价体系和管理制度的改革。第五，优化结构，建设全面推进素质教育的高质量的教师队伍。第六，加强领导，全党全社会共同努力把素质教育落到实处。

全面推进素质教育，是我国教育事业的一场深刻变革，是一项事关全局、影响深远涉及诸多方面的系统工程。

四、 中国素质教育的发展

在党的十九大报告中，习近平总书记指出，优先发展教育事业，建设教育强国是中华民族伟大复兴的基础工程，必须把教育事业放在优先位置，加快教育现代化，办好人民满意的教育。要全面贯彻党的教育方针，落实立德树人根本任务，发展素质教育，推进教育公平，培养德智体美全面发展的社会主义建设者和接班人。党的十九大关于素质教育的提法或者说关键词是“发展”。发展素质教育，是素质教育发展历程的必然结果。

习近平总书记在 2018 年全国教育大会上发表的重要讲话，就培养什么人、怎样培养人，为谁培养人三个根本问题上做出了重要论述，对如何发展素质教育、构建德智体美劳五育并举的素质教育体系进行了深刻而全面的阐发，为发展素质教育指明了方向。发展素质教育，要努力构建德智体美劳全面培养的教育体系，把立德树人融入各个环节，贯穿各个学段，学科体系、教学体系、教材体系、管理体系要围绕这个目标来设计，教师要围绕这个目标来教，学生要围绕这个目标来学。凡是不利于实现这个目标的做法都要坚决改过来。

总之，党的十九大开启了新时代“发展素质教育”的新征程，全国教育大会提出了“发展素质教育”的新目标、新任务、新要求，为发展素质教育指明了方向。

第四章　中国素质教育发展的理论基础

一、 哲学基础

马克思主义哲学是关于自然、社会和思维发展一般规律的科学，是唯物论和辩证法的统一、唯物论自然观和历史观的统一，是科学的世界观和方法论。马克思主义哲学以世界的最一般规律作为自己的研究对象，其理论具有一般性和普遍性，对各具体学科有指导意义。其中，辩证唯物主义关于事物普遍联系和发展原理、系统论原理以及关于人的全面发展理论等为中国的素质教育发展奠定了世界观和方法论基础。

（一）普遍联系的观点①

唯物辩证法研究了事物之间相互联系的多种形态和特征。辩证唯物主义原理指出，认识事物的一个基本着眼点是认识它的联系和发展。作为唯物辩证法的总起点和总特征之一，事物的联系具有普遍性。即事物内部各个部分、各项要素之间是相互联系的；事物与事物之间也是相关联系的，世界上一切事物都与周围其他事物有着这样或那样的联系；任何事物都处在联系之中，整个世界是一个普遍联系的有机整体，没有一个事物是孤立存在的。在素质教育发展的理论研究与实践指导中，既要密切关注素质教育内部各项要素的独立发展，也要把握好德育、智育、体育、美育、劳动教育五育之间的相互作用与联系，助推学生德智体美劳综合素质全面发展；更要把握好小学、初中、高中、职业教育、高等教育各领域素质教育的和谐衔接；还要联系学校教育的外部环境，重视学校教育、家庭教育、社会教育相结合，共同构建中国素质教育发展体系。

（二）系统论

系统论是研究一切系统的一般模式、原则和规律的理论体系。它包括系统概念、一般系统理论、系统理论分析、系统方法论和系统方法的应用等。系统联系原理概括起来说有整体性、有序性、动态性、最优化等原则。整体性原则是指一切事物都是由各个局部构成的有机联系的整体，局部离不开整体，全局高于局部，二者相互依赖、相互影响。整体性原则可以指导我们将素质教育视为一个由诸多要素相互联系构成的整体，从整体和要素的相互作用和相互联系中把握事物的本质和规律。系统联系的有

---

① 詹万生：《詹万生德育文选》第5卷，204～205页，北京，首都师范大学出版社，2018。

序性原则认为，任何系统都不是偶然的堆积，而是由子系统和分系统有序组合而成。有序性原则可以引导我们认识素质教育要素的结构层次的建构关系，把握“五育”构成的横向系统和不同领域构成的纵向系统。系统联系的动态性原则认为，一切系统都是变化、运动着的，这也是客观世界的发展规律，因此探索系统发展变化的方向、动力、速度、原因和规律等有助于我们对更复杂的对象进行研究。这个原则告诉我们，考察系统性质时，要在动态中考察，研究系统的动因，从系统自身的矛盾运动中寻找改善方法，注重提高自我调节能力。它可以引导我们认识素质教育随着学生年龄增长的发展状态，根据学生的年龄特点实施素质教育。系统联系的最优化原则，即从几种方案中选出最佳方案，使系统运转处于最佳状态，达到最优目标，这是系统方法要解决的主要问题。系统的最优化原则遵循局部效应服从整体效应，坚持系统多级优化原则，坚持优化的绝对性和相对性结合的原则，可以引导我们注重学生的个性发展，扬长避短，因材施教。①

（三）人的全面发展理论

“人的全面发展”是马克思主义的基本原理之一，马克思主义从分析现实的人和现实的生产关系入手，指出了人的全面发展的条件、手段和途径。人的全面发展理论对素质教育具有重要的指导意义。

首先，从素质教育的视角来看，“人的全面发展”是指学生在德、智、体、美、劳等方面获得完整发展，是指学生思想道德素质、科学文化素质、身体心理素质、审美艺术素质、劳动技能素质完整的、全面的发展。其次，从发展的条件来看，“人的全面发展”受社会环境、学校教育、家庭教育等诸多因素的影响，也会受到个体先天遗传因素的制约。因此，素质教育要发挥家庭教育、学校教育、社会教育的积极作用，也要遵循学生的个性特长。再次，从发展的一般规律来看，“人的全面发展”在学生成长的不同阶段具有发展程度上的差异，或者有发展顺序的差异，事物发展的前途是光明的，但道路是曲折的，是螺旋式发展、波浪式上升的。在对待学生素质优劣的时候，不要看一时一事，而要着眼长远，看重发展。在对待学生素质差异的时候，不能以分数这一把尺子来衡量，而要善于发现学生的优点和个性特长，引导学生朝着“全面合格＋个性特长”的方向发展。“人的全面发展”学说对于解决现实教育中存在的只重视分数、片面追求升学率的弊端，指导和引领我们关注学生德智体美劳全面发展，具有重要的现实意义。

总之，辩证唯物主义关于事物普遍联系和发展的原理、系统论方法论、人的全面发展理论等为素质教育研究奠定了哲学基础。

---

① 詹万生：《詹万生德育文选》第2卷，117～118页，北京，首都师范大学出版社，2018。

二、 社会学基础

社会学是对人类社会和社会互动进行系统研究的一门学科。社会学的研究对象既包括整体社会，也包括局部社会，即社会的某一方面、某个领域、某个层次，也包括研究人类在社会中的各种活动、社会交往、社会工作、社会结构、社会发展等方方面面的社会现象和社会问题。其中关于人的社会化理论、教育社会学理论，是中国素质教育发展研究的理论基础之一。

（一）人的社会化

人的社会化是个体在社会文化影响下，由自然人发展成适应社会生活、掌握社会规范、具有社会行为方式的社会人的过程。社会化的基本内容：其一，促进个性形成和发展。个性亦称人格，是指人的个性特征及其所持的价值标准，它是一个人所具有的比较稳定的生理、心理素质和社会行为特征的总和。社会化对于人格的形成起着重要作用。其二，内化社会价值观念和道德规范。社会化的内容就是个人学习和掌握社会文化，社会文化的核心内容包括价值体系、社会规范两大部分。个人通过社会化过程将社会价值观念内化，学习和掌握社会规范。其三，掌握生活技能。社会化过程就是社会角色学习的过程，角色学习必须以基本生活技能和某些专门技能为基础，在此基础上了解自己在群体或社会关系中的地位，按社会结构中所规定的规范行事。

社会化是个体通过家庭、学校和社会的影响逐步实现的。人的社会化过程是人个性化和共性化统一形成的过程。人的个性化是指个人的性格、气质、兴趣、能力、人格等。人的共性化是指一个人作为国家、民族、组织、团体成员的归属认同、理想信念、价值观念、民族情感和风俗习惯等。人的社会化是通过人的一生来完成的。社会学从人的文化环境和人的年龄成长阶段研究人的社会化问题，这种研究方法与素质教育关注不同年龄段学生的全面发展的研究思路具有一致性。人在社会化中形成自己的社会角色，人的社会角色是一个“角色丛”，同一个人在学校、家庭、社会的不同生活情境中，承担的角色是否符合角色规范，是人的素质是否完整和谐的基本标志。教育是人的社会化的重要途径。从学生的社会化过程看，学生首先在家庭接受启蒙教育，形成基本的品质和个性。家庭有没有家训家规，有没有良好的家风，有没有良好的家教，对于学生最初的社会化至关重要。入学后，学校的办学思想、教育理念、教学内容、校风、教风、学风，以及教育督导评价是否引导学生德智体美劳综合素质全面发展，对于学生实现社会化更加重要。学生在校期间是否参加社会实践，是否接触社会、了解社会，对于学生实现社会化的进程也很重要。①

① 詹万生：《詹万生德育文选》第 2 卷，116～117 页，北京，首都师范大学出版社，2018。

（二）教育社会学

教育社会学是以社会科学原理研究教育现象、教育问题及与社会之间相互制约关系的学科，是教育学和社会学的重要分支。教育社会学的重要观点是教育机会均等。教育机会均等问题是教育公平问题的核心，更是对社会公正的一种反映。它的内容主要包含了入学机会均等、受教育过程机会均等和受教育结果机会均等三个方面。

一是入学机会均等，即人人都有受教育的权利，都可以进学校，使所有的人入学机会平等。二是受教育过程机会均等，就是学校提供的条件、设备、教师等方面水平差不多。过程均等不是说上同一所学校就是公平，还要强调因材施教，能够按照学生的能力给学生以适当的教育，即根据学生的能力和条件得到相应的发展。三是受教育结果机会均等，即保证每个学生都有取得成功的机会。结果均等不是说人人都得到同一类最高学校，而是能够考虑到学生的差别，给学生最好的出路，这个学生适合上大学就上大学，那个学生适合学手艺就上职业学校，大家都得到适合自己的发展。

"应试教育"设置重点校和重点班，重视智育、考试、分数，片面追求升学率，轻视德育、体育、美育、劳动教育，违背了教育社会学关于教育机会均等的观点。素质教育面向全体学生，主张德智体美劳综合素质全面发展，关注学生个性特长，因材施教。可见，教育机会均等的理论为研究与发展素质教育奠定了社会教育学基础。

三、 心理学基础

心理学是一门研究人的心理现象及其发生、发展规律的科学。心理学有许多分支，其中普通心理学、教育心理学和发展心理学为研究学生素质教育提供了理论支撑。

（一）普通心理学

普通心理学是研究人的心理过程发生发展和个性心理特征形成的最一般规律的学科。其研究范围包括心理学的理论原则和方法、心理过程、心理状态和个性心理特征等。

心理过程是指在客观事物的作用下，心理活动在一定时间内发生、发展的过程。通常包括认知过程、情感过程和意志过程三个方面。认知过程指人以感知、记忆、思维等形式反映客观事物的性质和联系的过程；情感过程是人对客观事物的某种态度的体验；意志过程是人有意识地克服各种困难以达到一定目标的过程。三者有各自发生发展的过程，但并非完全独立，而是统一心理过程中的不同方面。知、情、意三个方面是心理过程，而心理过程在教育教学行为中可以外化为教学过程。教学过程是由知、情、意、行四个环节构成的，教师的备课、讲课、批改作业，学生的预习、听课、做作业，都离不开知、情、意、行四个环节的心理过程和行为过程。素质教育不仅重视认知、情感、意志等心理过程，更要重视培养创新精神和实践能力，这就为素质教育在德、智、体、美、劳五育的培养目标奠定了心理学基础。

个性的心理特征，指个体经常、稳定地表现出来的心理特点。比较集中地反映了人的心理面貌的独特性、个别性，个性的心理特征主要在心理的发展过程中体现，包括能力、气质和性格。其中，能力标志着人在完成某种活动时的潜在可能性上的特征；气质标志着人在进行心理活动时，在强度、速度、稳定性、灵活性等动态性质方面的独特结合的个体差异性；而性格则更是鲜明地显示着人在对现实的态度和与之相适应的行为方式上的个人特征。[①] 认识和了解学生的个性的心理特征，对把握好与学生相处的模式、佐证教学方式，尽可能地认识学生等方面发挥了很大的积极作用。通过认识和认清学生的个性特点和心理特征，有利于教师对学生实施因材施教。因材施教可以避免应试教育"一刀切""齐步走"的教学模式，有利于发展素质教育。

（二）教育心理学

教育心理学是研究教育教学情境中学与教的基本心理规律的学科。教育心理学包括德育心理学、教学心理学、学科心理学、教师心理学等。

教育心理学以教育学的体系为依据，研究培养德智体美劳全面发展的人的教育方法，为培养学生综合素质全面发展提供了理论依据；教育心理学研究人的心理结构，认为人的心理过程是由知、情、意、行构成的，这就为素质教育不是单纯传授知识，而是知、情、意、行全面发展提供了理论依据；教育心理学研究儿童、少年、青年时期不同的心理特点，这就为小学、中学、大学素质教育内容和方法提供了理论依据；教育心理学探讨家庭教育、学校教育、社会教育过程中的心理现象，这就为家庭、学校、社会进行素质教育提供了心理学基础；教育心理学研究课堂学习的性质、条件、效果和评价问题，这就为德育、智育、体育、美育、劳动教育的课程设置、教学内容、教学方法和教学评价提供了心理学依据。

总之，教育心理学对素质教育的内容、方法、途径和效果等多个方面提供了理论基础，为学生全面发展提供了依据。

（三）发展心理学

发展心理学是研究种系和个体心理发生与发展的学科。个体心理发展指人类个体从受精卵开始到出生、成熟直至衰老的整个生命中心理发生和发展的过程。发展心理学主要包括儿童心理学、中年心理学和老年心理学等，其中儿童和青少年心理学是发展心理学的主干内容。发展心理学为研究发展素质教育提供了心理学基础。

个体心理发展的研究对象是人生全过程各个年龄阶段的心理发展特点，这些年龄阶段包含婴儿期、幼儿期、儿童期、少年期、青年期、中年期、老年期等。其中的儿童期、少年期、青年期的心理发展特点，为研究不同学段学生的素质教育提供了心理学基础。将发展心理学引入到教学中，能让教育工作者认识学生的心理发展变化及规律，便于教育工作者制定出符合学生年龄特征的教学目标和教学任务。发展心理学利

---

① 林崇德、杨治良等：《心理学大辞典》，1204页，上海，上海教育出版社，2004。

用科学的测评，无疑可以帮助学生认识自我、管理自我以及学习如何认识别人。这就为教育学生如何与人相处、如何与人为善提供帮助。发展心理学强调学生本位，合理设计有利于加强学生品德教育、审美教育、情感教育、自我认知教育、人际交往教育的体验情景。发展心理学与思想道德素质教育的目的是统一的，都在努力培养学生树立健康的、积极向上的世界观、人生观、价值观，将来更好地融入社会。可见，发展心理学为思想道德素质教育提供了良好的心理学基础。发展心理学关于人的毕生发展的基本理论：先天与教养、主动性与被动性、连续性与阶段性，为培养学生的综合素质全面发展提供了理论基础。

四、 教育学基础

教育学是研究人类教育现象和解决教育问题，揭示一般教育本质和规律的社会科学。教育学的多种理论与实践研究对素质教育发展有着实质上的指导意义，是素质教育发展的理论基石。

（一）教育基本规律

教育学关于教育的基本发展规律理论是素质教育的基础，并为素质教育的发展提供了实质意义上的指导。教育学和教育哲学研究揭示了教育的两条基本规律，一条反映的是社会发展与教育的辩证关系，另一条反映的是人的发展与教育的辩证关系。教育的这两条发展规律一方面说明教育受社会发展规律的制约并为社会发展服务；另一方面说明教育受人的发展规律的制约并为人的发展服务。教育的基本发展规律是“社会—人—教育”三者之间的相互制约、相互作用的稳定联系。社会发展对人的素质提出要求，教育根据社会对人的素质要求进行教育改革，以使人的素质适应社会需求。在这样的相互联系中，人的素质作用于社会，促进社会发展，而社会的继续发展，又对人的素质提出新的要求。素质教育正是遵循教育规律，为人的发展服务，为社会发展服务。通过素质教育提升学生的综合素质，培养德智体美劳全面发展的社会主义建设者和接班人。

（二）双主体教育观

现代教育主张“双主体”的教育观，即教师是教育主体，学生是受教育主体。双主体教育观要求既要充分发挥教师的主导作用，也要充分调动学生的自主学习的能动性，教师和学生应当充分尊重对方的主体地位。“双主体”教育观要求教育目标的确定既要考虑社会的要求，也要考虑学生自身成长的需要；教育内容不仅要依据社会规范，而且要遵循学生的年龄特点和身心发展规律；在教育途径和方法运用上，不仅要发挥教师“教”的主导地位，而且要强调学生的主体参与；在教育评价与管理方面，要引导学生自定成长目标、自评学习效果，使学生成为自己全面发展的主人，集中体现学生自为性、自主性和能动性。双主体教育观对教育目标的确立、教育内容的设置、教育途径和方法的运用、教育评价和管理制度的制定，正是发展素质教育的要求，是培养学生能动性和主体性、激发学习兴趣、全面提升学生素质的必然选择。双主体教育观是素质教育发展的重要理论基础。①

（三）实践教育观

实践教育观指通过社会实践对学生进行教育的一种理论观点。实践教育是素质教育重要的途径和方法。

社会实践作为教育的重要手段，形式是多种多样的。兴趣小组、社团活动、参观访问、实习实训、专题调研、公益劳动、志愿者服务，以及担任一定的社会工作等都可以使学生受到生动的实践教育，对学生的综合素质提升具有重要作用。学生成长过程的大部分时间是在学校里度过的，缺乏实际知识、生活体验和实践能力。社会实践不仅能将在课堂上学到的科学文化知识在具体的场景中对理论知识进行理解、应用并接受实践的检验，而且能够促进学生接触社会、了解社会、开阔视野、增强自信、增长才干、培养创新精神。

实践教育观要求教师重视学生的实践教育，在德智体美劳五育中，做到授之以知、晓之以理、动之以情、导之以行。要求学生在日常学习生活中，积极参与社会实践活动，做到知行统一。实践、认识、再实践、再认识是个循环往复的过程，根据一定时期的素质教育目的和任务，随着学生综合素质提升与发展，灵活地运用和积极地创造各种适当的实践教育形式，能有效提升素质教育水平。②

教育学基本规律、双主体教育观和实践教育观等为素质教育研究奠定了教育学基础。

---

① 詹万生：《詹万生德育文选》第 2 卷，137 页，北京，首都师范大学出版社，2018。

② 詹万生：《詹万生德育文选》第 2 卷，550～551 页，北京，首都师范大学出版社，2018。

第五章　中国素质教育发展的基本含义

一、 素质教育的概念界定

（一）什么是素质

《现代汉语词典第7版》对素质有三个释义：一为事物本来的性质；二为素养；三为心理学意义上的人的神经系统和感觉器官上的先天的特点。综合而论，素质虽是与生俱来的，具有极大的稳定性，但在后天环境的影响下，在实践活动中素质的某些特点会逐渐发生改变，会在刻意的学习与训练的活动中习得、增强、提升。

人的素质有狭义和广义之分。狭义的素质是生理学和心理学意义上的素质概念，即“遗传素质”，是指人或事物在某些方面的本来特点和原有基础。在心理学上，指人的先天的解剖生理特点，主要是感觉器官和神经系统方面的特点，是人的心理发展的生理条件，但不能决定人的心理内容和发展水平。在《心理学大辞典》里提到，人的素质一般指有机体天生具有的某些解剖和生理的特征，主要是神经系统、脑的特性，以及感官和运动器官的特性。① 目前，社会上常用的素质概念是“指事物本来的性质”，即事物既定的和固有的性质。

广义的素质指的是教育学意义上的素质概念，指人在先天生理的基础上，通过后天环境影响和教育训练所获得的、内在的、相对稳定的、长期发挥作用的身心特征及其基本品质。素质通常又称素养，它不是简单的生理学上的概念了。素质不仅包括先天的生理解剖特点，而且还包括思想、道德、科学、文化、身体、心理、艺术、审美、专业技术等比较稳定的品质。因此，素质是可以发展的，可以培养的，也是可以教育的。顾明远教授主编的《教育大辞典》对素质的定义就包含两个方面：第一，素质是先天的；第二，素质也可以是后天形成的。素质教育中的素质，主要指的是广义素质。②

（二）什么是素质教育

素质教育是以提高国民素质为目标的教育，是培养学生综合素质和个性特长的教育。综合素质涵盖思想道德素质、科学文化素质、身体心理素质、审美艺术素质和劳动技能素质“五大素质”。素质教育就是德育、智育、体育、美育和劳动教育“五育”的

---

① 林崇德、杨治良等：《心理学大辞典》，1204页，上海，上海教育出版社，2004。

② 詹万生：《詹万生德育文选》第5卷，208页，北京，首都师范大学出版社，2018。

统称。它以培养德智体美劳全面发展的社会主义建设者和接班人为目标，以全面贯彻党和国家的教育方针为根本宗旨，以立德树人为根本任务，以五育并举、全面发展和尊重个性、因材施教为显著特征。素质教育的施教内容既重视学生的思想道德素质、科学文化素质、身体心理素质、审美艺术素质和劳动技能素质等综合素质的培养，也尊重学生个性发展、个性特长的提升。素质教育的实施途径不仅重视课堂教学，而且重视社会实践活动，培养学生的创新精神和实践能力。素质教育的评价机制不仅要看学生的学习成绩，而且要看学生的综合素养，克服重智育轻德育、重分数轻能力、重课堂教学轻社会实践的倾向。素质教育的贯彻落实要从“五大素质”的培养目标、教育内容、实施途径、主要方法以及管理评价五个方面开展。

2016 年 9 月 9 日，习近平总书记在看望北京市八一学校师生的谈话中指出：“基础教育是立德树人的事业，要旗帜鲜明加强思想政治教育、品德教育，加强社会主义核心价值观教育，引导学生自尊自信自立自强。基础教育是提高民族素质的奠基工程，要遵循青少年成长特点和规律，扎实做好基础的文章。基础教育要树立强烈的人才观，大力推进素质教育，鼓励学校办出特色，鼓励教师教出风格。”习近平总书记还说道：“素质教育是教育的核心，教育要注重以人为本、因材施教，注重学用相长、知行合一，着力培养学生的创新精神和实践能力，促进学生德智体美全面发展。”实施素质教育，根本宗旨是提高国民素质，重点是培养学生的社会责任感、创新精神和实践能力，造就“有理想、有道德、有文化、有纪律”的德智体美劳全面发展的社会主义事业建设者和接班人。

（三）怎样发展素质教育

党的十九大报告中明确指出：“要全面贯彻党的教育方针，落实立德树人根本任务，发展素质教育。”党的十九大开启了新时代“发展素质教育”的新征程，提出了“发展素质教育”的新目标、新任务、新要求。

全国教育大会于 2018 年 9 月 10 日在北京召开，习近平总书记出席会议并发表重要讲话，在培养什么人、怎样培养人、为谁培养人这三个教育的根本问题上，为怎样发展素质教育指明了方向。

首先，培养什么人？习近平总书记指出：培养什么人，是教育的首要问题。我国是中国共产党领导的社会主义国家，这就决定了我们的教育必须把培养社会主义建设者和接班人作为根本任务，培养一代又一代拥护中国共产党领导和我国社会主义制度、立志为中国特色社会主义奋斗终身的有用人才，培养德智体美劳全面发展的社会主义建设者和接班人。

在培养什么人的问题上，习近平总书记提出了九条具体要求：一是要在坚定理想信念上下功夫，教育引导学生树立共产主义远大理想和中国特色社会主义共同理想，增强学生的中国特色社会主义道路自信、理论自信、制度自信、文化自信，立志肩负起民族复兴的时代重任。二是要在厚植爱国主义情怀上下功夫，让爱国主义精神在学生心中牢牢扎根，教育引导学生热爱和拥护中国共产党，立志听党话、跟党走，立志扎根人民、奉献国家。三是要在加强品德修养上下功夫，教育引导学生培育和践行社会主义核心价值观，踏踏实实修好品德，成为有大爱大德大情怀的人。四是要在培养奋斗精神上下功夫，教育引导学生树立高远志向，历练敢于担当、不懈奋斗的精神，具有勇于奋斗的精神状态、乐观向上的人生态度，做到刚健有为、自强不息。五是要在增强综合素质上下功夫，教育引导学生培养综合能力，培养创新思维。六是要在增长知识见识上下功夫，教育引导学生珍惜学习时光，心无旁骛求知问学，增长见识，丰富学识，沿着求真理、悟道理、明事理的方向前进。七是要树立健康第一的教育理念，开齐开足体育课，帮助学生在体育锻炼中享受乐趣、增强体质、健全人格、锤炼意志。八是要全面加强和改进学校美育，坚持以美育人、以文化人，提高学生审美和人文素养。九是要在学生中弘扬劳动精神，教育引导学生崇尚劳动、尊重劳动，懂得劳动最光荣、劳动最崇高、劳动最伟大、劳动最美丽的道理，长大后能够辛勤劳动、诚实劳动、创造性劳动。在这九条要求中，前四条讲的都是德育，后四条分别讲智育、体育、美育、劳动教育，第五条讲的是综合素质。可见总书记非常重视德智体美劳综合素质全面发展。

第二，怎样培养人？习近平总书记明确提出：要努力构建德智体美劳全面培养的教育体系，形成更高水平的人才培养体系。要把立德树人融入思想道德教育、文化知识教育、社会实践教育各环节，贯穿基础教育、职业教育、高等教育各领域，学科体系、教学体系、教材体系、管理体系要围绕这个目标来设计，教师要围绕这个目标来教，学生要围绕这个目标来学。凡是不利于实现这个目标的做法都要坚决改过来。要从根本上解决教育评价指挥棒问题。习近平总书记指出：要深化教育体制改革，健全立德树人落实机制，扭转不科学的教育评价导向，坚决克服唯分数、唯升学、唯文凭、唯论文、唯帽子的顽瘴痼疾。

第三，为谁培养人？在为谁培养人的问题上，习近平总书记强调为党、为人民、为中国特色社会主义事业培养人。他指出：在党的坚强领导下，全面贯彻党的教育方针，坚持马克思主义指导地位，坚持中国特色社会主义教育发展道路，坚持社会主义办学方向，立足基本国情，遵循教育规律，坚持改革创新，坚持立德树人，以凝聚人心、完善人格、开发人力、培育人才、造福人民为工作目标，培养德智体美劳全面发展的社会主义建设者和接班人，加快推进教育现代化、建设教育强国、办好人民满意的教育。

【中国故事】

中国教育理念最先进的学校——范家小学①(有改编)

这是一所位于四川广元大山的农村小学。13 名教师，43 个学生中大部分是留守儿

① 闽南网：《“中国教育理念最先进的学校”范家小学资料照片为什么火了》，www.mnw.cn/edu/news/2116254.html，2019-7-31。

童。当“山区”“留守儿童”“村小”这几个词集中出现时，你的脑海里会是一幅怎样的画面？

经济学家、北京大学汇丰商学院何帆这样评价：中国教育理念最先进的学校，不是北京或上海的公办名校、国际学校，而是四川大山深处的这所农村寄宿小学。

新年之交，一场跨年演讲，让更多人知道了这所广元山区的范家小学。

学校不大，一个小操场，两栋相连的3层楼房，一侧是教学楼，一侧是住宿区。除去幼儿园，全校共43名小学生，13名教师。其中，大部分学生为留守儿童，周一到周五寄宿在学校，一周回家一次。在这所学校中，教育回到了初始目的——育人。

教育理念之一：“学科成绩不重要，个性特长才重要。”

在这里，三好不重要——学校不参与“三好学生”的评选，而是用“美少年”代替，培养学生个性特长。“你可以是运动美少年、勤劳美少年、友善美少年、文明美少年、阳光美少年……总之学科成绩不是最重要的。”

“我们基础差起点低，但成绩是唯一的吗？八九十分就够了。科学家要人干，可毕竟是少数，社会的工作岗位有千万种，好成绩也有找不到工作的，成绩不好也有干得好好的。”张平原一开始就想得很实在。

初到范家小学，红星新闻记者的印象是这样的：教师不在，学生们能自己做着练习，背英语也能当成游戏玩；饭后教室的沙发上他们会一本本翻着书架上的书；课间，小操场能瞬间变成“花果山”；睡觉前，一年级的小个子们也能自己抱着脸盆洗漱，铺好被子安静睡觉。

墙面上，各班都有属于自己班级的“萌宠”，一个动物或者一种植物。比如一年级墙面上的绵羊，象征着善良而友善；五年级墙上的竹子，象征着有气节而奋发向上；六年级墙上的小蜜蜂，象征着勤劳而奋进。更重要的是，无论何时，你总能看到孩子们脸上的微笑。

教育理念之二：“考试不重要，给他们良好素质最重要。”

在这里，考试不重要——“学什么就考什么，自己出题自己考，除了小升初的测验以及市里的抽测，学校都不参与校外的统一测验。”张平原告诉红星新闻记者，因为人少，考完教师当场就能批改出对错，再一一给每个学生讲解错在哪里。

张平原2014年起当上范家小学校长，之前的20多年，与许多乡村教师一样，他“走出去”的机会不多。“农村孩子起点低，那我们就不追求成绩，这个社会除了极少的科学家外，更多的还是各行各业的劳动者，给他们自信和阳光，给他们良好的素质，他们今后也一定会是优秀体面的劳动者，一样为社会做贡献。”

于是，学校告示栏里写下了学校的办学目标：办美丽乡村学校，育阳光自信少年。

教育理念之三：“在玩耍中锻炼孩子的综合素质。”

在张平原看来，玩耍是孩子的天性，校园不该只是一个为了学习的环境，“玩”也该是重要的方面，“玩甚至比学更重要，当然也要让他们玩得开心、玩得有水平”。一项乡土课程从2016年春开始，一直持续至今。

每周三的整个下午，学生们都会走出校园，行走在田间。杨秀丽说起了这项课程的开端：“一开始带着孩子们出去玩，采野菜，大家都很兴奋，但其实很多都不认识，那就利用这个机会，让孩子们认识野菜，采回来后再形成文图，让他们自己查阅资料，弄清楚每一种野菜的名字和价值，做成一个家乡的野菜课题，最后大家再一起把野菜炒着吃了。”之后，《家乡的植物》《家乡的野果》《村里的老井》《微型水电站采访》《留守老人调查》……众多课题在随后进行。“根据不同年级开展不同的课题，在这个过程中，学生需要采集样本，然后画出来，做成卡片，形成文字，再将述出来。不懂的需要自己去求助村民，在玩耍中锻炼孩子的综合素质。”

教育理念之四：“不放弃任何一个孩子。”

项目式学习是另一项校园课程，这是一个持续性的学习过程。比如“豆”的学习，就需要学生们找到更多关于家乡的豆，了解豆的演变，找到与之相关的字、词、诗句，之后再讲这些豆的种子种入土，让它生根发芽，破土而生。因为季节不一样，那次学生们播下的黄豆没能生长，但发豆芽则是可以的。这并不容易，师生们尝试了两三次才终于做成。最后，同样一起做着吃了。

教师杨秀丽回忆起了一个已经转学的“无声男孩”。在校4年，这个叫范俊的孩子通过绘画找回了自信，教师们还特地为他办了画展，至今学校的过道上还挂着他的画。杨秀丽最爱开他的玩笑：“他咿咿哇哇，我们也跟着学他，但他不生气，大家也都跟他玩。神奇的是有一天上课，我在班上问上到第几页了，他一下站起来，说6……3。一个音到一个词，现在有时还能说上一句。”

校长张平原说：“我们不放弃任何一个孩子，每个孩子身上都有闪光点。作为教师要充分挖掘闪光点，找到孩子们的价值。”

二、 素质教育的基本特征

素质教育的基本特征主要体现为整体性、全面性、因材性和实效性四个方面。①

（一）整体性

素质教育的整体性主要指教育对象的整体性。学校教育是为提高民族素质，为多出人才、出好人才奠定基础，所以素质教育要面向全体适龄公民，贯穿于幼儿教育、中小学教育、职业教育、高等教育各个领域，覆盖到学校教育、家庭教育和社会教育等各个方面。在不同阶段和不同方面应当有不同的内容和重点，相互配合，全面推进。

① 詹万生：《詹万生德育文选》第2卷，529～531页，北京，首都师范大学出版社，2018。

在不同地区还应体现地区特点。在同级教育对象中，素质教育强调的是面向全体学生，而不是优先于所谓“尖子生”“优等生”等，它应该涵盖并普及至所有的教育对象，“一个都不能少”，全面提高学生的综合素养和个性特长。

（二）全面性

全面性主要指素质教育要具备培养目标、教育内容和实施途径。

素质教育的全面性首先体现在它的培养目标上。马克思在《资本论》中说道：“我们把劳动力或劳动能力理解为人的身体即活的人体中存在的，每当人生产某种使用价值时就运用的体力和智力的总和。”从素质教育的角度看，体力和智力的“总和”这个概念，可以理解为人的素质结构，我们把人的素质结构进一步划分为五大要素，即思想道德素质、科学文化素质、身体心理素质、审美艺术素质、劳动技能素质，也就是德、智、体、美、劳五育。我们培养的人有一个好的素质结构，素质教育要求学生的综合素质全面发展，最后由“总和”发挥出来。发展素质教育就不能只重视智育而忽视或轻视德育、体育、美育和劳动技能教育，就不能单纯应付考试，片面追求升学率。

素质教育的全面性还体现在教育内容上，素质教育的内容应当包括思想道德素质、科学文化素质、身体心理素质、审美艺术素质、劳动技能素质。思想道德素质包括理想信念教育、世界观、人生观、价值观教育、法制纪律教育和个人品德、社会公德、职业道德、家庭美德、生态道德教育等。科学文化素质包括科学素质和文化素质两个方面，科学素质包括数学、物理、化学、生物、计算机，以及信息技术和人工智能等自然科学知识、技能和分析问题、解决问题的能力；文化素质主要包括文学理论知识、语言表达、阅读理解、写作能力，以及历史、地理、外语、政治理论与哲学等方面的学识水平。身体心理素质包括身体素质与心理素质两个方面，身体素质主要包括学生的身体形态、身体机能、运动能力等方面及其变化趋势等；心理素质主要包括认知能力、适应能力、调节能力等。审美艺术素质具体指对音乐、舞蹈、绘画等艺术的认识、欣赏的修养，以及对上述艺术形式的感受、理解和创作能力。劳动技能素质主要通过家务劳动、校务劳动、社会公益劳动和实习、实践活动，让学生掌握劳动技能，养成热爱劳动的习惯，提高动手能力和发现问题、解决问题的能力。五大素质的教育内容不能缺失，尽可能开足开好课程，使学生素质得到全面发展。

素质教育的实施途径也具有全面性。与应试教育只追求考试高分、教师采取知识灌输、学生采用死记硬背的教育模式不同，素质教育的实施途径具有全面性。既重视课堂讲授，又注重启发式、体验式、实践式教学；既注重知识传授，又注重能力培养；既注重观察力、记忆力的培养，又重视逻辑思维、创新思维的培养；既重视各门学科教学，又注重学生德智体美劳的全面培养。在素质教育实施途径中，应该采取课堂教学、社会实践、校园文化、班团队会等多条途径，而不能只是课堂教学单一的实施途径。

（三）因材性

素质教育的因材性指素质教育的教育内容与方法。世界上没有完全相同的两片树叶，也不存在完全相同的两个人。受教育者是存在个体差异的。这个个体差异的形成，有先天条件的不同，有环境影响的不同，也有原来教育史的不同。这些差异决定了我们教育工作不能只是要求有差异的个体在教育内容和方法上“一刀切”“齐步走”，而应该“因材施教”，使每个受教育者都能够在自己原有的基础上得到发展。我们要面向全体学生，从每一个学生的实际出发，使他在自身的基础上有发展。在教育内容与方法上，从学生的实际情况、个别差异出发，有的放矢地进行因材施教，使每个学生都能扬长避短，获得最佳发展。

社会对人的素质要求应该是有共性的，但是，还应该有多种类型、多种层次的不同要求。得高分者未必个个成才，得低分者也未必是平庸无能之辈，素质教育的因材性特点，以注重学生的个性发展为出发点，挖掘学生的各自的闪光点，而不是一味追求高分。在实际生活中，社会各种不同的岗位也对人的素质提出了千差万别的要求，如计算机工程师等技术类岗位要求很强的技术手段；公关类、人力资源类岗位要求职工比较健谈，亲和力强；设计师、策划师等要求职工有很强的创新能力；文艺工作者要求艺术能力出众等。所以素质教育的因材性，不能像应试教育用一把分数尺子衡量所有的学生，应该从每一位学生个人实际出发，尊重学生的个性特点，使每个人得到充分发展。素质教育培养学生既有被社会一致认可的通识能力，也有符合自己个性特长，符合自我兴趣发展的一技之长，以此增强自己的能力弹性，从而适应日益变化的、多样而复杂的社会需要。

（四）实效性

素质教育的实效性主要体现在素质教育的结果上。教育能不能为社会主义现代化服务，是要由教育对象在步入社会以后发挥的社会功能的性质和水平决定的。社会对20世纪五六十年代的人的评价，普遍认为他们对社会主义建设做出了重要贡献，这就是对当年教育结果的评价。因此，真正的教育评价应当是教育结果的评价。素质教育立足培养学生在将来步入社会以后发挥的综合素质和个性特长，以及由此为社会做出的贡献。任何追求暂时的、表面的、片面的效果的教育，都不可能经受住社会和历史的考验。

素质教育要想发挥实效，就必须高度重视教育过程。素质教育的过程，一方面要重视科学文化素质教育，上好自然科学和社会科学的各门课程，使学生具备走向社会以后从事相关职业的素养；另一方面也要重视培养学生的综合素质，帮助学生树立自信、自立、自强的人生态度，使他们人格上更加健全，具有积极向上的思想道德素质、健康的身体素质、良好的心理素质和劳动技能素质。健全的素质教育过程，对学生未来走入社会、融入社会发展具有重大的积极意义。学校教育在一个人的一生中真正起作用的并不是在考卷上曾经回答的东西，而是在整个受教育的过程中积累起来并且最后形成的稳定素质，好的成绩帮助学生升学，而综合素质的发展才是帮助学生成功立足于社会的根本。

三、 素质教育的基本原则

（一）以人为本

以人为本的核心是关注人的成长发展需要，一切教育工作都以人的全面发展为出发点和归结点。以人为本关系到教育主体（包括教师、学生和家长）的精神质量和生命价值，是个体最现实、最直接的成长需要和生活感受。在实施素质教育的过程中坚持以人为本原则，就是以素质教育的实践主体为本。在实践操作层面上，主要是以教师为本，以学生为本，以家长为本。

以教师为本，就要尊师重教，尊重教师的人格和为人师表的师德风范，尊重教师的精神质量和生命价值，尊重教师的个性和自我成长的需要，尊重教师的职业成就感；充分发挥教师的传道授业解惑的职业职责，对教师的要求要适合教师工作发展实际，要为教师创造良好的教学环境，关注并满足教师的精神需求和物质需求；支持鼓励教师创新，保护和发展教师的创新精神，及时肯定教师的职业成就，让教师感受到学校、学生和家长的认可，感受职业生命的价值，让教师真正发自心底的以教书育人为乐趣、为自豪。以学生为本，就要热爱、关爱学生，满腔热情的指导学生快乐学习；要尊重学生的独立人格，民主、平等、公正地对待学生；遵循学生思想品德和身心发展规律，关注学生的成长需要，培养学生在学习过程当中的积极性和主动性，要培养学生之间、师生之间的和睦关系，充分发挥教师和学生“双主体”的和谐互动效应；教学过程当中要以学生为中心，以情境为中心，以活动为中心，让学生做学习的主人，教育方法和内容贴近学生需求，促进学生的思想品德及整体素质和谐全面发展。以家长为本，要关注学生与家长亲子关系，要从关注家长和学生的和谐关系上入手；要了解家长的精神与物质生活状况，要了解家长教育孩子的能力状况；尊重家长的要求和愿望，与家长建立和谐的关系，及时地、有针对性地指导家庭教育，培养和引导家长树立和掌握科学的教育理念和教育方法，养成健康文明的生活方式；要重视家庭环境、亲子关系等对孩子的重要影响，把握好家庭教育的熏陶作用，要培养孩子热爱生活，尊老爱幼等诸多美好品格的同时，要关注家长的精神状态，确立家长与孩子在家庭生活中的双主体地位，促进家庭生活的和谐幸福。①

---

① 詹万生：《詹万生德育文选》第4卷，325～326页，北京，首都师范大学出版社，2018。

素质教育的以人为本原则，要求我们要以教师为本，以学生为本，以家长为本，并且重视教师、学生、家长三个主体之间相互统一、相互协调的关系。

（二）循序渐进

学生整体素质的各种要素不是杂乱无章的偶然堆积，而是由内涵系统、横向系统和纵向系统有序组合的整体。循序渐进原则具体指的是素质教育应当本着“五育并举，全面发展；五大要素，横向贯通；五个领域，纵向衔接；立德树人，融贯其中”的原则，构建学生整体素质培养体系。①

发展素质教育的内涵系统包括思想道德素质、科学文化素质、身体心理素质、审美艺术素质、劳动技能素质五大素质，发展素质教育的内涵系统应该遵循循序渐进原则，根据小学、初中、高中、职业教育、高等教育不同年龄阶段学生的身体心理发育水平、认知能力和教育规律，分层递进，循序渐进，由易到难，由浅入深，由具体到抽象，由感性到理性，整体构建素质教育发展体系。横向系统包括素质教育的培养目标、教育内容、实施途径、主要方法和管理评价五个要素。横向系统的五大要素，同样要遵循循序渐进原则，按照纵向系统的五个领域，依据小学生、初中生、高中生、职业教育学生、高等教育学生不同年龄特点和受教育程度有序发展。因此，学生们的综合素质，需要依据各领域学生的年龄特点、学业水平进行逐步提高。更重要的是素质教育严格遵循学生的心理、生理发展规律，有计划、有层次地实施教育，素质教育反对超前教育、超负荷教育，逐步推进学生德智体美劳综合素质全面发展。

发展素质教育的循序渐进原则，体现了尊重学生年龄特点和成长规律，有利于学生综合素质全面发展。

（三）因材施教

素质教育以提高国民整体素质为目标，以促进每一个人的全面发展为宗旨，使每个学生得到“最优发展”。素质教育虽然在教育对象和教育内容上具有全面性，但是这并不是让所有学生都达到一个统一的标准。素质教育尊重每个学生的个性差异，在实施素质教育过程中，坚持因材施教原则，充分挖掘学生个性特点与潜能，使每个学生的个性特长得到充分的发展。

因材施教即根据学生的个体差异组织和进行教学工作。在具体的实施过程中，教师应根据不同学生的认知水平、学习能力以及自身素质，选择适合每个学生特点的学习方法来有针对性的教学，发挥学生的长处，激发学生学习的兴趣，树立学生的信心，使每个学生得到最大限度的发展。素质教育的因材施教原则要求教师不仅仅关注学生的考试分数，还要看到每一位学生身上的闪光点，使个性特长得到发展。素质教育不是选拔适合教育的学生，而是创造适合每个学生发展的教育，这是现代教育公平的必

① 詹万生：《詹万生德育文选》第5卷，236页，北京，首都师范大学出版社，2018。

然要求。因材施教原则还包括因性而教、因龄而教。因性而教来源于男女心理与生理上的差异性，一般而言，发育期的女性要早熟于男性一到两年，语言能力和机械记忆能力强，相应成绩也较好；随着年龄增长，男性的抽象思维优势开始显现，所以教师要因势利导，帮助他们分别保持和发展各自的优势，共同进步。因龄而教，指针对不同年龄段的学生表现的思想、智力、体力等差异，在教育内容的深度和广度上要区别对待。即便在同一年龄阶段，个人能力的发挥是有早晚差异的，有的能少年成才，有的则大器晚成，这是因材施教更深层次的问题。

因材施教自古就是教育的重要原则，包含着尊重个性、针对个性、发展个性的教育思想，对于发展素质教育，全面提升学生综合素质特别是个性特长具有重要意义。

【中国故事】

孔子因材施教的故事（出自《论语·先进》）

有一次，孔子讲完课，回到自己的书房，学生公西华给他端上一杯水。这时，子路匆匆走进来，大声向老师讨教："先生，如果我听到一种正确的主张，可以立刻去做吗?"

孔子看了子路一眼，慢条斯理地说："总要问一下父亲和兄长吧，怎么能听到就去做呢?"

子路刚出去，另一个学生冉有悄悄走到孔子面前，恭敬地问："先生，我要是听到正确的主张应该立刻去做吗?"

孔子马上回答："对，应该立刻实行。"

冉有走后，公西华奇怪地问："先生，一样的问题你的回答怎么相反呢?"

孔子笑了笑说："冉有性格谦逊，办事犹豫不决，所以我鼓励他临事果断。但子路逞强好胜，办事不周全，所以我就劝他遇事多听取别人意见，三思而行。"

（四）知行合一

素质教育的本质是实践的，素质教育的五大要素，其中包括德育、智育、体育、美育、劳动教育也都是实践的。

智育方面，除了解决学生知不知、会不会的问题，在教材的内容编写和教师的教授手段上要把理论与实践相结合，注重理论联系实际。物理、化学、生物课程要上好实验课，锻炼学生动手操作能力；语文、历史课程要上好社会实践课，引导学生通过理论知识学习关注现实生活，学以致用。德育方面，不仅要教会学生道德知识，而且更要养成道德行为习惯；不仅要教育学生知法懂法，而且更要守法用法；不仅要帮助学生树立正确的世界观、人生观、价值观，帮助学生塑造良好的个性、坚忍的品格和高尚的情操，更要引导学生在日常生活实践中身体力行，做一个爱国、爱党、爱人民、有道德、守纪律的好公民。体育方面，是素质教育中最贴近实践的教育，体育课绝不是只在教室里给学生讲体育知识，而是必须到操场上进行实际锻炼，通过一系列的体育活动切实提高身体素质。美育方面，不但要传递给学生书本上的美育知识，而且要通过实践教学提高学生的艺术表现能力，学唱歌就要动心动嘴“唱”，学跳舞就要动手动脚“跳”，学画画就要动脑动手“画”，这样才能帮助学生提高审美能力、艺术品位和艺术修养。劳动教育方面，劳动是人类文明起源发展的最主要手段，是素质教育中重要的一环。劳动教育绝不是在课堂上讲劳动知识，而是通过切实的劳动实践，身体力行的体验劳动，在劳动中教会学生热爱劳动、热爱生活，让学生拥有创造幸福生活的能力。

总之，素质教育不仅要解决学生知不知、会不会的问题，更要解决学生信不信、行不行的问题，即不但要授之以知、晓之以理，还要动之以情、导之以行。素质教育是由知、情、意(信)、行诸环节构成的，知识传授、情感陶冶、意志磨炼和行为引导缺一不可，关键是知行合一。①

① 詹万生：《詹万生德育文选》第2卷，552页，北京，首都师范大学出版社，2018。

第二篇

中国素质教育发展的体系构建

第六章　中国素质教育发展体系的整体构建

一、 中国素质教育发展体系整体构建模型

（一）整体构建素质教育发展体系导论

整体构建素质教育发展体系的指导思想是以习近平总书记在党的十九大报告和全国教育大会上的讲话精神为指导，全面贯彻党的教育方针，落实立德树人根本任务，发展素质教育。把立德树人根本任务融入德育、智育、体育、美育和劳动教育全方面，贯穿于小学、初中、高中、职业教育、高等教育全过程。

整体构建素质教育发展体系的理论基础是系统科学原理。系统科学的基本原理是系统具有整体性、层次性、有序性、和谐性、开放性和动态性。整体构建素质教育发展体系也是一个系统。从整体性来看，素质教育是由德育、智育、体育、美育和劳动教育构成的一个整体，整体构建素质教育发展体系必须“五育”并举。从有序性、和谐性来看，“五育”有其各自的培养目标、教育内容、实施途径、主要方法、管理评价等要素系统构成的一个统一的整体。从有序性、层次性来看，素质教育是由基础教育(小学、初中、高中)、职业教育、高等教育等层次系统组成的一个统一的整体。整体构建素质教育发展体系就是以要素系统为纬(即横向系统)，以层次系统为经(即纵向系统)，有序排列，和谐衔接，整体构建而成。从开放性、动态性来看，学生的德、智、体、美、劳综合素质和个性特长的发展，是通过小学、初中、高中、职业教育、高等教育各个领域的教育逐步实现的。各教育阶段的德、智、体、美、劳培养目标的高低，教育内容的深浅和侧重点，实施途径和方法的选择，管理制度和评价指标的确定，要针对学生不同年龄阶段的身心特点和理解接受能力的不同，由浅入深，由低到高，由感性到理性，由具体到抽象，循序渐进，逐步提高，不断发展。

整体构建素质教育发展体系的基本原则是：五育并举，全面发展；五大要素，横向贯通；五个领域，纵向衔接；立德树人，融贯其中。

“五育并举，全面发展”，是指素质教育要融入德育、智育、体育、美育和劳动教育(简称“五育”)全方面，使学生在德智体美劳诸方面得到全面发展。这是整体构建素质教育发展体系的内涵系统。

“五大要素，横向贯通”，是指“五育”各自的培养目标、教育内容、实施途径、主要方法、管理评价“五大要素”，根据系统论的原理使“五大要素，横向贯通”，环环相

扣，形成合力，以保证素质教育过程的完整性、有序性和连续性。这是整体构建素质教育发展体系的横向系统。

“五个领域，纵向衔接”，是指小学、初中、高中、职业教育、高等教育“五个领域”，依据各领域学生的年龄特点和教育规律纵向衔接，分层递进，螺旋上升，以保证各领域素质教育的层次性、渐进性和连续性，避免倒挂、脱节和简单重复。这是整体构建素质教育发展体系的纵向系统。

“立德树人，融贯其中”，是指把立德树人根本任务融入德育、智育、体育、美育和劳动教育全方面，贯穿于小学、初中、高中、职业教育、高等教育全过程，体现在“五育”各自的培养目标、教育内容、实施途径、主要方法、管理评价“五大要素”之中。

总之，整体构建素质教育发展体系，就是内涵系统——“五育”，横向系统——“五大要素”，纵向系统——“五个领域”三维结构的整体构建。

（二）中国素质教育发展体系三维结构模型建构（图 6-1）

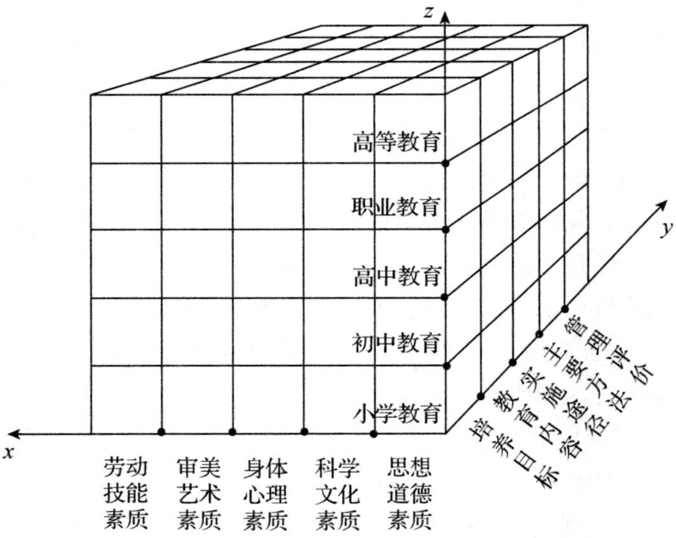

图 6-1　整体构建素质教育发展体系模型

（三）中国素质教育发展体系三维结构模型说明

中国素质教育发展体系三维结构模型是一个立体结构，如图 6-1 所示，说明如下。

第一，立体结构的 x 轴是素质教育发展体系模型的第一维度，称为“内涵系统”。内涵系统的坐标轴从右至左分别是思想道德素质、科学文化素质、身体心理素质、审美艺术素质、劳动技能素质。其中距离原点最近的思想道德素质是素质教育的核心与根本，发挥着导向、动力和保障的作用。各项素质顺序排列代表着“五育并举、全面发展”的建构原则。第一维度围绕思想道德素质、科学文化素质、身体心理素质、审美艺术素质和劳动技能素质展开，旨在培养学生全面发展，提高学生的综合素质。

第二，立体结构的 y 轴是素质教育发展体系模型的第二维度，称为“要素系统”。要素系统的坐标轴从左向右分别是培养目标、教育内容、实施途径、主要方法、管理评价“五大要素”，分别对应思想道德素质、科学文化素质、身体心理素质、审美艺术素质、劳动技能素质“五大素质”，构成中国素质教育发展体系三维结构的第二维度。第二维度是第一维度的要素系统，“五育”都要从这“五大要素”展开，构成中国素质教育发展体系的横向系统。

第三，立体结构的 z 轴是素质教育发展体系的第三维度，称为“领域系统”。领域系统由低到高分别是小学教育、初中教育、高中教育、职业教育和高等教育“五个领域”。“五个领域”都要从第一维度即思想道德素质、科学文化素质、身体心理素质、审美艺术素质、劳动技能素质“五大素质”展开，还要从第二维度即培养目标、教育内容、实施途径、主要方法、管理评价“五大要素”展开，由此构成了中国素质教育发展体系三维结构的第三维度。

素质教育发展体系模型的 x 轴、y 轴、z 轴分别代表的内涵系统、要素系统和领域系统互相交织，整体构建了中国素质教育发展体系。中国素质教育发展体系始终贯穿思想道德素质、科学文化素质、身体心理素质、审美艺术素质、劳动技能素质“五大素质”，培养目标、教育内容、实施途径、主要方法、管理评价“五大要素”和小学教育、初中教育、高中教育、职业教育和高等教育“五个领域”，形成了三维结构的立体画卷。

二、 第一维度——五育并举， 全面发展

中国素质教育发展体系的第一维度由思想道德素质、科学文化素质、身体心理素质、审美艺术素质和劳动技能素质“五大素质”构成，对应德育、智育、体育、美育、劳动教育“五育”，体现了整体构建素质教育发展体系的第一个原则——“五育并举，全面发展”。

（一）思想道德素质

思想道德素质由思想素质、道德素质、政治素质、法纪素质、心理素质五个方面构成，是人的综合素质的核心与灵魂，在素质教育中起着导向、动力和保障的作用。

思想素质主要指一个人的世界观、人生观、价值观以及理想信念等构成的较为稳定的、内在的基本品质。主要包括对自然、社会、人生的认识、态度、观念等，如思想认识、思想方法、价值观念等。道德是调整个人与个人、个人与社会、个人与自然之间关系的原则和规范的总和。道德素质是一个人的道德情感、道德行为构成的较为稳定的、内在的基本品质。包括个人品德、家庭美德、职业道德、社会公德和生态道德等几个方面。政治素质是一个人的政治立场、政治态度等构成的较为稳定的、内在的基本品质。它是公民所在国家的政治制度、政治理想的反映，公民政治素质的高低是社会政治文明发展水平的重要标志。法纪素质是一个人的法律知识、法律意识、纪

律观念和遵纪守法行为所构成的较为稳定的、内在的基本品质。它是公民所在国家的法律法规、法治精神和社会组织的制度等的反映。法纪素质是公民理解、尊重、执行和维护社会主义法律规范的重要保证，法纪素质教育要求学生知法、懂法、守法和用法，树立法制思维，增强法律意识。心理素质是一个人在遗传基础之上，在教育与环境影响下，所形成的性格、气质、能力等较为稳定的、内在的基本品质。它是先天因素和后天因素的集合。

综上所述，思想道德素质教育不仅包含道德教育、思想教育、政治教育，还包含法治教育、心理教育。其中，道德教育是核心，思想教育是导向，政治教育是根本，法纪教育是保障，心理教育是基础。思想道德素质教育要充分认识内部各要素的结构与作用，根据不同年龄阶段学生的身心特点和教育规律开展德育工作。思想道德素质教育作为素质教育首要的、核心的、根本的内容，要把立德树人根本任务始终贯穿于智育、体育、美育和劳动教育之中。

（二）科学文化素质

科学文化素质，包括科学素质和文化素质两个方面，是素质教育的主要内容。

科学素质是指一个人了解一定科学知识，掌握一定科学方法，在树立科学思想、创新精神等方面具有的较为稳定的、内在的基本品质。主要包括数学、物理、化学、生物、计算机，以及信息技术和人工智能等自然科学知识、技能和分析问题、解决此类相关问题的能力。科学素质在一定程度上决定思维方式和行为方式，反之，科学的思维、方法与原则凝聚为科学精神，科学精神的塑造又是科学素质提升的核心。科学精神表现为求真的精神、理性的精神、探索的精神、怀疑的精神、批判的精神。其中，求真精神是科学精神的根本与精髓，是科学素质提升的关键，科学素质的终极目标是求真。

文化素质是指一个人在掌握文化知识，树立人文精神等方面具有的较为稳定的、内在的基本品质。主要包括语言运用能力，以及历史、地理、外语、政治理论与哲学等方面的学识水平。文化有广义与狭义之分，广义的文化不仅包括上述文化知识，还包括人类所创造的全部精神文明和物质文明成果。因此，广义的文化素质还指人的审美情趣、胸怀境界等。文化素质体现在我们的言谈举止、说话办事等方面的涵养、修养上，还包括尊重人的权利、关心人的需要、以人为本的人文关怀和人文精神，文化素质的终极追求是求善。

科学文化素质教育就是要激发学生探索自然与社会的兴趣，树立创新意识；就是要培养学生不迷信、不盲从、求真务实，做理智的人；就是要学生习得更多知识、继承和发扬前人的智慧，拓宽自己的视野，提升自己的境界；就是要培养学生博采众长、有容乃大、崇德向善。科学文化素质主要是运用课堂教学来实施的，而课堂教学是知识传授的主要渠道和主要阵地，要充分开发和利用课堂教学的渠道优势，要在教学中始终贯彻落实立德树人根本任务，避免只重视分数、片面追求升学率的倾向。

（三）身体心理素质

身体心理素质包括身体素质与心理素质两个方面。良好的身体与心理素质是学生幸福生活、学业有成的基石，更是学生其他各项素质发展的根基。

身体素质是指一个人在活动中所表现出来的力量、速度、耐力、灵敏、柔韧等较为稳定的身体机能，是一个人体质强弱的外在表现。一个人身体素质的好坏与遗传有一定关系，但与后天的营养摄入和体育锻炼的关系更为密切。身体素质经常潜在地表现在人们的生活、学习和劳动中，自然也表现在体育锻炼方面，主要包括学生的身体形态、身体机能、运动能力等方面及其变化趋势等。良好的身体素质是学生心理健康的前提，是有效进行日常学习最基本的保障，是教育最根本的载体。学生的身体素质主要可以通过正确的体育锻炼来加强或者改善。

心理素质是一个人经过主体实践训练所形成的，反映个人性格、气质、心理能力的较为稳定的、内在的基本品质，其中心理能力是心理素质的重要体现，包括认知能力、适应能力、调节能力。一个人心理素质的优劣受遗传影响，更受教育、社会环境和实践活动的影响。心理素质以生理素质为基础，对内制约着主体的心理健康状况，对外与身体素质共同影响主体的行为表现。健康的心理素质有利于学生的情绪调适、人际交往和升学就业等。学生的心理素质可以通过心理健康教育、丰富社会阅历等多种形式来提升。

学生的身体心理素质的培育，应该建立在尊重生命、强健体魄、培育健康心理的基础上，要始终贯穿“立德树人”根本任务，要在体育和心理健康教育的过程中，融入德育思想，鼓励学生具有拼搏奋斗、永不言败的精神，培养学生乐观向上、刚健有为、自强不息的人生态度。

（四）审美艺术素质

审美艺术素质是素质教育发展的重要内容，是素质教育中学生个性特长发展的重点。

审美艺术素质是一个人的艺术涵养和艺术能力构成的较为稳定的、内在的基本品质。含于内，是为艺术涵养；形于外，是为艺术能力。艺术涵养包括艺术经验、艺术认识，以及对各类艺术特性的了解和掌握程度的修养；艺术能力包括艺术感受力、艺术理解力和艺术创造力，具体指对音乐、舞蹈、绘画、雕塑、建筑、文学、戏剧、影视等艺术形式的认知、欣赏的修养，以及对上述艺术形式的感受、理解和创作能力。艺术涵养与艺术能力的高低是审美艺术素质高低的基础，它影响学生对自然、生活和艺术的感知，审美艺术素质的本性是求美。审美艺术素质的高低受一定先天因素的影响，但后天的教育、环境的熏陶和技艺的培养才是提升的关键。

美育就是审美艺术教育，是普遍提升人的审美艺术素质的主要途径。美育不仅是审美艺术教育，而且是一种情操教育和心灵教育。美育不仅能提升人的审美素养，培养学生感受美、表现美、鉴赏美、创造美的能力，还能潜移默化地影响学生的气质，激励人的精神，温润人的心灵。美育要坚持立德树人，扎根时代生活，弘扬中华美育精神，引领学生树立正确的审美观念，陶冶高尚的道德情操，树立追求美和创造美的意识，激发想象力和创新意识，促进学生的全面发展和健康成长。

（五）劳动技能素质

劳动技能素质是素质教育发展的重要组成部分，良好的劳动技能素质能够使学生进入社会时具有必备的生存能力和良好的社会适应能力。

劳动是指人为了满足需要，以脑力和体力改造物质生活和精神生活的活动。劳动技能素质是指劳动者在生活和生产活动中具有一定的劳动技能，养成崇尚劳动、尊重劳动、热爱劳动的较为稳定的、内在的基本品质。劳动者是社会主义建设者的主体，学生作为中国特色社会主义社会的建设者和接班人，其素质的全面提高，离不开劳动。学生劳动技能素质主要通过家务劳动、校务劳动、社会公益劳动和实验、实习、实践活动来提升。教育中，要让学生直接参与劳动过程，体会劳动艰辛，分享劳动喜悦，掌握劳动技能，提高动手能力和发现问题、解决问题的能力；要在学生中弘扬劳动精神，教育引导学生崇尚劳动、尊重劳动，长大后能够辛勤劳动、诚实劳动、创造性劳动。

提升学生劳动技能素质，要发挥学科教学、社会实践、校园文化、家庭教育、社会教育的劳动教育功能，根据学生年龄特征、性别差异、身体状况等特点，选择合适的劳动项目和内容，安排适度的劳动时间和强度，并做好劳动保护，确保学生人身安全。通过劳动教育，提高广大学生的劳动技能素质，促进他们形成良好的劳动习惯和积极的劳动态度，使他们明白“生活靠劳动创造，人生也靠劳动创造”的道理，培养他们自立自强、勤奋学习、自觉劳动、勇于创造的精神，达到以劳树德、以劳增智、以劳强体、以劳育美、以劳创新的目的。

三、 第二维度——五大要素， 横向贯通

中国素质教育发展体系的第二维度是由素质教育的培养目标、教育内容、实施途径、主要方法以及管理评价五个要素构成的系统，体现了整体构建素质教育发展体系的第二个原则——“五大要素，横向贯通”。

（一）培养目标

1. 素质教育培养目标的含义

素质教育培养目标是指党和国家对青少年儿童在思想道德素质、科学文化素质、身体心理素质、审美艺术素质和劳动技能素质等方面应该达到的规格要求。素质教育目标从表面上看是一种属于意识范畴的主观性的东西，但是素质教育目标的提出是从客观实际出发的，是根据新时代中国特色社会主义社会对青少年一代的要求和学生自

身全面发展的需要提出来的。因此，它又是客观实际的反映。

素质教育培养目标，实际上就是培养什么人的问题。在2018年9月10日召开的全国教育大会上，习近平总书记指出：培养什么人，是教育的首要问题。我国是中国共产党领导的社会主义国家，这就决定了我们的教育必须把培养社会主义建设者和接班人作为根本任务，培养一代又一代具有社会责任感、创新精神和实践能力的，拥护中国共产党领导和我国社会主义制度、立志为中国特色社会主义奋斗终身的有用人才，培养德智体美劳全面发展的社会主义建设者和接班人。这就是中国素质教育发展的总目标。

素质教育培养目标体系是将素质教育总目标分解为横向系统、纵向系统相互交织的素质教育目标群。其中，素质教育培养目标体系的横向系统由思想道德素质、科学文化素质、身体心理素质、审美艺术素质和劳动技能素质“五大素质”的具体目标构成；素质教育目标体系的纵向系统由小学、初中、高中、职业教育和高等教育“五个领域”的具体目标构成；素质教育培养目标体系的内部结构是认知明理目标、情感态度目标和行为能力目标三维结构，构建素质教育目标的横向系统和纵向系统，要做到情理兼顾、知行统一。

2. 制定素质教育培养目标的意义

构建素质教育培养目标体系，为学校素质教育工作的内容指明了方向。构建素质教育目标体系，让各级各类学校明确素质教育总体目标和横向系统的五育的具体目标、纵向系统五个领域的具体目标，这就为各级各类学校的素质教育内容提供了依据和指明了方向。对于施教者而言，有了总的素质教育目标，又有了具体的领域目标，就可以在总目标指引下，通过领域具体目标去支配、调节、指导、控制整个素质教育发展过程；有了总的素质教育目标，又有了素质教育横向系统“五育”的具体目标，就可以有针对性地选择相应的素质教育内容，使学生的综合素质达到素质教育所期望的目标。

构建素质教育培养目标体系，为素质教育管理评价提供了依据。在素质教育培养目标体系指导下，可以建立有效的素质教育管理体系，如建立健全素质教育管理责任制，加强校内外德育基地、劳动基地建设，加强教育设施与设备建设，加强专业教师队伍建设。在素质教育总目标指导下构建的素质教育目标体系，素质教育五大要素和五个领域各自的目标都经过规范化选择过程，总目标与分目标之间形成各自独立又衔接紧密、结构严谨的网络系统。学生可以根据素质教育的培养目标自我督促、自我检查，构建自我评价体系；教师也可以根据素质教育的培养目标去指导评价学生，构建学生综合素质评价体系；各级教育行政管理部门也要根据素质教育发展目标体系各级各类学校的素质教育工作督导评价。通过素质教育的管理评价可以有效解决应试教育的顽瘴痼疾。

（二）教育内容

1. 素质教育内容体系的含义

素质教育内容是素质教育内在因素的总和，是一个内涵比较丰富的概念。它指的是按照素质教育培养目标确立的，关于思想道德素质、科学文化素质、身体心理素质、审美艺术素质和劳动技能素质五大素质的内涵系统。素质教育内容体系是素质教育内涵系统和领域系统交互形成的、全面提升学生综合素质水平的教育内容系统，它包括小学、初中、高中、职业教育、高等教育各个领域的关于思想道德素质、科学文化素质、身体心理素质、审美艺术素质和劳动技能素质“五大素质”的具体内容。素质教育内容体系是学校开展素质教育的主要内涵，是实现素质教育培养目标的重要保证。

素质教育内容由素质教育目标决定，受学生年龄特点和成长规律的制约。根据不同年龄学生的成长需要，素质教育内容遵循从简单到复杂、从感性到理性、从具体到抽象的原则进行编排与设计。

2. 构建素质教育内容体系的意义

有利于学校素质教育工作的科学化和系统化建设。学校素质教育的科学化、系统化是其自身发展的一个重要趋势。一段时期以来，我国的素质教育发展极为不平衡，“唯分数”“唯考试”的教育现状导致社会普遍重智育，轻德育、体育、美育和劳动教育，缺乏像智育那样的科学化、系统化、规范化的内容传授体系。其次，素质教育“五育”的不均衡发展，还体现在除智育外的其他四育的内容没有完全纳入学校的课程体系。尽管绝大部分学校均开设了“五育”相关的课程，但是这些课程并不能完全涵盖素质教育的全部内容，不是完整意义上的素质教育。德育、体育、美育、劳动教育无论是在课程体系的科学性和完整性上，还是在教师队伍的数量和质量上，较之智育都有较大差距，成为“软”指标，最终流于形式或落空。完整的素质教育内容体系，是学校科学地、系统地实施素质教育的保障。

有利于提高学生综合素质和个性特长。素质教育内容体系是思想道德素质、科学文化素质、身体心理素质、审美艺术素质和劳动技能素质五大素质的内涵系统和小学、初中、高中、职业教育、高等教育五个领域的纵向系统相互交织的体系，为培养德智体美劳全面发展的社会主义建设者和接班人提供了一个全面而稳定的教育体系，有利于学生综合素质的全面发展。素质教育内容体系不仅包括思想道德素质和科学文化素质，而且包括身体心理素质、审美艺术素质和劳动技能素质，为培养学生个性特长创造条件，有利于教师针对学生的个性特长因材施教。

（三）实施途径

1. 素质教育途径体系的含义

途径中的“途”是道路，“径”是小路，途径就是大大小小的通道、渠道。素质教育途径就是指实施素质教育的渠道，可具体阐释为：为了达成一定的素质教育目标，实施一定素质教育内容，采用一定的素质教育方法，所必须使用的渠道，是落实学校素质教育目标的组织形式。素质教育途径是素质教育内容、方法、过程的承载体。没有途径，素质教育内容、方法、过程都无所附着，素质教育途径不可或缺。

素质教育的主要途径包括：课程类途径，即在学校有相对固定的教材、课时和教师的教学渠道，包括学科课程和素质教育的专门课程；实践类途径，即为了达到一定素质教育目标，组织、引导学生通过参与实践接受教育的通道，如社会实践活动等；环境类途径，指充分体现素质教育意识，影响学生综合素质形成的客观存在的素质教育环境，如人际环境、校园环境、文化环境等；传媒类途径，即以不同方式传播一定社会信息的媒体渠道，如影像录像、互联网、微信平台等。此外，素质教育途径还有班主任工作、党团队工作、心理咨询与指导，以及家庭教育和社会教育等。素质教育途经要对思想道德素质、科学文化素质、身体心理素质、审美艺术素质和劳动技能素质五大素质的具体内容进行优选组合，同时要根据小学、初中、高中、职业教育、高等教育五个领域学生的年龄特点和教育规律选择适当的实施途径。总之，素质教育途经体系构建的原则是：实施途径，对应内容；一项内容，多条途径；有主有辅，协调配合；分工合作，形成合力。①

2. 构建素质教育途径体系的意义

素质教育途径体系是衔接素质教育内容体系与方法体系的桥梁，使素质教育落到实处。整体构建素质教育途径体系就不同领域素质教育途径的横向整合和纵向衔接进行了阐述，厘清了素质教育途径如何对应素质教育内容，一项内容如何通过不同途径展开和实施，对素质教育的内容落实具有重要意义。同时，素质教育途径体系对施教过程中的方法运用具有指导意义。素质教育途径体系衔接起素质教育内容和方法，使素质教育真正落到实处。

素质教育途径体系的构建增强了教育工作者对素质教育途径进行选择的自觉性。整体构建素质教育途径体系有利于发挥素质教育发展整体效能。五大素质的不同教育内容选择不同的教育途径和各领域适合的教育途径，定然会提高素质教育发展的实效性。任何一个领域都有相对固定的素质教育途径，该领域的素质教育工作者把握了这些途径，可以结合不同的素质教育内容分别使用不同的途径，使所有的素质教育途径都能发挥作用，没有因为缺乏“认识”而被闲置的途径。同时，施教者在分别考虑使用各素质教育途径的时候，必然会进一步对素质教育内容和素质教育方法乃至素质教育过程进行更深层次的审视，思考素质教育的规律性、适应性、和谐性，使素质教育工作更加具有时效性。

（四）主要方法

1. 素质教育方法体系的含义

素质教育方法是为了达到素质教育目标，落实素质教育内容，实现素质教育途径，教师与学生相互作用的活动方式和手段。素质教育方法体系是“五大素质”和“五个领

① 詹万生：《詹万生德育文选》第2卷，239页，北京，首都师范大学出版社，2018。

域”相互交织的素质教育方式和手段的总和。素质教育方法多种多样，如德育的主要方法有语言说理、榜样示范等；智育有课堂教学、分组讨论等；体育有课上锻炼、体育竞赛等；美育有课堂教学、社会采风等；劳动教育有手工劳动、学工学农等。

构建素质教育方法体系的原则是：其一，素质教育方法是为教育目的服务的，每种方法都是为了完成既定的教育任务；其二，素质教育方法的参与主体包括教师与学生两个方面，教师和学生双主体互动是素质教育的主要方式；其三，素质教育方法既包括教育方式，又包括教育手段；既包括外显的动作方式，也包括内在的思维方式；既包括明显的教育方式，也包括隐性的方式；其四，根据不同领域和不同的素质教育内容采取不同的素质教育途径，对应不同的途径采取不同的素质教育方法；其五，在素质教育方法实施过程中，要正确处理理论教育与实践教育、集体教育与个别指导、学校教育与家庭和社会教育的关系。总之，要根据内容，对应途径；多种方法，优选组合；辩证思维，法无定法；留有余地，鼓励创新。①

2. 构建素质教育方法体系的意义

构建素质教育方法体系有利于教师选择、运用和创新施教方法，使素质教育落到实处。科学的构建素质教育方法体系十分重要，针对不同年龄学生使用不同方法，并将不同年龄段的方法有机衔接，才能使素质教育通过科学的方法体系真正落到实处。当今时代是信息爆炸的时代，学生接受的信息多且杂，学生与教师存在着信息的“时间差”“数量差”，不使用科学的、巧妙的、创新的方法去教育学生，很难达到预期的效果。构建素质教育方法体系，有利于教师综合运用多种方法增强教育实效，有利于教师选择适合学生特点的方法因材施教，有利于教师在方法体系的引领下创新素质教育方法。

（五）管理评价

1. 素质教育管理评价体系的含义

素质教育管理评价体系由素质教育管理和素质教育评价两方面构成。

素质教育管理是素质教育指挥、协调和保障系统。负责指挥素质教育正常运行，协调素质教育的组织与组织、组织与教师（家长、学生）之间的关系，以保证增强素质教育实效，完成素质教育任务，实现素质教育目标。素质教育管理体系的构建包括领导体制、教师队伍、办学条件建设等。教育评价是依据党和国家的教育方针和素质教育目标，通过使用一定的技术和方法，对学校、教师和学生所实施的素质教育内容、途径、方法和教育效果进行科学判定的过程。素质教育评价体系包括教育行政和教育督导部门对学校实施素质教育的条件、过程、效果的评价，校长对教师实施素质教育的内容、途径、方法、效果的评价，班主任和任课教师对学生参加素质教育的认知明

① 詹万生：《詹万生德育文选》第2卷，240页，北京，首都师范大学出版社，2018。

理、情感态度、行为能力的评价。素质教育评价是督导素质教育工作的水平和质量，推动素质教育向好向优发展的关键。

素质教育管理评价工作要以习近平总书记在全国教育大会上的讲话精神为指导，扭转不科学的教育评价导向，坚决克服唯分数、唯升学、唯文凭、唯论文、唯帽子的顽瘴痼疾，从根本上解决教育评价指挥棒问题。既要改革不科学的传统教育评价，也要利用现代信息技术，逐步实现教育评价的科学化和规范化。构建素质教育管理评价体系：从纵向结构而言，要构建小学、初中、高中、职业教育、高等教育五个领域相互衔接的管理评价体系；从横向结构而言，要构建德育、智育、体育、美育、劳动教育“五育”相互贯通的管理评价体系。

2. 构建素质教育管理评价体系的意义

构建素质教育管理体系是实施素质教育的保证。构建素质教育管理体系，使素质教育有了指挥、协调和保障系统。只有建立健全素质教育领导体制，才能使素质教育有坚强的领导，有利于保证素质教育正常运行；只有充实提高素质教育教师队伍，才能开足开好素质教育课程，有利于学生个性特长得到发展；只有增强和改善素质教育办学条件，才能使素质教育资源均衡发展，有利于学生综合素质全面发展。

构建素质教育评价体系是实施素质教育的关键。素质教育评价体系是正确进行素质教育评价的客观依据。长期以来，教育系统尤其是基础教育阶段暴露出了一些问题，解决的重点和难点在于构建完整的素质教育评价体系，建立有效的督导检查管理运行机制。构建素质教育评价体系是全面贯彻党的教育方针，落实立德树人根本任务，实现素质教育目标的关键。

四、 第三维度——五个领域， 纵向衔接

中国素质教育发展体系的第三维度是纵向系统的领域体系，包括小学教育、初中教育、高中教育、职业教育、高等教育五个领域。体现了整体构建素质教育发展体系的第三个原则——“五个领域，纵向衔接”。

（一）小学教育

小学教育指小学一年级至六年级的教育。小学阶段的儿童具体成长过程在不同的年级具有明显的差异，低年级、中年级、高年级是三个具有相对独立特征的阶段。

小学低年级的学生，在身体发育上经历了婴幼儿时期的快速发展后，进入了平稳发展的时期，身体各项指标与成人仍存在较大差距，但其脑功能发育处于“飞跃”发展的阶段。他们的大脑神经活动的兴奋性水平提高，表现为既爱说又爱动，注意力不持久，容易答非所问，还保留着幼儿期“口语时代”自我中心的特征。他们在倾听或与别人对话时，总会讲自己想说的话，却不大关心对方所讲的内容。对成人的依赖开始从

父母转向教师，明显地表现为对老师权威的服从。一、二年级的老师在实施素质教育时，应努力培养亲切的师生感情，让学生感到“我的老师像妈妈”。教师的一言一行都给学生极大影响，因此要注重行为引导，在各个方面为学生做出榜样。

小学中年级学生的各项生理指标较低年级学生有所提高，且其心理活动更稳定，具体表现为注意力更为集中，语言能力增强，逻辑思维开始发展，已经完全脱离了幼儿时期的发展特点，是儿童的“见解形成期”。最明显的心理特点是自我意识萌发并逐渐增强，对外界事物有了自己的认识态度，开始尝试自己做出判断，对成人的意见或命令不再那么唯命是从。对这一时期儿童的素质教育，要多关注他们情绪、情感发展的特点，重在建立深厚的师生感情，运用启发式教学，对学生循循善诱，激发学生学习兴趣，培养学生良好的学习动机。

小学高年级学生的身体发育再次进入一个高速发展期，被称为第二发展期。此时，他们不仅身高体重明显增长，而且肌肉骨骼的力量也在迅速增强，智力有很大的发展。在心理方面，逻辑思维开始在思维中占优势，创造思维也有所发展。这一时期的学生有了向更高层次学习的认识基础，虽然从发展的总体上看还处于儿童期，但其中一些年龄偏高的儿童已处于儿童向青少年的过渡期。

小学领域的素质教育是整个素质教育发展的初级阶段，具有打基础的作用。只有基础牢固，后续教育才能持续发力。本领域素质教育应依据小学生的生理与心理发展特点，全面开展“五育”的基础性工作。一方面，关注学生智力因素与非智力因素的发展，做好德育、智育工作；另一方面，要开足体育、美育课程，及早发现学生的兴趣和个性特长，有利于因材施教。值得注意的是，基于小学生身体素质的特殊性，如骨骼的脆弱性，体育和劳动教育的时间不能太长，强度不能过大，教育方法可采取游戏方式进行，重在培养自我保护和热爱劳动的意识，初步养成劳动习惯。通过素质教育，使学生的思想道德素质、身体心理素质、科学文化素质、审美艺术素质、劳动技能素质全面发展，并为初中教育奠定良好基础。

（二）初中教育

初中教育指初中一年级至初中三年级的教育，学生年龄段多在11岁至15岁。初中生多是处于青春期的学生，也是人体发展的第二加速期。

初中生生理发展十分迅速，表现为身体机能增强，性发育渐成熟，观察力、注意力、逻辑思维能力处于发展关键期；心理发展相对缓慢，处于成人感与半成熟现状、渴望独立与精神依赖、成就感与挫折感交替的矛盾时期，情绪较为丰富，爆发性与冲动性、不稳定性凸显。

初中教育是学生综合素质教育发展的关键时期。初中领域的德、智、体、美、劳五育应该在小学教育的基础上向纵深发展。

思想道德素质教育，应当放在初中教育的首位，并把德育渗透于智育、体育、美育、劳动教育之中。这是因为初中生进入了“心理断乳期”，他们自认为成人了，要求独立和维护自尊的愿望变得越来越强烈，对家长和老师往往萌发对立情绪，产生“叛逆”心理。因此，对初中生进行思想道德、遵纪守法和心理健康教育非常重要。学校要开足开好思想品德教育课程、法治纪律教育课程和心理健康教育课程；要加强班主任队伍建设，开好主题班会，引导学生健康成长；要加强校风、教风、学风建设，教师要做到教书育人，做学生成长的引路人；要更多关注学生的情绪变化，善于发现学生的心理问题，进行心理咨询和心理疏导；要引导学生度过“心理断乳期”，逐步提高心理素质，树立自信、自强的独立人格。

科学文化素质教育是初中教育的重点，这是因为初中的课程门类比小学的大为增加，物理、化学等自然科学知识和历史、地理等社会科学知识的广度和深度普遍增强。学校要抓好各科课堂教学、综合实践等教学环节，使学生的科学文化知识、动手解决问题能力、实事求是精神和人文情怀全面发展。

身体心理素质教育，要遵循学生身体发展规律，开足体育课；要培养学生个性特长，组建体育兴趣小组，开展丰富多彩的体育活动；要重视体育竞赛，鼓励学生参加学校组织的运动会；要树立敢于挑战、意志坚强、团结合作的体育精神；学校也要注意学生饮食营养均衡，只有具备强健体魄才能为学习和未来工作打下良好的身体基础。

在审美艺术素质教育方面，学校要开足音乐、舞蹈、美术等美育课程；要尽可能开设多种艺术门类的选修课，培养学生广泛的兴趣爱好，因材施教；要引导学生注意观察自然美和生活美，培养生活中的审美情趣；要开展多样艺术类活动，培养学生感受美、鉴赏美、创造美的良好素质。

在劳动技能素质教育方面，要引导学生适当参加家务劳动、校务劳动和社会公益劳动，培养热爱劳动、尊重劳动人民、珍惜劳动成果的品德，使学生能够辛勤、诚实、有创造性地参与劳动。

（三）高中教育

高中生多处于 15 岁至 18 岁，此时为青年初期，是人生的一段黄金时期。

高中领域的素质教育应当是思想道德素质和科学文化素质并重。因为，这一阶段不仅是人生观、价值观、世界观形成的重要时期，而且是增长科学文化知识和才干的重要时期；不仅是追求梦想、实现梦想的关键时期，而且是迎接高考和重大人生选择的关键时期。高中的素质教育重点是引导学生树立“四个统一”：一是“坚持学习科学文化知识与加强思想修养的统一”，这是高中生成才的先决条件，应教育学生要德才兼备；二是“坚持学习书本知识与理论联系实际的统一”，这是高中生成才的有效途径，应教育学生要知识能力并重；三是“坚持实现自身价值与服务祖国人民的统一”，这是高中生成才的目的，应引导学生把个人梦想与实现中华民族伟大复兴的中国梦紧密结合在一起；四是“坚持树立远大理想与进行艰苦奋斗的统一”，这是高中生成才的动力，要引导学生敢于有梦，勇于追梦，勤于圆梦。

高中生生理发展正处于青春发育末期，它是人体发育接近成熟的阶段，也是身体发展的定型阶段。在这个时期，人体整体生长发育在经过青春期的急骤发育后，进入了相对稳定阶段，人体内的组织与器官的机能逐步达到成熟水平。此阶段的身体健康教育要维持并强化学生身体素质，争取在肺活量、四肢协调能力、耐力和速度上有一定提高，促进学生体质强健。高中生心理的发展相对落后于生理的发展，在理智、情感、社交和道德等方面，都还没有达到成熟的指标，还处在人格化的过程中。高中生的心理健康教育应该帮助学生确立正确的自我意识，培养创新精神和创新能力，掌握学习策略，开发学习潜能，提高学习效率，积极应对考试压力，克服考试焦虑；正确认识自己的人际关系状况，培养人际沟通能力，促进人际间的积极情感反应和体验，正确对待和异性同伴的交往，帮助学生提高承受失败和应对挫折的能力，形成良好的意志品质。

审美艺术素质方面，通过小学、初中阶段的个性特长的挖掘和培养，高中生审美艺术素质的提高应该更加注重学生的艺术审美和欣赏的修养能力，树立健康的审美观念，抵制低级、庸俗的观念与作品。

此外，选择专业化发展的学生如体育特长生、音美艺术特长生等需加强体艺训练，强化专业技能。高中生应该适当参加公益劳动和社会服务，积极参与志愿者活动，培养学生了解社会、关心国计民生大事的意识，提高学生动手能力，强化劳动意识。

（四）职业教育

职业教育主要指中等职业教育和高等职业教育。中等职业教育包括中等专业学校、职业高中、技工学校，以及高等职业技术学院所设立的中专专业。高等职业教育包括高等职业技术学院、高等专科学校，以及本科院校所设立的职业技术专科。高等职业本科院校是我国职业教育体系中的最高层次。

总体而言，职业院校的学生热爱祖国，拥有梦想，思想活跃，积极向上，努力学知识，练技能，立志做一名有理想、有道德、有文化的技能型人才，表现出当代青年的良好精神风貌。但他们的个性特点和心理状况比较复杂。进入职业院校之前，有的平时学习成绩原本不错，在竞争激烈的中考、高考中，因某种原因考试失利，而与重点高中、本科院校失之交臂，心理受挫，缺乏自信；有的平时学习兴趣不浓，文化成绩不佳，但动手能力较强；有的意志薄弱，求知欲望较低；有的生性好动，缺乏耐心，存在厌学情绪……对这样的学生开展素质教育，应实施与之相适宜的教育方法、教育重点和评价标准。

大多数职业院校的学生早早就业，开展素质教育要在遵循“五育并举”、立德树人的前提下，坚持“德能双修，成就未来”。重点是塑造健全人格，培养良好的意志品质和专业应用技能，使他们学会做人，学会做事。一是加强心理健康教育，帮助他们提高心理素质，促进人格和谐发展，增强适应能力、心理承受能力和自我调节能力。二是加强文明礼仪教育，学习礼仪知识，体验礼仪规范，提高礼仪素养和社会交往能力。三是开足开好体育课，提高学生身体素质，缓解精神压力；定期举办校运会以及各类体育竞赛，提升学生竞技水平，强健体魄，以适应未来职业发展需要。四是加强审美艺术教育，提高学生审美艺术能力，尊重学生个性特长，创造性地开展艺术教育活动，增强学生艺术修养。特别是艺术类职校，要增强艺术展演和创造能力。五是在教学中结合所学专业，进一步加强劳动技能教育，使学生掌握一技之长，在校内外实习和实训中，加强实践能力培养。六是加强就业创业指导，引导学生树立职业理想、职业道德和工匠精神，提高就业创业能力。帮助学生做好职业生涯规划，把人生之梦融入中华民族伟大复兴的中国梦。

（五）高等教育

本书的普通高等教育主要指本科教育，年龄段横跨 18 岁至 22 岁。高等教育是学校素质教育实施的最高阶段。

大学生的年龄多处于成年早期，此时其个体已具备了成年人的体格及种种生理功能，心理迅速走向成熟而又尚未完全成熟。此阶段的学生生理上有几个突出的特征：逻辑思维能力显著提高；记忆力达到高峰；智力水平达到顶峰。心理上，大学生是一群正在成长的青年，处在成熟化的关键时期。其情感需求旺盛、人际交往频繁，面临走出“象牙塔”步入社会的压力，是一个极其敏感的群体。他们对与自身有关的事物往往体察得细致入微，情感丰富但情绪不稳；伴随着进入社会化角色，有强烈的求知和成才欲望。此阶段的素质教育要紧随学生心理发展特点，满足学生自我需求和社会需要，有重点地、全面地开展素质教育工作。

大学生是富有智慧、富有创造力、思维活跃的群体，是社会高端人才的主要来源。作为社会人才的主要输出阵地，高等教育的人才培养工作应将育人与育才统一起来，以育人为本。人无德不立，育人的根本在于立德。要把立德树人的成效作为检验一切工作的根本标准，真正做到以文化人、以德育人。培养学生忠于祖国，忠于人民，做爱国者；培养学生立鸿鹄志，做奋斗者；培养学生求真学问，练真本领，做求真者；培养学生知行合一，做实干家。学生思想道德素质的提升，要将立德树人内化到学校建设和管理各领域、各方面、各环节，做到以立德为根本，以树人为核心。学校的智育要充分利用并发挥大学教学科研水平高的特点和“双一流”等建设资源，引领学生提升科学和人文素养，同时引导学生上好必修课，提高专业知识水平与马克思主义修养；重视选修课，发展和挖掘各学科兴趣，拓宽知识视野；课后自主学习，提升问题意识和独立解决问题的能力。学校要强化大学生健康意识，引导学生自觉加强体育锻炼，自主提高一项或多项体育运动的水平，通过球类竞技、田径比赛、户外活动等多种途径进一步增强身体素质。学校要以心理健康教育为抓手，引导学生缓解压力，释放能力，做自己情绪的主人；引导学生树立正确的物质观、人生观、社会观、恋爱观、就业观等。学校要充分利用学生课余时间，鼓励具有艺术特长的学生办社团、参与艺术社团日常管理工作；鼓励学生参加社团，根据自我兴趣学习、提升艺术修养能力；学校要在制度上和财政上给予一定支持，保证有个性特长的大学生有展示平台，有学习兴趣的大学生有提升的舞台，促进学生良好的人际交往。学校要将大学生劳动技能素质培养提到重要位置，结合专业特点鼓励学生多参与社会实践、社会服务和公益劳动，提升大学生的社会责任感，为未来走向职场奠基。整体而言，大学生素质教育工作要培养德、智、体、美、劳全面发展的，适应新时代发展需要的专业型、复合型人才，成为合格的社会主义建设者和接班人。

由于本章旨在整体构建素质教育发展体系，注重体系构建的整体性、系统性、科学性。因此，对各个领域的德、智、体、美、劳"五育"的目标体系、内容体系、途径体系、方法体系和管理评价体系只作概要叙述，具体展开将由以下五章分别完成。

第七章 思想道德素质教育体系的构建

一、 思想道德素质教育目标体系

总体目标：培养学生做一个文明礼貌、道德高尚的人，做一个忠于职守、遵纪守法的人，做一个不怕挫折、心理健康的人，做一个勇敢进取、思想向上的人，做一个热爱祖国、政治合格的人。为成为社会主义建设者和接班人奠定思想道德素质基础。

（一）小学思想道德素质教育目标

1. 认知明理：初步认识祖国历史、文化传统和民族精神，知道孝敬父母、尊敬长辈、宽容待人、诚实守信、知耻自律是中华民族的传统美德。了解实现中华民族伟大复兴是近代以来中华民族最伟大的梦想，初步学习社会主义核心价值观。熟悉小学生日常行为规范的要求，懂得基本道德规范，懂得环境保护。知道与小学生有关的法律法规，树立基本的是非观念、规则意识、法律意识。知道基本的心理健康和生活安全常识。

2. 情感态度：具有爱祖国、爱人民、爱劳动、爱科学、爱社会主义的情感，树立为实现中国梦而奋斗的信念。具备孝心、爱心、诚心和责任心。具有热爱生活、珍爱生命、爱护环境的意识。培养诚实、守信、勇敢、坚韧、自尊、自信的意志品格。

3. 行为能力：初步养成孝敬父母、团结同学、讲究卫生、勤俭节约、遵守纪律、文明礼貌的良好行为习惯。逐渐养成生活自理、自觉学习、珍惜和遵守时间的好习惯。能够做到以积极健康的心态面对生活和学习。具备爱护生态环境的行为和能力。

（二）初中思想道德素质教育目标

1. 认知明理：了解中华民族发展的历史和祖国优秀文化传统，体认民族精神。知道我国的国体、政体和政治制度，初步了解中国共产党在社会主义初级阶段的基本路线，学习社会主义核心价值观，了解新时代中国特色社会主义的丰富内涵，理解中国梦的本质，具有国际视野。认识和了解党团组织的性质和纲领，了解人与人、人与社会、人与自然和谐相处的道德规范，认识保护生态环境的重要意义。理解宪法的权威性，掌握基本的法律常识，懂得社会主义民主与法制的关系。掌握青春期卫生保健知识。

2. 情感态度：热爱祖国，具有民族自尊心、自信心、自豪感。具有道德情感，尊重人、关心人、有爱心。具有公民意识、法律意识、科学意识、生态意识。具有热爱生命、诚实正直、积极进取、自强自立、坚毅勇敢的品格。

3. 行为能力：积极参加爱祖国、爱家乡、爱社区的志愿者活动。自觉维护集体荣誉，珍惜劳动成果，保护环境卫生，爱护公共设施。敢于有梦，勇于追梦，勤于圆梦，积极参加实践活动。自觉遵纪守法，能够运用法律保护自己的合法权益。具备现代人应有的开拓创新、意志坚强、持之以恒等良好心理品质。具有一定的自我教育能力，正确地对待异性交往。

（三）高中思想道德素质教育目标

1. 认知明理：充分认识中华民族发展的历史和祖国优秀文化传统，体认民族精神。学习社会主义核心价值观，理解习近平新时代中国特色社会主义理论，了解中国梦的深刻内涵，具有国际视野。进一步认识和了解党团组织的性质和纲领，逐步提高对中国共产党先进性的认识。掌握人与人、人与社会、人与自然和谐相处的道德规范，懂得为人民服务是社会主义道德的核心，认识和理解生态文明的重要意义。学习宪法和其他法律法规的基本内容，正确认识民主与法制、自由与纪律、权利与义务的关系，明确自己的社会责任和权利。懂得心理健康的重要意义。

2. 情感态度：具有热爱祖国、热爱家乡的思想感情，具有家国情怀和民族自尊心、自信心和自豪感。关心祖国建设和发展，具有为中华民族伟大复兴而努力学习的社会责任感，树立走中国特色社会主义道路的共同理想。热爱和平，具有国际视野，关注“一带一路”和人类命运共同体建设。孝敬父母，关爱他人，关心集体，保护生态、热爱劳动，热爱科学，勇于创新。具有遵纪守法的意识，树立法律面前人人平等的观念和公平公正意识，具有正义感。具有热爱生命、自尊自信、乐观向上、不怕困难、勇敢坚毅的意志品格。

3. 行为能力：逐步形成正确的世界观、人生观、价值观，能够运用辩证唯物主义、历史唯物主义世界观和方法论观察和分析社会问题，能够全面地、发展地看待问题，能够正确认识社会现象。具有基本的道德判断、道德选择和道德实践能力。能自觉遵守道德规范、社会规则和学校纪律，养成良好的品德行为习惯，具有交往与沟通能力和参与社会公共生活的能力。能够维护法律尊严，运用法律保护自己的合法权益。能正确开展批评与自我批评，具有一定的自我教育能力。具有自我调适、自我控制能力，能够理智地调控自己的情绪。积极参加实践活动，在实践中培养坚强的意志品质和较强的忍耐力、抗挫折力。

（四）职业教育思想道德素质教育目标

1. 认知明理：了解辩证唯物主义和历史唯物主义的基本知识，理解新时代中国特色社会主义理论，认识人类社会发展的基本规律，学习社会主义核心价值观。知道宪法和相关法律知识，了解与社会公共生活、职业选择、家庭生活相关的法律规范。掌握职业道德、职业意识和职业精神的内涵。理解自然环境与人类可持续发展的关系。了解心理健康知识，对自我性格气质有正确认识。

2. 情感态度：热爱祖国，拥护党的领导和党的基本路线，确立中国特色社会主义事业的共同理想，具有为人民服务、奉献社会的使命感和责任感。树立科学的世界观、人生观、价值观，养成科学的思维方法。具有保护自然环境的责任感和紧迫感。热爱学校、热爱专业、热爱班级，具有立志成才的意识和工匠精神。具有遵纪守法意识，以及较强的心理适应能力和坚强的意志品格。

3. 行为能力：诚实守信，敬业爱岗，能够正确处理人与人、人与社会、人与自然的关系。能够结合专业知识、专业技能参与社会实践。遵守校纪校规、职业岗位规范和国家法律法规，对违法犯罪现象有一定的鉴别能力和抵御能力。具有较强的自信心，乐观向上，团结合作，能够正确对待职场竞争。

（五）高等教育思想道德素质教育目标

1. 认知明理：熟知马克思主义基本原理，理解习近平新时代中国特色社会主义思想体系，学习社会主义核心价值观。树立为人民服务的思想，正确认识个人、集体和国家之间的关系。了解中华传统美德和民族精神，知道中国革命道德和革命精神，熟知社会主义道德基本原则和个人品德、社会公德、职业道德、家庭美德、生态文明的内涵。掌握我国宪法和法律法规的主要内容，理解民主与法制、权利与义务的辩证关系。了解学生常见的心理问题，对自己的心理特点有正确认识。

2. 情感态度：热爱祖国、热爱人民、热爱中国共产党、热爱中国特色社会主义，具有民族自尊心和自豪感，具有实现中华民族伟大复兴的理想和信念。具有开拓创新、公平竞争、团结协作的观念。具有道德责任感、民主与法制观念和遵守法律规范的信念。具有较强的心理适应能力、坚强的意志品质、战胜困难的勇气和百折不挠的毅力，始终保持积极、乐观、向上的心态，具有自尊、自信、自爱、自立、自强的精神。

3. 行为能力：正确处理国家、集体、个人三者之间的利益关系，把个人理想与国家民族的前途命运紧紧地联系在一起，践行社会主义核心价值观。积极参加各种政治活动和社会实践活动，自觉维护祖国统一、民族团结和社会稳定。遵守社会公德、职业道德、家庭美德、环境道德。遵守国家法律法规，正确行使公民权利，履行公民义务，依法律己，依法办事，依法维护国家利益和自身的合法权益。具有较强的自我控制、自我调节能力，能够妥善处理各种矛盾，善于协调人际关系，具有与他人沟通合作的能力。

二、 思想道德素质教育内容体系

（一）小学思想道德素质教育内容

小学思想道德素质教育以文明生活习惯和良好品德习惯的养成教育及“五爱”情感教育为重点内容，重在启蒙和奠基。主要包括如下几点。

1. 热爱祖国教育：培养学生具有热爱国家标志物——国旗、国徽、国歌，热爱家乡的自然、历史、文化的思想感情。

2. 热爱人民教育：培养学生具有孝敬父母、尊敬师长、尊老爱幼、友爱同学的情感，具有同情心和助人为乐的品质，具有热爱人民的思想感情。

3. 热爱劳动教育：培养学生具有爱劳动的美德，拥有简单的劳动技能和基本的劳动习惯，珍惜劳动成果、爱护公物、勤俭节约。

4. 热爱科学教育：使学生明确科学的重要性并相信科学，培养学习兴趣和良好的学习习惯。

5. 理想信念教育：培养学生具有敢于有梦、励志奋发的思想，引导学生树立学习榜样，长大成为对祖国有用的人才。

6. 热爱集体教育：培养学生具有初步集体意识、集体荣誉感和为集体争光的思想。

7. 道德品质教育：培养学生尊重、关心和爱护他人，具有基本的社会公德、良好的环境道德、中华传统美德、良好的生活习惯和行为习惯。

8. 遵规守纪教育：培养学生遵守学校纪律和公共秩序，熟记《小学生日常行为规范》。

9. 心理健康教育：培养学生拥有同情心，养成不说谎、不任性的习惯，培养学生广泛的兴趣爱好，训练其生活自理能力。

（二）初中思想道德素质教育内容

初中思想道德素质教育重点进行系统的道德教育、遵纪守法教育、爱国主义教育、理想教育和良好个性心理品质教育。主要包括如下几点。

1. 爱国主义教育：培养学生热爱祖国河山与灿烂文化，熟悉中国近现代史和社会主义新中国伟大成就，具有国家观念——尊重国家标志，维护国家尊严和荣誉，维护民族团结、祖国统一和“一国两制”的思想。

2. 集体主义教育：培养学生具有尊重、关心他人的美德，具有爱班级、爱学校、关心集体、维护集体荣誉的意识，正确处理个人与集体、自由与纪律关系的能力。

3. 社会主义教育：了解社会主义现代化建设常识和社会主义初级阶段党的基本路线，明确社会主义核心价值观和习近平新时代中国特色社会主义理论。

4. 理想信念教育：培养学生敢于有梦、勇于追梦、勤于圆梦，具有社会主义共同理想。

5. 道德教育：培养学生具有中华民族传统美德，具有家庭美德、社会公德、环境道德和分辨是非的能力。

6. 热爱劳动教育：培养学生热爱劳动、尊重劳动人民、爱惜劳动成果，具有参加家务劳动、校务劳动、社会公益劳动的劳动习惯。

7. 遵纪守法教育：培养学生具有《中华人民共和国宪法》《中华人民共和国刑法》《中华人民共和国未成年人保护法》《中华人民共和国教育法》等法律常识，可遵守法律和运用法律自我保护，且遵守学校纪律和规章制度。

8. 心理健康教育：培养学生具有自尊自爱、积极进取的美德，引导青春期男女同学正常交往，具有健康的生活情趣和个性特长，拥有坚强意志品格和自我约束能力。

（三）高中思想道德素质教育内容

高中思想道德素质教育以进一步加强道德教育，理想信念教育，遵纪守法教育，人生观、价值观和世界观教育为重点。主要包括如下几点。

1. 爱国主义教育：引导学生继承弘扬爱国主义光荣传统，积极投身社会主义现代化建设，具有国家观念、民族团结、祖国统一和“一国两制”的思想，热爱祖国、建设祖国、保卫祖国的志向。

2. 价值观念教育：引导学生学习践行社会主义核心价值观，正确处理个人利益与集体利益、国家利益的关系。

3. 中国特色的社会主义理论教育：培养学生具有社会主义建设经济常识、政治常识、初步的辩证唯物主义和历史唯物主义世界观和方法论、习近平新时代中国特色社会主义理论、“五位一体”的总体布局和“四个全面”的战略布局思想。

4. 理想信念教育：培养学生拥有勤奋学习、立志成才的抱负，为学生提供职业理想教育和升学就业指导，引导学生拥有社会主义共同理想和共产主义崇高理想，并将中国梦与自己的梦相互关联。

5. 道德教育：培养学生具备中华民族传统美德、家庭美德、职业道德、社会公德、生态道德，并提供现代社交礼仪的教育与训练。

6. 社会实践教育：培养学生具有艰苦奋斗、勤劳致富、用诚实劳动争取美好生活的美德，为学生提供社会公益劳动、志愿者服务的劳动实践教育。

7. 遵纪守法教育：引导学生了解我国社会主义民主政治制度和公民权利与义务，培养学生养成遵守法律、抵制违法乱纪行为，自觉遵守学校纪律和规章制度的品德。

8. 心理健康教育：培养学生具备自尊自爱、自立自强的品德，拥有健康生活情趣和健全人格，坚强意志品格和承受挫折的能力。

（四）职业教育思想道德素质教育内容

职业教育思想道德素质教育主要进行思想政治教育，道德品质、遵纪守法和心理健康教育，培养学生良好的职业意识、职业道德、创业精神、工匠精神。主要包括如下几点。

1. 爱国主义教育：在教育中弘扬中华民族精神，学习中华民族优秀传统文化，中国近、现代史教育，中国国情。进行国防教育和国家安全教育。

2. 中国特色的社会主义理论教育：学习习近平新时代中国特色社会主义理论、“五位一体”的总体布局和“四个全面”的战略布局。

3. 道德教育：培养学生有良好的个人品德、职业道德、家庭美德、社会公德、环境道德，养成日常行为规范，有良好的交往礼仪、职业礼仪。

4. 心理健康教育：引导学生认识自己、悦纳自己、完善自我，树立职业兴趣、就业心理，具有责任感、义务感、荣誉感、友谊感，可以正确对待异性交往。

5. 遵纪守法教育：培养学生具有社会主义法治观，遵守校规校纪，遵守文明公约和社会公共秩序，具备职业纪律和岗位规范。

6. 世界观、人生观、价值观教育：培养学生具有辩证唯物主义和历史唯物主义的世界观和方法论，具有为人民服务的人生观，具有社会主义核心价值观。

7. 职业教育：培养学生具有职业理想、专业技能、职业道德、创业精神、工匠精神。

（五）高等教育思想道德素质教育内容

高等教育思想道德素质教育以马克思主义基本理论教育，思想政治教育，进一步的人生观、价值观和世界观教育为重点。主要包括如下几点。

1. 马克思主义基本原理教育：培养学生熟知马克思主义哲学、政治经济学、科学社会主义、马克思主义中国化。

2. 中国特色社会主义理论教育：引导学生参与中国革命和社会主义现代化建设的理论与实践活动，学习习近平新时代中国特色社会主义理论体系、“五位一体”的总体布局和“四个全面”的战略布局。

3. 爱国主义教育：学习中华民族爱国主义传统思想、中国近现代史、中国国情。明确应维护国家主权，发展国际友好、互利、合作关系。

4. 形势政策教育：学习党的基本路线和国内外形势与政策，确立为建设中国特色社会主义而奋斗的政治方向。

5. 民主法制教育：进行社会主义民主法治教育，培养学生的社会主义人权观，遵守宪法、法律和学校规章制度。

6. 世界观、人生观、价值观教育：培养学生具有辩证唯物主义和历史唯物主义的世界观、为人民服务的人生观、社会主义核心价值观，自觉抵制拜金主义、极端个人主义以及各种错误思潮，具有正确的恋爱观。

7. 道德教育：培养学生具有中华民族传统美德、社会公德、职业道德、家庭美德、生态道德，学习礼仪规范、人际交往道德规范。

8. 学风校风教育：培养好学风从学习目的、态度、方法与学习纪律入手，培养优良校风从学校精神文化、学校物质文化、学校制度文化入手。

9. 心理健康教育：培养学生适应现代社会需要的良好心理素质，具备文明健康生活方式，具有预防心理疾病和心理调适能力。

三、 思想道德素质教育途径体系

思想道德素质教育途径体系是以完成思想道德素质教育任务，提高教育实效为目的而构建的。编者依据近二十年的德育实践，从总体到具体，按空间特点和性质特点对途径进行如下分类。

表 7-1 思想道德教育途径分类表

总体分类 具体分类	学校		家庭	社会
课程类	专门课程	大中专院校思想政治理论课，小学、中学道德与法治课		
	学科课程	各科教学		
实践类	模拟实践活动	模拟法庭、模拟商店、模拟银行、市区校种植养殖及科技实践基地等	当家一日、今日我做“父母”等	拓展训练、青少年绿色营地等 少年宫、少年之家、活动站等
	社会实践活动	参加生产劳动、公益劳动、政治活动、训练活动、共建活动等	家务劳动、自我服务劳动、家庭外出活动等	勤工俭学、社区服务、德育基地等
组织类	中共党组织	中小学党组织、大中专院校党组织		社区党组织
	群团组织	共青团、少先队、学生会、文体科技社团、学生党校等		
环境类	人际环境	师生、生生、师师、领导与教师、教师与家长之间民主平等和谐的人际关系	父母、亲友、邻居关系等	人际交往
	文化环境	校园、班级文化氛围（美化、绿化、卫生、各种教育教学设施建设）	家庭文化氛围	社区文化氛围
管理类	学校管理	领导管理（各种规章制度、家长学校）、后勤管理（学生食宿、学习、活动）	家规	社区规章制度、社区家长学校、社区教育委员会
	年级（系科）管理	系主任管理、科领导管理		
	班级管理	班主任工作、学生自我管理		
辅导咨询类	集体咨询	报告、讲座、看录像、辅导课		报刊、电视、广播的问答专栏
	个体咨询	心理咨询室、热线电话、知心信箱、网上咨询等	书信、交谈	热线电话、心理咨询室、网络咨询等

续表

<table>
<tr><th>总体分类
具体分类</th><th colspan="2">学校</th><th>家庭</th><th>社会</th></tr>
<tr><td rowspan="3">节日、纪念日类</td><td>国家法定节日、纪念日</td><td>元旦、劳动节、国庆节、建军节、妇女节、儿童节、抗战胜利纪念日等</td><td></td><td></td></tr>
<tr><td>中华民族传统节日</td><td>春节、元宵节、清明节、中秋节、重阳节等</td><td></td><td></td></tr>
<tr><td>校内节日</td><td>校庆、体育节、艺术节、科技文化节等</td><td></td><td></td></tr>
<tr><td rowspan="4">传媒类</td><td>广播影视</td><td>校园广播站、校园电视台、校园电影周及影评活动等</td><td colspan="2">广播、电影、电视</td></tr>
<tr><td>报刊书籍</td><td>图书阅览室、读书月、读书会、校园报刊、班级图书角等</td><td>书房、家庭读书会</td><td>图书馆、书店、读报专栏</td></tr>
<tr><td rowspan="2">电脑网络</td><td>校园局域网等</td><td>家庭网络</td><td>社区局域网</td></tr>
<tr><td colspan="3">学校、家庭、社会互联思想道德教育网络</td></tr>
</table>

四、 思想道德素质教育方法体系

思想道德素质教育方法是为达到教育目标，完成教育任务，在教育原则指导下，运用各种教育手段，教师与学生互相作用的活动方式的总和。学生的年龄不同，采取的方法侧重点也不一样。小学阶段要注重“新”“巧”“趣”，初中阶段要多用启发式，少说教多实践，高中阶段要以自我教育为主，大中专院校要坚持与专业培养相结合，与学生的自身特点和成长规律相结合。

（一）语言说理类

1. 讲解法

讲解是通过口头语言系统地阐述观点，提高学生认识和能力的方法。这一方法的特点是教师讲学生听，优点是可以充分发挥学生的主导作用，便于教师控制教育过程，启发学生思考，使之在短时间内获得大量的、系统的知识，提高分辨是非的能力。

2. 谈话法

谈话是教师就某一问题和学生交换意见，使学生明白某一道理、解决某一问题的方式。优点是教师不只要讲，还要和学生交流，谈话中学生也可以提问题，能有效地发挥学生的主体作用，激发学生思考、评价、解决品德问题的积极性、主动性，发展学生的品德认知能力和自我教育能力。

3. 讨论法

讨论是教师与学生共同探讨一个问题，经过讨论甚至辩论得出正确结论，使学生明辨是非、提高认识的一种方法。这种方法充分体现了教师对学生的信任、尊重。优点是可以充分发挥学生的主体作用，通过互相的探讨、研究和争论，使学生明辨是非，加深理解，提高认识，并留下深刻印象。它可以活跃学生思想，调动学生研究探讨问题的积极性，培养学生坚持真理、修正错误的科学态度和分析、解决问题的能力。

（二）榜样示范类

1. 典范教育法

榜样具有具体形象性，用这种具体生动的形象教育感染学生，易为他们接受，利于他们把思想政治准则和法纪道德规范与现实生活相结合起来，具体地体验和理解怎样对待国家、集体和个人，以及怎样进行学习和生活等。典范包括领袖、伟人、科学家、英雄模范等卓越人物。

2. 典型引导法

在学生身旁有许多先进典型或先进事例，如三好生、先进学生、进步学生及一般同学的某些先进事例，这些人物或事例虽平凡但却闪烁着灿烂的光芒。并且，选择与学生们生活在一起，年龄相近、经历基本相同的榜样，易为学生所接受。

3. 人格示范法

教师是学生最易接近的群体，不论教师本人的品德修养如何，学生都把他们看作榜样而予以模仿，这一点对年龄小的学生来说甚至是无法选择和不可抗拒的。因此，教师必须处处严格要求自己，用自己的实际行动为学生起示范作用。

（三）修养指导类

1. 自我评价法

自我评价是学生在教师的指导下运用道德标准对自己的行为进行分析、判断的过程。这种方法可以促使学生不断强化自身积极的方面，抑制自身消极的方面，使学生懂得哪些行为是正确的，哪些行为是不正确的，从而优化学生的是非观、善恶观。此外，这种方法能调动学生内部的积极因素，有意识地克服和抵制不良行为，主动地按正确要求去做，激励学生坚持良好的道德，预防和克服不良的品德。

2. 自我体检法

实践证明，只有学生道德认识渗透着深厚的情感因素时，他们对事物的认识才更深刻，行动起来才更坚持。在自我教育中教师要指导学生伴随自我认识、自我评价产生情感体验，引导学生在道德实践中检验自己的道德情感，通过道德认识升华道德情感，通过情境的创设获得直接的情感体验。此外，也要引导学生体验错误行为后的痛苦及战胜缺点取得成绩的愉悦体验。注意培养学生的自尊心、羞耻心、同情心等，促使学生自觉地提升道德修养。

3. 自我约束法

自我约束是学生根据道德要求自我控制的过程。有没有自我约束力是自我教育成败的关键，也是一个学生成熟与否的标志。教师要创设环境锻炼学生的意志力，磨炼学生的意志，指导学生自我约束、自我控制、自我监督以及自我命令，使学生逐步成熟起来。

4. 自我锻炼法

学生的个人修养既要以行为举止来表现，也要靠行为实践来实现。学生只有在参加社会实践中才能锻炼成长。提升个人修养不是闭门思过，不是两耳不闻窗外事，而是要在社会实践中修炼自己，锻炼自己。

（四）实践锻炼类

实践锻炼类主要包括劳动锻炼法和社会实践法，在本书第六章有专门论述。

（五）行为训练类

行为训练的重点是训练，它涉及的范围很广，如学习习惯、卫生习惯、劳动习惯、文明礼貌习惯、孝敬父母习惯、待人接物习惯，以及其他的生活习惯和道德习惯。

1. 具体指导法

主要适合于小学生。指导时要从每个细小的动作入手，从坐、立、行、走开始。对握笔姿势、看书姿势、敬礼姿势都要给予指导。要教学生学会如何给大人递东西，如何接教师发的本册，如何说话，甚至咳嗽时如何用手帕捂嘴等。指导要因人而异，教师要根据学生不同的年龄、不同的性格气质，采取不同的方法。

2. 反复训练法

这是行为训练法的核心。有了要求就要让学生反复按要求去做，甚至“逼”着学生非做不可，开始时学生可能很不情愿，但教师也要“逼迫”学生这样做，时间长了，学生习惯了，就会变成愉快的行动了。

3. 督促、检查法

为了使学生能长期坚持下去，教师在训练的过程中反复检查督促，做得好给予表扬、奖励，做得不好要进行批评、惩罚并要求学生重新练习。

4. 评价强化法

评价是依据学校要求，对学生的行为给予一定的判断、褒贬的方式。这种方式可以促使学生不断强化自身积极的方面，抑制自身消极的方面，使学生懂得哪些行为是正确的、哪些行为是不正确的，从而提高学生的是非观、善恶观。这种方式还具有较强的约束作用，它通过行为反馈，迫使学生不断调整自己的行为，以达到自我约束、自我监督的作用。

（六）规范制约类

学校应该根据社会的需要，依据学生的年龄特点和思想实际，制定切实可行的制度，如日常行为规范、课堂常规，自主管理细则以及其他各项规章制度。执行制度是制约法的关键。此外，制约法还需要运用奖励和惩罚的手段，对于认真执行制度的学生要给予表扬、奖励，使学生执行制度的行为得到强化，对于违反制度的要进行批评以至惩罚。

（七）评价激励类

1. 赞许

赞许是对学生良好品德的赞同和称赞。赞同是肯定，称赞是好评。赞许可以用口头或评语表示，如“对”“很好”“就应这样”“不错”“太好了”等，也可以用点头或微笑等动作表情表示，如赞许的目光、亲热地拍拍肩膀。

2. 表扬

表扬是对学生良好品德的正强化，是比较正式地进行的。表扬有口头表扬和书面表扬两种。表扬可以当面表扬，也可以背地里表扬，通过第三者传到学生耳朵里。可以个别表扬，也可以当众表扬。

3. 奖赏

奖赏是对学生较为突出的优良品德的奖励。奖赏的办法有颁发奖状、授予奖品，以及颁发纪念品。奖品是物质奖励，可以满足学生的物质需求；奖状或纪念品主要是满足学生的精神需求。

以上三种方式都属于正强化。正强化可以增强学生的荣誉感和自尊感，促使其更自觉地坚持正确的思想和行为。

4. 批评

批评是对学生不良行为的指责。当学生有了错误，错误较轻或认识较好，表示积极改正，可采用口头或书面形式进行个别批评或当众批评。批评是教师用得最多的方法，但往往也是用得最不恰当的方法，使用时必须慎之又慎。

5. 惩罚

惩罚是一种强刺激，当学生犯的错误特别严重或屡教不改，不惩罚不足以起到教育作用时就要运用惩罚的手段。它是一种教育的辅助手段，不可常用。

第四、五点是负强化。负强化也有教育意义。因为学生在受到批评或惩罚的否定性评价后，会产生不愉快甚至痛苦的情绪体验，从而内疚、悔恨，促使其吸取教训、痛改前非。它也可以使学生明辨是非，清楚地记住什么是错误的、什么是不能做的，从而克制自己的不良欲望，克服自己的缺点。

五、 思想道德素质教育管理评价体系

（一）思想道德素质教育管理体系

学校思想道德教育管理体系是领导体制管理、队伍管理、规章制度管理和环境管理的大、中、小学校相互衔接的管理体系。详见下表：

表 7-2　整体构建学校思想道德教育管理体系结构要素

要素	小学	中学(初中、高中)	大中专院校
领导体制管理	校长负责制与党支部发挥政治核心作用，保证作用的领导体制。	校长负责制与党支部发挥政治核心作用，保证作用的领导体制。	党委是学校德育工作的领导核心，在党委统一部署下，建立和完善校长及行政系统为主实施的思想道德管理体制，校长对学生德、智、体、美等素质教育全面负责。系(科)应建立相应的思想道德工作领导小组。
队伍管理	1. 小学教师是学校思想道德教育工作的基本力量。学校党组织的负责人、主管德育工作的行政人员、道德与法治课教师、班主任、大队辅导员是骨干力量。 2. 从2000年开始实施全国中小学德育工作先进集体和先进个人的评选表彰制度。对于德育工作成绩突出的教育工作者优先授予特级教师称号。	1. 中学教师是学校思想道德教育工作的基本力量。学校党组织的负责人、主管德育工作的行政人员、道德与法治教师、班主任、团委书记是骨干力量。 2. 从2000年开始实施全国中小学德育工作先进集体和先进个人的评选表彰制度。对于德育工作成绩突出的教育工作者优先授予特级教师称号。	1. 高等学校思想道德教育队伍包括学生专职政工人员、思想政治理论课教师和兼做德育工作的业务教师及党政干部。 2. 学生专职政工人员是指专职从事学生思想政治教育工作的人员，包括学校分管德育工作的党委副书记(或兼副校长)、学生工作部(处)、团委中从事学生思想教育工作的人员、系党总支副书记(或兼副系主任)、团总支书记、辅导员(或年级主任)以及专职从事思想政治教育工作的其他人员等。 3. 学生专职政工人员和思想政治理论课教师都是德育专职教师。要优化队伍结构，建设一支专兼结合、功能互补、政治坚定、业务精湛的德育队伍，要培养和造就一批思想政治教育专家和教授。

续表

要素	小学	中学(初中、高中)	大中专院校
规章制度管理	1.《小学德育纲要》 2.《中小学生守则》 3.《小学生日常行为规范》 4.《小学班主任工作暂行规定》 5.《关于施行〈中华人民共和国国旗法〉严格中小学升降国旗制度的通知》 6.《中小学教师职业道德规范》 7.《中小学德育工作规程》 8.《关于加强中小学教师职业道德建设的若干意见》 9.《中共中央国务院关于进一步加强和改进未成年人思想道德建设的若干意见》 10.《教育部关于整体规划大中小学德育体系的意见》 11.《教育部关于进一步加强中小学班主任工作的意见》 12.《国家中长期教育改革和发展规划纲要(2010—2020年)》 13.《中国教育现代化2035》	1.《中学德育大纲》 2.《中小学生守则》 3.《中学生日常行为规范》 4.《中学班主任工作暂行规定》 5.《关于实施〈中华人民共和国国旗法〉严格中小学升降国旗制度的通知》 6.《中小学教师职业道德规范》 7.《中小学德育工作规程》 8.《关于加强中小学教师职业道德建设的若干意见》 9.《中共中央国务院关于进一步加强和改进未成年人思想道德建设的若干意见》 10.《教育部关于整体规划大中小学德育体系的意见》 11.《教育部关于进一步加强中小学班主任工作的意见》 12.《国家中长期教育改革和发展规划纲要(2010—2020年)》 13.《中国教育现代化2035》	1.《中国普通高等学校德育大纲》 2.《高等学校学生行为准则》《普通高等学校学生管理规定》 3.《高等院校校园秩序管理者若干规定》 4.《中共中央国务院关于进一步加强和改进大学生思想政治教育的意见》 5.《教育部关于整体规划大中小学德育体系的意见》 6.《国家中长期教育改革和发展规划纲要(2010—2020年)》 7.《中国教育现代化2035》
思想道德教育环境管理	1. 建立社会实践基地。 2. 各校有校训、校规、校服、校歌。 3. 设置广播室(演播室)、图书室、阅览室、宣传橱窗、阅报栏、黑板报、少先队室。 4. 绿化、美化校园。 5. 开展丰富多彩的课外活动,建立各种课外活动小组。	1. 建立社会实践基地。 2. 各校有校训、校规、校服、校歌。 3. 设置广播室(演播室)、图书室、阅览室、宣传橱窗、阅报栏、黑板报、少先队室。 4. 绿化、美化校园。 5. 开展丰富多彩的课外活动,建立各种课外活动小组。	1. 确立德育科目,列入经费预算。现代化设施、设备和活动场所,纳入总体建设规划。 2. 校园文化建设和小区建设,如开展各种文明健康的文化、科技和体育等活动;建设“文明、整洁、优美、有序”的校园环境;加强广播、影视、报栏、专刊等宣传阵地的建设与管理。

(二)思想道德素质教育评价体系

1. 思想道德素质教育评价体系的构成

思想道德素质教育评价是一个完整的、系统的、网络化的体系。这个体系包括学校思想道德素质教育评价、班级思想道德素质教育评价和学生思想道德素质评价三级，涵盖小学、初中、高中、职业教育、高等教育五个领域，每个领域都有自己的体系，这些体系是由不同的评价指标构成的(参见图 7-2)。

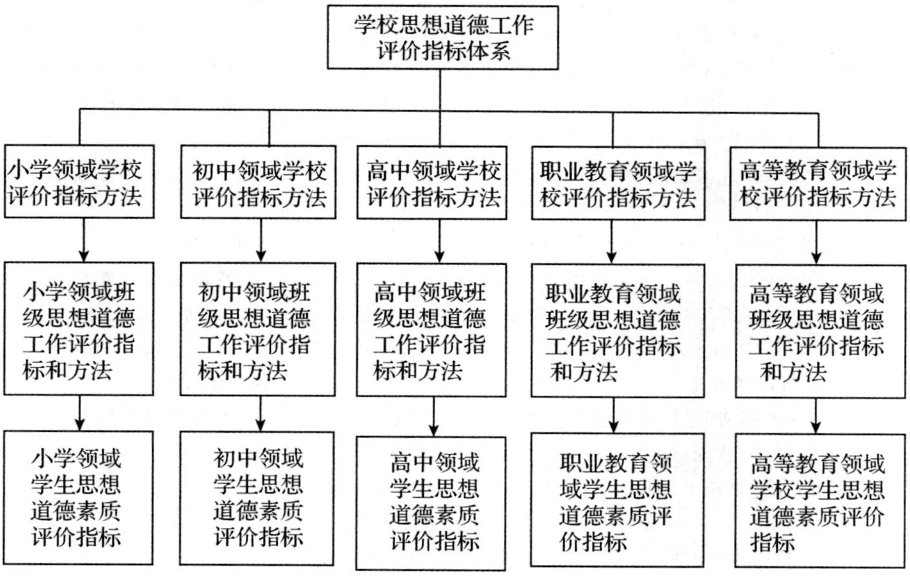

图 7-2　学校思想道德教育工作评价指标体系图

在这个体系中，学生思想道德素质是评价的核心，班级思想道德素质教育工作评价是重要内容，学校思想道德素质教育工作评价是全面衡量一个学校思想道德素质教育工作的重要手段。

在使用评价指标体系进行评价时要注意：这个指标体系既可以整体使用，对学校(班级)思想道德素质进行整体评价，也可以使用其中的一部分，对学校(班级)思想道德素质教育的某些方面进行评价。对学校(班级)的评价，一般在期中和期末进行，这样有利于评价信息的及时反馈，从而督促学校(班级)采取措施及时纠偏，促进思想道德素质教育工作的顺利开展。对学生个体思想道德素质的评价可采用定期和不定期相结合的办法进行，一般在期末定期评价，其他时间不定期进行，但评价时间不要间隔太久。在评价方法的选用上，一般采用以自评为主、他评为辅的办法。

对学校(班级)思想道德素质教育工作评价结果等级的认定采用四等评定的办法：一等为 90～100 分；二等为 80～89 分；三等为 60～79 分；四等为 59 分及以下。对一等的可授予思想道德素质教育工作示范学校(班级)称号，二等可授予思想道德素质教育先进学校(班级)称号，三等为思想道德素质教育达标学校(班级)，四等为不合格学校(班级)。对学生思想道德素质评价结果的等级认定一般分为四等：一等(80 分及以上)为优；二等(70～79 分)为良；三等(60～69)为达标；四等(59 分及以下)为未达标。

2. 学校思想道德素质教育评价体系

由于小学、初中、高中、职业教育、高等教育的评价指标、方法基本相同，因此，我们设计了一个总表，各领域都可以参照使用。具体评价量表如下：

表 7-3 学校思想道德素质教育评价量表

一级指标	二级指标	三级指标	评价等级				校领导自评	学生代表评	教师代表评	家长代表评	上级领导评	综合评定
			A	B	C	D						
思想道德教育条件	思想道德教育规划	①总体规范、科学、明确 ②目标分解具体、合理										
		①计划具有针对性、导向性、可操作性 ②思想道德教育计划与其他计划衔接配套										
	思想道德教育组织	①建立健全的思想道德教育管理体制 ②思想道德教育机构设置合理										
		①队伍结构合理、分工明确 ②干部工作踏实、有效，队伍措施得当										
		①有健全的思想道德教育工作、评价制度 ②能反映学校思想道德教育特色										
	思想道德教育环境	①校园周边环境文明，社区文化影响好 ②校园内部环境优美，文化建设好										
		①活动设施齐全、资料丰富 ②有稳定的思想道德教育实践基地										
	思想道德教育经费	①来源渠道畅通、合法 ②有专项足额的投入										
		①使用合理、合法 ②使用有效										
思想道德教育过程	思想道德教育常规	①严格按照法律、法规、政策、制度管理 ②经常对师生进行法纪教育										
		①经常指导班级思想道德教育工作 ②班级思想道德教育进步显著										
		①注重师德教育、表率作用，育人意识强 ②道德与法治、“两课”发挥主渠道作用，各学科有机渗透思想道德教育										
		①促进学校的校风、学风建设 ②提高学生自我管理能力										
		①全员育人意识强 ②利用后勤服务等渠道实施育人										

续表

一级指标	二级指标	三级指标	评价等级				校领导自评	学生代表评	教师代表评	家长代表评	上级领导评	综合评定
			A	B	C	D						
思想道德教育过程	思想道德教育活动	①重大活动形成系列 ②升国旗仪式规范 ③思想道德教育活动丰富有实效										
		①经常开展校外实践活动 ②校外实践有计划和实效性										
		①经常开展心理咨询活动 ②定期举办心理辅导讲座										
	思想道德教育科研	①有专人负责科研的领导 ②参加思想道德科研培训										
		①研究内容具体，有针对性 ②研究成果能指导实践										
	思想道德教育建档	①运用评价结果改进工作 ②档案整理规范有序										
		①定期自查 ②定期上报										
思想道德教育效果	校风校貌	①校园环境教育性强 ②学校富有正能量										
		①政治思想道德空气浓厚 ②形成强大的凝聚力										
	师生品德	①教职员工职业道德好，无违法乱纪 ②教职员工要求进步层面大										
		①学生品德测评合格率高，优秀率逐年上升 ②违纪率低，犯罪率为零										
	社会评价	①学生受社会好评 ②教职工在社会上形象好										
		①上级及有关部门评价高 ②家长及社会对学校思想道德教育反映好										
	优化创新	①思想道德教育纵向比较，进步明显 ②思想道德教育横向比较，地位上升										
		①思想道德教育创新性强 ②思想道德教育示范性强										
评定小结												

填写说明：组织实施由主管德育校长和学校德育处(室)负责。“校领导自评”由主管德育校长填写，“学生代表评”由学生会成员填写，“教师代表评”由骨干教师填写，“家长代表评”由家委会填写，“上级领导评”由主管德育的上级领导填写。“综合评定”和“评定小结”由主管德育校长和德育处(室)填写。

评价说明：等级 A(90～100 分)；B(80～89 分)；C(70～79 分)；D(60～69 分)，“综合评定”应按照各分项获得 ABCD 的数量确定最后的等级。“评定小结”根据各分项的等级分别给予评定。学校思想道德素质教育评价是学校自评和教育行政部门督导检查评定的依据。

3. 班级思想道德素质教育评价体系

由于领域不同，班级评价的内容也有差异。下列是小学班级思想道德素质教育评价量表，其他领域可根据此表与学校实际加以修订。

表 7-4　小学班级思想道德教育工作评价表

一级指标	二级指标	三级指标	评价等级				校领导自评	学生代表评	教师代表评	家长代表评	上级领导评	综合评定
			A	B	C	D						
思想道德教育条件	工作计划	①目标明确，目标层次分明、具体、合理 ②思想品德教育工作计划有针对性、导向性，并按计划进行										
		①有具体的学生品德评价方案 ②评价方案措施可行、有效										
	组织	①制度健全 ②制度具有可行性										
		①建立了班委会、队委会，形成了骨干层 ②设立了红领巾监督岗										
	环境	①教室布置体现领域和育人特色 ②有浓厚的教育氛围										
		①有家长联系制度 ②有班级、社会、家庭教育网络										
思想品德教育过程	常规管理	①课堂教学秩序好、学风浓 ②学科教学德育渗透好										
		①学生课间做有益活动，文明习惯养成好 ②课外活动适合学生身心特点										
		①两操组织好，出操率高 ②学生动作规范										
		①干部选拔、培养形式多样 ②干部能主动有效地开展工作										
	活动	①升旗仪式时，同学庄重、严肃 ②教育主题符合学生的身心特点										
		①活动有计划性、教育性 ②活动组织有序、形式多样										
		①社会反响好										

续表

一级指标	二级指标	三级指标	评价等级				校领导自评	学生代表评	教师代表评	家长代表评	上级领导评	综合评定
			A	B	C	D						
思想品德教育过程	活动	①经常性的心理教育符合学生年龄特点 ②培养发展学生的特长和个性										
		①积极组织、参加学校的大型活动 ②活动效果好										
	专题教育	①能抓住偶发事件和大型活动开展思想品德教育工作 ②能抓住各类先进典型进行示范引导										
		①能根据时代主旋律开展教育活动 ②开展从小学做祖国和时代新主人的教育活动										
		①定期进行家校联系 ②家长委员会能协助班级开展工作										
		①有计划地开展环保教育 ②学生环保意识增强										
思想品德教育效果	班风班纪	①学生自律意识强 ②无违纪、违法事件发生										
		①班级正气足，学生集体荣誉感强 ②学生是非观正确										
		①学生遵守公德、爱护公物、维护公共秩序，文明礼貌 ②助人为乐、团结友爱、关心集体形成风气										
	个体面貌	①学生品德素质养成好 ②品德评价达标率、优秀率高										
		①不同层面学生都有进步 ②互相帮助，共同前进形成风气										
	班级特色	①班级受学校表彰次数增加 ②学生受学校表彰人次增多										
		①工作讲究方法，活动有记录，效果明显 ②学生主体地位得到增强										
		①班级思想品德教育工作有特色 ②典型经验推广取得较好效益										
评定小结												

填写说明：组织实施由学校德育处(室)负责。“班主任自评”由本班班主任填写，“教师代表评”由科任老师填写，“家长代表评”由本班家委会填写，“德育主任评”由学校德育主任填写，“学生干部评”由本班学生干部填写。“综合评定”和“评定小结”由德育处(室)填写。

评价说明：等级A(90～100分)；B(80～89分)；C(70～79分)；D(60～69分)，“综合评定”应按照各分项获得ABCD的数量确定最后的等级。“评定小结”根据各分项的等级分别给予评定。学校思想道德素质教育评价是学校评价班级德育的依据，可作为优秀班主任和优秀班集体评定的依据。

4. 学生思想道德素质评价

学生思想道德素质评价，是一种对学生品德成长过程进行宏观调控。评价主体一般为班主任、科任教师、学生家长、学生自身、同学等。领域不同，学生思想道德素质评价指标的设置也不一样，下面仅以初中领域为例，其他领域可根据实际情况，自行设计。

表 7-5 初中学生思想道德素质评价量表

一级指标	二级指标	三级指标	评价等级				学生自评	同学互评	教师主评	家长助评	综合评定
			A	B	C	D					
认知明理	政治思想素质	①了解中国共产党的历史 ②了解新时代中国特色社会主义思想									
	道德素质	①理解社会主义核心价值观 ②正确理解人与人、人与社会、人与自然、人与自我的关系									
	法纪素质	①懂得《宪法》的权威 ②懂得必要的法律知识									
	心理素质	①了解青春期卫生常识 ②了解心理健康常识									
情感态度	政治思想素质	①具有社会主义、爱国主义情感 ②具有爱党、爱集体、爱人民的意识									
	道德素质	①具有团结意识 ②具有环保意识 ③具有孝亲敬长意识 ④具有公德意识									
	法纪素质	①具有法律意识 ②具有民主意识									
	心理素质	①有情绪调控意识 ②有坚强的意志品格 ③有创新精神									
行为能力	政治思想素质	①拥护中国共产党的领导，尊重国旗、国徽、国歌，维护国家利益 ②关心国家大事，家乡建设，并做力所能及的事情 ③积极参加团队活动，完成组织交给的任务 ④尊重劳动人民与民族信仰 ⑤关心集体、热爱劳动，能正确处理个人与集体的关系									

续表

一级指标	二级指标	三级指标	评价等级				学生自评	同学互评	教师主评	家长助评	综合评定
			A	B	C	D					
行为能力	道德素质	①尊重关心他人，有同情心 ②关心体贴父母 ③尊敬教师，能用恰当方式与师长交流 ④遵守公共秩序，保护公共财产，讲究公共卫生，维护公共安全 ⑤诚实待人，言而有信 ⑥明辨是非，帮助同学									
	法纪素质	①遵守校规校纪 ②遵守交通规则，不损坏公共设施 ③不涉足未成年人不宜的活动场所 ④不看色情、暴力、迷信的书刊、媒体，不参与迷信活动 ⑤不说谎，不骗人，不参与偷盗、抢劫行为 ⑥尊重他人权利，依法依规办事									
	心理素质	①能很好地调控情绪 ②会与人交往，待人热情宽容、真诚友善 ③能正确面对成功与失败 ④善于独立思考，学习方法科学 ⑤注重个人卫生，加强体育锻炼 ⑥有好奇心和求知欲									
评定小结											

填写说明：

组织实施由各班班主任负责。“学生自评”由本人填写，“同学互评”由合作小组成员填写，“教师主评”由班主任和科任教师填写，“家长助评”由学生家长填写。“综合评定”和“评定小结”由班主任填写。

评价说明：

1. 本评价表具有通识性，各领域可以依据此表，制定更具针对性的评价指标。

2. 等级 A(90～100 分)；B(80～89 分)；C(70～79 分)；D(60～69 分)，“综合评定”应按照各分项获得 ABCD 的数量确定最后的等级。“评定小结”根据各分项的等级分别给予评定。基础教育领域评价结果依据课程目标记入《成长册》。高中领域要结合实际情况对学生课程学分进行认定，作为升学的参考。大中专院校作为必修课教学，要进行考核和评定，占一定的学分。

第八章　科学文化素质教育体系的构建

一、 科学文化素质教育目标体系

总体目标：教育引导学生，学习掌握必备的人文知识和科学知识，具有人文情怀，树立科学精神，学会尊重人、关心人、爱护人，求真务实、勇于创新，为成为社会主义建设者和接班人奠定科学文化素质基础。

（一）小学科学文化素质教育目标

表 8-1　小学科学文化素质教育目标

	科学素质教育目标	人文素质教育目标
小学低年级	1. 认知明理：认识数，建立数感；初步认识人与生存环境的关系，知道地球是人类应当珍惜的家园；了解所学的科学知识在日常生活中的应用。 2. 情感态度：对自然现象保持好奇心，乐于参加观察、实验、制作、调查等科学活动，有探究意识。 3. 行为能力：积极参与简单的科学探究；能用一些科学术语与他人交流和沟通。	1. 认知明理：学会汉语拼音，学说普通话；学习经典诗词；了解基本的人文地理知识。 2. 情感态度：具有热爱祖国语言文字的情感，增强学习的自信心；对祖国的大好河山存有敬畏之心。 3. 行为能力：养成良好的语文学习习惯；乐于参与讨论，敢于发表自己的意见，耐心倾听，能抓住要点，并能简要转述观点问题；熟练地使用常用的工具书查找资料。
小学高年级	1. 认知明理：对“数与代数”“图形与几何”“统计与概率”“综合与实践”有初步了解；认识人类活动对自然环境、生活条件及社会变迁的影响；了解科学技术已成为社会与经济发展的重要推动力。 2. 情感态度：保持好奇心，乐于探究，有实践和探索意识。 3. 行为能力：在科学探究活动中主动与他人合作；会通过收集和分析信息获取例证，经过推理得出结论；能与他人交流自己的探究结果和观点；能运用科学探究方法解决比较简单的日常生活问题。	1. 认知明理：增加词汇量和对语言的理解能力；了解更多的人文地理知识。 2. 情感态度：具有爱国主义感情、社会主义思想道德和健康的审美情趣，发展个性，有合作精神，逐步形成积极的人生态度。 3. 行为能力：表达有条理性，语气、语调适当；能根据对象和场合，稍做准备，进行简单的发言，注意语言美，抵制不文明语言；能通过图书馆、网络等信息渠道获取资料，尝试写简单的研究报告等。

（二）初中科学文化素质教育目标

表 8-2　初中科学文化素质教育目标

	科学素质教育目标	人文素质教育目标
初中	1. 认知明理：深入了解数与代数、空间与图形、统计与概率三方面的内容；认识物质、运动和能量的基本定律；认识化学物质的组成、化学变化以及对人类的影响；认识生物学基本事实、概念、原理和规律的基础知识；理解科学技术在生活、生产和社会发展中的应用及其可能产生的影响。 2. 情感态度：对自然现象保持较强的好奇心和求知欲，养成与自然界和谐相处的生活态度，具有环保意识和责任意识，崇尚科学，反对迷信。 3. 行为能力：能够按照科学探究步骤进行探究活动；学会基本的实验技能，完成基础性的化学实验；运用保健知识健身健心。	1. 认知明理：提高识字写字、阅读、写作、口语交际能力；了解中国与世界历史进程的基本事实；了解中国与世界人文地理的概况；了解社会生活的丰富内涵以及参与社会生活的多种方式和途径；理解个体发展与社会进步的关系。 2. 情感态度：认识中华文化的丰厚博大，具有热爱祖国语言文字的情感；逐步形成资源环境意识和社会责任感，确立可持续发展的理念；逐步增强国家认同感、归属感、自豪感和文化自信。 3. 行为能力：初步具备搜集和处理信息的能力，积极尝试运用新技术和多种媒体学习人文历史。能主动进行探究性学习，激发想象力和创造潜能，在实践中运用所学知识进行探究学习。

（三）高中科学文化素质教育目标

表 8-3　高中科学文化素质教育目标

	科学素质教育目标	人文素质教育目标
高中	1. 认知明理：掌握必备的数学知识、技能、思想和方法；从物理学视角形成关于物质、运动与相互作用、能量等的基本认识，包括物质观念、运动与相互作用观念、能量观念等要素；了解物质的多样性，并对物质进行分类，认识物质是运动和变化的，知道化学变化需要一定的条件，并遵循一定规律；认识生物的多样性、统一性、独特性和复杂性；掌握技术及其设计的一般思想和方法。理解自然科学知识对人类的生活、生产和社会发展的意义和作用。 2. 情感态度：形成和保持对技术的兴趣和学习愿望，具有正确的技术观和较强的技术创新意识；养成积极、负责、安全地使用技术的学习态度，发展初步的技术兴趣和一定的职业规划意识，形成未来社会挑战、提高生活质量、实现终身发展的情感动机。培养严谨认真、实事求是和持之以恒的科学态度，以及遵守道德规范，保护环境并推动可持续发展的责任感。 3. 行为能力：会用数学眼光观察世界，会用数学思维思考世界，会用数学语言表达世界；能基于证据对物质组成、结构及其变化提出可能的假设，通过分析推理加以证实或证伪；参与个人与社会事务的讨论，做出理性解释和判断，具有解决生产生活问题的担当和能力。	1. 认知明理：掌握必备的文学知识，提高语言能力和语文素养；了解马克思主义基本原理，能够阐释人类历史进程及其规律，地理环境以及人类活动与地理环境的关系。 2. 情感态度：形成良好的思想道德修养和人文修养，为终身学习和全面而有个性的发展奠定基础，为传承和发展中华文化、增强民族凝聚力和创造力发挥应有的作用。 3. 行为能力：提高语言文字的运用能力，包括生活、工作和学习中的听说读写；能够运用历史唯物主义观点，展现历史演进的基本过程以及人类在历史上创造的文明成果，揭示人类历史发展的基本规律和大趋势；能够从地理视角认识和欣赏自然与人文环境，懂得人与自然和谐共生的道理。

（四）职业教育科学文化素质教育目标

表 8-4　职业教育科学文化素质教育目标

	科学素质教育目标	人文素质教育目标
职业教育	1. 认知明理：掌握适应时代发展需要的科技知识，特别是本专业领域中的实用技术。 2. 情感态度：具有创造性思维，培养科技创新意识和科技道德意识；树立创业意识、工匠精神，精益求精。 3. 行为能力：掌握专业技术基本功，提高操作能力，运用所学专业，解决实际问题，为就业创业做准备。	1. 认知明理：学习必要的文学、历史、地理、哲学知识，以及外文知识。 2. 情感态度：热爱祖国语言文字，进一步提高正确理解与运用祖国语言文字的意识，重视人文素养，以适应就业和创业的需要。了解、认识中西方文化差异，具有正确的情感、态度和价值观。 3. 行为能力：具有日常生活和职业岗位需要的现代文阅读能力、写作能力、口语交际能力；具有立业、创业能力，具有欣赏美、创造美的能力。

（五）高等教育科学文化素质教育目标

表 8-5　高等教育科学文化素质教育目标

	科学素质教育目标	人文素质教育目标
高等教育	1. 认知明理：掌握科技常识，掌握本专业领域中的前沿科学和最新研究成果，包括科学技术观、人与自然与社会和谐观、高新技术概论等。 2. 情感态度：掌握科学的世界观、方法论，具有强烈的社会责任感，遵守科技道德，崇尚科学，反对迷信，崇德向善。 3. 行为能力：掌握专业技术基本功，运用所学专业解决实际问题，提高运用知识分析、解决问题的能力。	1. 认知明理：掌握文学、历史、哲学、艺术等人文社会科学方面的知识，提高学生的文化品位、审美情趣、人文素养。 2. 情感态度：热爱祖国语言文字，进一步提高正确理解与运用祖国语言文字的意识，重视人文素养，以适应就业和创业的需要；了解、认识中西方文化差异，培养正确的情感、态度和价值观；通过人际交往、创新能力、心理健康方面的教育，成为与新时代匹配的人才，尊重学术道德。 3. 行为能力：具有日常生活和职业岗位需要的现代文阅读能力、写作能力、口语交际能力；具有作品欣赏能力和古文阅读能力；遵守公共道德规范，遵守法律法规，主动参与社会实践；具有理论创新能力。

二、　科学文化素质教育内容体系

（一）小学科学文化素质教育内容

1. 小学一至三年级

(1)语文学科：主要包括识字与写字、阅读、写作、口语交际四个方面的内容。识字写字：掌握课程标准规定的汉字数量，能按字的结构把字写端正、写匀称。阅读：学习用普通话正确、流利、有感情地朗读课文。写作：留心周围的事物，开始学习习作，乐于书面表达。能不拘于形式地写下见闻、感受和想象，把自己看到、听到、想到、做过的写明白。口语：能认真听别人讲话，听懂别人说的一段话和一件简单的事，并能简要转述。

(2)数学学科：主要包括“数与代数”“图形与几何”“统计与概率”“综合与实践”四部分内容。“数与代数”包括数的认识、数的运算、常见的量和探索规律四个方面。“图形与几何”包括图形的认识、测量、图形的运动和图形与位置四个方面。“统计与概率”包括经历简单的数据收集和整理过程，了解收集数据的简单方法，并能用自己的方式呈现整理数据的结果等，“综合与实践”包括在实践活动中，了解要解决的问题和解决问题的办法等。

(3)科学学科：认识物体具有一定的特征，材料具有一定的性能。水是一种常见而重要的单一物质，空气是一种常见而重要的混合物质。生命世界包含人、动物和植物等多种生物类群，生物的生存需要一定的条件，在此基础上，生物个体能够生长、发育和繁殖后代，从而使这些生物类群得以延续。在太阳系中，地球、月球和其他星球按照一定的规律运动，地球具有大气、水、生物、土壤、岩石等圈层。工程技术人员依据科学原理设计和制造物品、解决技术应用的难题，创造了丰富多彩的人工世界。

2. 小学四至六年级

(1)语文学科：主要包括识字与写字、阅读、写作、口语交际四个方面的内容。识字写字：课程标准规定的汉字数量，能利用汉语拼音识字、学习普通话。能按字的结构把字写端正、优美。阅读：能联系上下文，结合生活实际或查字典理解词语的意思，学过的词语大部分能在口头或书面语言中运用。课外阅读不少于 20 万字。口语交际：能听懂程度适当的讲话并转述。写作：练习写读后感，从内容、词语、标点方面修改习作。

(2)数学学科：主要包括“数与代数”“图形与几何”“统计与概率”“综合与实践”四部分内容。“数与代数”包括数的认识，数的运算，式与方程，正比例、反比例和探索规律五个方面。“图形与几何”主要包括图形的认识、测量、图形的运动和图形与位置四个方面。“统计与概率”主要包括简单数据统计过程和随机现象发生的可能性两个方面。“综合与实践”主要包括开展有目的、有设计、有步骤、有合作的实践活动。

(3)科学学科：认识物体的运动可以用位置、快慢和方向来描述。力作用于物体会改变物体的运动。声、光、热、电、磁都具有能量，是能量的一种形式。人体由多个系统组成，分工配合，共同维持人体生存。植物和动物都能繁衍后代，使他们得以世代相传。动植物之间、动植物与环境之间存在着相互依存的关系。地球是人类生存的家园。工具延伸增强了人类的能力；人们利用工具生产产品、改造环境，以满足自身和社会发展的需求。工程技术的核心是设计，创新是设计的灵魂，每一项设计都需要不断完善。

（二）初中科学文化素质教育内容

1. 语文学科：主要包括识字与写字、阅读、写作、口语交际四个方面的内容。能正确工整地书写汉字，并有一定的速度。借助工具书阅读浅易文言文，阅读日常的书报杂志，初步鉴赏文学作品，九年课外阅读总量应在400万字以上。根据需要，运用常见的表达方式写作，发展书面语言运用能力。初步学会运用口头语言文明地进行人际沟通和社会交往。初步具备搜集和处理信息的能力，积极尝试运用新技术和多种媒体学习语文。

2. 数学学科：主要包括数与代数、空间与图形、统计与概率三方面的内容。数与代数主要包括学习实数、整式和分式、方程和方程组、不等式和不等式组、函数等知识。空间与图形主要是探索基本图形(直线形、圆)的基本性质及其相互关系。统计与概率主要包括描述数据的方法、概率的意义、计算简单事件发生的概率等内容。

3. 英语学科：识记：掌握课程标准规定的单词和短语。掌握基本语法知识，包括名词、代词、数词、连词、介词及短语、时态，句子种类以及简单的基本句型等。听力理解：能听懂日常英语谈话。口语表达：能在学习过程中用英语简单的交流。阅读理解：能基本读懂该领域水平的英文文章。书面表达：能完成该领域水平的写作任务，能描述个人经历。翻译：能借助词典对一些文章进行英汉互译，译文基本准确，无重大的理解和语言表达错误。

4. 物理学科：主要包括科学教育和科学探索两部分。科学教育主要涉及物质、运动和相互作用、能量三部分。物质包括物质的形态与变化、物质的属性、物质的结构与物体的尺度、新材料及其应用。运动和相互作用包括多种多样的运动形式、机械运动和力、声和光、电和磁。能量包括能量、能量转化与转移、机械能、内能、电磁能、能量守恒、能源和可持续发展。科学探究的要素有提出问题、猜想与假设、制订计划与设计实验、进行实验与收集证据、分析与论证、评估、交流与合作七个步骤。

5. 化学学科：包括科学探索、身边的化学、物质的组成、物质的化学变化、化学与社会发展。科学探索：探究理解、探究能力、实验技能、基础实验。身边的化学：空气、水和溶液、金属和金属矿物、化合物。物质的组成：物质的多样性、微粒、化学元素、物质组成的表示。物质的化学变化：化学变化的基本特征、认识几种化学反应、质量守恒定律。化学与社会发展：能源资源的利用、合成材料、化学物质与健康、环保。

6. 生物学科：包括科学探究、生物体的结构层次、生物与环境、生物圈中的绿色植物、生物圈中的人、动物的运动和行为、生物的生殖发育与遗传、生物的多样性、生物技术、健康地生活等。

7. 历史学科：主要包括生活的时空、社会变迁与文明演进、发展的选择三部分内容。生活的时空主要包括认识人类生活的“时空”；了解自己生活的“地点”；体味自己生活中的“历史”；学会获取、整理相关信息的工具和方法四部分内容。社会变迁与文明演进主要包括探索早期出现的几大文明区域，突出中华文明的渊源；集中讲述秦统一后古代中华文明的历史脉络；有侧重地讲述近代历史发展的特点，凸显发展模式的多样性和世界整体化趋势；历史唯物主义的一些基本观点四部分内容。发展的选择主要包括：了解20世纪前半期世界的时代特点和中国革命的历程，强调中国如何选择了争取民族独立和人民解放最终胜利的道路；了解当代国际社会的时代特点与新中国建设、改革的历程，强调当代中国怎样选择了发展中国特色社会主义的道路；认识世界和中国面临的突出问题，强调可持续发展是当今社会发展的重要选择；站在新的历史起点上我们如何走向未来的选择四部分内容。

8. 地理学科：主要分为四大部分：地球与地图、世界地理、中国地理、乡土地理。其中"地球与地图"是学习区域地理的基础。

9. 道德与法治学科：主要包括我与他人、我与集体、国家和社会、社会道德、心理健康、法律和国情教育等内容。包括六条教学主线：成长节拍——友谊天空——师长情谊——生命思考；青春时光——做情绪情感的主人——在集体中成长——走进法治天地；走进公共生活——遵守公共规则——维护公共利益——践行公共精神。维护宪法权威——理解权利义务——人民当家作主——崇尚法治精神。改革与创新——民主与法治——文明与发展——和谐与梦想。我们共同的世界——世界舞台上的中国——少年的征程。

（三）高中科学文化素质教育内容

1. 语文学科：主要包括语言建构与运用、思维发展与提升、审美鉴赏与创造、文化传承与理解四个方面。语言建构与运用是指学生在丰富的语言实践中，通过主动的积累、梳理和整合，逐步掌握祖国语言文字特点及其运用规律，形成个体言语经验，发展在具体语言情境中正确有效地运用祖国语言文字进行交流沟通的能力。思维发展与提升是指学生在语文学习过程中，通过语言运用，获得直觉思维、形象思维、逻辑思维、辩证思维和创造思维的发展，促进深刻性、敏捷性、灵活性、批判性和独创性等思维品质的提升。审美鉴赏与创造是指学生在语文学习中，通过审美体验、评价等活动形成正确的审美意识、健康向上的审美情趣与鉴赏品位，并在此过程中逐步掌握表现美、创造美的方法。文化传承与理解：文化传承与理解是指学生在语文学习中，继承和弘扬中华优秀传统文化、革命文化、社会主义先进文化，理解和借鉴不同民族和地区的文化，拓展文化视野，增强文化自觉。

2. 数学学科：包括数学抽象、逻辑推理、数学建模、直观想象、数学运算和数据分析六个方面。数学抽象包括从数量与数量关系、图形与图形关系中抽象出数学概念及概念之间的关系，从事物的具体背景中抽象出一般规律和结构，并用数学语言予以表征。逻辑推理主要包括从特殊到一般的推理，推理形式主要有归纳、类比；从一般到特殊的推理，推理形式主要有演绎。数学建模：数学建模过程主要包括在实际情境中从数学的视角发现问题、提出问题，分析问题、建立模型，确定参数、计算求解，检验结果、改进模型，最终解决实际问题。直观想象主要包括借助空间形式认识事物的位置关系、形态变化与运动规律；利用图形描述、分析数学问题；建立形与数的联系，构建数学问题的直观模型，探索解决问题的思路。数学运算主要包括理解运算对象，掌握运算法则，探究运算思路，选择运算方法，设计运算程序，求得运算结果等。数据分析主要包括收集数据，整理数据，提取信息，构建模型，进行推断，获得结论。

3. 英语学科：识记：掌握课程标准规定的词汇量，掌握语法知识。听力理解：能听懂日常英语谈话。口语表达：能在学习过程中用英语交流。阅读理解：能基本读懂一般性英文文章。在通读全文的基础上，可根据已知的信息，进行由此及彼、由表及里的推断。书面表达：能完成一般性写作任务，能描述个人经历。翻译：能借助词典对一些文章进行英汉互译，译文基本准确，无理解和语言表达错误。

4. 物理学科：主要包括物理观念、科学思维、科学探究、科学态度与责任四方面内容。物理观念是从物理学视角形成的关于物质、运动与相互作用、能量等的基本认识，包括物质观念、运动与相互作用观念、能量观念等要素。科学思维：是从物理学视角对客观事物的本质属性、内在规律及相互关系的认识方式。科学探究是指基于观察和实验提出物理问题、形成猜想和假设、设计实验与制订方案、获取和处理信息、基于证据得出结论并做出解释，以及对科学探究过程和结果进行交流、评估、反思的能力。主要包括问题、证据、解释、交流等要素。科学态度与责任是指在认识科学本质，认识科学技术与社会环境关系的基础上，逐渐形成的探索自然的内在动力，严谨认真、实事求是和持之以恒的科学态度，以及遵守道德规范，保护环境并推动可持续发展的责任感。主要包括科学本质、科学态度、社会责任等要素。

5. 化学学科：包括宏观辨识与微观探析、变化观念与平衡思想、证据推理与模型认知、科学探究与创新意识、科学态度与社会责任五个方面。宏观辨识与微观探析：能从不同层次认识物质的多样性，并对物质进行分类；能从元素和原子、分子水平认识物质的组成、结构、性质和变化，形成“结构决定性质”的观念。能从宏观和微观相结合的视角分析与解决实际问题。变化观念与平衡思想：能认识物质是运动和变化的，知道化学变化需要一定的条件，并遵循一定规律；认识化学变化的本质特征是有新物质生成，并伴有能量转化；认识化学变化有可以调控的限度、速率。能多角度、动态地分析化学变化，运用化学反应原理解决简单的实际问题。证据推理与模型认知：能基于证据对物质组成、结构及其变化提出可能的假设，通过分析推理加以证实或证伪；建立观点、结论和证据之间的逻辑关系。科学探究与创新意识：认识科学探究是进行科学解释和发现、创造和应用的科学实践活动；能发现和提出有探究价值的问题；能从问题和假设出发，依据探究目的，设计探究方案，运用化学实验、调查等方法进行实验探究；勤于实践，善于合作，敢于质疑，勇于创新。科学态度与社会责任：包括探索意识、安全意识、严谨求实的科学态度和社会责任。

6. 生物学科：包括生命观念、科学思维、科学探究和社会责任四个方面。生命观念：在较好地理解生物学概念的基础上形成生命观念，如结构与功能观、进化与适应观、稳态与平衡观、物质与能量观等；能够用生命观念认识生物的多样性、统一性、独特性和复杂性，形成科学的自然观和世界观，并以此指导探究生命活动规律，解决实际问题。科学思维：应该在学习过程中逐步发展科学思维，如能够基于生物学事实和证据运用归纳与概括、演绎与推理、模型与建模、批判性思维、创造性思维等方法，探讨、阐释生命现象及规律，审视或论证生物学社会议题。科学探究：针对特定的生物学现象，进行观察、提问、实验设计、方案实施以及对结果的交流与讨论的能力。社会责任：应能够以造福人类的态度和价值观，积极运用生物学的知识和方法，关注社会议题，参与讨论并做出理性解释，辨别迷信和伪科学；结合本地资源开展科学实践，尝试解决现实生活问题；树立和践行"绿水青山就是金山银山"的理念，形成生态意识，参与环境保护实践。

7. 信息技术学科：主要由信息意识、计算思维、数字化学习与创新、信息社会责任四个核心要素组成。信息意识是指个体对信息的敏感度和对信息价值的判断力。计算思维是个体运用计算机科学领域的思想方法，在形成问题解决方案的过程中产生的一系列思维活动。数字化学习与创新是个体通过评估并选用常见的数字化资源与工具，有效地管理学习过程与学习资源，创造性地解决问题，从而完成学习任务，形成创新作品的能力。信息社会责任是指信息社会中的个体在文化修养、道德规范和行为自律等方面应尽的责任。

8. 通用技术学科：包括必修课程、选择性必修课程、选修课程。必修课程包括技术及其性质、技术设计过程、工艺及方案实现、技术交流与评价、结构及其设计、流程及其设计、系统及其设计、控制及其设计等。选择性必修课程包括现代家政技术、服装及其设计、智能家居应用设计、工程设计基础、电子控制技术、机器人设计与制作、技术与职业探索、职业技术基础、创造力开发与技术发明、产品三维设计与制造、科技人文融合创新专题等。选修课程包括传统工艺及其实践、新技术体验与探究、技术集成应用专题、现代农业技术专题等。通用技术旨在提高学生的技术意识、工程思维、创新设计、图样表达、物化能力。

9. 历史学科：包括唯物史观、时空观念、史料实证、历史解释、家国情怀五个方面。唯物史观：人类对历史的认识是由表及里、逐渐深化的，要透过历史的纷杂表象认识历史的本质，科学的历史观和方法论是非常重要的。唯物史观使历史学成为一门科学，只有运用唯物史观的立场、观点和方法，才能对历史有全面、客观的认识。时空观念：任何历史事物都是在特定的、具体的时间和空间条件下发生的，只有在特定的时空框架当中，才可能对史事有准确的理解。史料实证：历史过程是不可逆的，认识历史只能通过现存的史料。要形成对历史的正确、客观的认识，必须重视史料的收集、整理和辨析，去伪存真。历史解释：历史解释是指以史料为依据，对历史事物进行理性分析和客观评判的态度、能力与方法。家国情怀：体现对国家富强、人民幸福的情感，以及对国家的高度认同感、归属感、责任感和使命感。

10. 地理学科：主要包括人地协调、综合思维、区域认知、地理实践力四方面。人地协调观：指面对不断出现的人口、资源、环境和发展问题，人们越来越深刻地认识到，人类社会要更好地发展，必须尊重自然规律，协调好人类活动与地理环境的关系。综合思维：人类生存的地理环境是一个综合体，在不同时空组合条件下，地理要素相互作用，综合决定着地理环境的形成和发展。区域认知：人类生存的地理环境多种多样，将其划分成不同尺度、不同类型的区域加以认识，是人们认识地理环境复杂性的基本方法。地理实践力：包括考察、实验、调查等是地理学重要的研究方法，也是地理课程重要的学习方式。

11. 思想政治学科：包括马克思主义基本原理，中国特色社会主义进入新时代的历史方位，新时代中国特色社会主义经济、政治、文化、社会、生态文明建设和党的建设进程，培育政治认同、科学精神、法治意识和公共参与等素质，逐步树立共产主义远大理想和中国特色社会主义共同理想，坚定中国特色社会主义道路自信、理论自信、制度自信、文化自信，形成正确的世界观、人生观、价值观。

（四）职业教育科学文化素质教育内容

1. 思想政治课程：主要包括思想道德修养与法律基础课、毛泽东思想和中国特色社会主义理论体系概论。思想道德修养与法律基础课主要是开展马克思主义人生观、价值观、道德观和法制观的教育，引导学生树立高尚的理想情操和养成良好的道德品质，树立体现中华民族优秀传统和时代精神的价值标准和行为规范。毛泽东思想和中国特色社会主义理论体系概论主要是帮助学生学习毛泽东思想和中国特色社会主义理论体系的基本内容，帮助学生理解毛泽东思想和中国特色社会主义理论体系是马克思主义的基本原理与中国实际相结合的两次伟大的理论成果，是中国共产党集体智慧的结晶。

2. 语文课程：主要包括学生必需的语文基础知识、日常生活和职业岗位需要的现代文阅读能力、写作能力、口语交际能力，以及文学作品欣赏能力和浅易文言文阅读等内容。着重培养学生热爱祖国语言文字的思想感情，使学生进一步提高正确理解与运用祖国语言文字的能力，提高科学文化素养，以适应就业和创业的需要。指导学生掌握基本的语文学习方法，养成自学和运用语文的良好习惯。引导学生重视语言的积累和感悟，接受优秀文化的熏陶，提高思想品德修养和审美情趣，形成良好的个性、健全的人格，促进职业生涯的发展。

3. 数学课程：主要包括学生必备的职业岗位和生活中所必要的数学基础知识、计算技能、计算工具使用技能和数据处理等。培养学生的观察能力、空间想象能力、分析与解决问题能力和数学思维能力。引导学生逐步养成良好的学习习惯、实践意识、创新意识和实事求是的科学态度，提高学生的就业能力与创业能力。

4. 计算机应用教育课程：主要包括计算机应用基础知识，计算机基本操作、办公应用、网络应用、多媒体技术应用等方面的知识技能。使学生初步具有利用计算机解决学习、工作、生活中常见问题的能力。使学生能够根据职业需求运用计算机，体验利用计算机技术获取信息、处理信息、分析信息、发布信息的过程，逐渐养成独立思考、主动探究的学习方法，培养严谨的科学态度和团队协作意识。使学生树立知识产权意识，了解并能够遵守社会公共道德规范和相关法律法规，自觉抵制不良信息，依法进行信息技术活动。

5. 英语课程：使学生掌握一定的单词和词组数量，特别是与专业相关的词汇。能听懂日常英语谈话。能在学习过程中用英语简单的交流。能基本读懂与本专业相关的英文文章。能完成一般性写作任务，能描述个人经历。能借助工具书对专业文章进行英汉互译，译文基本准确，无重大的理解和语言表达错误。

6. 科学教育类课程：使学生具备一定的科学素养，有利于职业教育学生提高生产技能和生存能力，有助于他们更好地适应社会的发展。职业学校开设科学教育类课程选修课对促进学生提升自身的科学素养具有重要的意义。课程内容主要包括科学的历程、从自然历史到文明史、科学精神的起源、希腊时代的科学、中国独立发展的科技文明、近代科学的诞生、技术革命与理性启蒙、科学的技术化、社会化、宇宙与生命、当代高新技术、科学与人类的未来等。

7. 职业生涯与就业指导类课程：它是职业教育学生理想信念教育的重要课程，它为各专业实现其人才培养目标，达到未来工作岗位素质要求起支撑作用，在整个课程体系中处于不可替代的重要地位。课程包括协调职业在人生发展中的重要地位、学生的全面发展和终身发展、职业生涯发展的自主意识、树立正确的就业观、学生理性地规划自身未来的发展、提高自身职业生涯管理能力和就业能力等。

8. 专业课程：主要包括专业理论课程、职业基础理论课程、职业技术课程、实训课程。专业课程是对学生进行文化素质教育的重要载体。由于专业的不同，侧重点也有差异。在实践中要注重教育的均衡性，使学生在人文和科学方面全面发展，培养和谐发展的人。

（五）高等教育科学文化素质教育内容

1. 公共课程

(1)马克思主义哲学原理：其课程任务是提高学生的政治理论素质和思维水平，为学生正确理解马克思主义，确立社会主义信念自觉坚持党的路线、方针和政策打下坚实的基础。

(2)中国近现代史纲要：其课程目标是增强学生坚持四项基本原则的自觉性，增强学生对中国特色社会主义道路的理论自信、道路自信、制度自信，激发学生爱国热情和民族自豪感、自信心。

(3)思想道德修养与法律基础：其课程目的是引导学生在学习和思索中探求真理，在体验和行动中感悟人生，从而提高自身的思想道德素质和法律素质。

(4)大学语文：本课程是提高学生人文素质的重要载体，着重培养学生热爱祖国语言文字的思想感情，使学生进一步提高正确理解与运用祖国语言文字的能力。

2. 选修课程

(1)科技类课程：科技类课程主要包括科学技术观教育，高新技术概论，人、自然与社会和谐观教育三大类。

①科学技术观教育：引导学生树立正确的科技观，充分认识科学技术的性质与功能、科学技术的历史、现代科学技术发展的特点、科学技术是第一生产力、知识经济与高科技等，掌握知识、立足国情，才能放眼世界。

②高新技术概论：引导学生对高科技有整体的认知，主要包括高新技术的含义与特征、信息技术、生物技术、新材料技术、新能源技术、空间技术、海洋技术、高新技术在军事上的应用，树立责任意识、国防意识和现代科技意识。

③人、自然与社会和谐观教育：学生从四个方面，即人口与人力资源、自然资源与环境、现代科学技术与文化、科教兴国与可持续发展，进行学习，推动构建人、自然与社会和谐共生的世界。

(2)艺术类课程：开设艺术类公共选修课是高校开展艺术教育的重要途径，也是高校推行素质教育的一项重要工作。学习艺术类课程，可以培养学生良好的审美观，使其心境开阔，塑造良好的性格。艺术类课程主要包括艺术导论、音乐鉴赏、美术鉴赏、影视鉴赏、戏剧鉴赏等。学生可根据个人兴趣爱好或发展需求，选修多样课程。

3. 专业课程

专业课程主要包括专业理论课程和实践课程。课程与专业紧密结合，促进学生的专业发展。

三、 科学文化素质教育途径体系

(一)科学文化素质教育途径分类

科学文化素质教育途径体系是以完成科学文化素质教育任务，提高教育实效为目的而构建的。学科课程是主渠道，但不是唯一途径，还需开发和利用其他途径，构建科学文化素质教育途径体系。整体构建学校素质教育体系课题组，对科学文化素质教育途径进行了如下分类。

表 8-6　科学文化素质教育途径

具体分类＼总体分类		学校	家庭	社会
课程类	专门课程	1. 科学技术类课程 小学：数学、科学 中学：数学、物理、化学、生物、地理、信息技术、通用技术 大中专院校：数学、物理、化学、生物等，以及专业课程 2. 人文类课程 小学：语文、外语 中学：语文、外语、历史、道德与法治、地理 大中专院校：哲学、文学、历史学及专业课程	远程教育课程，如空中英语、大师讲堂等	
	学科课程	各相关学科教学		
实践类	科学实践活动	包括科学调查、访问、考察、技术实践等，目的是在探究中发现问题，自觉主动地进行猜测、验证，培养探究意识和验证推测的习惯		生存岛、青少年绿色营地、少年宫、少年之家、活动站举办的科技活动等
	社会实践活动	包括生产劳动、服务和劳动实践活动，目的是在劳动中学会观察事物，提高动手能力	家务劳动、自我服务劳动、家庭外出活动等	勤工俭学、社区服务、基地劳动等
	研学旅行	通过集体旅行、集中食宿方式开展的研究性学习和旅行体验相结合的校外教育活动，是学校教育和校外教育衔接的创新形式，是教育教学的重要内容，是综合实践育人的有效途径		科技研学、大师讲堂等
环境类	科技环境	科技馆、科技节		社区科技文化
	人文环境	文化节、艺术节、体育节等		社区人文文化
辅导咨询类	集体咨询	报告、讲座、看视频、辅导课		报刊、电视、广播的问答专栏

续表

<table>
<tr><th colspan="2">总体分类
具体分类</th><th>学校</th><th>家庭</th><th>社会</th></tr>
<tr><td rowspan="4">传媒类</td><td>广播影视</td><td>校园广播站、校园电视台、校园电影周及影评活动等</td><td colspan="2">广播、电影、电视</td></tr>
<tr><td>报刊书籍</td><td>图书阅览室、读书月、读书会、校园报刊、班级图书角等</td><td>书房、家庭读书会</td><td>图书馆、书店、读报专栏</td></tr>
<tr><td rowspan="2">电脑网络</td><td>校园局域网</td><td>电脑游戏</td><td>社区局域网、电脑软件</td></tr>
<tr><td colspan="3">学校、家庭、社会互联科技文化网络</td></tr>
</table>

（二）科学文化素质教育途径体系的各领域特点

1. 科学素质教育途径体系的各领域特点

我国实行的是分科教学，各门学科体系严密，学科知识专业性强。小学领域，承载科学素质教育的主要学科是小学科学课程，开设这门课程的初衷是“早期的科学教育将对一个人科学素质的形成具有决定性的作用”“科学教育从小抓起”。它采用课内外相结合的方式，主要聚焦四个目标：对自然现象的好奇心和求知欲，运用基本的科学知识和技能认识自己和周围世界的能力，具备进行科学探究所必需的科学思维和方法，与自然界和谐相处的生活态度。中学阶段设有专门的科学课程，主要依托数学、物理、化学、生物、地理、综合实践等课程，还有高中的通用技术课程进行教育。存在的问题有两个：一是缺乏科学教育的系统性，即科学教育每个学科都在做，处于碎片化；二是学科之间缺乏交流，如一些共同的概念在各个学科中重复出现，有的蜻蜓点水，讲不透。大中专院校没有通识的科学技术必修课程。对于理工农医类学生，科学教育主要是专业学科。对于人文社科类学生，有极少数院校通过科学教育(科学史)选修课获得相关知识。

2. 人文素质教育途径的各领域特点

语文课教授的是母语，是各个领域学生提升人文素养的基本途径。除此之外，小学有道德与法治、音乐、美术，中学有道德与法治、历史、地理、音乐、美术等。对于大中专院校的文科类学生而言，专业课程是主要途径。对于理工类学生，主要是公共课，如马克思主义理论课和思想政治教育课，有的学校还开设艺术类课程，如艺术导论、音乐鉴赏、美术鉴赏、影视鉴赏等。外语作为一门语言，也是对学生进行人文教育的途径，它可以拓展学生的国际视野，提高人文素养。

四、 科学文化素质教育方法体系

科学文化素质教育方法是为达到教育目标，完成教育任务，在教育原则指导下，运用各种教育手段，教师与学生互相作用的活动方式总和。这个概念包括三个要点：一是为教育目的服务的，每种方法都是为了完成既定的教育任务。二是教师与学生共同参与的，它包括教师的施教方，也包括学生接受教育和修养的接受方。三是各种方式的总和，既包括教育方式，又包括教育手段；既包括外显的动作方式，也包括内在的思维方式。

（一）教师讲授法

教师讲授法是教师通过口头语言系统地阐述本学科的概念、理论、观点、知识或原理、定理、公式、例题等，以提高学生科学文化素质的一种方法。人文文化的讲解，可以使学生在短时间内获得大量的、系统的知识，提高人文修养，分辨是非。科学课程的讲解，除了知识的传授外，要注重引导、启迪和探索。教师应关注学生的已有认知对科学学习的影响，借助各种教育资源，引导学生认识已有认知和经验的局限性，帮助学生理解科学知识，学习科学方法，发展科学探究能力，培养科学态度、情感与价值观。教师讲授法适合于各个领域。运用教师讲授法，要抓住两点：一是讲授内容的深度与广度要符合学生的特点；二是讲解的语言要形象、生动、精炼，富有吸引力和感染力。

（二）师生研讨法

师生研讨法对科学教育和人文教育都适用。研讨是教师与学生共同探讨一个问题，经过讨论甚至辩论得出正确结论，提高认识的一种方法。讨论的问题可以由教师提出，也可以由学生提出，要想使讨论能够展开，必须选择学生关心的总是疑惑的问题。教师必须以民主、平等的身份和学生讨论问题，居高临下，总想以自己的认识下结论，会影响讨论的效果。随着学生知识的增长和能力的提升，运用师生讨论法的频次也应该增加。职业教育领域，教师更要尊重学生的讨论成果，并鼓励他们到实践中检验。

（三）科学实验法

科学实验是激发学生科学兴趣，掌握科学知识，提高学习效果的重要途径，是科学素质教育常用的方法。学校要按照规定认真开展物理、化学、生物的演示实验和分组实验，规范实验程序，让学生亲自动手去做实验、观察实验结果、书写实验报告，决不可采取观看实验录像或在计算机中开展模拟实验的方法，代替动手实验，通过做实验，让学生感受实验的全过程，通过实验提高学生的动手能力。

（四）课外探究法

培养学生的科学素养仅仅依靠课堂教学是不够的。课外探究是课堂教学在时间和空间上的延伸。通过课外活动，学生不仅可以丰富经验、开阔视野、活化知识，而且可以根据自己的兴趣开展各种活动，充分发挥各自的特长，培养创新意识和提高实践能力。教师应根据教学内容、学生和校内外的实际情况开展各种课外活动，将课堂教学与课外活动紧密地结合起来。例如，开展科学技术小组活动和参观博物馆、科学技术馆、动物园、植物园、农业生产基地、工厂等，课外探究法更适合于科学素质教育。

（五）社会实践法

社会实践是人类认识世界、改造世界的各种活动的总和。对学生而言，主要是社会实践即假期实习或是在校外实习。教育与生产劳动和社会实践相结合是党的教育方针的重要内容，理论教育和实践教育相结合是学生思想政治教育的根本原则。社会实践是人文教育最具实效性的方法之一。譬如，历史与社会是一门开放的课程，不仅要重视学生对知识与技能的掌握，而且要引导学生不断深入地观察和体验真实的社会生活，积极、主动地参与各种社会活动，在现实社会中体验生活，在实际生活中发现问题，并综合地运用各种知识去解决问题，提高对社会的认识能力和参与社会的实践能力。

（六）文化熏陶法

校园文化对于学生陶冶情操、砥砺德行、磨炼意志、塑造自我具有重要作用。因此，各学校必须重视校园人文环境建设，创建良好的校园文化环境。校园的整洁和绿化、校训和行为规范、人文景点创设、教室与实验室布置、图书资料建设等，都要有利于形成一种良好的学术和文化氛围。同时，学校要与当地政府一起，共同治理好周边环境，提高社会环境的文化层次，使学生从中受到感染，得到熏陶。文化熏陶法适合于科学与人文教育。

（七）参观考察法

参观考察法是由教师和学生共同计划，由学生独立实施的一种实践活动，它包括收集信息、积累经验和训练能力。考察范围、目标、主题和考察执行步骤，由学生自己设计、实施、检查和反馈，教师提供咨询和支持。这种方法有助于培养学生走近现实、在独立组织的学习过程中认识理解现实生活的能力；有助于学生获得直观、感性的知识经验和体验，能帮助学生获得新知识和验证所学的知识；有助于密切学校课程内容与生活和时代的联系。参观考察法对科学教育和人文教育都适用。

五、 科学文化素质教育管理与评价体系

（一）科学文化素质教育管理体系

从学校管理结构来看，主要包括学校治理、学生管理、课程与教学管理、教师管理、教育资源管理、安全管理六部分内容。就科学文化素质教育管理而言，主要涉及课程与教学、师资、学生和资源的调配等内容。科学与人文的融合是当代教育的呼唤，这就要求在管理中有一个“大学科”概念，注重学科的整体规划与内容的整合，即人文学科、科学教育自身的整合，人文与科学教育横向的整合。以下是科学文化素质教育管理体系结构图：

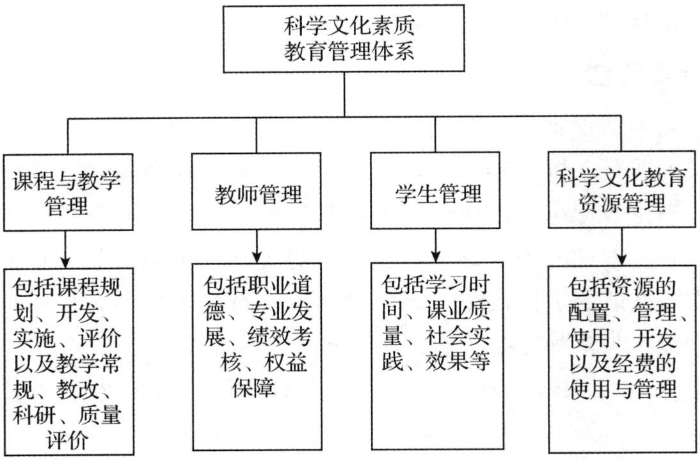

图 8-1　科学文化素质教育管理体系

（二）科学文化素质教育评价体系

科学文化素质教育评价，是素质教育的重要内容。构建科学合理的科学文化素质教育评价体系，是“深化教育体制改革，健全立德树人落实机制，扭转不科学的教育评价导向，坚决克服唯分数、唯升学、唯文凭、唯论文、唯帽子的顽瘴痼疾，从根本上解决教育评价指挥棒问题”的必要环节。整体构建学校素质教育课题组，紧紧围绕“评什么”“怎么评更合理”问题，从学校、教师和学生三个维度进行了设定，并制定了评价量表。

1. 学校科学文化素质教育评价体系

表 8-7　学校科学文化素质教育评价体系

一级指标	二级指标	三级指标	评价等级				校领导自评	学生代表评	教师代表评	家长代表评	上级领导评	综合评定
			A	B	C	D						
科学文化教育实施条件	规划与组织	有总体规划										
		课程实施有针对性、导向性、可操作性										
		有完善的管理体制与评价体系										
		有本校特色										
	师资与投入	配齐师资，培训到位										
		设施齐全，有专门的经费投入										
科学文化教育实施过程	依法施教	依法依规开设课程，组织教育活动										
		在教育中经常对师生渗透法制观念										
	课程建设	有校本教学成果										
		有德育学科渗透										
		形成学校、家庭、社区教育网络										
	课程实施	目标落实到位										
		科研具有针对性和指导性										
		档案规范										

续表

一级指标	二级指标	三级指标	评价等级				校领导自评	学生代表评	教师代表评	家长代表评	上级领导评	综合评定
			A	B	C	D						
科学文化教育实施效果	学生态度	学生学习态度积极										
		学校整体学习氛围好										
	技能提高	学生有实践能力										
		学生有创新										
	社会评价	社区对学生评价好										
		家长对子女评价好										
评定小结												

填写说明：组织实施由主管教学(科研)校长和学校教务处(室)负责。“校领导自评”由主管教学(科研)校长填写，“学生代表评”由学生会成员填写，“教师代表评”由骨干教师填写，“家长代表评”由家委会填写，“上级领导评”由主管教学(科研)的上级领导填写。“综合评定”和“评定小结”由主管教学(科研)校长和教务处(室)填写。

评价说明：等级A(90～100分)；B(80～89分)；C(70～79分)；D(60～69分)，“综合评定”应按照各分项获得ABCD的数量确定最后的等级。“评定小结”根据各分项的等级分别给予评定。学校科学文化素质教育评价是学校自评和教育行政部门督导检查评定的依据。

2. 教师科学文化素质教育评价体系

表8-8 教师科学文化素质教育评价体系

一级指标	二级指标	三级指标	评价等级				教师自评	教师互评	主管领导评	学生代表评	综合评定
			A	B	C	D					
立德树人	理想信念	有较高的理想信念和道德情操									
	爱岗敬业	在教育教学中尽职尽责，乐于奉献									
		认真备课、上课									
	热爱学生	在教育教学实践中不挖苦、歧视、讽刺学生									
		不体罚和变相体罚学生									
	遵守校规校纪	依法执教									
		遵规守纪									
		服从领导，听从指挥									
专业水平	专业态度	热爱本专业									
		动脑筋、想办法、上好课									
	专业能力	教法科学，效率高									
		深受学生爱戴，效果好									
评定小结											

填写说明：组织实施由学校教务处(室)负责。“教师自评”由教师本人填写，“教师互评”由备课组

教师填写，“主管领导评”由主管教学(科研)校长填写，“学生代表评”由本班学生干部填写。“综合评定”和“评定小结”由教务处(室)填写。

评价说明：等级 A(90～100 分)；B(80～89 分)；C(70～79 分)；D(60～69 分)，“综合评定”应按照各分项获得 ABCD 的数量确定最后的等级。“评定小结”根据各分项的等级分别给予评定。教师科学文化素质教育评价是学校评定教师的依据。

3. 学生科学文化素质教育评价体系

学生科学文化素质评价体系，是评定学生科学文化素质的依据。学生达到了一定标准，说明该学生的科学文化素质具备了相应水平。本评价表具有通识性，各领域可以依据此表，制定更具针对性的评价指标。

表 8-9　学生科学文化素质教育评价体系

一级指标	二级指标	三级指标	评价等级				学生自评	同学互评	教师主评	家长助评	综合评定
			A	B	C	D					
认知明理	科学教育	懂得必要的科学知识									
		懂得必备的科学方法									
	人文教育	掌握必备的人文知识									
		掌握人文思想中蕴含的哲理方法									
情感态度	科学教育	树立科学思想									
		反迷信、反伪科学									
	人文教育	有人文情怀									
		具有民族精神和时代精神									
行为能力	科学教育	科学的处理实际问题									
		科学的参与公共事务									
	人文教育	能悦纳自我									
		有责任意识、担当意识									
评定小结											

填写说明：

组织实施由各班班主任负责。“学生自评”由本人填写，“同学互评”由合作小组成员填写，“教师主评”由班主任和科任教师填写，“家长助评”由学生家长填写。“综合评定”和“评定小结”由班主任填写。

评价说明：等级 A(90～100 分)；B(80～89 分)；C(70～79 分)；D(60～69 分)，“综合评定”应按照各分项获得 ABCD 的数量确定最后的等级。“评定小结”根据各分项的等级分别给予评定。基础教育领域评价结果依据课程目标记入《成长册》。高中领域要结合实际情况对学生课程学分进行认定，作为升学的参考。大中专院校作为必修课教学，要进行考核和评定，占一定的学分。

第九章　身体心理素质教育体系的构建

一、　身体心理素质教育目标体系

总体目标：使学生对健康有正确的认知，提高他们的身体素质和心理素质，增强体质，提高运动技能，培养积极乐观，健康向上的心理品质，为成为社会主义建设者和接班人奠定身体心理素质基础。

（一）小学身体心理素质教育目标

表 9-1　小学身体心理素质教育目标

	身体素质教育目标	心理素质教育目标
低年级	1. 认知明理：懂得基本的运动常识和身体锻炼的基本方法。 2. 情感态度：培养关注身体和保护健康的意识；培养与人合作的意识，在体育活动中懂得尊重他人；逐步形成克服困难的意志品质。 3. 行为能力：积极参与体育活动；学习和应用运动技能；形成正确的身体姿势，发展体能。	1. 认知明理：了解学习和生活的内容，正确认识自我。 2. 情感态度：有群体感，懂得帮助别人是快乐的，作为一名小学生是自豪的。 3. 行为能力：快乐学习，快乐生活。
中年级	1. 认知明理：懂得运动常识和方法；了解体育活动与身心发展的关系。 2. 情感态度：具有关注身体和保护健康的意识；建立和谐的人际关系，具有良好的合作精神；形成克服困难的坚强意志品质。 3. 行为能力：具有积极参与体育活动的态度和行为；学习和应用运动技能，用正确的身体姿势安全地进行体育活动，发展体能。	1. 认知明理：了解自我，认识自我，知道自我教育的内容。 2. 情感态度：培养同情心；有调控情绪、承受挫折、适应环境的基本意识。 3. 行为能力：主动学习，形成良好的学习习惯，爱学乐学。
高年级	1. 认知明理：懂得运动常识；懂得营养、环境和不良行为对身体健康的影响；正确理解体育活动与自尊、自信的关系。 2. 情感态度：具有关注身体和健康的意识；在体育活动中建立和谐的人际关系，具有良好的合作精神和体育道德。 3. 行为能力：具有积极参与体育活动的态度和行为；学习和应用运动技能，用正确的身体姿势安全地进行体育活动，发展体能。会通过体育活动等方法调控情绪。	1. 认知明理：了解心理保健常识和技能；了解青春期基本特征。 2. 情感态度：具有调控情绪、承受挫折的意识；培养良好的意志和品格。 3. 行为能力：悦纳自我；有生活自理、自觉学习、珍惜时间的习惯；积极面对学习与生活。

（二）初中身体心理素质教育目标

表 9-2 初中身体心理素质教育目标

	身体素质教育目标	心理素质教育目标
初中	1. 认知明理：掌握体育运动常识、运动技能和方法；增强体育安全意识和预防能力，将安全运动的意识迁移到日常生活中；掌握基本保健知识和方法。 2. 情感态度：通过体育培养坚强的意志品质；具有合作精神，具有良好的体育道德。 3. 行为能力：能积极参与体育锻炼；体验运动乐趣与成功的喜悦；全面发展体能与健身能力。	1. 认知明理：知道自我认识、自我评价的方法，认识青春期的生理特征和心理特征，了解调控情绪的方法。 2. 情感态度：具有乐观向上、关心社会、关心他人的意识。 3. 行为能力：恰当地表达自己的情绪；正确处理厌学心理，抑制冲动行为；正确对待异性交往；正确开展批评与自我批评，具有一定的自我教育能力。

（三）高中身体心理素质教育目标

表 9-3 高中身体心理素质教育目标

	身体素质教育目标	心理素质教育目标
高中	1. 认知明理：了解正确的健康观；对运动能力、健康行为和体育道德三者关系有正确认识；认识文明健康生活方式的内涵。 2. 情感态度：塑造良好的体育品格，发扬体育精神；培养作为公民在未来发展中应具备的体育与健康的关键能力、必备品质与价值观念；形成乐观开朗、积极进取、充满活力的人生态度。 3. 行为能力：遵守体育道德规范和行为准则；喜爱运动，积极主动地参与运动；学会科学锻炼；具有强健的体魄。	1. 认知明理：正确认识自我、家庭、社会、国家的关系。 2. 情感态度：在实践中培养坚强的意志品质和较强的耐力、抗挫能力；在困境中能乐观的接纳自己，独立思考，全面客观地面对问题的意识；重视对他人情感态度的体验。 3. 行为能力：具有较好的沟通能力；能解决心理困扰，能够克服自卑、紧张、恐惧、猜疑、忧郁、嫉妒等不良心理状态；积极参加社会实践活动，做到持之以恒。

（四）职业教育身体心理素质教育目标

表 9-4 职业教育身体心理素质教育目标

	身体素质教育目标	心理素质教育目标
职业教育	1. 认知明理：认识体育与健康的关系，以及体育对未来发展的重要性；能够编制可行的个人锻炼计划；具有一定的体育文化欣赏能力；掌握常见运动创伤的处置方法，能测试和评价体质健康状况，掌握有效提高身体素质、全面发展体能的知识与方法。 2. 情感态度：通过体育活动改善心理状态、克服心理障碍，养成积极乐观的生活态度，在具有挑战性的运动环境中表现出勇敢顽强的意志	1. 认知明理：正确认识自我，知道自信的重要性和内涵。 2. 情感态度：树立心理健康意识，培养乐观向上的心理品质，增强心理调适能力，促进人格的健全发展；学会合作与竞争，培养职业兴趣和敬业乐群的心理品质，提高应对挫折、热心职业、适应社会的能力。 3. 行为能力：能够自觉解决在成长、学

续表

	身体素质教育目标	心理素质教育目标
职业教育	品质。 3. 行为能力：基本形成自觉锻炼的习惯，具有终身体育的意识；熟练掌握两项以上健身运动的基本方法和技能，能科学地进行体育锻炼，提高自己的运动能力；能合理选择人体需要的健康营养食品，养成良好的行为习惯，形成健康的生活方式；具有强健的体魄。	习和生活中遇到的心理困惑和心理行为问题；能正确对待异性交往。

（五）高等教育身体心理素质教育目标

表 9-5　大学身体心理素质教育目标

	身体素质教育目标	心理素质教育目标
高等教育	1. 认知明理：掌握体育基本知识、技术和技能；掌握锻炼身体的基本原则和科学锻炼身体的方法；掌握常见运动创伤的处置方法，能测试和评价体质健康状况，掌握有效提高身体素质、全面发展体能的知识与方法。 2. 情感态度：通过体育，培养对自然环境的适应意识，增强体质，减少疾病，提高身心健康水平；通过体育培养文明行为，促进个性发展；培养爱国主义和国际主义精神。 3. 行为能力：养成经常锻炼身体的习惯，提高自我锻炼能力；制定运动处方；具有强健的体魄。	1. 认知明理：理解学生心理健康的基本概念和特征。 2. 情感态度：通过知识学习，体验、调控自身的心理活动，提升心理保健能力，促进健康心理素质的发展，提升心理资本。 3. 行为能力：具有对常见精神障碍和心理行为问题预防、识别、干预能力；心理健康意识明显增强。

二、 身体心理素质教育内容体系

身体心理素质教育的内容是由目标决定的。人体生长发育具有不均衡性，在不同的发育时期、不同性别和个体之间都存在着一定的差异，所以教育的内容也不一样。

（一）小学身体心理素质教育内容

1. 小学 1～2 年级

(1)身体素质教育：①运动常识教育：饭前饭后不做剧烈运动，运动前做好准备活动，运动后做好放松练习。②运动方式教育：加强姿势练习，主要包括：柔韧、灵敏和小负荷的力量练习，并注意练习的对称性，不宜做负荷大、持续时间长的练习。③运动能力教育：通过以体育游戏和小比赛为主的运动项目，提高反应能力和奔跑能力，培养合作意识和克服困难的品质，体验参加体育活动的乐趣。

(2)心理素质教育：①自我意识教育：认识班级、学校、日常学习生活环境和基本规则，譬如遵守作息时间、班级自主管理、值日值周等，帮助学生适应新环境、新集体和新的学习生活。②人际关系教育：提高与人交往的能力，包括与老师、同学交往，在谦让、友善的交往中感受友情。③学习心理辅导教育：感受学习知识的乐趣，重点是学习习惯的培养与训练，包括目标的制定与达成、提高学习效率、有效复习等。

2. 小学 3～4 年级

(1)身体素质教育：①运动常识教育：了解游戏及一般运动比赛的规则；认识体育与身心发展关系的内涵，即强身健体、陶冶情操、增进团结、拓展思维。②运动方式教育：加强姿势练习，可安排一些柔韧、灵敏和小负荷的力量练习，要以有氧代谢为主。③运动能力教育：以游戏为主，发展反应能力、奔跑能力，学会在体育活动中尊重和关心他人，并表现出一定的合作行为。可安排如滑冰、滑雪、田径中的短距离跑、跳远等项目，提高平衡、协调能力，不宜安排长时间大强度的肌肉练习，以免造成运动损伤。

(2)心理素质教育：①自我意识教育：帮助学生了解自我，认识自我，包括：什么是积极地自我意识，积极地自我意识是健康人格的基础等。②应对挫折教育：引导学生在学习生活中感受解决困难的快乐，学会体验情绪并表达自己的情感。③学习心理辅导教育：初步培养学生的学习能力，激发学习兴趣和探究精神，树立自信，乐于学习。包括：学习习惯的培养、学习方法的指导、考试心理的辅导、时间管理意识，以及正确处理学习与兴趣、娱乐的关系等。

3. 小学 5～6 年级

(1)身体素质教育：①运动常识教育：形成健康的生活方式，有效地提高学生的身心健康水平。譬如不挑食、不偏食、不迷恋手机电脑，每周有固定的时间参加体育锻炼等。②运动方式教育：进行足球、篮球、排球、网球、滑雪、滑冰、轮滑等运动，掌握基本的技术要领，在此基础上挖掘、培养体育特长，找到自信、自尊，把体育运动作为调控情绪的办法。③运动能力教育：发展体能，包括速度、耐力、力量、弹跳、协调、柔韧等。

(2)心理素质教育：①优良人格教育：认识诚实、守信、勇敢、坚韧、自尊、自信等良好心理品质的内涵。②性心理教育：开展初步的青春期教育，引导学生进行恰当的异性交往，建立和维持良好的异性同伴关系。譬如，端正态度、广泛交往、心理距离的把控等。③人际关系协调教育：积极促进学生的亲近社会行为，逐步认识自己与社会、国家和世界的关系。④学习心理辅导教育：端正学习动机，调整学习心态，正确对待成绩，体验学习成功的乐趣。譬如，当负面情绪出现时，学会恰当地、正确地体验情绪和表达情绪。

（二）初中身体心理素质教育内容

1. 身体素质教育：(1)运动常识教育：如剧烈运动时和运动后不可大量饮水，进餐后不宜马上运动，选择最佳运动量，剧烈运动后不可马上坐在地上休息，也不宜马上洗澡等。(2)运动方式教育：发展体能，包括速度、耐力、力量、弹跳、协调、柔韧，了解营养、环境和不良行为对身体健康的影响。(3)运动能力教育：掌握运动技能的应用，譬如篮球、足球、滑冰、滑雪基本技术的运用等。积极参与自己喜欢的运动项目，获得深度体验，身体素质和运动能力有提升。(4)体育道德教育：注重学生对运动角色和体育道德行为的识别，譬如比赛中的污言秽语，观看比赛乱扔杂物等失德、违法行为。

2. 心理素质教育：(1)优良人格教育：知道自尊、自爱、自立、自强、诚实、正直、勇敢、坚毅、情绪稳定、个性豁达等良好心理素质的意义。(2)人际关系协调教育：了解和谐人际关系的内涵，包括：正确的对人、对己和对待同学、老师、父母等，以及克服认知偏见避免交往障碍等。(3)性心理教育：包括青春期的特点、青春期的性行为、青春期的正确交往。(4)自我意识教育：加强自我认识，客观地评价自己，加强自我教育。譬如正确处理厌学心理，抑制冲动行为，把握升学选择的方向，培养职业规划意识，树立早期职业发展目标等。

（三）高中身体心理素质教育内容

1. 身体素质教育：(1)运动常识教育：认识健康理念，即身体健康、心理健康和社会适应能力，理解运动能力、健康行为和体育道德的逻辑关系。认识文明生活方式的内涵：适量运动，劳逸结合，生活要有规律；平衡膳食，禁食烟酒；保持室内及工作环境的空气清洁，避免接触损害健康的因子等。(2)运动方式教育：巩固已有的运动技术，掌握基本的运动战术，譬如，足球、篮球、排球、轮滑、滑冰、滑雪等运动的要领技巧。(3)运动能力教育：提高柔韧、协调、力量、耐力素质。学会通过多种途径康复身体，譬如，因运动过度产生的酸疼，可以通过减量、休息、按摩、热敷等方法来帮助机体积极恢复。(4)体育道德教育：形成良好的体育道德和合作精神，增强社会责任感。

2. 心理素质教育：(2)自我意识教育：确立正确的自我意识，树立人生理想和信念，形成正确的世界观、人生观和价值观。(2)学习心理辅导教育：培养创新精神和创新能力，掌握学习策略，开发学习潜能，提高学习效率，积极应对考试压力，克服考试焦虑。(3)人际关系协调教育：正确认识自己的人际关系状况，培养人际沟通能力，促进人际间的积极情感反应和体验，正确对待和异性同伴的交往，知道友谊和爱情的界限。(4)应对挫折教育：帮助学生进一步提高承受失败和应对挫折的能力，形成良好的意志品质。(5)职业生涯教育：在充分了解自己的兴趣、能力、性格、特长和社会需要的基础上，确立自己的职业志向，培养职业道德意识，进行升学就业的选择和准备，培养担当意识和社会责任感。

（四）职业教育身体心理素质教育内容

1. 身体素质教育：(1)运动常识教育：深入认识体育与健康的关系，包括：体育锻炼可促使人体健康发展，体育锻炼可促使人的心理健康发展，体育锻炼可提高人适应社会的能力。(2)运动方式教育：结合专业特点，强化与职业有关的身体素质练习，用体育训练的手段来提高学生身体素质，减少与预防职业性疾病的发生。(3)运动能力教育：拥有一定的技术战术能力，能够自己制定运动处方，包括运动种类、运动强度、运动时间、运动频率、运动进度及注意事项等，实现健身目标，提高运动技能。(4)技能拓展教育：建立在个人兴趣基础上，拓展运动技能，进行项目技能拓展训练及与职业相关的拓展训练。譬如，使学生学会一个运动项目的组织与裁判，并能适应未来的职业岗位。

2. 心理素质教育：(1)自我意识教育：在学习和生活中不断认识自己，开发潜能，悦纳自己，完善自己。(2)学习心理辅导教育：适应职业院校的生活和学习环境，调整心态，建立信心，在学习中培养良好的学习方法和习惯，体会成功的愉悦，激发学习兴趣。(3)优良人格教育：融入集体，在集体的建设中培养责任感、义务感、荣誉感、友谊感。(4)性心理教育：了解青春期性心理现象，学会调控情绪，正确对待异性交往。(5)就业创业教育：在专业课和其他活动中了解未来要从事的职业以及所学专业的培养目标、学习目标和生活目标，培养职业兴趣。做好就业的心理准备，确立就业创业目标或继续学习的发展方向。

（五）高等教育身体心理素质教育内容

1. 身体素质教育：(1)运动常识教育：掌握体育锻炼基本原则和方法，譬如自觉积极性原则、经常性原则、从实际出发原则、全面性原则、循序渐进原则等。了解运动损伤的应急处理方法，如冷敷、包扎等。(2)健康目标教育：保持锻炼的习惯，具有良好的身体素质，包括力量、耐力、柔韧、协调、弹跳等。(3)运动能力教育：具有一定的技术战术素养，能够制定运动处方，培养终身锻炼的体育习惯，包括运动种类、运动强度、运动时间、运动频率、运动进度及注意事项等，并合理地进行评定。(4)体育审美教育：培养审美能力，在健身的基础上，增加身体美感和对美的理解。积极参加保健体育活动，如武术气功的训练，祛病健身、恢复机体功能。

2. 心理素质教育：(1)学习心理辅导教育：了解心理健康的基本概念、学生心理健康的标准、青年期心理发展的年龄特征及学生常见的心理障碍与防治等健康心理学的基本概念和基本理论，学习影响个体心理健康的相关知识。(2)情绪调节教育：在学习个体心理健康知识的基础上，提升心理保健能力，培养良好自我意识、情绪与情感状态、意志品质和人格特征，锻炼保持心理健康的能力。(3)心理体验教育：通过知识学习，心理活动参与和体验，提高心理保健能力，促进健康心理素质的发展，提升心理资本。譬如，掌握此阶段学习心理规律、人际关系调适、青春期性心理与恋爱心理的维护，择业的心理准备与初步生涯规划，情绪调适、挫折应对方式等适应学校生活的基本方法与技能。

三、 身体心理素质教育途径体系

身体心理素质教育的途径是指实施身体心理素质教育的渠道。身心健康教育，单单依靠一个部门，一部分人的力量是办不好的，它必须通过多种途径的有序推进才能保障实效。

（一）身体素质教育的途径

1. 体育课程。体育教学是实现学校身体素质教育的重要手段，体育课是体育教学的基本组织形式，因此它是实现身体素质教育的主要途径。按照学校体育课的组织形式划分，它主要包括体育理论课和体育实践课。体育理论课，主要通过讲授体育理论知识，提高学生对体育的认识，掌握科学锻炼身体的方法，了解体育锻炼对人体生理和机能变化的作用等，以提高学生的体育素养。就学校体育而言，理论讲授主要集中在学期开始、结束，以及风雨、冰雪天气等。体育实践课，主要是指在运动场或体育馆内进行的身体练习课，是实现身体素质教育不可或缺的途径。

2. 课外体育锻炼。课外体育锻炼主要指学生在课余时间，运用各种身体练习和方法，以发展身体、增强体质、丰富业余文化生活为目的的体育活动。从组织形式来看主要有早操、课间操、班级体育锻炼、学校体育节、自我锻炼等。课外体育锻炼遵循的锻炼原则主要有自觉积极性原则、从实际出发原则、经常性原则和全面性原则。从目的性划分，它主要包括健身运动、健美运动、娱乐体育和防身保健体育等内容。

3. 学校体育竞赛。学校组织体育竞赛，能够推动群众体育活动的开展，提高体育教学和课余训练的质量，丰富学校的文化生活，因此是对学生进行教育的途径之一。由于学校层次、地域的不同，竞赛的内容也不一样。经常性开展的竞赛项目主要有田径、球类、体操、武术、冰雪运动和娱乐体育。

4. 家庭体育。体育是家庭教育的重要组成部分，学生在家庭中的体育是终身体育的起点和归宿，是学校体育的拓展和延续。就功能而言，家庭体育可以促进学生个性的形成，促进其社会化发展，减小代沟促进家庭和谐。充分发挥家庭体育的作用，要求家长转变观念，以身作则。家庭体育的内容主要包括游戏、旅游等。

5. 社会体育。社会体育主要是以社会全体成员为对象的，利用业余时间进行的，以健身娱乐为主要目的的，形式多样的体育运动。随着人们物质生活水平的不断提升，以及社会体育设施的不断完善，学生参与社会体育锻炼的人口越来越多，结成了很多“社会体育锻炼联盟”。未来社会，社会体育将成为对学生进行身体素质教育的重要途径之一。

（二）心理素质教育的途径

1. 心理健康教育课。利用地方课程或学校课程开设心理健康教育课。心理健康教育课主要以活动为主，包括团体辅导、心理训练、问题辨析、情境设计、角色扮演、游戏辅导、心理情景剧、专题讲座等。

2. 心理咨询课。主要是有针对性地指导帮助个别或部分学生解决在学习、生活和成长中出现的问题，排解心理困扰的专门教育课程，学校要建立心理咨询室，必要时开展个性化的心理健康教育。

3. 在学科教学中渗透心理教育。因为各科教材中蕴含着诸多心理辅导的内容素材，教学过程中经常出现心理辅导的教育情境，教师要细心挖掘、合理利用。

4. 结合班级、团体活动开展心理辅导。把心理辅导与班级、团队活动以及学校的其他系列活动结合在一起，能发挥活动的整体功能。

5. 校外拓展活动。与基层群众性自治组织、企事业单位、社会团体、公共文化机构、街道社区以及青少年校外活动场所开展合作，开展各种有益于学生身心健康的文体娱乐活动和心理素质拓展活动，是心理健康教育的有效路径。

6. 家庭心理健康教育。学生心理的健康成长不仅与学校教育有关，而且也与他们生活的家庭环境息息相关。一项研究表明，家长的心理健康与其子女的心理健康相关度很高。所以，学校开展心理健康教育，决不能放弃家庭这一重要阵地。

四、 身体心理素质教育方法体系

选择合适的教育方法，是身体心理素质教育取得实效的保证。从人的身心发展的规律探究，身体素质和心理素质教育的方法既有共性，也有差异性。

（一）身体素质教育的主要方法

表 9-6 身体素质教育的主要方法

分类	主要方法和内容
一般锻炼法	1. 重复训练法：对某一锻炼方法按一定负荷要求，多次重复同一动作进行锻炼的方法。 2. 间歇练习法。指在两次练习之间有一个严格规定的间歇时间，练习负荷在尚未完全恢复的情况下接着做下一次练习的方法。 3. 持续练习法。指按一定要求，持续进行规定动作的身体练习方法。 4. 变换练习法。指在练习过程中，有目的地不断变换各种练习条件、时间、器材重量等进行锻炼的方法。 5. 竞赛练习法。按一定的规则和要求，以比赛决定胜负的方式，进行锻炼的方法。 6. 循环练习法。根据练习者的需要，按不同项目设立若干个“站”，每“站”规定一种练习动作，锻炼者按顺序进行循环练习的一种方法。 7. 利用自然环境锻炼法。利用自然条件进行身体锻炼，以提高机体适应能力，增进健康的一种方法。

续表

分类	主要方法和内容
专项素质锻炼法	1. 发展力量素质：力量素质指人体或身体某部分肌肉在运动时克服内外阻力的能力。可分为绝对力量、相对力量、速度力量，力量耐力训练法。 2. 发展速度素质：速度素质指人体(或身体的某部分)进行快速运动的能力。可分为反应速度、动作速度、移动速度训练法。 3. 发展耐力素质：耐力素质指有机体长时间工作抗疲劳的能力。可分为一般耐力和专项耐力训练法。 4. 发展灵敏素质：灵敏素质指人在复杂、突变的条件下，能快速、准确、灵活、协调地完成动作的能力，它是动作技能熟练程度、身体素质和大脑皮层灵活性等多种因素在运动过程中的综合表现。 5. 发展柔韧素质：主要是指锻炼人体的关节活动幅度、肌肉和韧带的伸展能力的一种方法。

（二）心理素质教育的主要方法

心理健康教育的内容是多方面的，所以，心理健康教育的方法也是多种多样的，以下 10 种方法仅供参考：

1. 说服教育法：各种心理素质的形成都是以认知为基础的，所以在心理健康教育中，要引导学生在遇到个人、集体和社会生活中带有倾向性问题时加以辨识。譬如，什么是真善美，什么是假恶丑等，以形成正确的荣辱观，做到既能正确认识，也能客观评价。在具体操作中，教师要根据不同年龄学生的心理特点、个体差异，巧妙地运用教育智慧，恰当地运用说服教育，使学生转变错误观念，形成对社会、集体和人际关系的正确认知，产生积极的态度。

2. 心理咨询法：咨询是一种人际关系，在这种关系中，咨询人员提供一定的心理氛围或条件，使对象发生变化，做出选择，解决自己的问题，并且形成有责任感的独立个性，从而成为更好的人和更好的社会成员。

3. 情境熏陶法：教育需要一个“气场”，也就是通常说的氛围。在心理健康教育中，应自觉、有计划地创设有利于学生心理健康成长的民主、和谐的教育或教学情境。例如，通过励志、修身、求知、健体的校训；通过尊师、爱校、勤学、守纪、乐群、合作、利他、克己的校风；通过勤学、善问、博闻、务实、自信、创新的学风等，创设情境，感化学生，达到心理教育的目的。情境熏陶法的影响具有持久性和终身性。

4. 情绪感染法：情绪、情感是相互感染的。在教育教学中，师生之间既是知识信息交流的过程，也是情绪、情感交流的过程。作为教师，要以自己健康的情绪、情感去感染学生，使其产生强烈而积极的内心体验，从而把教育要求内化为学生的动机与需要。实施情绪感染法，一方面，教师要以自己积极、健康的情绪、情感，创设教育情境，使其对学生起到感染作用；另一方面，教师要积极引导学生带着丰富的情绪、情感进入教育情境。情绪感染法，既有利于调动学生的求知欲、兴趣、爱好等，把教育情境的教育要求内化为学生的自觉需要，又有助于缩短师生之间的心理距离，使学生在学习活动中保持稳定而持久的情绪、情感，提高学习效果。

5. 榜样示范法：青少年求知欲强，富于幻想，善模仿。研究表明，学生模仿最多的是父母、教师和同学。因此，教师首先要加强自身的榜样示范意识，重视自己的人格对学生的影响作用，率先垂范，自律洁身；其次，要以伟人、科学家等人物为榜样，对广大青少年进行激励与鞭策。另外，影视、人物传记里的典型人物，也是学生模仿的对象，要充分地利用。

6. 探讨交流法：通过讨论使学生获得解决问题的能力。在团体讨论中通过自我表达、相互反馈，可以增加自我了解和信心，并在其中学会如何与人互助合作。应用该法时，可采用辩论方式，教师提出有争议的问题，把班上的同学分成意见相对的正反两方进行公开辩论。教师要重视讨论的过程，不要过分重视结论。在讨论中，特别是分题讨论中，学生间分享的不仅仅是思想，还有彼此的关注理解和支持。

7. 意志磨炼法：良好的个性心理素质的培养与塑造是学生参加社会实践，在与困难、挫折作斗争中磨炼的结果。为此，要培养他们克服困难的信心和勇气，使他们在困难、挫折面前不退缩。鼓励他们积极地参与学校的集体实践活动，在活动中逐步养成自制、坚持、刚毅、果断的意志品质，矫正盲目、固执、鲁莽、犹豫不决等不良性格，不断提高学生的意志水平。

8. 思想澄清法：帮助学生反省自己的生活、目标感情和过去的经验，正确地认识自己的长处和不足。该方法不是灌输某种价值观，而是使学生澄清自己的思想，学会反省自己，对自己负责，也对他人负责。这种方法可以提高学生的沟通能力、设身处地地替他人着想的能力以及独立思考和做抉择的能力。

9. 集体心疗法：是指同时对许多具有共性心理问题的患者，进行心理疏导、打开心结、解除压力的心理治疗方法，这种方法的优点是能节省人力、物力和时间，提高教育效率，产生积极效应。

10. 行为矫正法：是以减轻或改善患者的心理症状或不良行为的一类心理治疗技术的总称，具有针对性强、易操作、疗程短、见效快等特点。

除此之外，学校应该利用一切可利用的条件，如：举办心理健康教育的专题讲座，共青团、少先队开展心理健康方面的教育活动，还可利用板报、校报、学校的广播、电视等媒体，向学生进行心理健康知识宣传，在全校创设良好的社会心理氛围。

五、 身体心理素质教育管理评价体系

身体心理素质教育管理评价是遵循学校教育、学校体育、心理健康教育的基本规律，运用管理学的理论与方法，以育人为目的，对学校体育、心理健康教育进行计划、实施和检验的过程。做好身体心理素质教育工作，必须具备三个基本条件，即学校领

导重视，有一支高水平的师资队伍和管理评价系统，前者是基础和条件，后者是保证。

（一）身体心理素质教育管理体系

(1)教学管理。身体心理素质教育课程是主渠道，教学是完成任务的基本途径之一。教学管理是依据身体心理素质教育的特点、规律和任务，运用管理学的理论和方法，对教学过程和环节实施科学的管理，使其达到程序化、规范化、制度化，为全面完成课程目标任务提供保证。

身体心理素质教育教学管理包括教学计划管理、课程管理和教学质量评估三方面。教学计划的管理是教师根据课程标准(指导纲要)、结合本校实际制订教学工作计划。此项管理包括制订计划的管理、计划的监督和调控、执行计划状况的评估三个环节。课的管理，包括教学的教务管理、教学过程管理和成绩管理三方面。教学质量评估包括课程评估、学生评估、教师评估等。

(2)教研组(室)管理。各级各类学校由于其规模、教学层次的不同，决定了身体心理素质教育教研组(室)规模、工作职能和管理复杂程度等方面的差异。但是，作为学校内部管理的重要组织，有着许多共同点。从管理内容的性质分，大体上可以归纳为组织人事管理、业务工作管理和行政事务管理三个方面。教研组(室)的组织人事管理，主要包括建设好领导班子，设置相应的二级教学组织，设置相应的办事机构等。教研组(室)的业务工作管理，主要包括课程建设管理，科研管理两方面。教研组(室)的组织行政事务管理，主要包括行政事务和经费管理两方面。

（二）身体心理素质教育评价体系

身体心理素质教育评价体系是依据教育目标而构建的，包括学校身体心理素质教育评价、教师身体心理素质教育评价、学生身体心理素质教育评价三方面内容。由于各领域之间存在着差异，下面的评价量表不可能面面俱到，各领域要坚持主观评价与客观评价相结合，定性分析与定量分析相结合，过程性评价与终结性评价相结合的原则，依据此表，制定更具针对性的评价指标。

1. 组织领导

身体心理素质教育管理首先解决的是由谁管、管什么的问题，这是前提。根据我国目前学校教育的现状，建议把身体心理素质教育、劳动教育、卫生教育统一归一个部门管理，形成“主管校长—教务处—教研组”一条龙管理模式，统一协调，统一调度，确保时间、师资、经费、场地、设施等落实到位。既能加强校内统筹，又能加强校外协调，整合家庭、社会力量，形成教育合力。

2. 学校身体心理素质教育评价量表

表 9-7 学校身体心理素质教育评价量表

一级指标	二级指标	三级指标	评价等级				校领导自评	教师代表评	学生代表评	家长代表评	上级领导评	综合评定
			A	B	C	D						
身体素质教育	组织实施	有课程总体规划										
		课程实施有针对性、导向性、可操作性										
		有完善的管理体制与评价体系										
		有专门师资配备										
		有体育特色										
	课程建设	专职教师培训到位										
		是否保障课时										
	硬件投入	硬件设施是否齐全										
		是否有专门的经费投入										
心理素质教育	组织实施	健全的领导机构										
		规章制度是否落实										
	课程建设	专业教师的配备										
		是否有心理咨询室，资金投入是否到位										
		是否保障课时										
	硬件投入	制度落实是否到位										
		科研内容有没有针对性和指导性										
		档案规范										
教育效果	态度转变技能提高	学生对课程感兴趣										
		学校有体育锻炼的氛围										
		身体素质逐步提高										
		健康水平逐步提高										
评定小结												

填写说明：组织实施由主管校长和主管处(室)负责。“校领导自评”由主管校长填写，“教师代表评”由骨干教师填写，“学生代表评”由学生会成员填写，“家长代表评”由家委会填写，“上级领导评”由主管上级领导填写。“综合评定”和“评定小结”由主管校长和处(室)填写。

评价说明：等级 A(90～100 分)；B(80～89 分)；C(70～79 分)；D(60～69 分)，“综合评定”应按照各分项获得 ABCD 的数量确定最后的等级。“评定小结”根据各分项的等级分别给予评定。学校身体心理素质教育评价可作为学校自评和教育行政部门督导检查的依据。

3. 教师身体心理素质教育评价量表

表 9-8　教师身体心理素质教育评价量表

一级指标	二级指标	三级指标	评价等级				教师自评	教师互评	主管领导评	学生代表评	综合评定
			A	B	C	D					
立德树人	贯彻教育法规	全面贯彻教育方针，重视身心教育									
	爱岗敬业	在身心教育教学中尽职尽责，乐于奉献									
		认真备课、上课									
	热爱学生	在体育、心理教育教学中不歧视、讽刺学生									
		不体罚和变相体罚学生									
	遵守校规校纪	遵规守纪									
		服从领导，听从指挥									
专业水平	专业态度	热爱体育、心理教学专业岗位									
		想办法上好身心教育课									
		教法科学，效率高									
	专业能力	深受学生爱戴，效果好									
评定小结											

填写说明：组织实施由学校主管处(室)负责。“教师自评”由教师本人填写，“教师互评”由备课组教师填写，“主管领导评”由主管校长填写，“学生代表评”由本班学生干部填写。“综合评定”和“评定小结”由主管处(室)填写。

评价说明：等级 A(90～100 分)；B(80～89 分)；C(70～79 分)；D(60～69 分)，“综合评定”应按照各分项获得 ABCD 的数量确定最后的等级。“评定小结”根据各分项的等级分别给予评定。教师身体心理素质教育评价是学校评定教师的依据。

4. 学生身体心理素质教育评价量表

表 9-9　学生身体心理素质教育评价量表

一级指标	二级指标	三级指标	评价等级				学生自评	同学互评	教师主评	家长助评	综合评定
			A	B	C	D					
认知明理目标	身体教育	懂得体育运动常识、体育与健康的关系									
		掌握体育锻炼的基本方法									
		懂得运动损伤的预防与处理									
	心理教育	认识自我									
		知道诚实、守信、勇敢等良好的心理品质									
		具备一定的心理教育知识									
		在心理教育活动中能听取他人建议									

续表

一级指标	二级指标	三级指标	评价等级				学生自评	同学互评	教师主评	家长助评	综合评定
			A	B	C	D					
情感态度目标	身体教育	有积极乐观的体育态度									
		在体育活动中懂得尊重他人，有良好的合作精神									
		有体育道德									
		有顽强、勇敢的体育意志品质									
	心理教育	有积极向上的心理品质									
		有较强的心理调适能力									
行为能力目标	身体教育	积极地参与体育运动									
		有科学的健身方法、预防处理运动损伤									
		身体素质和机能（参照《中国学生体质健康标准》）									
	心理教育	能悦纳自我									
		责任心强、勇于担当									
评定小结											

填写说明：

组织实施由各班班主任负责。“学生自评”由本人填写，“同学互评”由合作小组成员填写，“教师主评”由科任教师填写，“家长助评”由学生家长填写。“综合评定”和“评定小结”由班主任填写。

评价说明：

1. 本评价表具有通识性，各领域可以依据此表，制定更具针对性的评价指标。

2. 等级 A(90～100 分)；B(80～89 分)；C(70～79 分)；D(60～69 分)，“综合评定”应按照各分项获得 ABCD 的数量确定最后的等级。“评定小结”根据各分项的等级分别给予评定。基础教育领域评价结果依据课程目标记入《成长册》。高中领域要结合实际情况对学生课程学分进行认定，作为升学的参考。大中专院校作为必修课教学，要进行考核和评定，占一定的学分。

第十章　审美艺术素质教育体系的构建

一、审美艺术素质教育目标体系

总体目标：教育引导学生，学习掌握必备的审美艺术知识和基本技能，培养审美意识，激发审美情感，端正审美态度，养成审美习惯，拥有感受美、鉴赏美、表现美、创造美的良好品格，实现艺术能力和人文素养的和谐发展，为成为社会主义建设者和接班人奠定审美艺术素质基础。

（一）小学审美艺术素质教育目标

1. 认知明理

学习掌握小学音乐、美术艺术学科基础知识和基本技能，了解我国优秀的民族民间艺术，初步接触外国经典艺术作品，感知不同艺术门类的主要表现手段和艺术形式特征，能根据自己的生活经验和学到的知识，认识艺术的社会功能，理解艺术与生活、情感、文化、科技之间的关系。

2. 情感态度

树立健康的审美情趣，向往真善美，拥有热爱生活、热爱艺术、积极向上、活泼乐观的人生态度，建立起对人类、对自然、对一切美好事物的关爱之情，增强集体意识，培养爱国情怀，初步拥有民族自尊心、自豪感。

3. 行为能力

确立正确的审美观念，培养良好的审美行为和习惯，具有认识简单乐谱的能力，能够运用多种材料和工具，绘制图画或制作简单的工艺作品，积极参与艺术实践活动，初步具备欣赏优秀艺术作品的能力，能对自己参加的艺术项目和接触到的艺术作品进行简单的评价。

（二）初中审美艺术素质教育目标

1. 认知明理

掌握初中音乐、美术学科涉及的基础知识和基本技能，了解艺术语言及其表达方式，能用艺术形式表达自己的内心感受，初步掌握艺术欣赏和述评的方法，具有个性化的审美视角和见解，知晓中外艺术运动流派以及当时的艺术家。

2. 情感态度

以健康的审美观指导和丰富自己的情感体验，追求真善美，初步形成良好的审美情趣和积极乐观的生活态度，热爱民族文化，珍惜人类文化艺术遗产，尊重艺术家的劳动创造，热爱不同民族、不同国家、不同时代的文化艺术成果，树立坚定的民族自尊心、自信心，塑造健全的审美心理，以人类创造的艺术美升华感性，引导趣味，完善人格。

3. 行为能力

能用自己掌握的艺术知识和技能，表达情感和思想，美化环境与生活。学会用艺术方式解决现实生活中的相关问题，以艺术美感协调和融洽与他人、集体、自然的关系，做文明人、高尚的人。积极参加艺术实践，体会艺术活动愉悦身心的积极作用，持续保持对审美艺术的学习兴趣，能自信地、有感情地进行艺术表达，积极参与艺术创作，具有一定的审美经验和审美鉴赏能力，拥有一定的艺术想象力和创造力。

（三）高中审美艺术素质教育目标

1. 认知明理

了解中国艺术尊重自然、顺应自然、保护自然，以及“天人合一”“气韵生动”等意象特征，弘扬中华文化艺术优秀传统。了解世界其他民族艺术语言，尊重世界文明多样性，分享世界各民族艺术成果，加深国际理解。通过多种感官，感受艺术形象，感知各艺术门类的个性与共性要素，形成艺术通感。

2. 情感态度

能够感受艺术魅力，引发情感共鸣，形成审美兴趣与爱好。热爱中国传统文化，领会中国艺术的文化意蕴和民族精神，增强中华民族文化自觉和自信。具有欣赏自然、生活和世界其他民族艺术美的情趣，自觉抵制低俗、庸俗、媚俗的现象。在生活中积极营造艺术氛围，养成高雅气质，具有人文情怀和健康的审美品格，初步形成正确的世界观、人生观和价值观。

3. 行为能力

积极参与艺术感知、艺术鉴赏、艺术表现、艺术评价、艺术创造等实践活动，能够感受和欣赏生活、自然、艺术、科学中的美，灵活运用多种方式进行艺术表现，理解艺术精神，提升文化认知。懂得中国艺术虚实相生等表现特征，追求形神兼备的意境美，探索传统艺术的创新发展。借鉴世界其他民族艺术成果，激发想象力和创造力，进行有个性的艺术表现，并将创意表达能力运用到其他学科和生活领域。

（四）职业教育审美艺术素质教育目标

1. 认知明理

了解不同艺术门类的表现形式、审美特征及相互之间的联系与区别，掌握不同艺术门类的基础知识、技能和方法。认识艺术与社会生活、劳动生产和历史文化的有机联系，重视艺术与职业技能的有机结合。能主动运用比较、联想和想象等方法，获得艺术感知，丰富审美体验。了解和认识不同国家、不同地域、不同民族和时代的艺术，理解和借鉴不同民族和地域的文化，推进人类命运共同体建设。

2. **情感态度**

树立正确的审美观念，能整体把握艺术的独特美感和审美价值，形成正确的价值观、健康向上的审美情趣与鉴赏品位。自觉继承和弘扬中华传统文化、革命文化、社会主义先进文化蕴含的思想观念、人文精神、道德规范，自觉抵制低俗、庸俗、媚俗。增强文化自觉和文化自信，陶冶高尚的道德情操，培育深厚的民族情感，践行社会主义核心价值观。

3. **行为能力**

能结合学习和生活经验，运用艺术相关知识、技能与方法，参与艺术实践，增强艺术理解、判断、表达等亲身体验，提高社会交往和沟通协调能力，解决学习和生活中遇到的问题，丰富精神世界，美化生活环境，提高生活品质。熟悉和掌握不同艺术形态的独特规律和审美特征，依托艺术思维，激发想象力和创新意识，逐渐拥有感受美、鉴赏美、表现美、创造美的能力，争做新时代懂生活、有思想的实用型、技能型高素质复合人才。

（五）高等教育审美艺术素质教育目标

1. **认知明理**

明确审美艺术素养教育是人文素质教育的重要组成部分，认识审美和艺术的本质，了解掌握艺术的起源、发展历史、流派及分类方法，审美客体存在的形态及风格等基本理论知识①。通过学习艺术理论、鉴赏艺术作品、参加艺术活动等，了解、吸纳中外优秀艺术成果，理解并尊重多元文化，感知和领会美的本质属性，树立正确的审美观念，培养高雅的审美品位，提高人文素养，实现全面发展。

2. **情感态度**

能用积极审美的态度关照自我与周围世界，能借助美的形象和手段培养个人的艺术爱好，丰富审美经验，提升审美情趣，陶冶情操，温润心灵，发展情商，完善审美心理结构，促进感性与理性的整体和谐，塑造健康人格，提高生活质量，提升人生境界，创造艺美人生。

3. **行为能力**

通过公共艺术课程的学习及多年审美活动的实践和积淀，拥有较完备的审美心理结构、独特的心理过程和相对稳定的审美心理状态，在审美直觉、思维、情感、意志活动和审美选择、判断、理解等方面形成稳定、持久的心理态势。能针对自然界和社

① 贺文凯：《大学生审美素养研究》，硕士学位论文，西南大学，2017。

会生活中的各种事务、现象，进行相对稳固的审美感觉、审美知觉、审美鉴赏和审美评价。能自觉运用基本的审美知识和技能进行某种形式的艺术创作与表现。

二、 审美艺术素质教育内容体系

审美艺术素质教育内容是审美艺术素质教育目标得以实现的依托和载体，大中小学学生审美艺术素质教育体系主要立足音乐、美术两个学科和小学、初中、高中、职业教育、高等教育五个领域整体构建。

（一）小学审美艺术素质教育内容

1. 音乐艺术

小学音乐艺术教育内容主要包括唱游、唱歌、欣赏、器乐、识谱等。

(1)唱游。小学低年级音乐学习以唱游为主，强调在动中学、玩中学、乐中学，在轻松愉快的唱游体验中，通过音乐游戏、听音做动作、唱歌表演、儿童舞蹈等，培养学习兴趣，学习掌握节奏、旋律等音乐知识。

(2)唱歌。掌握正确的发音方法和技巧，了解保护嗓音的常识，养成良好的唱歌习惯，防止喊唱和用嗓过度，音高、节奏准确，能够独立地、有感情地唱歌；学习轮唱或二声部合唱，做到声音和谐、均衡，能够理解指挥的意图；会唱一定数量的中外优秀歌曲及经典戏剧唱段。

(2)欣赏。欣赏我国优秀的民歌和说唱、戏曲音乐唱段，初步接触外国优秀音乐；了解音乐的基本表现手段和常见的音乐体裁；了解人声的分类和演唱形式；了解常见乐器和演奏形式，能辨识部分常见乐器的音色；熟悉中外部分著名音乐家。

(4)乐器。选学 1～2 件乐器，掌握演奏知识、技能和方法，能准确、规范、有感情地演奏一定数量的音乐曲目。

(5)识谱。掌握五线谱或简谱的基本知识，能够准确地视唱简单的乐谱。

2. 美术艺术

小学美术艺术教育内容主要包括“造型・表现”“设计・应用”“欣赏・评述”“综合・探索”四个领域①。

(1)造型表现。认识红、黄、蓝、绿、橙、紫等常用颜色，学习平涂等着色方法；了解色彩对比和冷暖的知识，进行色彩练习和表现；学习运用撕、剪、折、染、粘贴等方法，制作简单的平面图形；运用揉、团、搓、捏、结等方法，制作简单的立体造型；认识立体物的透视现象，初步学习运用线条表现立体物。掌握造型、表现的内涵，寻找和尝试利用不同的材料或媒介，运用描绘、雕塑、拓印、拼贴等多种手段和方法

---

① 中华人民共和国教育部：《义务教育美术课程标准(2011 版)》，4 页，北京，北京师范大学出版集团，2011。

创作艺术形象，表达思想情感，体验造型乐趣。

(2)设计应用。学习简单的构图知识，体验中国画的笔墨情趣，临摹中国画；学习从实物上拓印画面；学习简单的人物比例结构知识和面部表情的画法；选用简便的材料，运用多种方法，设计制作生活用品或模型；运用一定的物质材料和手段，围绕一定的目的和用途设计与制作，传递与交流信息，改善环境与生活，在保持浓厚学习兴趣和创造欲望的基础上，初步形成设计意识和实践能力。

(3)欣赏评述。接触并欣赏部分中外优秀美术作品；掌握最基本的美术欣赏方法，学会通过美术馆、博物馆、网络、书刊等多种渠道收集相关信息；了解美术作品与当地地理、历史、经济、民俗等文化资源的联系；感知作品的思想内涵、形式与风格特征、相关的历史与社会背景，以及作者的思想、情感和创造性的劳动，并能用语言、文字、动作等多种方式表达自己的感受与体验；在对美术作品和美术现象进行观察、描述和分析评价的过程中，提高审美情趣和美术欣赏能力。

(4)综合探索。运用多种材料和方法进行有创意的制作活动；运用学过的美术表现方法为儿歌、故事或学生作文作插图；运用已学过的美术知识进行综合练习。积极寻找美术各门类、美术与其他学科、美术与现实社会之间的联系，探索美术与其他学科、美术与社会生活相结合的实践方法。

3. 其他艺术

借助音乐、美术课堂教学或艺术社团、艺术兴趣小组、艺术实践活动等，学习舞蹈、戏剧、雕塑、书法、摄影、影视、故事演讲、文学鉴赏等方面的基础知识与技能，根据个性特点和现实情况，选取一个或多个艺术项目，持续关注，密切接触，保持兴趣，增加情感体验，提高艺术素养。

(二)初中审美艺术素质教育内容

1. 音乐艺术

初中音乐教学内容主要包括唱歌、欣赏、器乐、识谱等。

(1)唱歌。学习中外优秀歌曲。养成良好的歌唱习惯，能够独立地、有感情地歌唱，并积累和背唱一定数量的歌曲。学习轮唱和二声部合唱，提高与他人共同歌唱的能力，做到声音和谐、均衡，能够理解指挥的意图。在小学基础上，进行唱歌基本技能练习，提高歌唱表现力；了解保护嗓音的常识，防止喊唱和用嗓过度。

(2)欣赏。欣赏中外优秀音乐作品，重视学习我国的民族民间音乐。了解人声分类和演唱形式、常见乐器和演奏形式，听辨常见乐器的音色，了解音乐的基本表现手段和常见的音乐体裁。

(3)器乐。根据不同条件，选学一件乐器，掌握演奏方法和技巧，长期保持学习兴趣，提高演奏表现能力，能演奏一定数量的简单乐曲。

(4)识谱。在小学基础上，继续学习简谱或五线谱知识；五线谱教学用首调唱名法；通过音乐实践活动，进一步培养听辨节奏、旋律和视唱乐谱的能力。

2. 美术艺术

初中美术艺术教育内容主要包括造型表现、设计应用、欣赏评述、综合探索四个领域。

(1)造型表现。学习透视、色彩、构图、比例等知识，提高造型表现能力；学习速写、素描、色彩画、中国画和版画等表现手法，进行绘画练习；学习雕、刻、塑等方法，创作雕塑小品；学习漫画、动画的表现手法，并进行创作练习；选择计算机、照相机和摄像机等媒介，进行表现活动；选择写实、变形和抽象等方式，运用造型元素和形式原理，开展造型表现活动。

(2)设计应用。学习设计的形式原理与方法，进行多种形式的设计和制作练习；了解一些媒材的特性，用面材、线材、块材等制作工艺品；学习民族传统纹样，用连续纹样进行设计练习；了解研究民间传统工艺或现代工业设计，用摄影、绘画或文字记录的方式收集当地的设计资源，并对各种作品进行分析与评价。

(3)欣赏评述。对不同时代和文化的美术作品，尝试运用描述、分析、解释、评价等美术欣赏方法进行学习和研究；通过查阅或收集资料的方式，了解中外著名美术家及流派；通过观察和讨论，分析设计作品的实用性与审美性；通过观摩录像或邀请当地工艺美术家、民间艺人，了解中国传统工艺的制作方法与特点；欣赏中外优秀的建筑作品，并结合当地的建筑与环境，进行评述；欣赏书法与篆刻作品，感受其特征；欣赏新媒体艺术作品，了解科技发展与美术创作的关系；对现实生活中发生的美术现象及相关图片报道，进行简单的解读、分析和评述。

(4)综合探索。结合语文、外语、历史、社会等学科内容，创作插图、年表，或编写剧本，设计海报，制作道具，布置场景，并进行表演；结合数学、物理、化学生物等学科内容，创作图表；根据科学原理，设计、制作作品，并进行展示；结合学校或社会的时事新闻，开展专题研究，用美术的方式表达研究成果，布置专题展览或举办研讨会；运用各种信息技术，收集班级的各种信息，设计班级主页和学生个人网页，组成班级网，参与网络的交流。

3. 其他艺术

根据个性特点和环境条件，继续学习舞蹈、戏剧、雕塑、书法、摄影、影视、故事演讲、文学鉴赏等方面的知识和技能，积极参加艺术社团及综合实践活动，启发智慧，拓宽视野，丰富艺术体验，提高审美能力。

(三)高中审美艺术素质教育内容

1. 音乐艺术

普通高中音乐艺术课程包括必修(选学)课程、选择性必修课程、选修课程三方面的内容①。

① 中华人民共和国教育部：《普通高中音乐课程标准(2017年版)》，8页，北京，人民教育出版社，2017。

(1)必修课程。包括音乐鉴赏、歌唱、演奏、音乐编创、音乐与舞蹈、音乐与戏剧六个模块。

①音乐鉴赏。聆听丰富多彩的音乐，欣赏具有代表性的中外优秀音乐作品，了解历史上具有较大影响力的音乐流派及重要音乐发展时期的一些音乐家的生平、作品、贡献等，体验中国传统音乐和世界民族音乐的风格和文化特征，理解民族民间音乐与社会生活、历史文化、民间习俗等的密切关系，运用现代信息技术搜寻和积累音乐资料，对接触到的音乐作品或社会音乐生活现象做出恰当的评价及选择。

②歌唱。熟练地运用乐谱学唱歌曲，参与独唱、重唱、合唱等实践活动，逐步掌握歌唱的方法与技能；能依据自己的声音特点，自信而有表现力地独唱；能与其他声部默契、和谐地重唱；能在音准、音量、音色等方面与其他声部保持和谐、均衡的合唱。

③演奏。了解和认识不同类型乐队及常见乐器知识，逐步掌握乐器演奏的基本方法和技能，能熟练、完整地演奏与自身技术水平相当的曲目，参与独奏、重奏、合奏实践活动，结合乐器特点，自信、有表现力地演奏乐曲，并与其他乐器和谐、默契地配合。

④音乐编创。了解音乐编创的基本原则和一般规律，学习音乐创作的基础知识和基本方法，参与多种形式的音乐编创活动，会运用相关软件进行音乐编辑和创作，并对编创习作做出客观的评价。

⑤音乐与舞蹈。了解舞蹈艺术的起源、发展、体裁及相关文化知识，了解中外代表性舞种及其艺术特征，学习有代表性舞蹈的基本动作及动作组合，学习舞蹈编排的基本常识，参与舞蹈表演与编创活动，能对舞蹈作品的风格特点、情感表达及艺术表现做简要分析，并对舞蹈表演做出客观评价。

⑥音乐与戏剧。欣赏中国戏剧与中外歌剧、音乐剧及戏剧配乐等，了解戏剧的起源、构成元素和一般规律，认知不同戏剧品种的主要特点，知晓中外戏剧代表人物及艺术成就，学唱我国经典戏剧唱段及中外歌剧选段，参与不同形式的戏剧表演和编创实践，并对戏剧排演做出客观评价。

(2)选择性必修课程。包括合唱、合奏、舞蹈表演、戏剧表演、音乐基础理论、视唱练耳六个模块。

①合唱。欣赏中外优秀合唱作品或片段，体验多声部合唱的艺术魅力和丰富的表现力；参与多种形式的合唱实践，积累合唱表现的感性经验，享受合唱的乐趣；能根据歌谱和指挥要求进行排练与表演；在集体歌唱中，养成较好的合作与协调能力。

②合奏。欣赏中外优秀器乐合奏作品或片段，体验多声部合奏的艺术魅力和丰富的表现力；参与多种形式的合奏实践，积累合奏表现的感性经验，享受集体演奏的乐趣；能根据乐谱和指挥的要求进行排练与表演；在集体演奏中，养成较好的合作与协调能力。

③舞蹈表演。欣赏中外优秀舞蹈作品或片段，体验舞蹈艺术的魅力和丰富的表现力；参与中外优秀舞蹈作品或片段的学习、排演，积累舞蹈表现的感性经验，掌握 1～2 种代表性舞种的基本舞蹈动作及动作组合；掌握一定的舞蹈编创方法与技能，尝试进行舞蹈编创与排演；在集体舞蹈中，养成较好的合作与协调能力。

④戏剧表演。参与优秀戏剧作品的学习和表演实践，有计划、有选择地排演中国戏曲、中外歌剧、音乐剧、话剧等经典作品或片段；独立或与他人合作进行课本剧、校园剧、小品、小型音乐剧或其他小型戏剧的编创与表演。

⑤音乐基础理论。理解掌握记谱法、音高、音程、节奏、节拍、音阶、调式、调性、旋律、和弦等乐理知识，熟知音乐艺术的基本特征、音乐与社会生活的关系、音乐与人的情感和意志、音乐与民族文化传统、音乐创作与表演、音乐学各主要分支领域概要等常识。

⑥视唱练耳。能够识读和运用简谱或五线谱；对音高、节奏、音程、和弦、旋律有一定的听辨和记忆能力。

(3)选修课程。根据学校实际和学生个人兴趣爱好、学业发展、生涯规划及当地特色文化资源、民间艺术传承等，有组织、有计划地自主选择修习。

2. **美术艺术**

普通高中美术艺术课程包括必修课程、选择性必修课程、选修课程三方面的内容①。

(1)必修课程

美术鉴赏。知道中外美术史的基本脉络和重要风格、流派的代表人物及代表作；了解美术创作的基本过程，学习美术作品审美构成的造型元素和形式原理，并用于分析、理解和解释美术作品；掌握 2～3 种美术鉴赏的基本方法，用恰当的术语进行解读、评价和交流；理解中国优秀传统书画和民间美术的造型语言、创作观念及文化内涵；了解现代艺术的创作观念、创作手法和代表作品；选择中外著名艺术家或当代美术现象进行专题研究，撰写评论文章，发表自己的看法。

(2)选择性必修课程

①绘画。运用线条、明暗、色彩等手段进行描绘和创作，反映和表达作者的思想、情感及审美理想；识别不同的画种，包括速写、素描、油画、丙烯画、水彩画、水粉画、版画、中国画等，了解一般的绘画步骤和绘画技巧，掌握 1～2 种绘画方法；认识不同题材的绘画分类及特征，包括肖像画、风俗画、宗教画、历史画、静物画和风景画等；了解绘画创作的过程和方法，运用再现、表现及象征等手法进行绘画创作。

②中国书画。学习由中华传统文化孕育形成的中国画、书法(含篆刻)艺术，包括中国书画材料工具及形式特点、中国画的基础知识与技法、书法和篆刻基础知识与技

---

① 中华人民共和国教育部：《普通高中美术课程标准(2017 年版)》，8 页，北京，人民教育出版社，2017。

法、中国传统书论和画论基础知识等。

③雕塑。了解雕塑概述、中外传统雕塑和现代雕塑等理论知识。学习利用一定的物质材料，通过雕、刻、塑、敲击、焊接、装配和编制等手段，创造具有实在体积的艺术形象。

④设计。学习根据一定的功能和审美要求进行创意性构想、计划的艺术创作知识与技能，包括视觉传达设计、产品设计、环境设计等。

⑤工艺。学习将原材料或半成品加工成产品的方法和技术，主要包括陶瓷、木工、剪纸、纸浮雕、印染、编织、金属传统手工艺及其制作方法等。

⑥现代媒体艺术。学习运用多媒体设备与技术表达观念、思想与情感，包括摄影、摄像、数码绘画、数码设计等。

(3)选修课程

①美术史论基础。由美术基础知识和美术史常识两部分组成。美术基础知识包括美术基本概念和基础理论；美术史常识包括中外美术发展的基本脉络和主要风格、流派、代表人物及代表作等。

②速写基础。由速写方法、人物速写和风景速写等组成。速写方法包括速写的工具和表现方法；人物速写包括人物的比例与运动特征、重心与动态线、画法步骤等；风景速写包括景物的取舍与构图、画法步骤等。

③素描基础。由素描基础知识和素描写生等组成。素描基础知识包括素描的概念、作用、材料与工具、观察和表现方法等；素描写生包括静物写生、风景写生和人物写生等。

④色彩基础。由色彩知识和色彩写生(以水彩画或水粉画的方式进行)等组成。色彩知识包括色彩在创作和设计中的作用、色彩产生的原因、色彩的调配、色彩与情感的关系，以及色彩在不同文化中的应用等；色彩写生包括静物写生、风景写生和人物写生等。

⑤创作与设计基础。由美术创作和命题设计等组成。美术创作包括创作知识、生活观察和体验、题目理解、素材收集与选择、表现过程等；命题设计包括任务理解、调查分析、创意构想和设计表达等。

(四)职业教育审美艺术素质教育内容

职业教育领域的审美艺术素质教育包括基础模块和拓展模块两部分内容。[①]

1. 基础模块。职业教育学生必修的基础性内容，包括音乐和美术。

(1)音乐。聆听、欣赏中外经典名曲，了解音乐表现的丰富性和多样性，认识音乐要素及其在音乐表现中的作用；感受、比较不同时代、不同地区、不同民族音乐的表

① 教育部职业教育与成人教育司：《中等职业学校公共艺术课程标准(征求意见稿)》，www.moe.gov.cn/s78/A07/A07_gggs/A07_sjhj/201612/W020161230533292555943.pdf，2019-05-22。

现风格、审美特点和文化特征，尊重世界多元音乐文化，热爱中华优秀传统音乐；了解中外音乐史上重要的音乐家及其代表作品和贡献，认识中外常见的音乐体裁，如艺术歌曲、歌剧、音乐剧、室内乐、管弦乐曲、协奏曲、交响曲等的表现形式和审美特点；认识音乐情境，运用音乐语言和方法，描述、分析解释和评价有关音乐作品、音乐现象及音乐活动；认识音乐与姊妹艺术、其他学科和专业的关系，探索音乐在社会生活、生产劳动、休闲服务等领域中的应用；主动参与校内外丰富多彩的音乐活动、第二课堂和社团实践活动，熟悉音乐活动礼仪，养成欣赏音乐的习惯，运用音乐沟通思想情感，分享审美经验，美化社会生活。

(2)美术。了解中外美术发展的基本脉络，知道美术创作的基本方法和造型语言，认识美术的形式美法则；欣赏中国绘画、雕塑、建筑、书法、篆刻等传统美术，认识重要的美术家及其代表作品和贡献，感受中国传统美术独特的表现形式、艺术风格、审美特点和文化特征，理解其与中国文化的密切关系；欣赏外国优秀绘画、雕塑和建筑，了解其主要流派、艺术风格、审美特点和文化特征，认识重要的美术家及其代表作品和贡献，比较、分析多元化的中外美术表现；运用美术语言和方法，描述、分析、解释和评价有关美术作品、美术现象及美术活动，探讨美术的社会、文化、历史作用和功能；认识美术与姊妹艺术、其他学科和专业的关系；参与校内外美术实践、第二课堂和社团活动，运用美术方法和手段表达思想情感，服务学习，美化生活。

2. 拓展模块。满足学生继续学习与个性发展等方面需要的限定性选修内容，包括满足学生艺术特长发展和兴趣爱好、职业生涯发展和传承民族传统艺术等多元化需求内容。

(1)合唱。了解声乐的表现形式和正确的发声方法，感受音乐要素在音乐表现中的作用；赏析合唱作品，认识合唱的基本形式和艺术特点；掌握合唱的基本方法和基本技巧，积累合唱表达音乐情感的经验，学会演唱多声部合唱歌曲。

(2)舞蹈。通过欣赏中国民族民间舞和选择学习 1～2 种中国民族舞蹈，了解我国各民族民间舞的基本表现形式、艺术风格、审美特点和文化特征，认识其舞蹈动态语言中所积淀的民族情感、伦理观念、风俗习惯、审美心理和精神韵味，理解并热爱中国民族舞蹈文化。

(3)影视。赏析中外优秀经典影视代表作品，感受影视艺术魅力，正确审视影视现象；了解影视艺术的构成要素及主要表现手段，在影视艺术中烘托气氛、刻画人物情感和表现矛盾冲突等方面的独特作用，掌握影视欣赏的一般方法；学习运用影视艺术创作的基本原理和方法，结合校园生活与专业学习，尝试进行影视 DV 创作活动。

(4)戏曲。欣赏名家、名段、名曲，感受戏曲独特的艺术魅力和文化特征，热爱中国戏曲艺术；了解戏曲基础知识，熟悉中国戏曲写意性的艺术审美模式；根据个人兴趣爱好，选择一种戏曲学习，初步掌握其特定唱段演唱与表演技能，积极参与戏曲实践与文化交流活动。

(5)书法。了解书法艺术演变的文化脉络，结合语文、历史、绘画等相关课程的学习，认识中国书法的丰富内涵、文化价值和象征意义，加深对中国书法的传统、历史、文化以及现代意义的理解；欣赏中国书法史上重要的书法家及其经典书法名作，感受书法独特的艺术魅力，体验书法之美；认识不同书体的技法特点、风格特征和表现效果，学会辨识不同书体，根据个人兴趣爱好，选择一种书体学习书写技法，尝试开展书法实践创作。

(6)设计。欣赏标志设计、广告设计、手工艺设计、工业设计、建筑设计、室内设计等领域的优秀作品，学习分析评价有关设计作品、现象及活动，认识设计与社会生活、劳动生产、科技进步、历史文化以及职业活动之间的关系，感受工匠精神，体会劳动光荣、创造伟大；运用设计基本原理和方法，独自或合作完成作品设计，并在讨论、交流中与同学分享自己的设计理念与体会。

(7)其他。学习与音乐、美术相关的姊妹艺术，包括诗歌、摄影、戏剧等；学习与专业相关的艺术，包括旅游文学、动漫艺术、园林建筑、艺术设计等；学习具有区域特色的艺术，包括京剧、剪纸、蜡染、皮影等。

（五）高等教育审美艺术素质教育内容

高等教育领域的审美艺术素质教育包括限定性选修课程和任意性选修课程两部分内容。①

1. 限定性选修课程。从艺术导论、音乐鉴赏、美术鉴赏、影视鉴赏、戏剧鉴赏、舞蹈鉴赏、书法鉴赏、戏曲鉴赏中，至少选修 1 门学习，并通过考核。

2. 任意性选修课程。根据个人兴趣爱好或发展需求，选修下列课程：作品赏析类，如交响音乐赏析、民间艺术赏析等；艺术史论类，如中国音乐简史、外国美术简史等；艺术批评类，如当代影视评论、现代艺术评论等；艺术实践类，如合唱艺术、DV 制作等。

三、 审美艺术素质教育途径体系

审美艺术素质教育途径是实现审美艺术素质教育目标、落实审美艺术素质教育内容的渠道和载体，主要包括艺术学科课程、艺术体验活动、艺术鉴赏活动和艺术环境陶冶等几个方面。

（一）艺术学科课程

教育部 2014 年 1 月 10 日颁发的《关于推进学校艺术教育发展的若干意见》(教体艺[2014]1 号)指出：“义务教育阶段学校根据《义务教育课程设置实验方案》开设艺术课

① 教育部办公厅：《全国普通高等学校公共艺术课程指导方案》，old. moe. gov. cn/publicfiles/business/htmlfiles/moe/moe_1284/201001/80347. html，2019-05-21。

程，确保艺术课程课时总量不低于国家课程方案规定占总课时9%的下限，鼓励有条件的学校按总课时的11%开设艺术课程，初中阶段艺术课程课时不低于义务教育阶段艺术课程总课时的20%。普通高中按《普通高中课程方案(实验)》的规定，保证艺术类必修课程的6个学分。中等职业学校按照《中等职业学校公共艺术课程教学大纲》要求，将艺术课程纳入公共基础必修课，保证72学时。普通高校按照《全国普通高等学校公共艺术课程指导方案》要求，面向全体学生开设公共艺术课程，并纳入学分管理。有条件的学校要开设丰富的艺术选修课供学生选择性学习。鼓励各级各类学校开发具有民族、地域特色的地方艺术课程。”

结合目前学校教师结构和艺术课程开设现状，除少数实验性质的学校按照课程整合的相关意见，开设综合性艺术课程之外，多数学校开设音乐、美术学科课程，高中、职业教育、高等教育领域在开设音乐、美术必修课的基础上，逐步增加了选修课的比重。艺术学科课程按照学科知识体系，依据学生的成长规律，科学规划，有序编排，形成了一个完整、连续而严密的学科体系，为学生系统学习和掌握艺术知识与技能、增强审美情感、获取审美能力提供了保障。艺术学科课程是学校实施审美艺术素质教育的主渠道。

（二）艺术体验活动

1. 校内艺术体验活动

(1)艺术学科兴趣小组是根据音乐、美术学科教学，按照学生兴趣爱好组建的兴趣性学科课外学习小组，如声乐、器乐、舞蹈、戏剧、美术、书法、陶艺、工艺、摄影等兴趣小组。兴趣小组要有明确的学习目标、学习计划，保证活动时间、活动地点、活动效果，要有学科教师的引导帮助，有必要的制度建设、保障措施和评价标准。

(2)学生艺术社团是学生在自愿基础上组织成立的艺术性群众团体。学生社团要充分体现学生自主管理、自主发展的群众属性，要有发起人、主要成员、社团名称、社团性质、章程或规章制度、活动内容、活动形式、指导教师等。根据艺术社团活动内容划分，学生艺术社团有：合唱团、戏剧社、学生乐队、歌舞团、美术社、书法社、摄影社、动漫社等。

(3)艺术展演活动包括学校组织开展的学生艺术节、各种艺术技能比赛、文艺晚会、班级联欢、个人艺术作品展等。

(4)高雅艺术进校园系列活动是学校依靠社会艺术团体的支持和帮助，有计划、有组织开展的专业性艺术教育活动。如：地方戏曲进校园、歌舞剧进校园、音乐剧进校园、名家书画进校园等。

2. 校外艺术体验活动

(1)少年宫艺术体验活动为学生提供了校外艺术体验平台。少年宫是我国在学校以外对少年儿童进行政治教育和开展集体文化活动的机构，多数开办绘画、书法、雕塑、摄影、器乐、声乐、舞蹈、游艺等艺术活动。

(2)青少年活动中心艺术体验活动也是学生参与校外艺术活动的主要平台。青少年活动中心由职能部门设立，面向青少年提供个性化教育。

(3)国家职能部门或社会团体组织的艺术体验活动为学生参加校外艺术实践和体验创造了条件。共青团、少先队、文化部门、各类艺术团体组织举办的面向青少年的艺术培训、艺术实践、艺术比赛、艺术展演等。

（三）艺术鉴赏活动

1. 学校艺术鉴赏活动是学校有组织举办的书画艺术展览、音乐剧观评、艺术社团展评、影视艺术观后感评选等活动。

2. 家庭艺术鉴赏活动是以家庭为单位开展的，对艺术作品在感知理解、情感共鸣、审美体验基础上做出的评价和分享，如家庭书画、电视赏析等。

3. 社会艺术鉴赏活动是在文化宫、歌剧院、电影院、美术馆、博物馆、青少年活动中心等艺术专业场所进行的艺术鉴赏活动。

（四）艺术环境陶冶

1. 家庭环境中的艺术布置和艺术氛围，对学生的审美素养具有巨大影响。青少年自身的创造和建设，不仅能改善家庭艺术环境，还能在环境的更新变化中，提升审美艺术水平。

2. 学校环境中的场馆建设、设施布局、绿化美化不仅体现着学校的文化格调，还对学生的审美体验和内心情感发生着深刻的影响。青少年学生在关注学校环境对自己影响的同时，要积极发挥自主优化和改良学校艺术环境的作用，做学校优美环境的建设者和创造者。

四、 审美艺术素质教育方法体系

审美艺术素质教育方法是为达到审美艺术素质教育目标，落实审美艺术素质教育内容，借助适当的审美艺术素质教育途径实施的手段和措施。构建审美艺术素质教育体系要坚持工具性、灵活性、联系性的原则，围绕教育目标，依据教育内容，灵活选取与之相适应的一种或多种方法，突出方法与目标、内容的紧密联系，争取以恰当的教育方法获取理想的教育效果。依照先后和主次顺序，学校实施审美艺术素质教育的主要方法如下。

（一）教学法

教学是教师有目的、有计划、有组织地教，与学生积极、主动、自主地学，所共同组成的一种人类特有的人才培养活动，是学校使命得以实现的主要承载形式。学校通过设置音乐、美术等审美艺术学科，有计划、有目的地开展审美艺术教育教学活动，引导学生系统学习审美知识，把握审美规律，参与审美体验，激发审美情感，形成正确的审美观念，提升感受美、鉴赏美、创造美的能力。

（二）渗透法

语文、数学、英语等各学科，在上课过程中，通过挖掘学科及教材中的知识美、内容美、形式美、思想美、艺术美，以及学科教师的语言美、形象美、才智美、心灵美等渗透审美艺术素质教育。

（三）儿歌法

小学低年级学生天性活泼、爱玩好动、好奇心强、想象力丰富。把抽象的艺术概念、复杂的美学原理、枯燥的技能训练，编排成词句流畅、朗朗上口的儿歌，在生动有趣的反复吟诵中，掌握审美知识和技能。

（四）游戏法

根据中小学生喜欢游戏、善于竞争的特性，通过制定游戏规则、开展活泼有趣的游戏，寓教于乐，把审美知识学习和审美情感体验融入游戏之中的教育形式。

（五）故事法

每一个艺术作品都有一个故事，都是由创作者根据特定的历史与情境编创的。开展审美艺术教育可以运用讲故事、编故事的形式加深学生对审美艺术的理解，融知识性和趣味性为一体。

（六）音画结合法

青少年学生听、视、触觉敏锐，对形象、具体的事物兴趣较大，关注度更高。音乐与画面的有机结合，会大大增加教育的影响力。在艺术教育过程中，教师可有意识地将音乐旋律和美术绘画融合在一起，以看带听，以听助看，或以动画片形式向学生进行知识与情感教育，将会收到良好的效果。

（七）实践体验法

审美艺术素质教育通过感知审美形象、激发审美情感、形成审美判断、影响审美行为，获取审美能力。学生只有亲身参与歌唱、舞蹈、表演、绘画、欣赏等各种艺术实践，才能领悟审美内涵，产生审美情感，塑造审美品格。审美实践体验，是一切审美艺术教育活动的起源。

（八）环境感染法

生活环境、文化氛围对人的思想情感具有感染、暗示、影响作用。让学生置身美好的空间，学生能在感受美的气息的同时，产生情感的认同和愉悦，进而学习效仿，使自己的举止与美的环境相适应。

（九）欣赏评鉴法

审美是人们建立在相应思想理念和情感态度基础之上，对客观事物做出的欣赏和判断。开展审美艺术素质教育，就要充分借助人们对自然存在的相关事物或艺术形象进行欣赏、评价和判断，增强艺术感知和审美能力。

（十）教师引导法

学校审美艺术素质教育内容具有的抽象性、丰富性和复杂性，要求教师要选择适当的方式引导学生掌握感知审美艺术的方法，体会艺术作品与艺术形象特有的审美情感，降低学习难度，准确把握艺术形象和风格特征，提高学习效率。

五、 审美艺术素质教育管理评价体系

审美艺术素质教育管理评价体系，是为完成审美艺术素质教育目标，选取恰当的教育方法和途径，全面、有效落实审美艺术素质教育内容的行政保障和价值判断，科学合理的管理评价体系是整体构建大中小学学生审美艺术素质教育体系的必要条件。

进入新世纪以来，党和国家根据新时代创新人才培养目标和教育改革发展的需要，围绕大中小学审美艺术素质教育先后颁发了一系列文件，如：国务院《关于全面加强和改进学校美育工作的意见》，教育部《关于推进学校艺术教育发展的若干意见》《关于加强和改进中小学艺术教育活动的意见》《全国学校艺术教育发展规划》等，这些国家文件与各省市颁发的地方文件，为构建审美艺术素质教育管理评价体系提供了政策导向、管理方式和评价标准，是构建审美艺术素质教育管理评价体系的主要依据。

（一）审美艺术素质教育管理体系

大中小学审美艺术素质教育管理体系，是在体现计划、组织、指挥、协调、控制等管理职能的基础上，为实现审美艺术素质教育目标，将教育内容、方法、途径、评价等要素，通过一定方式整合在一个框架下运行的工作体系。从学校管理结构来看，主要包括课程管理、资源管理、教研管理、科研管理、教师管理、学生管理、后勤管理等七个方面的内容。体系中的各个子系统既相互独立又互为关联，都指向于教育目标，并受限于教育思想、教育理念、教育制度、教育决策、教育环境的干预和制约。下面是审美艺术素质教育管理体系结构图。

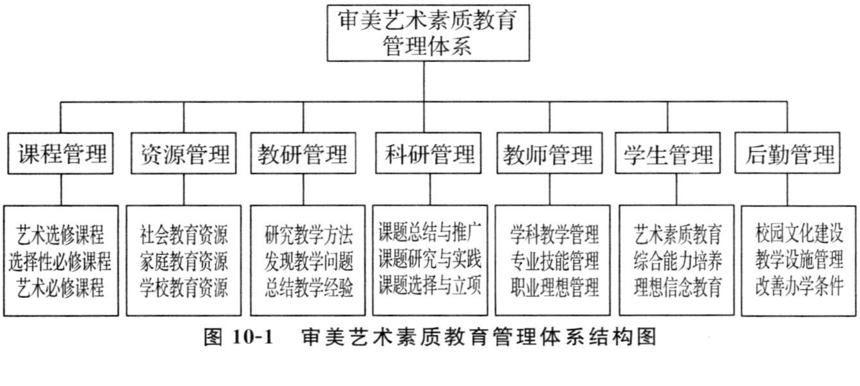

图 10-1 审美艺术素质教育管理体系结构图

（二）审美艺术素质教育评价体系

大中小学审美艺术素质教育评价体系，由不同领域的学校、教师、学生审美艺术素质教育评价体系构成。学校审美艺术素质教育评价体系可参照教育部颁发的《学校艺术教育工作规程评估方案》，教师和学生审美艺术素质教育评价体系，是伴随不同领域审美艺术教育目标、教育内容的逐步提升而构建的，评价内容和标准要充分考虑不同领域的不同特点，分领域、分学科艺术教育《课程标准》已通过“教学建议”“评价建议”做了具体要求，可结合实际参照落实。

1. 学校审美艺术素质教育评价体系

表 10-1　学校审美艺术素质教育评价体系

一级指标	二级指标	三级指标	评价等级				校领导自评	教师代表评	学生代表评	家长代表评	上级领导评	综合评定
			A	B	C	D						
指导思想	艺术教育理念与贯彻教育方针情况	学校主要领导和分管领导对艺术教育的功能、地位以及重要性有正确、全面的认识，熟悉并能够很好地贯彻有关艺术教育的法规政策										
		能够很好地处理艺术教育与学校其他各项工作的关系										
课程建设和课堂教学	艺术课程开设	①中小学严格执行课程计划，按要求开齐开足音乐、美术或艺术课 ②中高等职业学校开设美育或艺术鉴赏课程 ③根据本地区及本校的特点，开发具有综合性、实践性、开放性和地方特色的校本艺术课程										
	课堂教学	①坚持面向全体学生，较好地实现课程标准规定的教育目标 ②按规定选用国家审定通过的音乐、美术或艺术课教材，按照课程标准和教材内容进行教学 ③能够根据学生发展需求和当地艺术教育资源拓展教学内容										
		①优化教学过程，激发学生的学习兴趣 ②学生能主动参与，成为学习的主体，获得生动的审美体验 ③全体学生在认知明理、情感态度、行为能力等方面有所发展 ④教学方法科学、合理，教学手段多样化，应用得当，效果较好										

续表

一级指标	二级指标	三级指标	评价等级				校领导自评	教师代表评	学生代表评	家长代表评	上级领导评	综合评定
			A	B	C	D						
课程建设和课堂教学	考试评价	①根据教学目标，认真组织实施有效的期末考查和毕业考核 ②考核结果记入学生学习档案，实行学分制的学校将考核成绩计入学分 ③加强过程性评价，关注学生在艺术活动中的表现，进行艺术教育评价的改革										
课外校外艺术教育活动	艺术教育活动的内容和学生参与面	①突出育人宗旨，面向全体学生，开展健康向上、符合青少年身心特点的艺术活动 ②能结合重大节日庆典活动，对学生进行爱国主义和集体主义教育 ③不参加任何商业性的艺术活动或庆典活动 ④全校学生每人至少参加一项艺术活动										
		①学校有数量足够、形式多样的课外艺术活动组织(艺术社团和艺术活动小组) ②有专人辅导，有计划和制度、有活动场所，能定期开展正常活动										
	艺术教育活动的组织	①学校根据自身条件，举办经常性的丰富多样的艺术活动 ②学校每年举办一次综合性的校园艺术节活动，取得比较显著的成效 ③积极组织学生参加各级教育行政部门举办的艺术展演活动，取得较好成绩										
		①充分利用当地艺术教育资源(如图书馆、博物馆、美术馆、音乐厅、少年宫等)和具有本土特点的文化艺术资源(如民俗、民居、民歌、地方戏曲等)开展艺术教育活动，取得良好效果 ②聘请当地具有艺术专长的人才定期对学校艺术教育活动进行辅导，取得良好效果										

续表

一级指标	二级指标	三级指标	评价等级				校领导自评	教师代表评	学生代表评	家长代表评	上级领导评	综合评定
			A	B	C	D						
校园文化艺术环境	教育资源开发	①师生参与校园文化艺术环境建设，校园广播、电视及网络管理严格，画廊、展览橱窗及环境布置等符合育人要求，校园具有健康、高雅的文化艺术氛围 ②校园内不推销任何文化艺术产品										
	校园文化艺术环境建设	按照课程计划开设艺术课程的要求，配备数量足够的专职艺术教师										
艺术教师队伍	艺术教师的数量、结构和待遇	学历水平达到国家规定标准，专业结构、职称结构等比较合理，队伍比较稳定										
		①评选先进、职称评聘时，艺术教师享有和其他教师同样的待遇 ②艺术教师的工作量计算合理(工作量应包括艺术课和课外艺术活动辅导等)										
		①爱岗敬业，为人师表，教书育人，有团队合作精神 ②教学态度认真，能较好地完成艺术教育工作任务										
	艺术教师素质	具有先进的教育理念，有较强的课堂教学能力和组织、辅导艺术活动的能力										
		每个教师两年内接受不少于96学时的多种形式(可集中、可分散)的业务培训										
	艺术教师的进修与提高	①每个教师每年开研讨课不少于4节，经常观摩其他艺术教师的研讨课 ②80%以上的艺术教师参加校级或校级以上的科研课题和实验项目，能够撰写具有一定质量的教科研论文										
		①学校有一名校级领导分管艺术教育工作，建立艺术教育工作议事制度 ②艺术教育列入学校长期发展规划和学校工作评估系列，学校年度工作计划中列入艺术教育的工作内容										

续表

一级指标	二级指标	三级指标	评价等级				校领导自评	教师代表评	学生代表评	家长代表评	上级领导评	综合评定
			A	B	C	D						
组织管理与保障机制	组织与管理	建立校本教研制度，成立艺术教研组，定期开展教研活动，形成艺术教育科研和教改的良好风气										
		①学校建立艺术活动的管理组织，负责指导全校艺术教育活动 ②能较好地发挥共青团、少先队、学生会在艺术教育活动中的作用 ③参加校外艺术比赛或艺术活动及时上报教育主管部门批准备案										
		①按照国家有关规定建有设施完备的音乐、美术、舞蹈等艺术教育专用教室，能较好地满足艺术课教学需要 ②建有课外艺术活动的场所(礼堂、活动室等)，满足课外艺术教育活动的需要										
	场所器材和资料	①按照国家有关规定配齐配足艺术教育器材、设备；艺术教育设施配备情况列为学校工作评估的重要指标 ②每年对消耗性器材设备给予更新和补充，满足课堂教学和课外艺术活动的需要；器材保管妥善，使用率高										
		①建立完备、规范的学校艺术教育资料档案 ②根据课堂教学和课外艺术活动的需要，为艺术教师提供比较充足的艺术图书资料和音像资料										
	经费保障	学校公用经费中有艺术教育专项经费，保证艺术教育有效开展										
评定小结												

填写与评价说明：

1. 学校审美艺术素质教育评价体系，参照《普通中小学校和中等职业学校贯彻〈学校艺术教育工作规程〉评估方案(试行)》修改完成，大中小学等各级各类学校均可参考使用。

2. 组织实施由主管教学(科研)校长和学校教务处(室)负责。“校领导自评”由主管教学(科研)校长填写，“学生代表评”由学生会成员填写，“教师代表评”由科任教师填写，“家长代表评”由家委会填写，“上级领导评”由主管教学(科研)的上级领导填写。“综合评定”和“评定小结”由主管教学(科研)校长和教务处(室)填写。

3. 评估方式可采用听取汇报、看有关资料、看课堂教学和课外活动现场、问卷调查、开座谈会、个别访谈等进行。

4. 评价等级 A(90～100 分)；B(80～89 分)；C(70～79 分)；D(60～69 分)，“综合评定”应按照各分项获得 ABCD 的数量确定最后的等级。“评定小结”根据各分项的等级分别给予评定。

2. 教师审美艺术素质教育评价体系

表 10-2　教师审美艺术素质教育评价体系

一级指标	二级指标	三级指标	评价等级				教师自评	教师互评	主管领导评	学生代表评	综合评定
			A	B	C	D					
审美学识	专业知识	专业学科知识扎实									
		学科教学方法得当									
	综合知识	热爱学习，知识渊博									
		重视知识更新，有真才实学									
审美形象	服饰着装	着装得体、庄重、大方									
		服饰简洁、朴素明快									
	语言谈吐	发音准确，音量、语速适中									
		语言文明，言辞得当，语气温和，态度和蔼									
	举止行为	举止得体，文雅大方									
		行为规范，体现示范性									
审美情趣	兴趣爱好	兴趣广泛，热爱生活									
	健康心态	从美的视角看待世界、享受生活									
审美心灵	职业理想	树立民族振兴、国家富强的理想情怀									
	思想道德	思想进步，政治合格									
		遵守公德，坚持正义，真诚善良，虚心待人									
审美能力	感知能力	对审美对象有敏锐的洞察力									
	鉴赏能力	对审美对象能形成识别、判断、领悟和评价									
	创造能力	能遵循美的规律进行审美表现和创造									
评定小结											

填写说明：组织实施由学校教务处(室)负责。“教师自评”由教师本人填写，“教师互评”由备课组教师填写，“主管领导评”由主管教学(科研)校长填写，“学生代表评”由本班学生干部填写。“综合评定”和“评定小结”由教务处(室)填写。

评价说明：等级 A(90～100 分)；B(80～89 分)；C(70～79 分)；D(60～69 分)，“综合评定”应按照各分项获得 ABCD 的数量确定最后的等级。“评定小结”根据各分项的等级分别给予评定。教师审美艺术素质教育评价是学校评定教师的依据。

3. 学生审美艺术素质教育评价体系

表 10-3 学生审美艺术素质教育评价体系

一级指标	二级指标	三级指标	评价等级				学生自评	同学互评	教师主评	家长助评	综合评定
			A	B	C	D					
认知明理	艺术知识	积极学习审美艺术知识									
		掌握必要的审美常识和艺术规律									
	艺术技能	了解多个种类的艺术表现形式									
		掌握一定的艺术表现技能									
	艺术理解	正确认识艺术的社会功能									
		能用艺术思维面对学习和生活									
情感态度	审美情感	具有健康的审美情趣									
		拥有健全的审美心理									
	审美态度	崇尚真善美									
		形成积极乐观的生活态度									
	价值观念	遵守社会公德									
		树立正确的世界观、人生观、价值观									
行为能力	感知能力	对身边事物有强烈的好奇心和洞察力									
	鉴赏能力	能从美的视角看待世界									
	表现能力	能自信地、有感情地进行艺术表达									
	创造能力	积极参与艺术创作，能用艺术知识解决学习和生活中遇到的问题									
评定小结											

填写说明：

组织实施由各班班主任负责。“学生自评”由本人填写，“同学互评”由合作小组成员填写，“教师主评”由科任教师填写，“家长助评”由学生家长填写。“综合评定”和“评定小结”由班主任填写。

评价说明：

1. 本评价表具有通识性，各领域可以依据此表，制定更具针对性的评价指标。

2. 等级 A(90～100 分)；B(80～89 分)；C(70～79 分)；D(60～69 分)，“综合评定”应按照各分项获得 ABCD 的数量确定最后的等级。“评定小结”根据各分项的等级，分别给予评定。基础教育领域评价结果依据课程目标记入《成长册》。高中领域要结合实际情况，对学生课程学分进行认定，作为升学的参考。大中专学校作为必修课教学，要进行考核和评定，占一定的学分。

第十一章　劳动技能素质教育体系的构建

一、 劳动技能素质教育目标体系

总体目标：弘扬劳动精神，教育引导学生崇尚劳动、尊重劳动，懂得劳动最光荣、劳动最崇高、劳动最伟大、劳动最美丽的道理；学习初步的劳动知识和技能，适当参加家务劳动、校务劳动和社会公益劳动，为成为社会主义建设者和接班人奠定劳动技能素质基础。

（一）小学劳动技能素质教育目标

1. 小学低年级

认知明理：了解生活自理、家务劳动、校务劳动的基本内容；了解日常生活中一些常见加工材料的特性和用途。

情感态度：培养生活自理、勤俭节约和服务他人的意识；培养探究的兴趣；培养与人合作的意识。

行为能力：自觉地参加简单的家务劳动，初步学会简单的家务劳动方法，尽力做到生活自理；积极参加校务劳动；参与游戏活动，动手设计简单的游戏；在尝试描述游戏和家务劳动的过程中，能清晰地表达自己的感受。

2. 小学高年级

认知明理：了解身边常见物品的基本技术内容；了解若干日常生活中常见的加工材料的特性和用途；学会正确使用一些生活中常见的手工工具，并能合理地选择工具；能识读一些简单的图样说明；了解家庭安全常识。

情感态度：培养自我服务，参与家务、校务和社会公益服务的意识；培养热爱劳动，勤俭、负责、守纪的劳动品质；培养对技能的兴趣，启发探究欲望。养成诚实、进取、热爱生活的精神品质，培养不怕挫折、勇于创新的精神。

行为能力：做到自我服务，积极参加校务劳动、社会公益服务活动；利用工具安全、有效地对材料进行加工，参与日常生活中的一些简单加工制作，形成良好的劳动习惯和良好的合作习惯；根据设想选择材料，养成珍惜劳动成果、爱护工具、节约材料的习惯；鼓励用语言、文字、简单图示对劳动过程进行描述或介绍，有条件的地方可参与一些拓展性劳动。

（二）初中劳动技能素质教育目标

认知明理：了解常见材料的特性，掌握一些设计与制作的基本步骤和方法；鼓励在制作和改进技术的过程中，能从多方面做出有一定根据的评价；认识劳动技术对人类生产生活的影响。

情感态度：在劳动体验过程中初步形成正确的劳动价值观；在关注日常生活和周围环境中，培养对科学技术学习的兴趣，具有初步的技术意识和创新意识；理解从事技术活动必须具备的品质与态度，能够安全而负责地参加技术活动；具有与他人进行技术合作、技术交流的意识。

行为能力：能够积极主动的分担家务劳动，积极参加校务、社会公益劳动，参与社会实践活动；使用一些工具和设施对常见材料进行加工，掌握基本的劳动方法和技能，并根据自己的设计，制作简单的劳技作品；通过调查发现现实生活中的一些问题，确定解决方案。

（三）高中劳动技能素质教育目标

认知明理：了解生活、生产中常见材料的特性和用途，能从质量、效益、环保等多角度分析比较；学会使用常见的工具和简单的设备，了解一些比较先进的工具、设备；理解某些生产技术的基本原理：设计、加工与制作、检测与使用、评价与改进；了解技术的一些核心概念："系统""资源""制约条件""优化和权衡""过程""控制"等。

情感态度：形成并保持学习科学技术的兴趣和愿望，关注科学技术对社会发展的影响；增强学生的劳动观念，形成与技术相联系的合作意识、质量意识、经济意识、环保意识和伦理意识等；培养积极、负责、严谨、安全地使用技术的行为习惯，以及勇于技术创新、追求精益求精、坚持实事求是的态度。

行为能力：具有独立生活的能力，具有为学校、家庭、和社会服务的能力；在劳动过程中，能选择合适的材料和工具，运用合理的技术和方法来解决实际问题，并通过交流和评价，发展技术思维；倡导学生能够运用调查手段，分析他人与社会的需求，运用一定的技术原理和方法进行技术设计活动，提出设计方案，用图样和文字正确表达设计意图，并在实践活动中不断获得反馈，修正和优化设计方案；要求学生能够依据技术图样安排工艺，规范使用工具设备，进行实际加工和装配，完成作品制作任务。

（四）职业教育劳动技能素质教育目标

认知明理：深入了解生产、生活中常见材料的特性和用途，能从质量、效益、环保等多角度分析比较。对技术的基本要素，如设计、加工与制作、检测与使用、评价与改进等，有深入的研究；懂得现代化大生产的基本原理和生产技能；懂得职业道德、职业情操的内涵。

情感态度：通过劳动实践，形成正确的劳动观念，崇尚劳动、尊重劳动，懂得劳动最光荣；培养学生积极、负责、严谨、安全地使用技术的行为习惯，懂得与人合作的重要性；培养良好的意志品质和崇高的职业道德情操。

行为能力：完全做到自我管理，践行劳动最光荣的理念；通过运用所学知识和技能，能够解决生产、生活中出现的一般技术问题；在岗位实习中，使学生养成热爱劳动的习惯，并能创造性的劳动；积极参与公益劳动，体会帮助他人的幸福感。

（五）高等教育劳动技能素质教育目标

认知明理：掌握日常生活中的劳动常识，认识到劳动技能对自己未来发展的作用；对“劳动创造人的本身”“科学技术是第一生产力”的论断有深刻理解，认清科学技术创新对人类生产生活的积极影响。

情感态度：树立崇尚劳动、尊重劳动，懂得劳动最光荣、劳动最崇高、劳动最伟大、劳动最美丽的价值观；懂得以劳树德、以劳增智、以劳促技、以劳强体、以劳育美、以劳创新的价值理念和价值追求；培养对科学技术学习的兴趣和愿望，关注科学技术对社会发展的影响；培养克服劳动困难的意志力。

行为能力：完全做到自我服务，主动参与就业教育，在参与中实践劳动技能；在本专业实习中，不断探索创新；积极参与社会公益劳动，体会到帮助他人的幸福感。

二、 劳动技能素质教育内容体系

劳动技能素质教育的内容是由目标决定的，受学生年龄特点和成长规律的制约。劳动技能素质教育内容体系遵循由简单到复杂、从理论到实践的原则进行编排和设计。

（一）小学劳动技能素质教育内容

1. 小学低年级

主要安排学生做一些力所能及的自我服务类劳动，让他们认识劳动、热爱劳动、体验劳动。

自我服务类：学会洗手、洗脸、刷牙、剪指甲等，能初步搞好个人卫生。能穿脱衣服、系鞋带，会洗手帕、红领巾等小件物品。学会削铅笔、包书皮、订本子等，能对自己的学习用品进行分类整理和保管。

家务类：学会铺床、叠被、刷洗茶杯、碗筷等，能帮助家长做一些力所能及的家务劳动。

校务类：学会擦黑板、扫地、抹桌椅、开关门窗。在教师的指导下当好值日生，搞好室内外公共卫生。

2. 小学高年级

除了巩固自我服务劳动之外，积极参与家务劳动、公益劳动及简单的生产劳动，参与科技制作、手工制作等实践活动，在参与过程中，提高对劳动和社会实践的认识。

自我服务类：能自己洗头、梳头、洗澡，学会洗小件衣服，学习使用针线，会钉纽扣等，能注意保持学习用品整齐、美观。

家务类：了解厨房卫生的常识，学会洗刷餐具、茶具，会择菜、洗菜、淘米等。在家长指导下，学会安全使用炉具，能热饭菜。会整理房间。初步了解安全用电常识，了解电视机、电风扇、电脑、空调等家用电器的使用方法，能自己开、关这些电器。

校务和公益类：会使用简单工具绿化、美化学校环境，能够做到自主管理。帮助烈属、军属、残疾人和孤寡老人打扫庭院或干一些力所能及的事情。

其他：掌握一些植物栽培常识，如苗木嫁接或扦插技术，手工制作，以及小发明、小创造等。

（二）初中劳动技能素质教育内容

除了巩固小学阶段的基本劳动技能之外，还要进一步深化，并积极参与社会实践活动和公益劳动，形成劳动最光荣的意识。

自我服务类：做到生活完全自理，养成良好的个人生活卫生习惯，包括青春期卫生常识，如勤洗澡、勤换衣、勤理发等，做到身心健康发展。

家务类：积极主动分担家务劳动。譬如，整理房间、衣物，购置生活用品，洗菜、做饭、洗碗等。

校务和公益类：积极参加校园、社区的环境卫生、绿化以及社会服务等各项公益劳动。譬如，打扫社区卫生、植树绿化，帮助孤寡老人、军烈属、残疾人做家务劳动等。

社会实践活动：城市学校可到工厂参观、参加简单的生产劳动，农村学校参与当地农业生产劳动，初步学习农业生产知识和技能。

（三）高中劳动技能素质教育内容

在巩固义务教育阶段劳动技能的基础上，结合《通用技术》课程，提升技术素养，促进学生全面而富有个性的发展。

自我服务类：保持个人生活自理的习惯，学习文明的生活方式，培养独立生活能力。

家务类：能够胜任家务劳动，保证劳动的质量。

校务和公益类：在校内外公益劳动中，能积极承担学校、集体交给的各项公益劳动任务，并主动参加社区服务。参加工农业生产劳动，掌握基本的工业农业生产技能，完成综合实践活动课中制定的劳动任务。

技术探究类：认识典型的专题性技术设计，如结构与设计、流程与设计、系统与设计、控制与设计等。选择学习如电子控制技术、建筑及其设计、简易机器人制作、现代农业技术、家政与生活技能、服装及其设计、汽车驾驶与保养等技术，完成《通用技术》课程规定的学分。

（四）职业教育劳动技能素质教育内容

在巩固提高初中或高中劳动技能的基础上，加强职业技能教育，提高专业技术素养，以适应经济科技飞速发展的新形势对技术技能型人才成长的需要。

自我服务类：具有良好的个人生活习惯和独立生活能力。

公益类：积极参加社会志愿服务，参与社会公益劳动，尤其要参加与专业学科相关的公益服务，如专业维修、电脑制作、艺术设计等，培养职业精神、职业道德，提高专业技能。

职业技能类：以专业课程衔接为核心，以人才培养模式创新为关键，充分利用实习实训等环节，培养学生的专业技能，增强学生的安全意识、纪律意识，培养良好的职业道德。

（五）高等教育劳动技能素质教育内容

提升高中阶段的劳动技能质量，倡导职业劳动体验和创新性劳动，倡导社会实践和公益劳动。

自我服务类：通过文明校园卫生包干责任制，开展“爱校如家”“四好文明宿舍”创建活动，培养文明生活方式和独立生活能力。

社会公益类：通过青年志愿者活动，组织学生走进社区，参加各种公益劳动，培养服务意识。

创新类：结合所学专业，进行一些创新性劳动，培养创新精神，譬如，人工智能的应用等。

职业体验类：通过开展学农、学工、学军、学商、勤工俭学、服务业实习等，培养职业劳动意识，为走向社会打好基础。

三、 劳动技能素质教育途径体系

劳动技能素质教育途径是指实施劳动技能素质教育的渠道，它是劳动技能素质教育内容的载体。劳动技能素质教育的途径有多种，下面主要介绍六大途径。

（一）劳动课程

1. 基础教育中《综合实践活动课》、高中《通用技术》和《综合实践活动课》是主渠道。中小学、大中专院校开设专门的劳动技术课程，按照劳动技能素质教育体系整体构建。

2. 劳动技能教育的学科渗透。学科教学应强化知识的实际应用，将社会生活中真实的问题引入课堂，引导学生运用所学知识解决实际问题。上好物理、化学、生物实验课，培养学生的动手能力和劳动习惯。

3. 劳动技能教育选修课程。基础教育阶段要充分结合当地资源，开发开设家政、烹饪、手工、园艺、非物质文化遗产等劳动实践类拓展课程。大中专院校可结合学生需求，开发职业技能类选修课程。有条件的学校可开设创客空间，鼓励学生基于兴趣，以项目学习的方式，在研究真实问题、技术制作和艺术创作过程中，进行创意制造实践。

（二）校务劳动

1. 在学校日常管理中渗透劳动教育。积极组织学生参与校园卫生保洁和绿化美化，有条件的学校要开展校园种植，开展班级、小组对校园绿地和花草树木的认领保护活动。

2. 开辟专门区域种植花草树木或农作物，尝试开展无土栽培，有条件的学校可适当开展养殖。

3. 大力开展与劳动实践有关的兴趣小组、社团、俱乐部活动。进行手工制作、木工制作、电器维修、班务整理、室内装饰、勤工俭学等实践活动。

4. 广泛组织以劳动教育为主题的班团队会、劳模报告会、手工劳技展演等，提高学生的劳动意识。

（三）家务劳动

1. 教育学生自己的事情自己做，家里的事情帮着做，培育弘扬优良家风，参与孝亲、敬老、爱幼等方面的劳动。

2. 学校安排适量的家庭劳动作业，针对学生的年龄特点和个性差异布置力所能及的家务劳动作业，转变家长对孩子参与劳动的错误观念，形成教育合力。

（四）社会公益劳动

1. 将校外劳动实践纳入学校的教育工作计划，每个领域都安排一定时间的农业生产、工业体验、商业和服务业的劳动实践等。

2. 充分利用劳动实践教育基地、素质教育基地、研学旅行营地，加强城乡学生交流，组织学生学工、学农。

3. 开展社会服务活动。在教师的指导下，走出教室，参与社会活动，如公益活动、志愿服务、勤工俭学等，以自己的劳动满足社会组织或他人的需要。

（五）生活自理劳动

学会生活自理，是少年儿童生存的基本能力，作为家长，要有一个清醒的意识，如果缺乏生活自理能力，孩子将来就无法自立于社会。在日常生活中，家长要以身作则，率先垂范，多鼓励表扬，让孩子获得自信。在生活劳动中要悉心指导，久而久之孩子就会养成劳动习惯。

（六）实习实训劳动

实习实训是职业院校和部分高校教学的必修课程，是教育教学体系中的一个不可缺少的重要环节，它是理论知识同生产实践相结合的有效途径，是增强学生的群众观、劳动观、责任心和使命感的过程。实习实训包括：课程实习、实践实习和顶岗生产实习。实习实训作为培养学生劳动素质教育的途径，学校在注重理论知识学习的前提下，不断提高生产实习管理的质量，只有这样劳动素质教育才能真正落地。

四、 劳动技能素质教育方法体系

劳动技能教育方法是指为了达到劳动技能教育目标，完成教育任务，在教育原则指导下，运用各种教育手段达到预设目标，而采取的活动方式的集合。劳动技能素质不是以单纯语言文字符号的逻辑转换为主的逻辑思维活动，所以它的有效性在于实干、在于体验。正所谓德是“养”成的，智是“学”成的，体是“炼”成的，美是“化”成的，劳是“干”成的。下面是常用的劳动技能教育方法。

（一）家长示范法

习近平总书记说过：“家庭是人生的第一所学校，家长是孩子的第一任老师，要给孩子讲好‘人生第一课’，帮助扣好人生第一粒扣子。”在实施劳动技能教育的过程中，家长的以身作则，带头示范，是取得良好教育效果的先决条件。家长示范法更适合于小学领域的学生。

（二）动手操作法

劳动技能素质主要表现为具体的思维和行为，因而在认识过程中很难从教师的讲授和得出的结论中获取，所以要加强实践操作训练，让学生在实践中感知。譬如，初中生正处于青春发育期，他们的心理特点是要求独立、自尊、民主、自由，因此少用说教式，多用动手操作法，在劳动的过程中要注意语言的使用和方法的指导，切忌简单粗暴的方式，特别是当出现劳动方法的失误之后。

（三）模拟训练法

模拟训练法是指以工作中的实际劳动为基础，将实际工作中可利用的资源、约束条件和工作过程模拟化，学生在假定的工作情境中参与劳动。日常生活中可以通过开发一些模拟劳动游戏软件，譬如种菜、种树、建设楼房、架设桥梁等，让学生明白劳动技术的科学原理，了解整个劳动的过程，以及劳动的重点、难点环节。这种方法更适合于中小学生。

（四）教师指导法

教师指导法，适合于中高年级领域的综合实践活动课和职业教育职业体验劳动。在劳动前，教师要先组织学生进行交流、探讨，明确劳动的目标，让学生在交流中发现问题、产生疑问与探究办法。教师要向学生提供劳动信息、启发思路、补充知识、介绍方法，让学生提出自己的想法、开展有思维、有境界、富于开拓性的活动主题。譬如，初高中学生已有较强的思维能力，认识水平比小学高，在安排劳动技能活动时，方案的制订要让他们自己去做，出现问题，师生一起解决，同时要鼓励他们在劳动中发现问题、思考问题、解决问题。

（五）榜样示范法

榜样示范法是指以模范人物的高尚情操、模范行为、卓越成就等，影响受教育者的思想、感情和行为的一种方法。例如，工匠精神、工匠技术、工匠能力都可以作为劳动技能教育的内容。现阶段，中、高职院校学生与普通高校学生相比具有一定的特殊性，其优点是思维活跃，动手能力、适应能力、操作性比较强，更易于接受新事物。但由于生源的类型、层次复杂多样，导致部分学生自卑心理较严重，甚至自暴自弃，自我约束能力不强。可通过"大国工匠"的成功经验和社会价值，提高学生对劳动技能的认识和对自我的客观评价，树立热爱劳动的观念。

（六）竞赛评比法

在劳动中采取竞赛与评比，是调动学生积极性的有效方法，这种方法适用于各个领域的学生。通过开展竞赛与评比活动，增加学生不甘落后的压力感和奋发向上的竞争意识。竞赛评比不仅能提高生产的数量，而且能提高质量和劳动生产率。譬如，学生参与采摘劳动，可以将学生分为若干小组，最后看看哪个小组收获多，这样就能把集体和个人的目标捆绑在一起，调动团队的积极性，提高劳动效率。

（七）讨论交流法

劳动的感觉需要分享，需要交流。通过心灵的交汇、观点的碰撞等，促进观念的内化。比如植树活动，通过谈个人的感触，使学生加深对自然环境与人的关系的认识，从而增强保护花草树木的意识。交流的方式多种多样，譬如，主题研讨会、微博、微信、墙报等。讨论交流法适合于各个领域。

（八）参观考察法

组织学生参观考察工厂、福利院、科技馆、现代农业开发区等，使学生在实践中了解改革开放以来所取得的伟大成就，在实践中增长知识，开阔眼界，以培养学生对家乡、祖国的热爱之情。这种方法适用于各个领域的学生。

五、 劳动技能素质教育管理评价体系

（一）劳动技能素质管理体系的构建

1. 领导体制

加强对劳动技能教育的领导是落实的关键。基础教育和高中阶段，要把劳动技能教育与《综合实践活动课程》《通用技术课程》、体育课程、卫生教育统一管理。形成"校长一主管校长一教研组"一条龙的管理体制，统一协调，统一调度，确保劳动技术教育时间、师资、经费、场地、设施等落实到位。既要加强校内统筹，发挥班主任、任课教师的积极性，也要发挥共青团、少先队、学生会的作用。加强校外协调，积极借助家庭、社会力量，形成合力。大中专院校要开设劳动技能专门课程，列入教学计划，

由教务处统一管理。针对不同的专业，开设不同的课程。同时在日常管理中注重劳动意识的培养，做好劳动设计，保证时间和质量。譬如，在军训中结合内务技能培训，培养学生的自理能力等。

2. **规章制度**

根据教育部《加强中小学劳动教育的意见》《中小学综合实践活动课程指导意见》《通用技术(高中)》等，构建学校劳动技能素质教育体系，建章立制。就制度而言主要包括：《劳动技能素质教育课程建设》《教师劳动技能素质教育评价方案》《校内学生劳动技能素质教育鉴定细则》《校外劳动技能素质教育鉴定细则》《劳动实习和社会实践鉴定细则》《家庭劳动评价方案》等，确保劳动技能素质教育有规可循。

3. **课程管理**

劳动技能教育课程是学生劳动技能素质提升的主渠道。课程管理主要包括课程规划、课程开发、课程实施和课程评价。

(1)课程规划。劳动技能课程属于“国家规定—地方指导—校本开发”的三级课程管理体系范畴，课程规划要从两方面进行。一是文本结构设计要科学合理。要有完整的框架，包括目标、内容、途径、方法、管理与评价，同时要体现学校的办学理念和地域特色。二是内容结构设计合理。针对不同领域的学生，设计适合学生发展的内容，充分体现劳动技能课程的全面性、针对性和多元性。

(2)课程开发。课程开发是指通过调研分析，确定劳动技能素质教育课程目标，再依据目标确定内容，然后对相关活动进行设计、组织、实施、评价和修订。课程的开发要符合学生的需要，定位准确、组织合理，要制定详实的实施方案和合理的校本评价体系。

(3)课程实施。课程实施是将劳动技能教育课程规划付诸实践的过程，这是最关键环节。科学地安排劳动技能教育课程实施细则和操作流程，开齐、开足课时量是根本保证。

(4)课程评价。课程评价是一个诊断过程。它主要包括学生发展性评价、教师发展性评价、学校课程发展性评价。

（二）劳动技能素质评价体系构建

劳动技能素质教育评价体系是依据教育目标而构建的，包括学校劳动技能素质教育评价、教师劳动技能素质教育评价、学生劳动技能素质教育评价三方面内容。由于各领域之间存在着差异，量表不能面面俱到，各领域可以依据此表，制定更具针对性的评价指标。

1. 学校劳动技能素质教育评价量表

表 11-1 学校劳动技能素质教育评价量表

一级指标	二级指标	三级指标	评价等级				校领导自评	教师代表评	学生代表评	家长代表评	上级领导评	综合评定
			A	B	C	D						
劳动技能教育实施条件	规划与组织	有总体规划和校本教材										
		课程实施有针对性、导向性、可操作性										
		有完善的管理体制与评价体系										
		有本校特色										
	师资与投入	有专职师资，培训到位										
		设施齐全，有专门的经费投入										
劳动技能教育实施过程	依法施教	按照法律、法规开展劳动教育活动										
		在劳动中经常对师生渗透法制观念										
	课程建设	有校本教学成果										
		有德育学科渗透										
		形成学校、家庭、社区、劳动基地教育网络										
	课程实施	劳动教育落实到位										
		科研具有针对性和指导性										
		档案规范										
劳动技能教育实施效果	劳动态度	学生参加劳动实践的态度										
		学校整体劳动教育氛围										
	技能提高	学生劳动能力										
		劳动教育的创新										
	社会评价	社区对学生的评价										
		家长对子女的评价										
		劳动基地评价										
评定小结												

填写说明：组织实施由主管教学(科研)校长和学校教务处(室)负责。“校领导自评”由主管教学(科研)校长填写，“学生代表评”由学生会成员填写，“教师代表评”由科任教师填写，“家长代表评”由家委会填写，“上级领导评”由主管教学(科研)的上级领导填写。“综合评定”和“评定小结”由主管教学(科研)校长和教务处(室)填写。

评价说明：等级 A(90～100 分)；B(80～89 分)；C(70～79 分)；D(60～69 分)，“综合评定”应按照各分项获得 ABCD 的数量确定最后的等级。“评定小结”根据各分项的等级分别给予评定。学校劳动技能素质教育评价是学校自评和教育行政部门督导检查评定的依据。

2. 教师劳动技能素质教育评价量表

表 11-2 教师劳动技能素质教育评价量表

一级指标	二级指标	三级指标	评价等级				教师自评	教师互评	主管领导评	学生代表评	综合评定
			A	B	C	D					
为人师表	贯彻教育法规	全面贯彻教育方针，重视劳动技能教育									
	爱岗敬业	在教育教学中尽职尽责，乐于奉献									
		认真备课、上课									
	热爱学生	在教育教学实践中不挖苦、歧视、讽刺学生									
		不体罚和变相体罚学生									
	遵守校规校纪	遵规守纪									
		服从领导，听从指挥									
专业水平	专业态度	热爱本专业									
		动脑筋、想办法上好劳动技能课									
	专业能力	教法科学，效率高									
		深受学生爱戴，效果好									
评定小结											

填写说明：组织实施由学校教务处(室)负责。“教师自评”由教师本人填写，“教师互评”由备课组教师填写，“主管领导评”由主管教学(科研)校长填写，“学生代表评”由本班学生干部填写。“综合评定”和“评定小结”由教务处(室)填写。

评价说明：等级 A(90～100 分)；B(80～89 分)；C(70～79 分)；D(60～69 分)，“综合评定”应按照各分项获得 ABCD 的数量确定最后的等级。“评定小结”根据各分项的等级分别给予评定。教师劳动技能素质教育评价是学校评定教师的依据。

3. 学生劳动技能素质教育评价量表

表 11-3 学生劳动技能素质教育评价量表

一级指标	二级指标	三级指标	评价等级				学生自评	同学互评	教师主评	家长助评	综合评定
			A	B	C	D					
认知明理	劳动知识	掌握基本的劳动常识									
		对劳动精神和劳动价值有深刻领悟									
	劳动技能	掌握基本的劳动方法									
		掌握相关的劳动技能									
情感态度	情感态度	有积极乐观的劳动态度和精神风貌									
		遇到疑难问题主动寻找办法									
	责任担当	在劳动过程中懂得尊重他人，有良好的合作精神									
		有坚强的毅力和进取精神									
		有责任意识，勇于担当									

续表

一级指标	二级指标	三级指标	评价等级				学生自评	同学互评	教师主评	家长助评	综合评定
			A	B	C	D					
行为能力	劳动实践能力	劳动方法得当，效率高									
		能够调动团队力量									
	劳动创造力	善于发现问题，分析问题，解决问题									
		有创新成果(方法、产品)									
	劳动成果	完成劳动过程									
		高质量完成劳动任务									
评定小结											

填写说明：

组织实施由各班班主任负责。“学生自评”由本人填写，“同学互评”由合作小组成员填写，“教师主评”由科任教师填写，“家长助评”由学生家长填写。“综合评定”和“评定小结”由班主任填写。

评价说明：

1. 本评价表具有通识性，各领域可以依据此表，制定更具针对性的评价指标。

2. 等级 A(90～100 分)；B(80～89 分)；C(70～79 分)；D(60～69 分)，“综合评定”应按照各分项获得 ABCD 的数量确定最后的等级。“评定小结”根据各分项的等级分别给予评定。基础教育领域评价结果依据课程目标记入《成长册》。高中领域要结合实际情况对学生课程学分进行认定，作为升学的参考。大中专院校作为必修课教学，要进行考核和评定，占一定的学分。

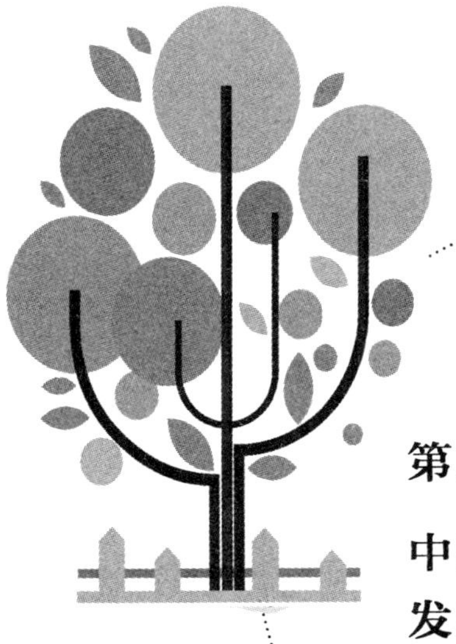

第三篇

中国文化与素质教育发展研究

第十二章　治国理政思想与学生政治素质发展

2014 年 9 月 24 日，习近平总书记在人民大会堂出席纪念孔子诞辰 2565 周年国际学术研讨会并发表重要讲话。他指出："不忘历史才能开辟未来，善于继承才能善于创新。""只有坚持从历史走向未来，从延续民族文化血脉中开拓前进，我们才能做好今天的事业。"他强调："中国优秀传统文化的丰富哲学思想、人文精神、教化思想、道德理念等，可以为人们认识和改造世界提供有益启迪，可以为治国理政提供有益启示，也可以为道德建设提供有益启发。"中华优秀传统文化中蕴含着丰富的治国理政思想，传承发展中华优秀传统文化中的治国理政思想，对于学生思想政治素质发展具有重要意义。

一、 中国文化中的治国理政思想

中国文化中的治国理政思想内容十分丰富，集中体现在以民为本、社会和谐、以德治国、依法治国等几个方面。

（一）以民为本

中国的民本思想，历史悠久，源远流长，春秋战国时期是中国民本思想形成的重要时期。"民本"一词源于《尚书》中"民惟邦本，本固邦宁"和《春秋穀（gǔ）梁传》中"民者，君之本也"。早在西周时期周公便提出"敬德保民""怀保小民"（《尚书・无逸》）的思想，主张注重人事，肯定人为的重要性，促进了民本思想的形成。齐国著名政治家管仲则提出"夫霸王之所始也，以人为本，本治则国固，本乱则国危"（《管子・霸言》），这是中国最早正式提出的以人为本思想。

春秋战国时期，一代先贤孔子创立了儒家思想，孟子继承和发展了孔子的思想，提出了"民为贵，社稷次之，君为轻"（《孟子・尽心下》）。孟子认为要取信于民就要"得其民""得其心"。并从正反两个方面论述了不同的结果，"桀纣之失天下也，失其民也；失其民者，失其心也。得天下有道，得其民，斯得天下矣；得其民有道，得其心，斯得民矣；得其心有道，所欲与之聚之，所恶勿施，尔也"（《孟子・离娄上》），主张"施泽于民""乐民之乐""忧民之忧"；爱惜"民财""民力"；重视"民事""民时"；"制民之产"（《孟子・滕文公上》）。荀子认为"天子生民，非为君也。天子立君，以为民也"（《荀子・大略》）。他以"水则载舟""水则覆舟"（《荀子・王制》）的比喻说明民众与国家兴亡的关系。

以民为本的思想在唐太宗贞观年间有了更高的发展。唐太宗提出“国以民为本”(《贞观政要·务农》)，“天子者，有道则人推为主，无道则人弃而不用”(《贞观政要·政体》)。太宗及其大臣对民的重视使唐朝繁荣强盛，是“贞观之治”的重要基础。

（二）社会和谐①

在中国传统文化中，“和文化”是一个含义极为丰富、深邃的范畴。中国传统文化中关于“和”的思想在人与自然(天地)和谐、人与社会(民族)和谐、人与人和谐、人的身心和谐方面，通达变化，内涵丰富。

首先，天人合一、天人和谐，阐述了人与自然、与天地的和谐关系。《周易》作为中华文化的源头，由《易经》和《易传》组成。《周易》的基本哲学思想是“天人合一”。“乾道变化，各正性命，保合太和，乃利贞。”意思是，整个宇宙是天地人三者统一，天道的大化流行，万物各得其正，保持完满的和谐，万物就能顺利发展；文中还提到“夫大人者，与天地合其德，与日月合其明，与四时合其序，与鬼神合其吉凶”(《周易》)，追求天人和谐。老子说“人法地，地法天，天法道，道法自然”(《老子》)，强调人要以尊重自然规律为最高准则，以崇尚自然、效法天地作为人生行为的基本依归。其次，关于人与社会、与不同民族之间的和谐，《周礼》提到：“三曰礼典，以和邦国，以统百官，以谐万民。”中华民族在治理国家以及处理外邦关系上坚持以“以和邦国”“以谐万民”乃至“协和万邦”为行动准则，汉朝昭君出塞、唐朝文成公主进藏、明朝郑和下西洋等都是践履“协和万邦”的杰出代表。

中国古代传统文化在人人和谐、身心和谐方面也有很深的思想造诣。在与君、与臣、与亲朋、与陌生人等相处时，追求人我和谐、群己和谐。儒家重视“五伦”“十义”，规定了每个人为维护人际关系应当遵循的基本道德准则，并提出“己所不欲，勿施于人”、尽心为人、推己及人，遵循忠恕之道。在与人交往的方法上，古人遵循和而不同、和而不流的原则。“和而不流”的思想，塑造了中国古代众多品德高洁的先哲和仁人志士。在身心和谐方面，道家主张“冲气以为和”“和其光，同其尘”，要求人们擦去世事纷争落在自己心灵上的俗尘，以一颗淡泊明净的心灵看待外物与自己。儒家认为要“克己复礼”，重视修身，积极入世而达到身心和谐。

（三）以德治国

中国古代的德治思想，高度重视对君主、官吏的道德品质、道德修养，也十分重视对百姓的道德教化，主张以德选吏，施行仁政。德治对于维护封建政治统治和社会稳定发挥了重要的作用。

《尚书》是中国古代最早的一部历史文献汇编。据《尚书·尧典》记载，唐尧主张“克明俊德，以亲九族。九族既睦，平章百姓。百姓昭明，协和万邦”。意思是说：首先要能修明自己美好的德行，然后再弘扬美德，使整个家族亲睦融洽，进而教育影响老百

① 詹万生：《詹万生德育文选》第4卷，213～218页，北京，首都师范大学出版社，2018。

姓和谐相处，国内社会和谐了，进而协和万邦。说明了帝尧时代就有了克明俊德、家族和睦、百姓和善、社会和谐、邦国协和的执政理念。

以孔子为代表的儒家学派认为治国理政要实施“仁政”和“德治”。主张德化社会与德化人生，德化社会的最高准则是“礼”，德化人生的最高标准是“仁”。据《论语》记载：樊迟问仁，子曰：“爱人。”孔子也提出“克己复礼曰仁”，“孝悌”为仁之本，“忠恕”为仁之道。在“仁德”的统摄下，孔子还提出一系列道德规范，如忠、孝、仁、义、礼、诚、信、宽、敬、和、温、良、恭、俭、让、刚、毅、木、讷、勇等。孔子曰：“为政以德，譬如北辰，居其所而众星共之。”意思是说，为政者要实施德治，就好像北极星一样，居于中心位置，众星都环绕着你，拱卫着你。可见孔子主张并倡导德治，主张对人民实施德政、仁政，并形成了较为系统的以德治国的思想体系。

（四）依法治国

“依法治国”自古以来便受到君主的推崇与实践。代表学派是先秦时期的法家学派。法家思想起源于春秋时的管仲、子产。战国时期，李悝、吴起、商鞅、慎到、申不害等人予以大力发展，遂成为一个学派。战国末期，韩非对他们的学说加以综合，成为集法家之大成者。

“富国强兵、以法治国”是法家治国理政思想的重要体现，“治世不一道，便国不法古”，表现出法家革故鼎新的改革精神。认为顺应时代、主张变法、尊崇法令、讲求信用、崇尚功利、推动统一大业的人才是有德之人。先秦法家顺应了历史的发展规律，为秦国统一中国做出了积极的贡献。商鞅提出“治世不一道，便国不法古”的观点，强调变法改革。他认为“法令者，民之命也，治之本也”；认为法治是德治的基础，法令必须“明白易知”；主张“燔诗书而明法令”，主张“贵耕战而贱儒生”，为富国强兵培养人才；倡导讲求信誉，以“徙木立信”推行法令。

韩非子从“重法尚权”“崇尚功利”的思想出发，主张“尽力守法，专心事主者为忠臣”(《韩非子·忠孝》)；认为法治教育是第一要务，主张“以法为教，以吏为师”；认为人性都是趋利避害，主张严刑峻法，“厚赏重罚”；认为崇尚权力、追求功利是评价道德的标准，主张“霸王者，人主之大利也”，“富贵者，人臣之大利也”。韩非把守法意识升华为道德意识，把富国强兵的霸王之业作为最高理想，顺应了当时社会大一统的需要，具有积极意义。

二、 治国理政思想与思想政治教育

学习古代治国理政思想，必须深刻理解习近平总书记在全国教育大会上的讲话精神，必须把“培养什么人，为谁培养人”这个教育的重要问题放在首位。必须清醒地认识到，我国是中国共产党领导的社会主义国家，我们的教育必须把培养社会主义建设者和接班人作为根本任务，培养一代又一代拥护中国共产党领导和我国社会主义制度、立志为中国特色社会主义奋斗终身的有用人才。这是教育工作的根本任务，也是教育现代化的方向目标。

（一）以人为本与为人民服务

封建社会统治者的民本思想尽管是为统治阶级服务的，但其客观结果还是于民有利的，促进了社会的稳定与进步。近代，毛泽东同志首次提出了“为人民服务”的执政理念。1944 年，在张思德同志的追悼会上，毛泽东首次讲述了为人民服务的道理，号召大家彻底地为人民的利益工作；并要处处想到群众，为群众打算，把人民群众的利益放到首位。为人民利益而牺牲的同志，其死比泰山还重。毛泽东强调要勇于接受来自人民的批评，只要关乎人民利益的批评就要接受并且改正。后来，中国共产党把“为人民服务”或“全心全意为人民服务”作为党的根本宗旨写进党章，要求所有共产党人要为人民的根本利益而奋斗。这是坚持马克思主义历史唯物主义观点，确认人民群众是社会的主体和历史的创造者的必然结论。习近平总书记提出，要树立以人民为中心的思想，人民群众对美好生活的向往就是我们的奋斗目标。这进一步升华了古圣先贤的民本思想。

在社会主义中国，以人为本就是以人民为本，即以维护广大人民群众的根本利益为一切工作的出发点和落脚点，全心全意为人民服务。在进行为人民服务的教育时，就是让被教育者树立以一切为了人民为出发点、为人民谋利益、无私奉献的思想意识；就是让受教育者认同并在实践中坚持历史唯物主义，坚持人民是创造历史的主体的指导思想，并充分尊重人民群众的民主、自由、平等权利；实施人文关怀，实现人的全面发展，为社会主义伟大事业作贡献。社会主义社会的为人民服务，是对我国传统的民本思想的发展与升华。在具体的实践过程中，要按照不同年龄段学生的思想特点，有针对性、有侧重点的开展教育。要全面开展为人民服务的宗旨教育，努力提升学生的思想政治素质。

（二）社会和谐与和谐思想教育

党的十六届六中全会明确提出了构建社会主义和谐社会的指导思想，要建设民主法治、公平正义、诚信友爱、充满活力、安定有序、人与自然和谐相处的社会。具体应包括：一是个人自身的和谐，二是人与人之间的和谐，三是社会各系统、各阶层之间的和谐，四是个人、社会与自然之间的和谐，五是整个国家与外部世界的和谐。① 和谐社会是中华民族古往今来孜孜不倦的追求。社会主义精神文明建设的重点，是思想道德体系和先进文化建设，这都与和谐理念分不开。在新的历史时期，继承和弘扬中国自古所崇尚的以和为贵、和谐为美的和谐社会理想，建设不同民族的人民和睦相处、和谐共治的和谐社会，正是社会主义精神文明建设所追求的目标。构建社会主义和谐社会反映了建设富强、民主、文明、和谐、美好的社会主义现代化国家的内在要求，

---

① 詹万生：《詹万生德育文选》第 4 卷，213～227 页，北京，首都师范大学出版社，2018。

体现了全党全国各族人民的共同愿望。我们要在实践中进一步加强和谐思想教育，使学生从小树立和谐理念。

当今时代，我国仍处在经济发展的战略机遇期，又处在新旧体制、新旧动能的转换期，社会发展日新月异，资源和环境的压力逐步增大，社会各阶层之间的矛盾也常常出现。和谐思想教育非常必要，既要继承和发扬中国古代优秀的传统和谐文化，更要重视社会主义物质文明、政治文明、精神文明、社会文明和生态文明五位一体的建设，坚持人与自然、人与社会在和谐中发展。在教学实践过程中，也要注意教育教学结构中各门课程、各个要素的协调，注意师生关系的和谐、学生之间关系的和谐、家庭与学校关系的和谐，促进学生德智体美劳全面发展。

（三）以德治国与德治教育

以德治国的执政理念是对中国传统文化中“德治”思想的继承和发展。在 2001 年 3 月召开的九届人大四次会议上，“以德治国”被正式写入了朱镕基总理所作的政府工作报告以及《中华人民共和国国民经济和社会发展第十个五年计划纲要》两个重要的国家文献中。“以德治国”与“依法治国”一样，成为我党重要的治国方略，得到了全国人民的普遍认同。“以德治国”方略的提出，是我党在继承我国优秀传统文化的基础上，结合新的历史条件，从治国安邦的战略高度作出的理论创新，是对治国理政思想的丰富和完善。在当代，以德治国与依法治国相互依存、相互联系、相辅相成。一般而言，道德是立法和执法的基础。从一定意义上讲，法律规范也是道德规范，在大多数情况下，法律规范是道德的“底线”，是一个社会所能允许的最低行为标准，超出了这个标准或“底线”，就会妨碍甚至危害社会和他人的利益，因此必须动用国家机器的强制手段来遏制犯罪，维护公民的合法权益。

德治教育是积极贯彻以德治国方针的重要途径与举措，有目的、有计划、有组织地进行“以德治国”思想的教育，提升广大人民群众特别是青少年的思想道德水平，也是以德治国方略的应有之义。课堂教学、文化活动、社会教育、家庭教育都要相互协调，多管齐下，把德治教育落到实处。

（四）依法治国与法治教育

依法治国方略是我党在继承古代法治思想的基础上，结合当代实际，对治国理政思想的创新与发展。党的十五大提出了“依法治国”的基本方略，以及把我国建设成为社会主义法制国家的基本目标。九届人大在修改《宪法》时，将这一治国方略写进了新《宪法》。要求用法律来规范社会生活的各个方面，做到“有法可依，有法必依，执法必严，违法必究”。党的十八届四中全会提出新的目标，“在中国共产党领导下，坚持中国特色社会主义制度，贯彻中国特色社会主义法治理论，形成完备的法律规范体系、高效的法治实施体系、严密的法治监督体系、有力的法治保障体系，形成完善的党内法规体系，坚持依法治国、依法执政、依法行政共同推进，坚持法治国家、法治政府、法治社会一体建设，实现科学立法、严格执法、公正司法、全民守法，促进国家治理体系和治理能力现代化”。这是社会文明进步的显著标志。法律的权威源自人民内心的拥护和真诚信仰，人民权益要靠法律保障，法律权威要靠人民维护。必须弘扬社会主义法治精神，建设社会主义法治文化，增强全社会厉行法治的积极性和主动性，形成守法光荣、违法可耻的社会氛围，使全体人民都成为社会主义法治忠实崇尚者、自觉遵守者和坚定捍卫者。

法治教育是指通过对公民进行有目的、有计划、有组织地“依法治国”方略的宣传和教育，培养公民的法治意识，以及用法治思想指导自己行为的一种教育活动。按照依法治国方略所开展的法治教育内容，应包含对依法治国的思想、原则、制度、执行过程的多方面教育①。通过法治教育的实施与普及，应当让国民熟知中国特色社会主义法律体系、法治精神、法治内容等。在具体的法治教育实施过程中，要注重教育对象的年龄和职业特点，有针对性地进行教育。如教育中小学生要懂法、知法、守法；教育大学生既要懂法、知法、守法，还要学会用法律武器维护自身的合法权益。增强全社会的法制意识，促使法律体系的不断完善和社会的稳定、健康、有序的发展。

三、 治国理政思想与学生素质发展

中国传统文化中的治国理政思想——“以民为本”“社会和谐”“以德治国”和“依法治国”对学生的政治素质发展具有重大影响。

通过设计一系列实践活动，将“以民为本”“社会和谐”“以德治国”和“依法治国”真正融入学生的日常学习与生活中去。通过“以民为本——我与古代先贤的对话”主题活动，“社会和谐——‘和谐颂’主题班会”，“以德治国——修身铸德”行动，“依法治国——模拟法庭”活动等促进学生对中国传统文化中治国理政的“以民为本”优秀思想的学习和了解，掌握治国理政思想中的精髓，将古代治国理政思想与当代社会治理理念结合起来，使学生对中华优秀传统文化中的治国理政思想加深理解，着力培养和发展学生的政治素质。

（一）“以民为本——我与古代先贤的对话”主题活动

1. 活动内容与形式

(1)举办“以民为本——我与古代先贤的对话”征文活动。要求学生们设计一篇自己与古代先贤关于“以民为本”思想探讨的对话稿，稿件应当包括古代先贤对“以民为本”思想的论述、主张与看法，以及古代先贤是如何践行“以民为本”思想的。

(2)以班级为单位，进行“以民为本——我与古代先贤的对话”现场演义。

(3)制作与运用“以民为本——我与古代先贤的对话”班级语录。要求全班学生共同参与“以民为本——我与古代先贤的对话”班级语录的封面、版面、内容设计，并插入

① 王双群、余仰涛：《法治教育与德治教育的内涵及意义》，载《理论月刊》，2006(7)。

现场演义的活动图片，最后印制保存。

2. 活动组织与程序

(1)收集中国古代民本思想的主要内容与历史典故。

(2)制定和发布“以民为本——我与古代先贤的对话”主题活动方案，成立组委会，明确职责任务，做好宣传动员工作。

(3)分步实施，有序推进，组织完成“以民为本——我与古代先贤的对话”主题活动。

(4)总结评价活动运行状况，表彰优秀学生、优秀集体、获奖选手及集体。

3. 活动案例

“以民为本”之梦回唐朝

——我与李世民的对话

场景设置：有一天，小明听历史老师讲到了隋朝、唐朝的更迭，“隋炀帝因为暴政，民不聊生，民间四处起义……李渊建唐朝，其二子秦王李世民发动玄武门之变后，以民为本，励精图治，开启了贞观之治……”听着听着，小明睡着了，仿佛见到了穿着龙袍的威严男子，小明赶紧跑了过去……

主要内容：

小明：您好，请问您是文武大圣大广孝皇帝吗？

太宗：朕就是！这位小友是？

小明：(作揖)文武大圣大广孝皇帝好。我叫小明，来自未来。我曾听老师讲到您的什么“民水君舟，国以民为本，水以载舟，水亦覆舟”……

太宗：舟所以比人君，水所以比黎庶，民水君舟，水可载舟，亦可覆舟，尔方为人主，可不畏惧！

小明：正是！正是！只是皇上您为什么要把黎民百姓比作水，把您自己比作舟呢？

太宗：因为百姓就是朕的天下呀！

小明：那这跟您将百姓比作水、您比作舟有什么关联吗？是指人民可以让您前行，也可以将您颠覆吗？

太宗：你这小友倒是聪明！宰相魏征说过“以铜为鉴，可以正衣冠；以人为鉴，可以明得失；以史为鉴，可以知兴替”。隋的覆灭，让我深刻意识到民众在社会生活中的决定性作用。君依于国，国依于民，民为水，君为舟，水能载舟，亦能覆舟。我如果得不到民众的拥戴，迟早被民众遗弃。

小明：那您是如何得到百姓的拥戴，让他们平稳的载着您前行的呢？

太宗：食为人天，农为政本……

(二)社会和谐——“和谐颂”主题班会

“社会和谐——‘和谐颂’主题班会”主要通过集体讨论、分享的形式对“社会和谐”进行探讨，通过一系列活动，使学生加深对“人与人”“人与社会”“人与自然”关系和谐的重要性和必要性的认识，将和谐的理念深深扎根于学生心中。

1. 活动内容

(1)分享古代“和的故事”

(2)集体观看纪录片《地球四季》

(3)“人与人”“人与社会”“人与自然”关系研讨会

(4)集体朗诵《和谐颂》

2. 活动流程与组织

(1)分享古代“和的故事”

教师组织同学收集中国古代关于“和”的谚语、成语和故事，内容可与古人如何处理邻里关系、国家关系、君臣关系、人与自然的关系等方面有关，并要求同学们在主题班会上跟大家分享自己收集的有意思的故事。

(2)集体观看纪录片《地球四季》

《地球四季》全长99分钟，该片以动物的视角，讲述了千万年来动物之间、动物与人、动物与战争等为地球带来的改变。(如若班会时间受限，可直接从本片的后半部分观看)

(3)“人与人”“人与社会”“人与自然”关系研讨会

分享与观看完“和”的故事与纪录片《地球四季》后，组织学生就“人与人”“人与社会”“人与自然”之间的关系，及人与社会、自然如何和谐相处、和谐共生进行讨论。同时要求教师对学生的主要观点进行记录并整理。

3. 活动总结

主题班会的最后，全体师生集体朗诵《和谐颂》，对班会进行总结。

和谐颂

詹万生

社会和谐，以人为本，全面协调，持续发展；
发展经济，统筹城乡，共同富裕，国泰民安；
改善民生，安居乐业，意气风发，奔向小康；
人民当家，公平正义，安定有序，长治久安。
和谐思想，中华瑰宝，博大精深，源远流长，
民族复兴需传承，太平盛世更弘扬。

天人和谐，尊重自然，顺应自然，保护自然；
绿色发展，循环发展，低碳发展，永续发展；
防灾减灾，防治污染，生态文明，科学理念；
保护环境，节约资源，维护全球，生态安全。
和谐思想，中华瑰宝，博大精深，源远流长，
民族复兴需传承，太平盛世更弘扬。

当今世界，复杂多变，时代主题，和平发展。
需要和平，拒绝战争，各国人民，共同心愿；
反对霸权，反对强权，平等互信，尊重主权；
以邻为伴，与邻为善，合作共赢，和谐发展。
和谐思想，中华瑰宝，博大精深，源远流长，
民族复兴需传承，太平盛世更弘扬。

家庭和谐，夫妻恩爱，琴瑟相和，温馨港湾；
父慈子孝，兄友弟恭，骨肉亲情，孝悌为先；
翁婿婆媳，妯娌连襟，互敬互助，爱满家园；
诗书传家，德善继世，家业兴旺，幸福美满。
和谐思想，中华瑰宝，博大精深，源远流长，
民族复兴需传承，太平盛世更弘扬。

群己和谐，宽厚包容，见贤思齐，海纳百川；
文明礼貌，诚实守信，助人为乐，待人友善；
敬业乐群，办事公道，热心公益，服务志愿；
爱国守法，见义勇为，克己奉公，无私奉献；
和谐思想，中华瑰宝，博大精深，源远流长，
民族复兴需传承，太平盛世更弘扬。

人格和谐，时代召唤，德智体美，和谐发展；
思想品德，才智之帅，体肤之魂，德育为先；
发展智力，提高能力，学有所成，方可奉献；
身心健康，载智之舟，寓德之舍，大哉人焉！
和谐思想，中华瑰宝，博大精深，源远流长，
民族复兴需传承，太平盛世更弘扬。

（三）“以德治国——修身铸德”行动

1. 活动内容

(1)开展美德格言征集活动

(2)举办美德故事演讲会

(3)举办美德诗词朗诵会

2. 活动过程与程序

(1)美德格言征集活动

①美德格言的收集

②美德格言的分享与抄写

③美德格言的装订与赠送

(2)美德故事演讲会

①美德故事的收集

②美德故事的演讲与分享

③总结分享“我”听美德故事的收获

(3)美德诗词朗诵会

①美德诗词的收集

②美德诗词的朗诵与分享

③美德诗词的抄写与赠送

3. 活动材料示范

(1)美德格言

①爱出者爱返，福往者福来。

②爱人者人恒爱之，敬人者人必敬之。

③不履邪径，不欺暗室；积德累功，慈心于物。

④不欠债，大自在；不做恶，大快活。

⑤不彰人短，不炫己长；遏恶扬善，推多取少。

⑥称人之善，我有一善，又何妒焉？称人之恶，我有一恶，又何毁焉？

⑦从善如登，从恶如崩。

(2)美德故事

以德治国

春秋时期，郑国有段时间社会混乱，这时，子产做了相国。一年以后，国家治理得很好，浪荡子弟不再游手好闲，老年人不用辛苦操劳，儿童用不着下田犁地。两年以后，物价稳定。三年以后，夜不闭户，道不拾遗。四年以后，农具不必带回家。五年以后，国无外患，士人不必应召入营服役。谁家有丧事，邻里都会去协助办理。这样过了二十六年，子产死了。举国悲痛，种田的人放下了农具，妇女捐献出玉佩，成年人哀号，老年人啼泣，都说：“子产抛下我们去了，我们将依靠谁呢?”孔子与子产亲如手足，听说子产死了，也哭了：子产身上展现了古人仁爱的遗风。

司马迁没有写子产的严刑峻法，也没有写子产如何教化，如何使郑国在三年的时间里就做到了“门不夜关，道不拾遗”，五年时间做到外敌不敢欺负郑国。子产死后，老百姓一片哭声。这些都是为什么呢？子产的好朋友孔子做了回答：子产对国家、对人民倾注了一颗仁爱之心。

官 德

春秋时期，鲁国的博士公仪休当了鲁相，奉法循理，百官自然也就正直无邪。他规定，官员拿了国家俸禄的，不得与民争利；已获得大的利益的，不得贪取小利。有人送鱼给公仪休，公仪休不接收。这个人说：“听说你喜欢吃鱼，送鱼给你，你为什么不收呢?”公仪休说：“正因为喜欢吃鱼，所以才不能收受。如今我当相国，享有俸禄，买得起，吃得起；如果收受了你送的鱼而遭到罢免，丢了官，绝了俸禄，拿什么买鱼呢？所以我不能接收。”

清正廉洁从身边小事做起。喜欢什么自己去买，心安理得。

(3)美德诗词

墨 梅

元・王冕

我家洗砚池头树，朵朵花开淡墨痕。

不要人夸颜色好，只留清气满乾坤。

赠孟浩然

唐・李白

吾爱孟夫子，风流天下闻。红颜弃轩冕，白首卧松云。

醉月频中圣，迷花不事君。高山安可仰，徒此揖清芬。

（四）“依法治国——模拟法庭”体验法治精神

1. 活动内容与过程

(1)指导学生策划“模拟法庭”实施方案

(2)选择典型案例故事

(3)选择学生扮演“案例故事”中的角色(法官、审判员、书记员、陪审员、原告、被告、律师、证人、旁听)

2. 活动注意事项

(1)“模拟法庭”体验活动由于需熟知某方面的法律知识，因此只适合于中学及以上学生参与

(2)活动实施过程中要遵守规则，尊重法律的庄严与神圣，严格按照法庭审判的既定流程来开展活动

3. 活动案例

时间：20××年××月××日

地点：××市人民法院××审判庭

人物：×××

审判长：1人——甲同学

陪审员：2人——乙同学(男)、丙同学(女)

书记员：1人——丁同学

公诉人：2人——戊同学(检察员)、己同学(助理检查员)

辩护人：2人——庚同学(律师)、辛同学(律师)

法定代理人：2人——壬同学、癸同学

被告人：3人——子同学、丑同学、寅同学

主持人：1人——卯同学

法警：6人——A、B、C、D、E、F同学

主持人：亲爱的观众朋友们，你们好！今天我们将在这里举行××市人民法院××学校模拟法庭审理活动。在这里模拟开庭审理子同学、丑同学、寅同学三人涉嫌偷窃一案，请大家遵守法庭秩序，保障审判活动正常进行。本活动案例根据我市真实案例改编，我们将模拟真实的法庭审判过程，其中个别程序根据情况有所调换。我们将采取一般的审判方式进行审判，审理马上开始，请大家一起观摩。(主持人退场，书记员上场)

书记员：原告及其代理人是否到庭，被告及其代理人是否到庭，现在宣布法庭纪律：

1. 请关闭各类通信工具，不准录音、录像、摄影。

2. 不准鼓掌、吵闹和实施其他妨害审判活动的行为。

3. 未经审判员许可，不准发言、提问。

4. 对哄闹、冲击法庭、侮辱、殴打审判人员等扰乱法庭秩序的人，依法追究刑事责任，情节较轻的予以处罚。

书记员：请全体起立。请审判长和审判员入庭。(审判长、审判员依次就座)

审判长：大家请坐。

书记员：法庭准备工作就绪，请指示开庭。

审：××市人民法院××模拟法庭刑事审判庭现在开庭。传被告人子同学、丑同学、寅同学到庭。(法警带被告人到被告席)

审：你叫什么名字？出生年月？民族？出生地？文化程度？家庭住址？

被：(回答)

审：以前有无受过法律处分？

……,

审：××市人民法院××模拟法庭在这里依法公开开庭审理子同学、丑同学、寅同学涉嫌偷窃一案。根据《刑事诉讼法》的规定，被告人在庭审中享有以下权利：

1. 如果上述人员与本案有利害关系，影响公正的，可以请求换人。

2. 被告人可以自行辩护。

审：现在开始法庭调查。首先，由公诉人宣读起诉书。

公：(起立)

××市检察院起诉书

被告人子同学，男，2007 年 9 月 21 日出生，汉族……(被告人的基本情况)

被告人子同学……(案情陈述)

以上事实清楚，证据确凿充分，足以认定。

本院认为，被告人子同学、丑同学、寅同学，采用偷盗手段，窃取他人财物，已构成盗窃罪。为严肃法纪，维护公民合法的财产权利，依据《中华人民共和国刑事诉讼法》第一百四十一条之规定，提起公诉，请依法惩处。

审：本庭现就起诉书指控的犯罪事实进行调查。

审：被告人，刚才公诉人宣读的起诉书你听明白了没有?

答：听明白了。

审：是否修改陈述?

答：不修改。

公：你是什么时间到学校快乐园地的?

……

审：现在休庭，待合议庭进行评议后当庭宣判。

(审判长左右分别跟两个陪审员商议一会儿)

审：现在继续开庭。现在进行宣判：本院认为，被告人偷盗他人财物，已构成盗窃罪。被告人子、丑、寅犯有盗窃罪的事实清楚，证据确凿、充分，指控罪名成立，予以支持。本案中的被告人毕竟还是未成年人，思想幼稚单纯，有时受虚荣心或利益驱动，难免会有贪小便宜的想法，但只要我们教育方法得当，是可以挽救的。鉴于被告人子、丑、寅归案后认罪态度较好，故本院对被告人予以酌定从轻处罚。

书记员：请全体起立。(起立)

审判员：现宣判如下：

1. 被告人子、丑、寅犯有盗窃罪，判罚 30 小时社区公益服务，并打扫本班教室卫生一周，当庭退还偷窃物品。

2. 今天系口头宣判，在闭庭后 5 日内送达判决书。如不服判决，可在接到判决书的第二日起十日内，通过本院或直接向中级人民法院提出上诉。书面上诉的，应当提交上诉状正本一份，副本两份。

第十三章　人生哲理与学生思想道德素质发展

中国文化经历了世世代代的演化与传承，内容博大精深，大到治国理政，小到修身养性，曾在人类历史上创造出灿烂的文明成果。中国哲学以“人生”为主题的很多理念，如天人合一、道法自然、自强不息、孝悌忠信、礼义廉耻、修齐治平、笃学致用、刚柔相济等，对中华民族人格特征的确立产生着重要的影响。正如我国著名德育专家詹万生所说：“中国哲学家、思想家对人生的思考和论述源远流长，博大精深，影响广远。在社会主义现代化建设新的历史时期，弘扬中华民族传统人生哲学的精华，对于青年一代树立正确的人生观乃至整个社会主义精神文明建设，都具有重大的现实意义。”①

一、 中国文化中的人生哲理

中国哲学是中国文化中十分重要的内容，中国哲学以人生论为核心，重在提升人生境界。中国哲学中关于人生的思想丰富多彩，涉及人生的方方面面，可以从不同角度和层面进行不同的概括，这里谨以儒家思想为主，将中国文化中的人生哲理概括为如下四个方面，并加以探讨和论述。

（一）“修齐治平”的人生理想

“修身、齐家、治国、平天下”(简称“修齐治平”)思想出自《礼记·大学》，它体现着中国历代仁人志士最为推崇的人生理想追求。

修身是“修齐治平”思想的基础，只有修好身，才能齐家、治国、平天下。“修身”的重点是修德，德的核心是“仁”，儒家强调的是“修己以安百姓”“自天子以至庶人，壹是皆以修身为本”(《中庸》)。“修身”的方法：格物、致知、诚意、正心，目的是达到“仁”的境界。孔子提出“三人行，必有我师焉。择其善者而从之，其不善者而改之”(《论语·述而》)，“吾日三省吾身：为人谋而不忠乎？与朋友交而不信乎？传不习乎?”(《论语·学而》)等，都是修身的道德要求。

“修齐治平”思想的最高追求是家国意识或天下情怀，儒家把这种追求归结为“天下为公”的“大同之道”(《礼记·礼运篇》)。《孟子·离娄上》言及“天下之本在国，国之本在家，家之本在身”，个人价值实现与国家利益是一致的，而个人的修养更是要外化到

① 詹万生：《詹万生德育文选》第1卷，75页，北京，首都师范大学出版社，2018。

治理国家和平定天下的高度上来。纵观华夏五千年文明史，以天下为己任，忠心报国，天下为公者比比皆是，他们或是披肝沥胆从政，或是皓首穷经为学，或是在国家民族危难之际勇于赴汤蹈火、舍生取义、马革裹尸。从范仲淹的“先天下之忧而忧，后天下之乐而乐”，到文天祥的“人生自古谁无死，留取丹青照汗青”，至林则徐的“苟利国家生死以，岂因祸福避趋之”等等，都是国家意识或爱国思想的生动写照。

（二）仁者爱人的人生情怀

“仁”的思想是中华优秀传统文化的核心。“仁学”为孔子首创，詹万生认为，儒家的人生理想，就是“仁者爱人”。《论语》中，“仁”字出现多达 109 次，足见孔子非常重视“仁”。实际上“仁”就是孔子思想的核心，孔子把“仁”作为人生的最高准则。[①] 孔子的“仁者爱人”，即爱护他人，具体来讲，就是要爱护家人、亲友及他人；“老吾老以及人之老，幼吾幼以及人之幼”，在孝敬自己的长辈时，不要忘记没有血缘关系的长辈，在养育自己的孩子时，不要忘记没有血缘关系的小孩；更为重要的是要“推恩足以保四海”“仁民而爱物”，将爱心推广到天下万物。中华优秀传统文化中的“仁”其实是一种由己及人、由内及外的情怀和态度。在谈到实现“仁”的途径时，孔子认为“克己复礼为仁”，更应该“己欲立而立人，己欲达而达人”“己所不欲，勿施于人”。中华优秀传统文化的这一“仁”的内核具有普遍的现实性和永恒的价值，在任何时代和社会阶段都值得倡导和弘扬。因此，在培养什么人的问题上，习近平总书记在全国教育大会上强调，要培育有大爱、大德、大情怀的人。

（三）中庸之道的人生准则

中庸之道是中国古代哲学的精华，有不偏不倚、中正平和、恰如其分、理性适度等含义，是儒家修己治人的内圣外王之道，不仅深刻地影响了中国历代教育思想，而且对中国历代民众的个人修养和精神品格，以及中华民族性格的形成也发挥着重要的作用。对中庸之道思想有选择地继承和弘扬，有助于人们提升思想道德境界，正确处理好个人与群体、工作与生活及家庭与社会的关系，最终达到人际和谐、人与自然和谐、人与社会和谐的氛围。

中庸之道出自儒家文化经典“四书”之一的《中庸》。中庸作为儒家的一种经典主张，表示待人接物采取不偏不倚、调和折中的态度。对于中庸之道，北宋理学家程颐解释为：“不偏之谓中，不易之谓庸。中者，天下之正道。庸者，天下之定理。”意思是：不偏于一边的叫作中，恒常不变的叫作庸，中是天下的正道，庸是天下的定理。同为理学大家的朱熹在《中庸章句》中题注“中者，不偏不倚，无过不及之名”，意思是：中就是公平，不偏袒任何一方，没有超过，也没有欠缺。

《中庸》对中和定义为：“喜怒哀乐之未发谓之中，发而皆中节谓之和。中也者，天下之大本也，和也者，天下之达道也。”意思是：人的内心没有发生喜怒哀乐等情绪时，

---

① 詹万生：《詹万生德育文选》第 1 卷，87 页，北京，首都师范大学出版社，2018。

称之为中。发生喜怒哀乐等情绪时，始终用中的状态来节制情绪，就是和。始终保持中的状态，即保持平静、安宁、祥和的内心状态，是天下万事万物的本来面目。始终保持和的状态，自我控制情绪，不受其影响和左右，是天下最高明的道理。

在儒家思想中，中庸之道居于很高的地位，《论语·雍也》中如此评价："中庸之为德也，其至矣乎。"孔子将"中庸"视为人与自然之"德"的最高标准，由其及其弟子、再传弟子的发展，基本形成了一个比较完备的思想体系。中庸之道的核心要义就是教育人们自觉地进行自我修养，做到自我调控、自我监督、自我完善，把自己培养成具有理想人格，达到至善、至仁、至诚、至道、至德、至圣、合外内之道的理想人物。

（四）正己修身的人生修养

"修身"一词，最早出现在《墨子·非儒》篇中："远施周偏，近以修身。"历代先贤仁人特别重视"修身"，注重个人的"自觉""自醒""自强"和"自德"等，也将个人的道德修养与"修齐治平"思想紧密联系起来。中华优秀传统文化中的道德观对个人的道德修养尤为重视，注重将儒家道德修养内化成个人内在的道德思想意识，外化成为人处世的行为趋向，要求人做到"舍生取义为荣，见利忘义为耻"，诚信无欺、以礼相待、真实无妄。中华传统修身文化是中华传统文化中的一块瑰宝，对我国历代社会的道德建设和传统道德精神的形成与发展做出了重要的贡献。

中华传统修身文化把"道德自律"作为修身之本，强调修身是一个人的自觉自省的人生追求，这种追求是一种严于律己的积极主动的行为。儒学强调道德自律是一个伴随人终身的长期过程，修身要成为一个人毕生不渝的道德追求。"志、学、思、行"诸环节是修身中道德自律的途径，通过"志、学、思、行"的修养途径最终达到"仁、义、礼、智、信"的德性品格。只有具备了"仁、义、礼、智、信"的德性品格，才能称得上是具有大德的高人。在中华传统修身文化中，道德自律的最高境界就是"慎独"(《礼记·中庸》)，"慎独"的基础是具有坚定的仁爱信念和善的良知，能够以自己内在的道德信念约束和调控自身行为。在很多时候，最隐蔽的环境中最能体现出一个人的道德品质，最微小的事情中最能看出一个人的思想灵魂。具有高尚道德的人哪怕是一个人独处时，也不会做任何有违道德之事，同在群体中展现的一样，也会严格要求自己，坚守道德信念。

朱熹是"宋明理学"中，继"二程"之后的又一个代表人物，他在修身方面也有独到见解和独特的贡献。他提出的人生修养方法是：主敬、穷理、存养、省察。"主敬"是臣对君、弟对兄、下对上、卑对尊的恭敬尊重的态度和礼节。"穷理"就是认识和穷尽"天理"。"存养"就是"存心养性"(这是对孟子"存其心，养其性"修养方法的继承和发挥)。"省察"就是"省身克己"(这是孔子"吾日三省吾身"的继承和发展)，"省察"的内容是分清天理与人欲、是与非、善与恶等。

综上所述，儒家的人生修养论是一套相对完备的人生理论和人生修养方法体系，只要我们坚持"取其精华，去其糟粕"和"古为今用，推陈出新"，其中很多人生修养的观念，可以为我们当今教育所吸收和借鉴。

二、 人生哲理与思想道德教育

（一）修齐治平的人生哲理与人生理想教育

人生理想教育首先要教学生从“立人”做起。儒学经典的“格物、致知、诚意、正心、修身、齐家、治国、平天下”是一套人生理论体系，是一个由己及人、由近及远、由小及大的过程。加强思想道德修养，要先立人、后入世、再有为。儒家传统理论中的“立德、立言、立功”“三不朽”是成就人生理想之路，其中的“立德”就是强调“立人”，只有先立人，之后才能立言、立功。无论是《礼记·中庸》中所言的“君子慎独”，还是《论语·学而》所言的“君子责己，小人责人”，这些都是说明一个人的人生理想之中是先要修身立人，之后才可能济世达人。中华经典传统文化奉行的这些人生哲学，对当今学生的人生理想教育具有很好的指导意义。反观当今一些学生频频出现的诚信缺失、感恩意识淡薄等问题，正是因为“立人”这一根本问题没有解决好。因此，我们的人生理想教育要从“立人”这一根本问题抓起，学校要把“立德树人”作为教育的根本任务，切实扭转重“应试教育”和“知识传授”等教育的偏离化倾向。

人生理想教育的重点是培养学生的家国情怀。在几千年中国的历史进程中，历代教育的一个重要内容就是注重家国情怀的教育和培养，积累了相当丰富的家国情怀文化和教育经验。纵览以“二十四史”为代表的中国史籍，我们可以看到，中华文明未与世界其他三大文明一样衰落而是绵延辉煌的一个重要原因是，中华民族优秀传统特别注重将个人追求与国家命运紧密结合。儒家经典《孟子·离娄上》中说：“天下之本在国，国之本在家，家之本在身。”精辟地阐明了个人、家庭、社会和国家的密切关系，个人的人生志向不能只局限于个人的成长，更重要的是要为家庭、社会和国家做出贡献。只有无数个人秉持家国情怀并积极付诸人生实践，家庭、社会和国家才能繁荣发展。同样，当家庭、社会和国家建设好了，个人的人生理想才能实现。家国情怀教育是中国古代理想信念教育的一个重要内容，对中华民族的发展和进步有不可或缺的意义。正如习近平总书记所说，国家好，民族好，个人才会好。在新时代，我们开展理想信念教育，要积极吸收和借鉴中国传统文化中的家国情怀文化，教育学生并在全社会倡导树立家国情怀。一个国家、一个民族在任何发展阶段，都需要重视和大力推进家国情怀教育，这是理想信念教育不可缺失的一项重要内容。新时代，我们要为实现“两个一百年”的奋斗目标和中华民族的伟大复兴而奋斗，更需要继承和发扬我国历代仁人志士所秉持的家国情怀，教育和引导每个中国人将个人的追求与整个国家和民族的发展紧密联系起来，同心聚力，携手前进。

培养学生为理想而奋斗的积极进取精神。《周易·象传》有言：天行健，君子以自强不息；地势坤，君子以厚德载物。这一经典名句是中华民族刚健有为、自强不息精神的集中概括。“盖西伯拘而演《周易》；仲尼厄而作《春秋》；屈原放逐，乃赋《离骚》；左丘失明，厥有《国语》；孙子膑脚，《兵法》修列；不韦迁蜀，世传《吕览》；韩非囚秦，《说难》《孤愤》；《诗》三百篇，大抵圣贤发愤之所作也。”这些是中国士大夫为了理想不屈不挠、坚持奋斗的生动写照。在浩瀚的中国文化长卷中，为了理想而不畏艰难困苦、矢志不渝、积极进取的经典事例不胜枚举，是我们对学生进行人生理想教育的宝贵资源。我们在学生的理想信念教育中要注重传承和弘扬中国传统文化中“刚健有为”的进取精神，教育和引导学生为了实现人生理想，要发挥主观能动性，发扬积极进取的奋斗精神。

（二）仁者爱人的人生哲理与人文关怀教育

“仁爱”思想是人文关怀教育的重要内容。人文关怀是指对人及其生活的关怀和尊重，它所体现的是一种人文精神。孔子是第一个从人的角度去探讨人的尊严、价值和地位的思想家，在其博大精深的仁学思想体系中处处体现了深切的人文关怀与深厚的人文精神。仁者爱人，以爱立人，可以说，没有仁爱，人们就会缺乏真情：没有仁爱，人们就可能失去诚信；没有仁爱，社会就不会和谐。当下，市场经济的负面效应使一些人过分追逐利益而失去了仁爱，发生了各种令人痛心疾首的伤害事件。因此对学生进行人文关怀教育亟需以“仁爱”为核心主题，让学生以仁立人，以仁待人，让爱的品格成就人格魅力，用爱的光芒温暖他人。

将“以人为本”的理念贯彻在教书育人全过程。孔子很早便发现和揭示了人的重要价值，《论语·乡党》中记载：“厩焚。子退朝，曰：‘伤人乎？’不问马。”可以看出，遇到危险时，孔子只问人的安危，充分体现了孔子对人的生命的高度关切，存在一种深深的人文关怀。教育是一种有目的、有计划、有组织地培养人的社会活动。这就要求我们实施的教育要以人为本，教育要紧紧围绕“立德树人”，一切活动要“目中有人”，最终要“立人达人”。教育活动一定要尊重人的身心发展规律，关注人的生存与发展需要，符合人的生活状态和要求。人是物质和精神的统一体，教育的立足点和归结点既要满足人基本的物质生活需要，又要满足人的精神需要。然而，在工具理性观的驱使下，现行的一些教育忽视了对人文价值和人文精神的培育和倡导，在教育目标的确立、教育环境的设计、教育内容的选择以及教育手段的使用等方面，都显示出明显的功利性。这种教育以工具性手段把人当作产品来批量生产，以至于我们培养的学生“有教育没教养，有知识没文化”。早在18世纪，康德就批判把人单纯看作手段，明确提出了“人是目的”的口号。马克思主义关于人的本质观认为，“人的本质并不是单个人所固有的抽象物。在其现实性上，它是一切社会关系的总和”。马克思主义关于人的本质观表明，人的发展与社会的发展是统一的。社会是由人组成的，人的发展同时也意味着社会的进步，人的素质和修养的提高同样也标志着社会文明程度的提高。教育的价值在于，促进人的社会化和全面发展，从而促进社会进步与发展。因此，人是目的与手段的统一，教育一定要牢牢把握这一基本观点，将“以人为本”的教育理念贯彻到教书育人全过程。

（三）中庸之道的人生哲理与人生准则教育

以中庸之道的人生哲理，培养学生“持中守正”的君子风范。“中庸之道”主张“无过无不及”，即人们在对待和处理问题时应该把握好“度”，达到最佳状态，恰到好处。孔子在教育学生问题上，认为他的一部分学生达不到中庸要求，品行上有的偏，有的过，也有的不及，主张以“中道”加以纠正。他说：“不得中行而与之，必也狂狷乎！狂者进取，狷者有所不为也。”（《论语·子路》）只有中行之道，才符合君子的最高道德准则。因此，在人格培养方面，孔子要求人们的言谈举止不要偏于极端，而要恰到好处，表现在具体的日常行为中，就是不说过头的话，不做过激的事。儒家教育思想认为君子合乎规范的言谈举止，来源于他的本性和文化修养。“质胜文则野，文胜质则史，文质彬彬，然后君子”（《中庸》），意为：既不粗野也不轻浮，要文质和谐一体。儒家赞美这种文质兼具所体现出来的君子风范，是中庸思想在人格上的具体表现。这种对君子品格的倡导和要求，与今天我们进行的素质教育在某种意义上是一致的。我们要求学生的行为规范要符合社会的道德原则，要紧紧围绕社会主义核心价值观这条主线，不偏不倚，不离不过；在学校教育中我们主张学生要严格遵守学生行为规范，在实践中要求学生用学生行为准则来调节和修正自己的言行，也就是说要达到中庸所追求的“无过无不及”。因此，我们要把“持中守正”的君子风范引入素质教育，在提高学生科学素养的同时，提高其人文素养，从根本上把学生培养成既有“文质兼备、文质彬彬”风范，又有创新和开拓精神的一代新人。

以中庸之道的“和而不同”原则，指导学生构建和谐的人际关系。《论语·子路》中说：“君子和而不同，小人同而不和。”说的是君子善于在人际交往中能够与他人保持和谐友善的关系，但在一些具体问题上却不必苟同，小人往往在对一些具体问题上迎合或附和别人，但在内心里却并非和谐友善。“和而不同”是强调事物的相互补充与和谐统一。当今是传统与现代共生、中国与外国文化交融的时代，学生的个性品格也朝着多元化的方向发展，传统道德倡导的性情内敛不断弱化，西方思想道德观念中的个性张扬不断强化，人际、代际的矛盾冲突也与日俱增。因此，弘扬儒家“和而不同”的思想用于处理人际关系具有非常重要的意义，这种思想对于指导个体既保持独立，又能和谐处理好人际关系具有很强的指导价值。和而不同的思想可使学生懂得，每个人的生存与发展都需要人与人的协调合作，无论生活还是工作都需要与人和谐相处、团结合作。如何做到中庸的和而不同呢？儒家提出了“仁、义、礼、智、信”五种德行，即是为了达到“中”“和”，实现和而不同的“基本功”，在此基础上，再去“博学、审问、慎思、明辨、笃行”。每个人在客观正确认识自己的基础上，更要善于发现他人的长处和不足，以积极的态度，求同存异，相互弥补，实现和谐相处和共同发展。我们进行人文素质教育的宗旨在于，努力提高学生的文化素养，使其个性发展和社会要求与规范趋于一致，使其行为更符合社会的核心价值观，做到与人为善，文明礼貌，学会尊重、宽容、理解，和谐地融入社会大家庭，协同地参与社会建设。

（四）正己修身的人生哲理与人生修养教育

按照正己修身的“内圣外王”修养之道，培养学生的理想人格。习近平总书记在2014年5月4日与北京大学师生座谈时指出：“道德之于个人、之于社会，都具有基础性意义，做人做事第一位的是崇德修身。”“内圣外王”是儒家关于人格理想与实现王道政治的核心思想，“内圣”主要指的是“圣贤人格”，“外王”主要指的是“王者之政”。虽然“内圣外王”最早是在道家文献中提出，但是这一思想却是儒家一贯奉行的人格理想和经世之路。儒家历来重视“内圣外王”，通俗一点说，内圣，就是加强自我修养，追求圣贤气质，培育君子人格，做一个有良好德性的人；外王，就是经世济民，治国理政，做出政绩，对社会有所贡献。在孔子的思想中，内圣与外王相互统一，内圣是基础，外王是目的，内圣外王就是修己安人。“内圣”强调的是个人内在的道德修养，“外王”注重的是个人通过修炼内功对社会所发挥的价值。孔子主张自身要不断加强修养，才能成为“仁者”“君子”，实现“内圣”，在此基础上外化为行动，参与社会治理，从而达到“外王”目的。“内圣”和“外王”的统一，就是学问和事业的结合，个人内在世界与社会外在世界的结合，因而被视为理想人格的体现。《大学》中的“物格而后知致，知致而后意诚，意诚而后心正，心正而后身修，身修而后家齐，家齐而后国治，国治而后天下平”，实际上体现了一种从心灵修养到参与社会实践的发展变化过程，是主观与客观相统一的过程。我们将“内圣外王”思想运用于学生的思想政治教育中，在学生中强调先修身后治世，将自我完善、自我发展与承担社会责任和家国情怀统一起来，逐步形成“内圣外王”的理想人格。

发扬正己修身的“慎独自律”精神，加强学生自我教育。慎独自律精神是儒家文化的一大特色，是儒家强调的修身重要方法之一，也是儒家所推崇的一种崇高道德境界。儒家思想认为，君子必须要慎独并且能够慎独，即使一个人独处时，也要自觉遵守道德规范，独善其身。刘少奇在《论共产党员的修养》一文中指出：“即使在他个人独立工作、无人监督、有做任何坏事的可能的时候，他能够‘慎独’，不做任何坏事。”虽然在这里刘少奇是对共产党员提出的慎独要求，但这种慎独自律精神对所有人来说都是重要的，对培养学生自觉自律意识也有重要的现实意义。现代社会越来越尊重个人发展自由、个人生活空间和个人生活方式，但个人的言行却不能自行其是、任性妄为，要符合社会道德规范，个人的发展也不能自我设计、自我实现，要符合共产主义新人的发展方向和要求。我们要教育学生树立崇高的道德标准，加强道德自律，即使没有他人或组织的监督和制约，依然能做到“从心所欲不逾矩”。

三、 人生哲理与学生素质发展

中国传统文化中蕴含着丰富的人生哲理，古圣先贤为我们留下了极为丰富的精神宝藏。我们要认真学习和实践他们的人生经验和至理名言，通过开展与之相关的主题班会、读书活动等，为学生树立正确的人生观、价值观奠基，以实际行动来提高学生的思想道德素质与精神境界。

（一）主题班会：我喜欢的人生名言警句

名言警句是人类思想的精华、智慧的结晶。读一读名人名言，可以使我们在浮华现实中获得心灵上的支撑。富有哲理的名言，迸发出一簇簇思想火花，可以点燃青春的热情，激发学生们的奋斗精神；一句句闪烁着智慧光芒的名人名言，就像人生的灯塔，照耀着学生们前进的道路。面对书海浩瀚，语林苍茫，感悟名人名言，能极大地提高我们的思想素质。

1. 活动目的

使学生们了解中圣先贤立身处世的名言警句，增强对中华优秀传统文化，尤其是中国传统人生哲理的了解，进而确立更加清晰的人生目标。同时，树立勤劳勇敢，自强不息的人生态度和待人接物的方法。

2. 活动过程与内容

(1)收集名言警句

每位学生收集三条及以上的中国传统名言警句，收录于摘抄本上。以下是部分古代先贤的名言警句，供各位参考。

①百川东到海，何时复西归？少壮不努力，老大徒伤悲。——汉乐府《长歌行》

②为学须先立志。——朱熹《朱子语类》

③宝剑锋从磨砺出，梅花香自苦寒来。——《警世贤文》

④别裁伪体亲风雅，转益多师是汝师。——杜甫《戏为六绝句》

⑤博观而约取，厚积而薄发。——苏轼《稼说送张琥》

⑥博学之，审问之，慎思之，明辨之，笃行之。——《中庸》

⑦不登高山，不知天之高也；不临深溪，不知地之厚也。——荀子《劝学》

⑧不飞则已，一飞冲天；不鸣则已，一鸣惊人。——司马迁《史记》

⑨不患人之不己知，患不知人也。——《论语》

⑩不入虎穴，焉得虎子？——范晔《后汉书》

⑪不塞不流，不止不行。——韩愈《原道》

⑫不畏浮云遮望眼，只缘身在最高层。——王安石《登飞来峰》

⑬不以规矩，不能成方圆。——《孟子》

⑭穷则独善其身，达则兼济天下。——《孟子》

⑮富贵不能淫，贫贱不能移，威武不能屈，此之谓大丈夫。——《孟子》

⑯己欲立而立人，己欲达而达人。己所不欲，勿施于人。——《论语》

⑰仁者不忧，知者不惑，勇者不惧。——《论语》

⑱见贤思齐焉，见不贤而内自省也。——《论语》

⑲吾日三省吾身：为人谋而不忠乎？与朋友交而不信乎？传不习乎？——《论语》

⑳路曼曼其修远兮，吾将上下而求索。——屈原《离骚》

㉑业精于勤，荒于嬉。行成于思，毁于随。——韩愈《进学解》

㉒一寸光阴一寸金，寸金难买寸光阴。——《增广贤文》

㉓志不强者智不达。——《墨子·修身》

㉔志当存高远。——诸葛亮《诫外甥书》

㉕长风破浪会有时，直挂云帆济沧海——李白《行路难》

㉖如切如磋，如琢如磨。——《诗经》

㉗兼听则明，偏信则暗。——《资治通鉴》

(2)有感而发

学生选择自己喜欢的名言警句，与其他人分享自己选择的原因，并谈谈自己的体会，以及在名言警句的激励下在未来如何生活、学习。

3. 书写名言

学生把自己喜欢的名言写下来，作为自己的座右铭，也可写好后赠送给朋友。

（二）读书活动：名人传记给我的启迪

名人在未获得巨大成功之前都是普通人，追寻名人成长奋斗的足迹，能使我们真切的感悟他们成才、成功的秘诀！读中国名人传记能收获经验和智慧，看华夏伟人传奇激励勇气和斗志。学生可以欣赏指点江山、叱咤风云的英雄伟人；也可以学习勇于探索、不断创造的科技精英；还可以模仿文采斐然、生花妙笔的文化巨擘；更可以追随叩问生命、照亮人生的思想灯塔……

1. 活动目的

(1)让学生们了解真实的社会与人生，品读人生百态。

(2)让学生们有更多身教的机会，学习名人们的人生经验和智慧。

(3)了解名人“少年志存高远”的事迹，帮助学生树立远大的志向，努力拼搏，实现人生价值。

2. 活动过程

(1)图书漂流角

①在教室内安置开放式书架，班干部对书架和书籍进行管理。

②号召学生每人购买一本名人传记，阅读完毕后，将其捐给班级的图书架，与其他同学共享。

③名人传记的推荐书目：

董飞主编，《中华名人大传》(共四卷)，线装书局，2011年版。

纪江红主编，《中国100杰出名人传记》，华夏出版社，2009年版。

王书利主编，《中华名人百传》，线装书局，2014年版。

(2)名人故事会

在为期半个月到一个月的名人传记阅读之后，以班级为单位举办“名人故事会”主题活动。活动采取逐个发言的形式，邀请每一位学生到讲台上分享他们眼中的名人故事，并阐述为什么会选择这位伟人分享，自己从中学到了什么，对这位名人有了哪些更深层次的认识等。

(3)我与偶像同步

故事会活动后，举办“我与偶像同步”的实践活动，要求每位学生选择此次阅读到的一个名人身上的优秀品德，在自己的日常学习生活中付诸实践，使名人的人生经验和智慧真正融入学生的生活中。如：

【孔子与人为善】

孔子创立了以“仁”为核心的道德学说，他自己也是善良的人，富有同情心，乐于助人，待人真诚。在为人处世上，他尊崇“己所不欲，勿施于人”“君子成人之美，而不成人之恶”“躬自厚而薄责于人”等。

孔子的行为准则指引着后世与人为善，每日向善。同学们在日常的学习生活、待人接物中也要让自己成为有爱心的人，做到每日一善，多多行善。

【苏东坡勤学】

苏东坡少年时读了一些书，因为聪慧，常得到师长赞扬。颇为自负地在自己房前贴了一副对联：“识遍天下字，读尽人间书。”后一白发老妪持一深奥古书拜访苏东坡，苏东坡不识书中的字，老妪借此婉转批评了他，于是苏东坡把对联改为“发奋识遍天下字，立志读尽人间书”，用以自勉，从此传为佳谈。

苏东坡被称为中国文学艺术史上的全才，也是中国数千年历史上被公认文学艺术造诣最杰出的大家之一，其散文与欧阳修并称“欧苏”，诗与黄庭坚并称“苏黄”，词与辛弃疾并称“苏辛”，书法名列“苏黄米蔡”之首，这些功与名都是与苏东坡从小刻苦努力、发愤学习离不开的。

3. 活动总结

在整个读书活动结束后，学生需对本次活动进行总结，谈谈自己的体会和学到的新知识、养成的新习惯等。活动总结可以总结报告或上台演讲的形式进行。

(三)穿越时空：我与古代圣贤探讨人生

在日益繁忙的生活中，你是否有些迷失方向？如果能遇上孔子、老子、孟子、朱子，你是否能把握机会，与之交谈，向其学习大智？与先哲对谈，能窥探先哲的智慧，感受先贤的风采与神态，提升谈话技巧与人文素养，找到人生意义。

1. 活动目的

(1)丰富学生的知识，启发学生思考。

(2)帮助学生在实践中加深对传统文化的认识与理解，继承并发扬优秀传统文化精神。

(3)增强学生的思考力与创新能力，促进学生的全面发展。

2. 活动过程

(1)“我与先贤的对话”征文活动。

学生需围绕一个中心设计与某位先贤的对话，通过诘问的方式完成与先贤的对话，并写成一篇作文。如：

学生：夫子，夫子，听说您所践行的是以“仁”为核心的行为准则，那“仁”到底是什么意思呀？

孔子：仁者爱人！

学生：哦，要成为仁者，就要爱其他人，那如何对待自己呢？

孟子：爱人者，人恒爱之；敬人者，人恒敬之。

……

(2)“我与先贤的对话”现场演绎。

①收集学生们的作文，随机发放给全班同学。

②学生自由结组进行现场演绎。

③演绎要传神、传意，注意表演的形态，能较好地再现场景。

④最后，由同学投票选出印象最深的表演组与作文。

(3)“我与先贤的对话”语录整理。

将优秀的作文整理成册，由班主任及宣传委员负责推送至微信公众号或微博等平台进行公示与宣传。

3. 活动总结

在活动结束后，学生需对本次活动进行总结，谈谈自己的体会与学到的知识。

第十四章 家训家规与学生立身处世素质发展

家训家规是我国传统家庭文化的重要组成部分，是家庭教育的核心内容。家训，重点表达一个家庭的价值观念，即什么是美，什么是丑，什么是荣，什么是耻；主张什么，追求什么。家规，即家庭的规矩，是家庭关系与家人行为的具体规范。重点表达要怎么做，不要怎么做；违反了家规，要受到什么处罚等。家训家规是形成良好家风的文化基础。对于教育子孙后代修身处世、持家治业、立志报国具有重要的意义。家训家规在中国形成已久，好的家训家规影响着一个家庭或家族，乃至一个国家的生活方式、思想观念、风尚习俗和精神追求，体现了中华民族的优秀传统，逐渐成为炎黄子孙的道德追求和学生立身处世的根基，潜移默化地影响着一代又一代中国人。

一、 中国文化中的家训家规

我国古代先祖运用家训家规教育后人，已有三千多年的历史。端蒙养、重家教是中华民族的优秀传统。我国古代仁人志士最宏大的政治抱负就是治国、平天下，而要实现这个政治抱负，就必须从修身、齐家开始。因此，制定家训家规，“整齐门内，提撕子孙”(《颜氏家训 · 序致》)，以达到家道兴旺、人才辈出的目的，就形成了社会共识。因而，家训家规历来倍受家长、族长的重视，并世代传承不断丰富发展，最终成为中华民族传统文化宝库中最具特色的部分。从先秦到明清，中国古代流传下来的家训家规可谓琳琅满目、汗牛充栋。由于篇幅所限，不能一一列举，现遴选出九篇经典家训家规，介绍给大家。

（一）《诫伯禽书》

1. 原文（节选）

德行广大而守以恭者，荣；土地博裕而守以俭者，安；禄位尊盛而守以卑者，贵；人众兵强而守以畏者，胜；聪明睿智而守以愚者，益；博文多记而守以浅者，广。去矣，其毋以鲁国骄士矣！

2. 译文

德行广大者以谦恭的态度自处，便会得到荣耀；土地广阔富饶，用节俭的方式生活，便会永远平安；官高位尊而用卑微的方式自律，你便更显尊贵；兵多人众而用畏怯的心理坚守，你就必然胜利；聪明睿智而用愚陋的态度处世，你将获益良多；博闻强识而用浅薄自谦，你将见识更广。上任去吧，不要因为鲁国的条件优越而对士人骄傲啊！

3. **注释**

《诫伯禽书》的作者为周公旦(约前 1100 年)，姓姬名旦，称为周公。相传他制礼作乐，建立典章制度，被尊为儒学先驱。周公是文王的儿子，武王的弟弟，成王的叔叔，身兼辅佐帝王的重任。周成王亲政后，营造新都洛邑，大封诸侯，他将鲁地封给周公之子伯禽。周公在这个背景下写了这篇《诫伯禽书》，以告诫儿子，他对儿子的谆谆教诲，可谓用心良苦。伯禽没有辜负父亲的期望，没过几年就把鲁国治理成民风淳朴、务本重农、崇教敬学的礼仪之邦。《诫伯禽书》也被誉为中国第一部家训。

（二）《命子迁》

1. **原文（节选）**

太史公执迁手而泣曰：余先周室之太史也。自上世尝显功名于虞夏，典天官事。后世中衰，绝于予乎？汝复为太史，则续吾祖矣。今天子接千岁之统，封泰山，而余不得从行，是命也夫，命也夫！余死，汝必为太史；为太史，无忘吾所欲论著矣。且夫孝始于事亲，中于事君，终于立身。扬名于后世，以显父母，此孝之大者。

2. **译文**

太史公握着司马迁的手哭着说：我们的先祖是周朝的太史。远在上古虞夏之世便显扬功名，职掌天文之事。后世衰落，今天会断绝在我手里吗？你继续做太史，就会接续我们祖先的事业了。现在天子继承汉朝千年一统的大业，在泰山举行封禅典礼，而我不能随行，这是命啊，是命啊！我死之后，你必定要做太史；做了太史，不要忘记我想要撰写的著述啊。再说孝道始于奉养双亲，进而侍奉君主，最终在于立身扬名。扬名后世以使父母显耀，这是最大的孝道。

3. **注释**

《命子迁》的作者为司马谈(约前 165—前 110)，西汉夏阳(今陕西韩城)人，汉武帝时任太史令。司马谈学富五车，人称太史公。自孔子死后的四百多年间，诸侯兼并，史记断绝。司马谈作为一名太史，在海内一统之时，深刻认识到明主贤君、忠臣义士等事迹应载入史册，可自己作为一名太史，命归黄泉时却尚未完成使命，他的内心十分惶惧不安。所以他热切希望儿子司马迁能完成他未竟的大业。

司马迁不负父亲之命训，最终写出被誉为“史家之绝唱，无韵之离骚”的《史记》，名垂青史。有人说，没有司马谈的《命子迁》，就没有司马迁的《史记》。此话可信。

（三）《诫子书》

1. **原文**

夫君子之行，静以修身，俭以养德。非淡泊无以明志，非宁静无以致远。夫学须静也，才须学也，非学无以广才，非志无以成学。淫慢则不能励精，险躁则不能治性。年与时驰，意与日去，遂成枯落，多不接世，悲守穷庐，将复何及！

2. 译文

君子的行为操守，用宁静来提高自身的修养，用节俭来培养自己的品德。不恬静寡欲就无法明确志向，不排除外来干扰就无法实现远大目标。学习必须静心专一，而才干来自学习。所以不学习就无法增长才干，没有志向就无法学有成就。放纵懒散就无法振奋精神，急躁冒进就不能陶冶性情。年华随时光而飞驰，意志随岁月而流逝。最终枯败零落，大多不接触世事，不为社会所用，只能悲哀地坐守着那穷困的居舍，其时，悔恨又怎么来得及呢？

3. 注释

《诫子书》的作者是诸葛亮(181—234)，字孔明，三国时期的政治家、军事家，琅邪阳都(今山东沂南)人，被后人誉为“智慧的化身”。他的《诫子书》也可谓是一篇充满智慧的家训。文章阐述的修身养性、治学做人的深刻道理，读来发人深省。诸葛亮教育儿子，要“淡泊”自守，“宁静”自处，鼓励儿子勤学励志，在自身修养上狠下功夫，言简意赅，堪称家训的经典之作。

（四）《颜氏家训》

1. 原文（节选）

吾见世间无教而有爱，每不能然。饮食运为，恣其所欲，宜诫翻奖，应呵反笑，至有识知，谓法当尔。骄慢已习，方复制之，捶挞至死而无威，忿怒日隆而增怨，逮于成长，终为败德。孔子云：“少成若天性，习惯如自然。”是也。

2. 译文

我见到世上那种对孩子不讲教育而只有慈爱的父母，常常做不到这些。他们任意放纵孩子的饮食起居，不加管制，该训诫时反而夸奖，该责骂时反而一笑而过，到孩子懂事时，认为道理本就是这样。到骄傲怠慢已经成为习惯时，父母才又制止，此时即使鞭打得再狠，父母也没有威信，父母越来越生气，也只能增加怨恨，最终孩子长大成人，成了品德败坏的人。孔子说：“从小养成的习惯就像天性，会成为很自然的事。”这是很有道理的。

3. 注释

《颜氏家训》作者为颜之推(531—约 590 以后)，祖籍琅琊临沂。颜之推经历南北两朝，洞悉南学北学的短长。《颜氏家训》是其结合自己的人生经历、处世哲学、思想学识写成的训诫子孙之书，共有七卷二十篇。本书主要以儒家思想教育子弟，讲如何修身、治家、处世、为学等，涉及的内容相当广泛。这里只节选了其中论述如何教子的部分。

《颜氏家训》是中国文化史上的一部重要典籍，历代学者对该书推崇备至，视之为垂训子孙以及家庭教育的典范。良好的家训家规，形成了良好的家风，使颜氏家族人才辈出。仅唐朝就产生了注解《汉书》的颜师古、书法大家颜真卿、以身殉国的颜杲卿等社会名流。

（五）《诫皇属》

1. 原文

朕即位十三年矣，外绝游览之乐，内却声色之娱。汝等生于富贵，长自深宫，夫帝子亲王，先须克己。每著一衣，则悯蚕妇；每餐一食，则念耕夫。至于听断之间，勿先恣其喜怒。朕每亲监庶政，岂敢惮于焦劳。汝等勿鄙人短，勿恃己大，乃可永久高贵以保终吉。先贤有言："逆吾者是吾师，顺吾者是吾贼。"不可不察也。

2. 译文

我已经在位十三年了，在外没有四处游玩，在内没有沉溺于声色犬马而耽误政事。你们出生在富贵的宫廷里，在深宫中长大。作为皇子、皇孙、皇亲国戚，必须先恪守本分。你们每穿一件衣服，就要想想贫苦蚕妇的艰辛；每吃一顿饭，就要想想穷苦农夫的辛劳。判断一件事情，不要以自己的好恶为标准轻率表态。每当我处理政务时，一点儿都不敢表现出焦躁劳累的情绪。你们不要因为别人有短处就鄙视他，也不要因为自己有长处就盛气凌人，这样才可以永保自己的富贵和地位。古代先贤早有名言："指出我错误和不足的人，是我的老师；阿谀奉承我的人，是我的敌人。"这是必须省察采纳的。

3. 注释

《诫皇属》的作者是唐太宗李世民(599—649)，祖籍陇西，唐朝第二位皇帝，年号贞观。在历代家训中，帝王家训占有特殊位置，其代表作之一就是唐太宗李世民的《诫皇属》。唐太宗非常注重对皇子们的教育，经常告诫后代，应当遵守道德规范，加强道德修养，掌握治国之道。太宗为帝之后，以文治天下，并开疆拓土，虚心纳谏，厉行节约，使百姓能够休养生息，最终出现了国泰民安的局面，开创了中国历史上著名的"贞观之治"，为后来唐朝一百多年的盛世奠定重要基础。

（六）《包拯家训》

1. 原文

包孝肃公家训云："后世子孙仕宦，有犯赃滥者，不得放归本家；亡殁之后，不得葬于大茔之中。不从吾志，非吾子孙。"共三十七字，其下押字又云："仰珙刊石，竖于堂屋东壁，以诏后世。"又十四字。珙者，孝肃之子也。

2. 译文

包拯在家训中说道："后代子孙中若有人做官，如果贪赃枉法而被撤职，不允许放回老家；死了以后，也不允许葬在祖坟中。不顺从我的志愿的，就不是我的子孙。"原文共有三十七个字。在家训后面签字时包拯又写道："希望包珙把上面一段文字刻在石碑上，把石碑竖立在堂屋东面的墙壁旁，用来告诫后代子孙。"原文又有十四个字。包珙，就是包拯的儿子。

3. **注释**

《包拯家训》的作者为包拯(999—1062)，他以断狱公正廉明、刚直不阿而著称，有“包公”“包青天”之美誉。这寥寥三十七字的家规，显现出包公一身正气、两袖清风的形象，虽历经千载，仍为世人风范，既是对后人的训诫，也是他一生的品格写照。

（七）《诲学说》

1. **原文**

玉不琢，不成器；人不学，不知道。然玉之为物，有不变之常德，虽不琢以为器，而犹不害为玉也。人之性，因物则迁，不学，则舍君子而为小人，可不念哉?

2. **译文**

玉不进行琢磨，就不能制成器物；人不学习，不会自然懂得道理。然而玉这种宝石，有它永恒不变的特质，即使不琢磨制作成器物，仍会保持玉的品质。(但)人的性情会因外界事物的影响而发生变化，不学习修养，会失去君子的高尚品德，退化成品行恶劣的小人，难道不值得深思吗?

3. **注释**

《诲学说》作者为欧阳修(1007—1072)，北宋政治家、文学家，“唐宋八大家”之一。欧阳修4岁丧父，家境贫寒，母亲对他的教育很严格。为节省开支，母亲用芦苇、木炭作笔，在土地或沙地上教欧阳修认字。欧阳修从小勤奋学习，终成一代大儒。这则家训是欧阳修写给儿子欧阳奕的，他希望儿子也能坚持不懈地勤奋读书，磨炼自己，提升修养。

（八）《袁氏世范》

1. **原文（节选）**

(和睦亲邻)性格不可强求一致，人宜将心比心，处家多想别人长处。居家贵宽容，父兄之间莫辩曲直，亲戚之间莫记仇。当家需要理解，顺适老人意愿，笃孝感动天地，为人岂可不孝。父母爱子应适当，爱子莫若使其立业，教子莫若使其有所学，教子勿待长成之后，父母爱子不可偏，父母多念贫子，待子孙不可有厚薄。爱幼子人之常情，祖父母多疼爱长孙。对公婆当一意承顺，对待家人宜公心。长幼同居贵和睦，兄弟各安贫富，分财产贵公允。居家不必私藏金宝，兄弟之间勿争财。兄弟失和，不如早分家。对待家事要热心，居家相处贵宽容。叔侄如父子，身教重于言传，背后之言不可听。亲戚不宜多借贷，借贷不如周济。子孙勿败祖德，子弟贪愚勿使仕宦，家业兴衰系子弟。养子亦需慎重，己子不可轻与人，别人之子不可轻易收养，收养义子当无争端。孤女寡妇，安全居处。续娶后妻需慎重，寡妇应自养幼子。幼定终身弊处多，议亲贵人品，婚配需条件相当，媒人之言不可轻信。男女本应平等对待，妇人年老宜善待。收养亲戚当得法，分配财产务均平。立遗嘱宜公平，遗嘱之文宜预为。人之智识有高下，富贵不宜骄横，礼不可因人而异……

2. 注释

《袁氏世范》的作者为袁采，生年不详，卒于1195年，1163年中进士，后官至监登闻鼓院，为官正直。袁采德才俱佳，时人称赞他“德足而行成，学博而文富”。他任乐清县令时撰写《袁氏世范》用以进行儒家伦理教育。该书深入浅出，如话家常一般，将丰富的家庭伦理教育和教化思想娓娓道来。

（九）《朱子家训》

1. 原文

黎明即起，洒扫庭除，要内外整洁；既昏便息，关锁门户，必自检点。一粥一饭，当思来处不易；半丝半缕，恒念物力维艰。宜未雨而绸缪，毋临渴而掘井。自奉必须俭约，宴客切勿流连。器具质而洁，瓦缶胜金玉；饮食约而精，园蔬愈珍馐。勿营华屋，勿谋良田。

三姑六婆，实淫盗之媒；婢美妾娇，非闺房之福。童仆勿用俊美，妻妾切忌艳装。祖宗虽远，祭祀不可不诚；子孙虽愚，经书不可不读。居身务期质朴，教子要有义方。勿贪意外之财，勿饮过量之酒。与肩挑贸易，毋占便宜；见贫苦亲邻，须加温恤。刻薄成家，理无久享；伦常乖舛，立见消亡。兄弟叔侄，需分多润寡；长幼内外，宜法肃辞严。听妇言，乖骨肉，岂是丈夫？重资财，薄父母，不成人子。嫁女择佳婿，毋索重聘；娶媳求淑女，勿计厚奁。见富贵而生谄容者，最可耻；遇贫穷而作骄态者，贱莫甚。居家戒争讼，讼则终凶；处世戒多言，言多必失。勿恃势力而凌逼孤寡，毋贪口腹而恣杀生禽。乖僻自是，悔误必多；颓惰自甘，家道难成。狎昵恶少，久必受其累；屈志老成，急则可相依。轻听发言，安知非人之谮诉？当忍耐三思；因事相争，焉知非我之不是？需平心暗想。

施惠无念，受恩莫忘。凡事当留余地，得意不宜再往。人有喜庆，不可生妒忌心；人有祸患，不可生喜幸心。善欲人见，不是真善；恶恐人知，便是大恶。见色而起淫心，报在妻女；匿怨而用暗箭，祸延子孙。家门和顺，虽饔飧不继，亦有余欢；国课早完，即囊橐无余，自得至乐。读书志在圣贤，非徒科第；为官心存君国，岂计身家？守分安命，顺时听天。为人若此，庶乎近焉。

2. 译文

天刚亮就立刻起床，用水来洒湿居室内外的地面后扫地，里里外外都要整洁；到了太阳落山的时候就要休息，关好门锁好窗，一定要亲自检查一遍。一碗粥、一粒米，都应想到它们来之不易；半根丝、半条线，都应想到它们来自艰辛的劳动。应该在下雨之前就修好门窗，不要等到口渴了才挖井取水。个人需求，一定要勤俭节约，宴请亲朋好友或出席宴会都不可乐而忘返。器具只要结实耐用、干净整洁，就算是陶制容器也比金玉器具还好；只要饭菜简单精致，即使是园中种植的蔬菜也胜过佳肴美味。不要建造奢华的房屋，不要谋求肥沃的田地。

市井里不正经的女人，都是荒淫和偷盗的媒介；美丽的婢女和娇艳的姬妾，并不是家内的福气。童子和仆人不要选面貌俊美的，妻妾切忌浓妆艳抹。祖宗虽然离我们远去，但是祭祀不可不诚心诚意；子孙虽然愚钝，但是圣贤书不可不读。日常持身处事要品质淳朴，教育子孙要用合适的方法。不要贪图不义之财，也不要过量饮酒。与挑着扁担做小生意的人交易，不要贪占小便宜；见到贫苦的亲戚和邻里，要多加体恤安抚。为人处事刻薄尖酸，天理不会让你长久；如果违背伦理纲常，乖戾叛逆，不久就会遭到报应。对兄弟、叔侄，要多给予少获取；长幼内外，应当伦常有序，家规严格。听信家里妇人的言论，而背离了骨肉亲情，还能算是一家之主吗？看重钱财，不孝顺父母，枉为人子。嫁女要挑选品行端正的女婿，不要索取高昂的聘礼；娶儿媳要选择端庄的淑女，不要计较厚重的陪嫁。看见富贵的人就显出谄媚之态，最为可耻；遇到贫穷的人表现出一副骄横嘴脸，最是卑贱。家庭成员一定要防止争吵诉讼，诉讼常常招来凶险；为人处世不要信口开河，言多必失。不要仗着有钱有势去凌辱、威逼孤儿寡妇，不要贪于嘴上的享受而恣意屠杀牲禽。性格怪异、自以为是的人，后悔和失误肯定会多；颓废懒惰、不愿奋发的人，家道难以兴旺。与不务正业的恶少亲近，久而久之一定会受他们拖累；与诚实厚道的人交往，遇到急事一定会有依靠。轻信流言，怎么能知道不是污蔑？所以要忍耐和三思。因某件事发生争执，怎么能知道没有自己的过错？所以要平心静气深思。

帮助别人的事情别总记在心里，受到别人的恩惠一定不要忘记。做所有事都要留有余地，取得成功就应适可而止。别人有喜庆的事情，不可心生妒忌；别人有祸患的时候，不可幸灾乐祸。做了点善事总想让别人知道，不是真有善心；做了错事总怕别人知道，这是罪大恶极。见到美色而起淫荡之心，报应会发生在妻子女儿身上；隐藏怨恨用暗箭伤人，祸患会延及子孙。家庭和睦，即使三餐吃不上，也人人高兴；早早交完赋税，即使钱袋空空，也自得其乐。读书是为了学习圣贤之德，不单是为了求取功名；做官时心里要有君主和百姓，怎能只想着自己的利益？守住做人的本分，安于命运，顺时势，听天命。这样做人，差不多接近圣哲了。

3. **注释**

《朱子家训》的作者是朱柏庐(1627—1698)，明末清初江苏昆山人，著名理学家、教育家。他早年丧父，一直全身心侍奉老母，抚育弟妹，人生颠沛流离，备尝艰辛；他学识渊博，却未能入仕，一生教授乡里；他潜心治学，以程朱理学为本，提倡知行并进，躬行实践。《朱子家训》以修身、齐家为宗旨，集儒家做人处世方法之大成，思想植根深厚，含义博大精深。全文言简意赅，通俗易懂，朗朗上口，既可以口头传训，又可以作为治理家庭和教育子女的座右铭。因此《朱子家训》自问世以来流传甚广，被历代士大夫尊为“治家格言”，清至民国年间一度成为童蒙必读课本之一。

二、 家训家规与立身处世教育

“不以规矩，不能成方圆”，大到社会，小到家庭，都是如此。古时，大家族都有家规和家训，用于规范家人或族人的思想行为，以形成良好的家风。当今时代，我们学习借鉴古人优秀的家庭教育传统，对提升青少年思想道德，培养其立身处世的综合素质具有重要的意义。

（一）学习家训家规，修身以孝亲敬长为先

孝亲敬长，是中华民族的传统美德，是人之为人的基本素养，也是每个公民义不容辞的社会责任和法律义务。但这种素养不是与生俱来的，需要家庭、学校和社会的培养。家庭是孩子的第一课堂，父母是孩子第一任老师，正如《三字经》中的教诲，养不教，父之过；教不严，师之惰。父母若想当好第一任老师，制定并运用家训家规，会是不错的方式。家训家规中最主要的内容就是孝道教育。我国传统文化对孝道极为重视，早在春秋时期，孔子就提出了“百善孝为先”的理念，认为孝是做人的根本，天经地义的法则，齐家治国的道德基础。《孝经・三才》中说：“夫孝，天之经也，地之义也，人之行也。人之行，莫大于孝。教民亲爱，莫善于孝。”

汉代选拔官吏最看重的品德一是孝，二是廉。将选拔官吏称之为“举孝廉”。古人认为“忠臣必出孝悌之家”，即一个真正懂得孝亲敬长的人，都会有一颗感恩心、诚敬心，也会重情重义、感恩思源。

司马迁谨遵家训《命子迁》，继承父业，即使受到宫刑，也未改初衷，潜心于究天人之际，通古今之变，成一家之言，撰写出千古传颂的《史记》。实现了父亲“扬名于后世，以显父母”的遗愿，也成就了自己的大业、大孝。

孝道文化在中华优秀传统文化中处于重要的基础性地位，其教化作用也是多方面的。就个人品德而言，孝道是修身养性的基础。通过践行孝道，每个人的道德境界可以得到完善，失去孝道，就失去了做人最起码的德性。从家庭美德来说，实行孝道，可以规范家庭伦理秩序，使之长幼有序，促进家庭和睦。家庭是社会的细胞，家庭和谐稳定，则会促进社会的和谐稳定；家庭文明进步，则会促进整个社会的文明进步。因此，学习、制定并运用好家训家规，搞好孝亲敬长的家庭文化建设，培养孩子立身处世的基本素养，对于构建社会主义和谐社会具有重要作用。

（二）学习家训家规，治家以勤俭持家为要

勤俭是中华民族的传统美德和良好的社会风尚，是千万家庭宝贵的精神财富。勤俭是古人家训家规的重要内容。诸葛亮劝诫子孙，“静以修身，俭以养德。”司马光在家训中教育子孙，“俭则可以成家，俭则可以立身”，反之“奢则掩身，奢则破家”，务要“以俭素为美”。朱柏庐在《朱子家训》中要求子孙：“一粥一饭，当思来处不易；半丝半缕，恒念物力维艰。”把这种家训文化延伸到社会，就如李绅的《悯农》：“锄禾日当午，

汗滴禾下土。谁知盘中餐，粒粒皆辛苦。”

改革开放之后，人民群众的生活得到极大改善，很多人却丢掉了勤俭节约的传统美德，吃、穿、住都讲高档，尚好的衣服扔进了垃圾堆，大量的食物倒进了垃圾桶……过度消费令资源浪费极其严重。地球的资源是有限的，环境污染日益加重，碳排放量日益增大，这些都威胁着人类的生活。勤俭节约，全人类携手生存下去，已成为一个世界性课题，联合国已确定每年 10 月 31 日为“世界勤俭日”。我国也于 20 世纪末提出了“建设资源节约型和环境友好型社会”的目标。因此，继承和发扬中华民族勤俭节约的传统美德更迫切了，然而这并非一日之功，要从娃娃抓起，从每一个家庭做起。所以将勤俭节约列入家训家规十分必要，我们要形成勤俭家风，代代传承，促进人类社会的可持续发展。

（三）学习家训家规，为学以立志成才为重

在人类文明的历史长河中，家规家训是熠熠发光的一颗明珠，辉映着中华民族的代代子孙。其中最为经典的当属诸葛亮的《诫子书》，短短八十六字淋漓尽致地表达了他希望儿子立志勤学的谆谆教诲，成为后世修身、立志、笃学的名篇。“夫学须静也，才须学也。”何为静？静就是淡泊、宁静，摒除杂念和干扰而安宁专一的精神状态。这是告诫我们，学习首先要保持一个安静的环境和安宁的心态，只有宁静专注才有利于学习和修养身心，才能在学习中学有所获，学有所成。

“非学无以广才，非志无以成学。”旨在说明立志对学习成才的重要性。只有树立远大志向、勤奋好学，朝着目标去奋斗，才能在学习中增长才干，取得成就。回顾历史的长河，多少名家伟人都是靠着树立远大志向，通过勤奋好学而努力成才的。范仲淹年轻时曾寄居寺庙，终日食粥。他不畏艰苦，发愤苦读，终成一代名相，留下了“先天下之忧而忧，后天下之乐而乐”的千古名篇。周恩来从小立志“为中华之崛起而读书”，他刻苦努力，勤奋好学，终于成为一代人民的好总理，为国家和人民做出了巨大贡献。无数事实证明，树立高远志向是学习成功的重要前提，只有目标明确，坚持脚踏实地的学习，才能不断丰富自己的知识、增长本领，成功成才。

（四）学习家训家规，处世以谦虚谨慎为上

谦虚谨慎是中国人修身处世的优良品德，也是家训家规的重要内容。唐代朱仁轨《诲子弟言》云：“终身让路，不枉百步；终身让畔，不失一段。”这是中国人谦让的经典阐释。《太公家教》云：“立身之本，义让为先……慎是护身之符，谦是百行之本。”旨在说明为人处世的根本在于相互礼让、谦让，退一步海阔天空。

周公在家训《诫伯禽书》中深刻地阐述了谦虚谨慎的处事哲理：“故旧无大故则不弃也，无求备于一人。君子力如牛，不与牛争力；走如马，不与马争走；智如士，不与士争智。德行广大而守以恭者，荣；聪明睿智而守以愚者，益。”

谦受益，满招损。这是千年以来的古训，也是为人处世的美德。今天的孩子就是明天的公民，今天的学生就是明天的栋梁。在他们走向社会之前，就应该养成谦虚谨

慎的美德和为人处世的能力。要教育学生从小懂得“虚心使人进步，骄傲使人落后”的道理，时常保持清醒的头脑。取得成绩不骄傲，遇到挫折不气馁。尊重他人，与人为善。互相帮助，和谐礼让。在制定家训家规时，要把谦虚谨慎、与人为善的内容列入其中。

三、家训家规与学生素质发展

家训家规是传统家庭教育文化的载体，教育内容的重点是传统美德教育，教育孩子从小学会如何为人，怎样处世，以达到修身齐家的目的。习近平总书记在会见第一届全国文明家庭代表时强调，中华民族传统家庭美德铭记在中国人的心灵中，融入中国人的血脉中，是支撑中华民族生生不息、薪火相传的重要精神力量，是家庭文明建设的宝贵精神财富。在中华传统文化中，家训家规集中体现了一个家庭甚至一个家族的行为规范和道德准则。我们今天传承弘扬中华民族传统家庭美德，可以合理吸收中华传统家训家规的精华，并推动其创造性转化、创新性发展，为形成新时代的良好家教和家风提供丰厚滋养。以下是两个关于家训家规的教育活动，可供参考。

（一）“晒家规，亮家训”推介评优主题班会

1. 目的意义

(1)通过家训家规的交流互鉴，深入学习中华传统家教文化的思想内涵，进一步确立社会主义核心价值观。

(2)通过家训家规的互相学习，传承家庭美德，助推良好家风的形成。

2. 活动筹备

(1)主题班会的前一周，学生需收集家训家规。首先收集自己家的家训家规。如果自己家没有，再收集邻居、亲戚、熟人或历史流传下来的家训家规，以及家训家规故事。

(2)学生将收集的家训家规交给教师，教师将其分成三类：①自家的家训家规。②历史流传下来的家训家规。③邻居、亲戚、熟人家的家训家规。然后抽签排出学生发言顺序。

3. 活动实施

(1)教师主持，讲清活动的意义目的、活动程序和评选规则。

(2)按顺序依次上讲台发言，并加以说明。

(3)评选优秀家训家规。

(4)教师点评、总结。

(5)发奖。

4. 家训家规故事和案例

【家训故事】

刘伯承元帅的家训①(有改编)

“勤能补拙，俭以养德”，这是刘伯承元帅教育孩子们牢记的名言。

抗日战争时期，刘伯承得了第一个儿子，取名太行，他希望儿子像太行山一样高高耸立，威武不屈，像太行山一样永远生活在中华民族的怀抱中。

刘太行渐渐长大了，该上学了，上个什么学校好呢?

当时，刘伯承担任冀晋鲁豫军区司令员，有的同志建议建立一所干部子弟学校，刘伯承坚决不同意。他把太行送进了一所农村小学。太行和普通农村孩子一样，坐在破旧、简陋的教室里，课桌是土砖搭起来的，坐的凳子全是石块土砖砌成的，上面垫了些木板或麦秸草。

刘伯承经常教育太行要艰苦朴素，他常说，年少时期只要吃饱穿暖，长大以后就能独立生活，不要靠这个家庭。有一次太行的妈妈汪荣华见儿子的毛衣破了，就给他买了一件新的，结果，刘伯承批评了汪荣华，说补补还可以穿的，要让孩子从小养成艰苦朴素的好品质。

刘伯承的二儿子阿蒙是中华人民共和国成立初期出生的。刘蒙出生后，刘伯承希望他长大后成为国家的有用之才，有感于三国东吴名将吕蒙奋发上进被称为“吴下阿蒙”，给他取名“阿蒙”。

阿蒙上学时，有一个存钱的小泥罐。老家的孩子叫它“爆噗”，因为过年的时候，孩子要“噗”的一声把它摔碎，拿出里面的钱去买吃食和玩具。那时，爸妈一分零用钱也不给阿蒙，他只好每天步行上学，只为把省下的8分钱车费放到“爆噗”里。等春天来了，就把它打碎，用这些钱去买风筝，去买山里红……

上中学时，阿蒙穿的还是姐姐穿过的女式旧军装，有些同学取笑他叫他“黄皮”。放学回家，他嘟着嘴跟妈妈说：“以后我不穿这女式衣服了，大家都笑话我。”妈妈看了看，也笑起来：“是啊，你长大了，等这件衣服破了，就不再穿女士衣服了。”接着又说：“你在生活上要向爸爸学习，你看他的棉鞋穿了好多年，补了好几次，不是还穿吗?穿得干净整齐就行了。”

有一天，阿蒙在屋里整理书信，看到爸爸的一封信里写到：“廉洁的品行，要靠平时简朴的生活养成。”正当他琢磨“廉”与“俭”的关系时，妈妈走了进来，他把信递给妈妈，妈妈看后对他说：“西南解放我们刚住进重庆，你爸爸就提出，‘虚假的资产阶级生活会养成真正的资产阶级意识，让大家不要因为生活条件好了，就脱离了群众，忘记人民，贪图享受，追求个人升官发财，形成新的资产阶级’。所以新中国成立后，他始终保持简朴的生活，在工作上廉洁奉公，对你们的要求也很严格。”

为了不让孩子有优越感，不搞特殊化，刘伯承夫妇在自家的电话间里贴了一张“告

① 于永玉、吴亚铃：《勤劳节俭(中)》，194页，北京，中国环境出版社，2005。

示”：“儿女们，这些电话是党和国家供给你爸爸办公用的。你们的私事绝对不许用这些电话。”

这张告示也是家训，刘伯承的六个儿女都严格遵守着。

刘伯承的二女儿弥群要结婚了，他提出利用一个星期天，全家团聚庆祝一下。不巧，弥群所在单位安排那个星期天义务劳动。刘伯承知道了，风趣地说：“家规依从国法，个人服从组织嘛！”

刘伯承的长孙降生时，他已年近八旬，听到喜讯非常高兴。但就是这样一个宝贝，刘家也严格要求，孩子在普通幼儿园长大，在普通学校读书，口袋里揣着汽车月票，脖子上挂着钥匙。

刘伯承元帅送给儿女们的“勤能补拙，俭以养德”八个大字，已经传给了第三代，传给了成千上万的中华儿女，是后人们终生受益的家训家规。

【邻居家规】

张大叔家的家规

1. 与人见面首先要打招呼。

2. 在公众场合，说话的音量要控制在第三个人不能听到。

3. 不能对爸爸说的，要对妈妈说；不能对妈妈说的，要对爸爸说。但是，不能对爸妈都不说。

4. 诚实是最宝贵的品质，撒谎会失去家人和朋友。

5. 要守时，不要迟到。

6. 如果给别人添了麻烦，要当场道歉。

7. 所有的食物都是有生命的，不要浪费。

8. 全力以赴去做你想做的事情，不要过于在乎结果。

9. 要原谅别人，学会宽容。

10. 当遇到危险的时候，不要在意规则，因为生命是最宝贵的。

（二）举行“立家训、定家规”家校联谊活动

1. 活动筹备

(1)聘请校内或校外的教师进行家训家规讲座。

(2)通知学生及其父母共同参加。

2. 活动实施

(1)举办家训家规知识讲座，讲解什么是家训家规，制定家训家规的意义、目的，怎样制定家训家规。

(2)各家庭召开讨论会。民主讨论，突出重点，彰显特色，归纳整理，形成自己的家训家规，打印成文，张贴或悬挂于家中。

(3)召开交流会。选若干名学生和家长代表发言，重点讲家庭成员是如何制定家训家规的，是怎样遵守的，以及运用家训家规教育规范家庭成员的实际效果。

(4)教师总结并提出希望。

第十五章　四大发明与学生科学创新素质发展

中华民族是一个富有创新精神的民族。在五千多年文明发展的过程中，中华民族不仅为人类创造了丰富多彩的社会科学知识，也创造了令世人瞩目的自然科学知识。最为世人称道的当属“四大发明”。

一、中国文化中的四大发明成果

四大发明是中国古代对世界具有重大影响的四种发明，是中华民族古代劳动人民的智慧结晶，一般是指造纸术、指南针、火药及印刷术。

（一）指南针

指南针是一种判别方位的仪器。它利用磁针在地磁场作用下能保持在磁子午线的切线方向，即指向地理的北极的性能来辨别方向。指南针的前身是司南，我国是世界上公认发明指南针的国家。

指南针一经发明很快就被应用到航海、军事、生产、日常生活、地形测量等方面，特别在航海领域应用最为广泛，影响巨大。早在《萍洲可谈》中就有记载：“舟师识地理，夜则观星，昼则观日，阴晦则观指南针。”①这是世界航海史上最早使用指南针的记载。指南针在元代成为海上导向最重要的应用仪器，在使用中，船员们将不同航行地点的指南针针位连接起来，形成“针路”，编制形成罗盘导航，行船航线明了，成为航行的依据。在军事领域，指南针对穿越不熟悉的地理环境或无人区有巨大作用，如用来标定地图和确认方向等。我国古代有“逐鹿之战”的战例，而现代军事演习中的导弹发射等部署都离不开指南针。随着科技的创新与进步，指南针进而发展为电子罗盘，与导航系统结合，广泛应用于人们的日常出行。

（二）火药

火药是一种黑色或棕色的炸药，由硝酸钾、木炭和硫黄按比例混合而成，最初制成粉末，后来一般制成颗粒，可供不同用途之需。

火药发明于隋唐时期，最开始用于丹药炼制和疾病治疗。唐初的名医孙思邈在《丹经内伏硫黄法》中详细记载了火药的形成配方与过程，李时珍所著的《本草纲目》中记载

① （宋）朱彧著，李伟国点校：《萍洲可谈》卷 2，《全宋笔记》第 2 编第 6 册，149 页，河南，大象出版社，2006。

了火药治疮癣、杀虫、辟湿气和瘟疫的功效。因火药并不能让人长生不老，还容易着火，炼丹家逐渐放弃了研究与使用火药，其配方辗转到军事家手里，很快便在军事上发挥了作用。战事中，军事家们从利用火药的燃烧性能制成“火箭”(箭头上包裹着火药)，逐步过渡到利用火药的爆炸性能制成炸药，标志着火药使用的成熟。后来，在社会生产建设中也常常用到火药，如利用火药爆破、碎石、采矿、修路、疏通河流等。不仅如此，火药也能用来丰富人们的精神生活，如营造喜庆氛围的烟花爆竹就是用火药制作而成的。

（三）造纸术

造纸术是由东汉时期的蔡伦在前人经验的基础上发明出来的。蔡伦在总结前人制造丝织品经验的基础上，用树皮、破渔网、破布、麻头等作为原料，制造成了适合书写的植物纤维纸，改进了造纸术，使纸成为人们普遍使用的书写材料。造纸术是人类文明史上最杰出的发明之一。

造纸术对人们的生活产生了巨大的影响，社会生产与人们的日常生活都离不开“纸”。纸是人们学习知识的起点，无论何时都有人喜爱纸质书刊胜过电子屏；纸是人们交流感情的桥梁，一张贺卡、一份包装好的礼物，是生活的情趣与乐趣；纸是人们保护环境的窗口，用纸替代塑料已成为世人共知的生活常识。

（四）印刷术

中国古代的印刷术有雕版印刷术、泥活字印刷术、木活字印刷术和金属活字印刷术等。

雕版印刷术是在版料上雕刻图文引径行印刷的技术，它在中国的发展经历了由印章、墨拓石碑到雕版等几个阶段，是中国古人的重要发明。雕版印刷的版料一般选用纹质细密、坚实的木材。活字印刷术的发明是印刷史上一次伟大的技术革命。北宋庆历年间，毕昇发明的泥活字，标志着活字印刷术的诞生，是印刷术史上最伟大的里程碑。1991 年宁夏贺兰县拜寺沟方塔中发现了西夏文佛经《吉祥遍至口合本续》(共九册)，是目前已知世界上最早的木活字版印本。木活字印刷术后由元代农学家与机械学家王祯改良，他设计了转轮排字盘，按韵存放活字，并将此工艺写成《造活字印书法》一文，附入所著《农书》中，此为最早记载木活字工艺的著作。该书中亦有关于锡活字的记载，可能是历史上最早的金属活字。清朝时期，木活字和金属印刷术被大范围推广。乾隆年间《武英殿聚珍版程式》一书全面介绍了武英殿木活字工艺技术，是古代珍贵的印刷技术专著，被译成多种文字广布国外。①

相较印刷术发明之前，主要依靠人力手动书写、抄撰，印刷术的发明大大地节省了人力、物力和财力，更加方便编排和修改，大大提高了印刷效率；同时，对于印刷版本的统一、文化的传播与留存、知识与技术的推广发挥了巨大的积极作用。

---

① 李英：《印刷术发明与创新历程》，载《今日印刷》，2013(11)。

二、 四大发明与科学创新教育

四大发明是我国古代人民的智慧结晶，体现着中华民族自强不息的创新精神，历经千年发展延续至今，为现代社会的发展奠定了基础。当今时代，世界科技日新月异，创新的领域更加广泛。要教育学生很好地学习古人刻苦钻研、勇于创新的精神，从小培养创新意识。习近平总书记在中国科学院第十九次院士大会、中国工程院第十四次院士大会上指出："科学技术是世界性的、时代性的，发展科学技术必须具有全球视野。不拒众流，方为江海。自主创新是开放环境下的创新，绝不能关起门来搞，而是要聚四海之气、借八方之力。要深化国际科技交流合作，在更高起点上推进自主创新，共同应对未来发展、粮食安全、能源安全、人类健康、气候变化等人类共同挑战，在实现自身发展的同时惠及其他更多国家和人民，推动全球范围平衡发展。"

习近平总书记指出，青年时期是培养和训练科学思维方法和思维能力的关键时期，要教育学生把学习、观察、实践与思考紧密结合起来，保持对新事物的敏锐性，学会用正确的立场、观点、方法分析问题，善于把握历史和时代的发展方向，善于分辨社会生活中的支流和主流、现象和本质。要充分发挥青年人的创造精神，鼓励他们勇于开拓，勇于探索。养成历史思维、辩证思维、系统思维、创新思维的良好思维习惯，使之终身受用。

古代中国的创新精神成了我们后人永远的财富，现代社会中的我们若想继承先辈的意志、成就，一定离不开科技人才的创新，那么如何培养创新性思维呢？

（一）培养好奇心①

但凡卓有成就的科技人才都对自己从事的科学工作有强烈的喜爱、浓厚的兴趣和深厚的感情，而这种对科学的情感，常常来自对于事物强烈的好奇心。由于好奇而引发不可遏制的求知欲，促使其寻根究底。科学研究的重要特点是探索性和创造性，没有好奇心是不能坚持不懈地探索和创造的。人云亦云，习非成是，是科学发展的大敌。爱因斯坦曾说，我没有知识的天赋，我只是有强烈的好奇心。李政道也表达过，好奇心很重要，好奇才能提问。而只有因好奇而提出问题，才能有解决问题的可能。因此，有人把好奇心比作科学萌生时的幼苗，是科学家的第一美德。

我们要引导学生时刻保持一颗好奇心，遇到问题要思考，多问几个为什么，多看《十万个为什么》，把求知欲放大，在探索求知中拓展学习，培养创新性思维。

（二）启发想象力②

想象是驱动创造的最基本要素之一。想象常常是科学的先导，一切创造都与想象

① 刘世保：《科技人才修养》，288～289页，北京，中国文联出版社，2001。
② 刘世保：《科技人才修养》，290～292页，北京，中国文联出版社，2001。

有关。科学家和发明家都是首先从丰富的想象中得到启蒙的，可以说没有想象就没有创新。爱因斯坦曾说，想象力比知识更重要，因为知识是有限的，而想象力概括着世界上的一切，推动着进步，而且是知识进化的源泉，严格地说想象力是科学研究中的实在因素。

那么，什么是想象力呢？从心理学角度讲，想象力是在人脑中对已有表象进行加工改造而创新形象的能力。想象分为无意想象和有意想象。没有预定目的，不自觉进行的想象叫无意想象。根据一定目的，自觉进行的想象叫有意想象。有意想象又可以分为再造想象和创造想象。再造想象是根据语言的描述或图样的示意，在脑中再创造出新形象的过程。创造想象则是不依据现成的描述而独立地创造出新形象的过程。幻想是创造想象的一种特殊形式。创造性想象对于科学技术的发展具有极其重要的意义，它是创造活动的一个重要因素，一切科学发展、技术革新，都离不开创造性想象。创造性想象具有首创性、独立性和新颖性的特点，这就需要对已有的感性材料进行深入的分析与综合，因此创造性想象要比再造想象更复杂、更困难。人的想象力的发展过程就是从再造想象到创造性想象的过程。

如何才能培养丰富的想象力呢？

第一，学会模仿。这是培养想象力的第一步。模仿是一种“再造想象”，模仿的过程就是抓住事物之间外部和内部特点的联系过程。

第二，有广博的知识。知识是想象的基础，没有知识的想象，只能是毫无根据的空想。知识面越宽，表象越丰富，思路越宽阔，则自由想象的余地就越大，才使想象更容易符合客观规律。

第三，提高文学艺术修养。几乎所有的心理学家都强调文学艺术修养对培养、提高想象力的重大价值。文学艺术有突出的想象特点，更多地采用形象思维形式，是人类社会实际生活中最形象生动的表现。

（三）开发创造性思维①

什么是思维？思维是人脑对客观现象间接的、概括的反应。人的思维属于认识的理性阶段，是更复杂、更高级的认识过程。思维分为动作思维、形象思维和抽象思维。人在创造过程中的思维称为创造性思维。创造性思维不仅要揭露客观事物的本质及其内在的联系，而且要在此基础上产生新颖的、前所未有的思维成果，给人带来新的、具有社会价值的产物。创造性思维是人类心理的高级过程，是智力水平高度发展的表现。创造性思维和创造性活动有类似的几个阶段，即提出问题、明确问题、提出假说和检验假说等阶级。由于创造性活动中的思维问题是没有现成答案的，因此创造性思维比一般思维持续的时间要长得多，需要几个月、几年，甚至几十年。

开发创造性思维要抓住以下几个环节。

① 刘世保：《科技人才修养》，292～295页，北京，中国文联出版社，2001。

第一，重视集中思维和分散思维的训练。集中思维是指如果一个问题只有一个答案，则为了得到这个正确答案，要求每一个思考步骤都指向这个问题答案。分散思维是指倘若一个问题有很多可能的答案，就以这个问题为中心，思考的方向往外散发，找出的适当答案越多越好。

第二，培养思维的独立性和敏捷性。思维的独立性和敏捷性是人们进行创造性活动必须具备的思维品质，思维的独立性指善于根据客观事实冷静地、独立地进行思考，善于独立地分析问题和解决问题，不依赖现成的答案，不依赖现成的方法，不易受别人的暗示和影响，对于别人提出的原理和结论，不盲目接受，而要经过自己的思考，得出自己的答案或结论。古往今来，一切杰出的科学家都是具备这种思维品质的人。

第三，发展直觉思维。科学家按其智力类型，大致可分为逻辑型(即条理型)和直觉型(即探测型)两大类。前者主要是运用人的逻辑思维功能，后者主要运用人的直觉思维功能。从亚里士多德时代到培根时代，科学家大多是逻辑型的。直觉推测方式则是近代和现代由于科学技术的发展而引起的科学研究发展变革的产物。直觉思维不同于逻辑思维，后者是经过一步步分析而做出科学结论的思维。直觉思维即是发明创造的先导，也是百思不解之后突然诞生的硕果。表现为后者时，又常常被人们称为“灵感”，灵感实际上就是在创造活动中的一种顿悟，“忽如一夜春风来，千树万树梨花开”。灵感是一种最佳的创造性能力，是创造性思维能力、创造性想象能力和记忆能力巧妙融合的表现。

灵感是人在创造性活动中出现的一种复杂的心理现象，同其他心理现象一样，是人脑对客观现实的反映，是人脑的一种机能。把灵感神秘化或否认灵感的存在都不符合客观实际。

直觉思维作为灵感来体现的情况是大量存在的。高斯曾说过有一条定理，他求证数年都没有解决，突然有一天成功了……像闪电一样，谜底一下解开了。他自己也说不清楚是什么导线把他原先的知识和使他成功的东西连接了起来。德国化学家凯库勒在研究碳原子如何相互结合，百思不得其解时，有一天他乘车回家，忽有所悟，茅塞顿开，想到了碳链结合的秘密。

如何才能发展直觉思维，捕捉灵感呢?

第一，必须对探索的问题进行长期、充分地研究和思考。列宾说：“灵感是对艰苦劳动的奖赏。”灵感须以长期的脑力劳动为前提。

第二，珍惜最佳时机和环境。很多科学家的事例表明，灵感往往产生在经过长期紧张的思索之后的暂时松弛状态，或在临睡前、散步时、清晨醒来时、娱乐时，或在与人交谈争论时，甚至在养病中。因此应当尽量创造或利用这样一些时机或环境。

第三，留心原型启发。原型启发在创造发明中起着很大的作用。启发，是从其他事物中能够看出解决问题的途径。起了启发作用的事物，就叫原型。事实证明，很多事物都可能有启发作用，如自然现象、机器、日常用品、示意图、文字描述、口头提问、谈话等都可以作原型。

第四，克服习惯性思维的消极影响。人们常常喜欢用一种固定的、习惯性的思路来考虑同类问题，这种心理现象叫作习惯性思维。习惯性思维是创新的一种阻力。要想摆脱习惯性思维的束缚，可以暂时把问题搁置一段时间，或者与同行甚至于外行讨论这个问题，广泛听取意见，从中进行分析，受到启发。

第五，及时捕捉灵感。跃入脑际的新思想、新概念、新形象有时会瞬息即逝，甚至只停留几秒钟，为了及时捕捉灵感，要注意将新的想法和念头随时记录下来。

第六，保持乐观、镇静的心情。心胸开阔，愉快乐观的情绪易使人们创造思维活跃，浮想联翩。相反，焦虑不安，悲观失望，情绪波动，都会降低人们的智力活动水平，影响思维积极有效地进行。

当然，要想在科学技术上有所创造，有所突破，有所创新，影响因素是复杂的，是一个多元的综合体。其实，除了心理品质外，意志品质，动力因素，智力开发，治学态度，学习战略，哲学观点等方面都能对创新起举足轻重的作用。

三、 四大发明与学生素质发展

（一）制作使用指南针

与四大发明相关的教学活动十分适合向学生开展，下面介绍几种活动开展方案，供大家学习、参考。

1. 活动目的

(1)亲自动手实验，使同学们对指南针的科学原理理解加深，并学习古人的创新精神。

(2)亲自动手实验，可以提高学生的动手能力，启发学生的拓展性思维。

(3)亲自动手实验，可以提高学生的科学素质，感受古代劳动人民的勤劳与智慧，为帮助实现中华民族伟大复兴的中国梦打下基础。

2. 活动过程

所需材料：磁铁一块，大缝衣针一根，铜揿钮凸面一片，大头针一根，软木塞(或泡沫塑料)一块，尖嘴钳一把。

制作方法：

(1)学生把缝衣针在磁铁的一端朝同一方向连续磨几次，用尖嘴钳把揿钮的凸面压弯成拱形，使揿钮上的两个小孔基本成一条直线。然后把在磁铁上磨过的针，穿过相对的两个小孔。注意针的两端平衡。

(2)学生用大头针穿过软木塞的中心，使大头针大头在下，尖头向上，作为底座。把上面穿有磁针的揿钮的凸头套盖在大头针的顶端，这时指针转动，然后稳定地指着南北两极，这样简易的指南针就制成了。此时教师可根据太阳和房屋的方向，指导学生区分南、北。

(3)学生将指南针带回家，把它放在不同的地方观察指针，最终使学生明白，指南针无论在什么地方、什么时间都始终指着南北方向。

3. 指南针的使用方法

(1)把制作好的指南针放平，周围不要有磁场。

(2)标清指南针的南极(S)和北极(N)。待指针摆动停止后，看指针指向“S”就是南极；指向“N”就是北极。

（二）观摩造纸术

1. 观看造纸术的专题片——了解造纸术的发明、 发展过程

2. 参与小实验

(1)造纸术的实践

所需材料：废旧纸张、水、胶水、橡胶手套、塑料板、纱网、木棒。

制作方法：

①将废旧纸张泡湿后撕碎，越小越好，然后放在适量的水中浸泡。

②学生戴上橡胶手套将泡好的纸揉碎，加入胶水并用木棒搅拌均匀。

③把做好的纸浆放在纱网上脱水，然后均匀平摊在塑料板上压平晾干。

④此实验是要学生感受到造纸的乐趣，之后可在自己造出的纸上写字画画。

指导建议：

①提醒学生较薄的纸尽量用手撕，不要用机器，以免破坏纸的植物纤维，且撕得越碎越好。

②纸浆泡好后，水如果太多，提醒学生在加入胶水前将多余的水滤出。

③抄纸浆时，提示学生抄得越薄越均匀越好。

④较稠的纸浆可以制成较厚的纸板，或利用一些模具压制成各种形状，如面具等。

3. 分享与体验

学生写参与造纸的心得，并分享给老师和同学。

（三）火药的探究

1. 观看火药发展史的（视频）专题片

2. 知识问答

(1)火药最初的形态是由哪些物质混合而成的？

答：火药最初的原料是由硝酸钾、木炭和硫黄机械混合而成的。

(2)火药是由(中国)人发明的，距今已有(一千多)年历史。

(3)某中学生参加电视节目的知识竞赛，有一道关于中国古代四大发明的题，他很

难确定其中表述正确的选项，向你电话求助。你应帮他选择(A)

A. 火药在唐代开始应用于军事。

B. “蔡侯纸”是中国古代最早的纸。

C. “司南”最早出现于春秋时期。

D. 活字印刷书籍的出现始于元朝。

本题主要考查学生对教材内容的识记能力，难度较低。火药在唐代末期开始应用于军事，北宋时期得以推广，所以 A 项说法正确，符合史实；B 项中“蔡侯纸”是指东汉蔡伦改进造纸术后所生产的纸张，目前已发现西汉时期的灞桥纸；C 项中“司南”最早出现于战国时代；D 项中活字印刷书籍的出现始于宋代。所以答案选 A 正确，B、C、D 三项说法错误，不符合史实。

（四）参观印刷博物馆

有条件的学校可以组织学生到印刷博物馆参观，没有条件的学校可以组织学生参观网上印刷博物馆。

中国印刷博物馆建设的宗旨是弘扬中华民族悠久辉煌的印刷文化，宣传古代人民的聪明才智，对青少年进行爱国主义教育。它以印刷技术为主题，陈列历代的代表性印刷品、印刷技术设备和相关原材料，以展示印刷术在文化发展、社会进步和国际交流方面的重要作用。

1. 参观博物馆的筹备工作

(1)筹备工作

①确立管理人员：总指挥、领队。

②确立各小组队名称。

③打造团队文化：队旗、队帽、队服、口号。

④协调物质保障：饮食、交通、通信。

⑤摄影摄像。

(2)制定安全措施

安全准备：医疗、突发事件预案等。

2. 参观博物馆

(1)了解印刷博物馆的发展历史

1996 年，中国印刷博物馆在北京开馆。1997 年，中国印刷博物馆被确定为“北京市青少年教育基地”和“北京市科普教育基地”。2001 年初，被北京市旅游局定为“AA”级旅游参观景点。为迎接 2001 年在北京召开的第七届世界印刷大会，该馆进行了改造，并投资 1000 万元，建成地下展厅。改造后的中国印刷博物馆建筑面积共有近 8000 平方米。

(2)按次序参观各个展厅

①古代印刷展厅——东方传奇
②近现代印刷展厅——走向兴盛
③临时展厅——绿色发展
④印刷设备展厅——琳琅满目

3. 交流分享与总结

学生围绕参观，写参观感受，并与教师及同学分享。

第十六章　诗词歌赋与学生文学艺术素质发展

中国自古以来就是一个诗的国度，中华民族历来就有以“诗”教生、训子或示儿的优秀传统。陆游临终《示儿》“王师北定中原日，家祭无忘告乃翁”；朱柏庐教子“一粥一饭，当思来处不易；半丝半缕，恒念物力维艰”。运用诗词歌赋化育学生和子孙后代的道德品质，培养道德审美习惯，提升思想道德境界，是我国自古以来就有的育人思想。习近平总书记强调，抛弃传统，丢掉根本，就等于割断了自己的精神命脉。中共中央办公厅、国务院办公厅也于 2017 年 1 月 25 日印发了《关于实施中华优秀传统文化传承发展工程的意见》。文件要求：围绕立德树人根本任务，把中华优秀传统文化全方位融入思想道德教育、文化知识教育等环节，贯穿于启蒙教育、基础教育等领域。《普通高中语文课程标准》2017 年修订版加大了诗词歌赋的教育力度，大量扩充了背诵篇目，义务教育阶段的中小学语文教材也选编了大量的诗词歌赋作为教学内容，新时代中小学教师该如何完成好诗词歌赋的教学任务，如何借助诗词歌赋进行素质教育？这是发展素质教育需要认真对待的一个重要课题。

一、　中国文化中的诗词歌赋成果

所谓的诗词歌赋，指的是中华民族用富有韵律性的语言文字创作的文学形式的合称。其中诗是其他文学式样的起源与母体。

（一）诗

从诗这一概念的内涵看，古今中外的文学家、诗人、各学科学者从不同的学术研究视角，给出过成千上万的界定。在西方话语体系里，“诗”的概念源自希腊语的“生产、创作”。在中华民族文化视域里，章太炎在《答曹聚仁论白话诗》中认为，以广义言，凡有韵者，皆诗之流。鲁迅先生也认为，“凡人之心，无不有诗”(《摩罗诗力说》)。从这些文化名人的研究成果里，不难发现，广义的诗就是人类经受生活感动而进行诗意化表达的活动，它是一切艺术的统称，是人类处理自身与自然、社会、自我关系而进行的美之观照与表达的代名词。关于狭义的诗，其定义尽管众说纷纭，莫衷一是，但古今中外大多认可诗是一种表达心灵感动的文学体裁。“诗者，志之所之也。在心为志，发言为诗。”(《毛诗序》)“诗者，吟咏性情也。”(严羽《沧浪诗话》)就诗歌史的角度而言，中华民族的诗包括先秦以《诗经》为代表的四言诗、汉魏六朝产生的古体诗，以及唐初形成的近体诗和现当代发展的新诗。无论古体诗还是新诗，均强调语言的凝练、声韵的和谐、丰富的想象和独到的意象。我国诗歌史上顶峰时期的唐诗，艺术成就之高让人望而兴叹。其主要代表诗人是浪漫主义的“诗仙”李白，其代表作为《蜀道难》《将进酒》《梦游天姥吟留别》等；现实主义的“诗圣”杜甫，其代表作为《登高》《春望》等；田园诗人王维，其代表作为《相思》《山居秋暝》等；代表作为《过故人庄》《春晓》的孟浩然等。

（二）词

词是从诗这一体裁发展起来的别体。它萌芽于南朝，兴起于隋唐，繁荣于宋代。词可以理解为诗的生活化表达，不再拘泥于律诗严格的平仄对仗和五言、七言的字数限制，倡导多样化的表达。正因为这样，古体诗有三言、四言、五言、七言等形式，近体诗有五言、七言律诗和五言、七言绝句，总共也不过十种形式，而词的形式却多达一千多种。据《旧唐书》记载，歌者杂用胡夷里巷之曲。词与音乐相配，有多少流行的曲子，自然就有多少配合曲子的词。词最初自然也就被称为“曲词”或者“曲子词”。由于歌颂的自由，从长度划分，词分为小令(59 字以下)、中调(59～90 字)和长调(91字以上)。词盛行于宋朝。宋词是一种新的诗歌形式，标志宋代文学的最高成就。宋词的代表人物主要有豪放派词人苏轼、辛弃疾，婉约派词人柳永、李清照等。其中，苏轼的《念奴娇・赤壁怀古》《水调歌头・明月几时有》，辛弃疾的《永遇乐・京口北固亭怀古》《西江月・夜行黄沙道中》，柳永的《望海潮・东南形胜》《雨霖铃・寒蝉凄切》，李清照的《如梦令》《一剪梅》《声声慢》等都是脍炙人口的千古名篇，教育影响了千千万万个中华儿女。

（三）歌

所谓歌，从词源的角度分析，“哥”，指的是“对唱情歌”；“欠”，指的是人闻歌声而生发的“感叹”，即求偶男女对唱恋曲，咏叹衷情。正因为这样诗与歌常并称为“诗歌”。其区别在于——“诗”主要外化为文字作品，“歌”则将诗句转化为四处传播可以吟唱的“曲”。“诗言志，歌永言”(《书・舜典》)，《正义曰》“直言不足以申意，故令歌咏其诗之义以长其言”①。诗可以表达人内心的情志，而歌则把内心的情志演绎成富有音乐魅力的声音。因此，“入乐与否”就成为歌和诗的根本区别。

（四）赋

所谓“赋”，如果从诗的广义内涵分析，赋就是诗的散文化表达。它是以“铺采摛文，体物写志”为主要手段，善于通过写景、借景抒情、借古喻今、铺陈叙事等手法达到“颂美”和“讽喻”的目的。讲究文采、韵律，兼具诗歌和散文性质。这种文体起源于战国，兴盛于两汉。主要的类型有：其一，“短赋”，最早出现于春秋战国时期的诸子散文；其二，“骚赋”，即以屈原为代表形成的“骚体诗”，这是诗向赋的过渡；其三，

① 张力伟等：《康熙字典通解》上卷，996 页，北京，时代文艺出版社，1999。

“辞赋”，汉代正式确立了赋的体例；其四，“骈赋”，指魏晋以后赋的骈文体；其五，“律赋”，唐代由骈体转为律体；其六，“文赋”，宋代用散文的形式写赋。著名的赋体文章有司马相如的《子虚赋》，杜牧的《阿房宫赋》，欧阳修的《秋声赋》，苏轼的《赤壁赋》等。

二、 诗词歌赋与文学艺术教育

诗词歌赋有什么价值？发展素质教育如何挖掘诗词歌赋的价值。所谓的价值，从诗词歌赋与学生成长的关系维度审视，就是诗词歌赋能够促进与满足学生什么需要。关于诗词歌赋满足学生成长需要的研究，首推孔子。孔子不仅提出了“不学《诗》，无以言”和“兴于诗，立于礼，成于乐”的著名诗教理论，还指出了“诗教”的功用。

第一，“多识于鸟兽草木之名。”“诗教”有助于扩展学生视野，学习科学文化知识，提高学科知识素养。

第二，“迩之事父，远之事君。”“诗教”有助于学生成为社会人，在家里学会孝顺父母，在社会上知道如何与他人相处，培养社会发展素养。

第三，“诗可以兴，可以观，可以群，可以怨。”“诗教”有助于学生心理和谐，促进自我发展素养。

综上所述，诗词歌赋促进学生素质发展几乎是全面的。在新的时代利用诗词歌赋进行素质教育，自然也有多向度的价值，从文学艺术素质方面看，其价值主要体现在如下几个方面。

（一）陶冶诗意情怀

所谓诗意情怀，不是指知觉、感应、体验一类普通情怀，而是能够将自我感情移植到客观事物上，通过客观事物反观自己，即中国传统文化里倡导的“民胞物与”情怀，是一种艺术化审美情感的运用。党的十九大报告指出，目前我国社会主要矛盾是人民日益增长的美好生活需要与不平衡不充分的发展之间的矛盾。推而广之，我们的学生人人也有享受美好教育的需要。这就意味着学校教育不能只是让学生接受科学文化知识，还要陶冶他们的诗意情怀，促使他们关注自身本位的审美，即更关注“人自身价值的实现，个人潜力的发挥和个性心理的健全”。社会发展到今天，审美与实用的融合已经成为普遍潮流。人们对教育的价值取向从“不管白猫黑猫，抓到老鼠就是好猫”的“唯结果论”，过渡到“不看重结果，只看重过程”的“唯过程论”，再升华到现在的审美与实用和谐统一的“姿态论”。这一变化反映了人们渴望从过分逻辑化、物质化的人生中超脱出来，在人与自然、人与社会、人与自我交往的过程中建构一种诗意的关系，获得诗意盎然的人生乐趣。对于广大中小学而言，诗词歌赋无疑是宝贵的教育资源。诗词歌赋具有“反映生活集中形象、抒发感情饱满强烈、进行想象丰富大胆、语言表达和谐凝练”等特点，借助这些资源，开展素质教育，一方面能够促使他们对自然界的一草一木保持旺盛的好奇心和想象力，具有真挚的情感，并且从自然物里汲取积极的力量；另一方面能够赋予人与社会关系以热情的期待，发现目力以内社会的风景和目力以外世界的广阔，从而升华其精神境界，优化其人文品质；还有一方面在于借助诗词歌赋美好的意象塑造理想自我，保持独立个性，对自我充满幻想，充满热情，怀揣着艺术化的生活态度。

（二）协调感性思维和理性思维

从思维的角度看，人类观察世界不外乎两种方式：生活感性智慧和科学理性智慧，即形象思维与抽象思维。形象思维是以生活经验、图景为凭借与依托的思维方式，这种思维在凸显形象性、直觉性的同时，也呈现出思维散乱、碎片化的特质，不利于本质地把握世界；而抽象思维是以概念为思维的根据，采取判断、推理的方式认识世界，在理性化世界的同时，也割裂了世界之于人、人之于世界动态生成的关系。推广到教育，单纯的“感性”教育，容易陷入经验的泥淖，学生感性有余，思想肤浅，缺乏深度；纯粹的“理性”教育，培养了学生的逻辑推理能力，造就了理性的“逻各斯”，但缺乏学习的温度，容易脱离现实的大地而显得机械。而诗词歌赋恰恰把富有生活图景的生活感性智慧与和富有逻辑推理的科学理性智慧统一起来，在综合认识世界的过程中创造理想的存在方式与塑造理想的自我。比如马致远的《秋思》，简单的两组物象组合，一方面用“古道西风瘦马”“枯藤老树昏鸦”表现出天涯游子的孤寂与悲凉，另一方面用“小桥流水人家”表现黄昏村居生活的温馨。学生学习这样的作品，恰好发挥左右大脑的功能。左脑掌管的是科学理性的智慧，而右脑掌管的是直观的、感性的形象思维。让学生沉浸在两组意象营造的意境里，学生的学习自然就发挥了右脑的形象性、情感性与现实性、音乐性功能，感受到秋景之凉，体会诗人“孤独”“冷清”“悲凉”的羁旅之感；再透过物象去探寻诗人的心灵深处的思乡之情，思考诗人心中的追求与人生的价值意义，这样自然上升为理性思维阶段。诗词歌赋将生活感性图景与人生价值、意义等理性思考融为一体，自然可以促使学生的左右大脑协同发展，促使学生成为一个理性与非理性思维和谐发展的“完整人”。

（三）培养文雅的语言表达

英国诗人和评论家塞缪尔·泰勒·柯勒律治认为诗是“最佳词语的最佳排列”[①]。俄国哲学家、文学评论家维萨里昂·格里戈里耶维奇·别林斯基认为“诗歌是最高的艺术体裁。诗歌用流畅的人类语言来表达，这语言既是音响，又是图画，又是明确的、清楚说出的概念”[②]。这些学者都肯定诗词歌赋具有非凡的语言教育价值。受网络文化和外来文化的影响，当前青少年习惯用网络词汇夹杂英汉语拼音字母表达思想感情，这种“病态”中文被余光中、冯骥才等诗人、作家斥之为“语言癌”。朱光潜先生认为“思想

① 冬婴：《新诗的理论基础与实践验证》，109页，北京，中国戏剧出版社，2012。

② 王首程：《文学欣赏新编》，29页，广州，广东高等教育出版社，2010。

和使用语言是同时发生的同一事情”①。语言是思想的外化，语言粗俗化的背后，其实质就是思想道德品质的粗鄙化。孔子特别注意对儿子及其弟子进行诗歌道德教化。据《孔子家语》记载，陈亢在七十二贤弟子中排名第38位，尽管他18岁才进入孔子门下，但勤奋好学，尤其善于思考，终有所成。《论语·季氏》里记载了他向孔子的儿子孔鲤问诗、问礼的趣事。从这段材料看，陈亢是有小心思的，担心孔子教育弟子和自己儿子内外有别，不能真正落实有教无类。于是他询问孔鲤：“你父亲私下给你开了不少的小灶吧?”孔鲤干脆利落地回答：“从来没有过这样的事情。”并介绍了自己遭受父亲斥责的事情。在孔鲤想小步快走绕过孔子出去玩的时候，被其父亲追问“是否诵读了《诗》”并严正告诫“不学《诗》，无以言”。孔子把学诗提升到人存在的本体论高度，认为诗可以让人能言、会言，进而立言、立德、立人，而不学诗，不仅无言辞可说，而且将来进入社会，更不会说有品质的话。这就意味诗词歌赋除了具有诗意情感陶冶、思维发展等功能外，还有语言文雅化的价值。当我们的学生沉浸在诗词歌赋营造的优美境界里的时候，那些不同于日常生活语言的典雅词句能够滋润他们的心灵，进而导引他们诗意地观察存身的世界，赋予人与自然、人与社会、人与自我关系以真善美的思考，进而把这种思考外化为语言表达。就这样，诗词歌赋成为学生雅言雅心、导之雅行的桥梁。

（四）提升文学艺术素质

如何挖掘诗词歌赋的文学艺术教育功能？如何让诗词歌赋进入中小学课堂？中央电视台打造了一档深受社会各界好评的节目——《中国诗词大会》。其传播的逻辑是“赏中华诗词，寻文化基因，品生活之美”，主要采用抽题、答题、选手相互对决识记以及专家点评等方式，营造紧张而又愉悦的氛围，实现诗词歌赋及其内蕴文化的传播、传承。这对于改变当前中小学诗词歌赋教学是有启迪作用的。受经典诵读等课题的影响，广大的中小学总体而言是比较重视诗词歌赋教学的，经典诵读对普及诗词歌赋确实也起到了推动作用，但中小学主要的教育方式仍局限在诗词歌赋知识外在传输灌输层面，经典诵读也存在口诵心难惟的弊端，没有体现以学生为中心、以活动为本体的新课改理念。从课改的角度思考，借助诗词歌赋发展学生的文学艺术素质，需要从课程目标到内容建构以及评价进行全方位的改革。

1. 营造诗词歌赋自主学习的情感场，发挥环境育人的质效

一所学校要推行诗词歌赋教育，甚至打造与此有关的课程，首先需要营造诗词歌赋学习的情感场。“场”原是物理学的概念，指的是物质存在的空间。情感场则指的是教育主体为实现特定的目标而在情感熏陶方面营造的物质与精神文化空间。在这个空间，受教育者能够受到场域里物质与精神文化能量、动量和质量的影响而达到情感陶冶、心灵浸润、境界提升的质效。为什么要营造诗词歌赋的学习情感场？人们对于艺

① 朱光潜：《朱光潜全集》第9卷，389页，合肥，安徽教育出版社，1993。

术的认识，总是从感知开始的，诗词歌赋尽管具有形象性、创造性、音乐性以及反思性，但学生接受它，首先还是从诗词歌赋所选择的物象开始的，也就是从对客观事物的感受开始，进而把握作者倾注其中的情感，以及情感和物象结合而形成的意象，最后才把握、领悟其中理性思考的内涵。正如帕克所说："感觉是我们进入审美经验的门户。"①教育心理学也认为，人才的成长取决于遗传、环境教育与个人努力等因素，环境与教育可以决定和促进人的成长。唯物主义认为，环境可以改造人，存在决定意识，人生活在什么环境中，就能得到相应的影响。中小学注意营造诗词歌赋的情感场，自然就发挥了环境育人的功能。

2. 回归诗词歌赋言语实践的本体，变翻译教学为演绎教学

诗词歌赋一直是中小学语文教材特别青睐的内容，但从教学论的视角看，其教学一直存在一个认识论的悖论：一方面中小学教师认为诗词歌赋以意象取胜，尤其古体诗词还涉及大量的用典，其文言或意象化的语言，离不开教师的讲解；另一方面又认同"熟读唐诗三百首，不会作诗也会吟"的传统理念，期待学生自主学习，大量背诵，达到自读自悟的效果。不太对头的理念自然导致不太对头的教学行为，在新课改以前，诗词歌赋教学是教师主体、教材中心；新课改以来，诗词歌赋教学变成了学生中心和活动中心，但以理解为价值取向的翻译式教学没有得到根本的改变。诗词歌赋从其起源来说，本是生活实践的结果，学习诗词歌赋自然也应该回归到生活实践。而作为语言艺术，诗词歌赋之所以发生、发展，其原因是多方面的，既有人的潜能、需要、愿望等内在要求，也有人类社会经济、政治、文化等外部规定性的推动，而这些复杂的根本性原因在于作者创造性运用语言符号表达生活感动的结果，这种实践活动其实就是言语实践活动。比如，有教师教学张籍《秋思》的时候，针对第一句"洛阳城里见秋风"，重点挖掘"见"到的内容，让学生去想象并表达；针对第二句"欲作家书意万重"，采取设置情境的方式让学生完成诗人的内心独白——诗人看到一个年轻的女子抱着婴儿走过，想到了自己的妻子，提笔告诉她什么？诗人听到窗外老人不断的咳嗽声，想到了自己年迈的父母，提笔又会告诉他们什么？针对第三、四句"复恐匆匆说不尽，行人临发又开封"，则发挥学生学习的主动性，让学生变静止的诗句为立体而动态的生活，复原诗句连续的动作、立体的生活图景以及人物内心的独白。这种变翻译教学为学生自我演绎教学，让学生学习诗词歌赋做到了像呼吸一样自然。其实质就是让他们走在言语实践的路上，去演绎诗词歌赋涉及的自然、社会与自我的世界，进而与未曾遇见的自己相遇。

3. 打造诗词歌赋校本化的课程体系，变碎片化教学为整体建构

诗词歌赋教学主要集中在语文学科，也没有成为语文学科教学的主要任务，缺乏

① 朱寿兴：《文艺心理发生论——人文视野中的文艺心理学研究》，56页，长春，吉林大学出版社，2009。

纵向历史的审视，也缺乏横向学科与学科之间的贯通。文化学者刘士林先生认为，中国文化的本体是诗，或者说，诗这一精神实践方式渗透、积淀在中国传统社会的政治、经济、科学、艺术各个门类中，并影响、甚至是暗暗地决定了它们的历史命运。这也就意味着学生所学的所有学科或多或少均受到了诗词歌赋的影响，或者说诗词歌赋可以成为这些学科撬动素质教育的重要因素。比如，有教师在生物的《稳态与环境》版块教学中，为了讲清楚"种群"的概念，引用杨万里《晓出净慈寺送林子方》一诗来启迪学生的思维："西湖"和"六月"是指"一定空间和时间内"；"接天莲叶"和"映日荷花"是指"同种生物个体的总和"。生动形象地解释了"种群是指生活在一定区域内的同种生物个体的总和"的概念内涵。① 再比如物理教师可以利用骆宾王的《鹅》展现"白毛浮绿水，红掌拨清波"的浮力现象以及作用力与反作用力使鹅拨动清波而前进的科学之理。诗词歌赋尽管给这些学科带来了盎然的生机，但这些探索毕竟属于个别教师的个人行为，缺乏整体建构，显得碎片化和经验化，在新课改重视必修课程、选择性必修课程和选修课程一体建设的今天，中小学需要做好纵向衔接和横向贯通的整体建构工作。比如北仑实验小学在编者的指导下，根据校训"逊志时敏，雅行日新"精神，建构基于谦谦君子培养的诗意课程体系。该体系由宏观诗意课程、基础诗润课程以及拓展诗化课程组成，刚好对应了国家新课标的课程体系。宏观诗意课程由"逊志·德课程""日新·智课程""雅行·健课程""时敏·活课程"等组成；基础诗润课程主要由学科课程构成，主要挖掘学科教学的诗词歌赋元素或利用诗词歌赋改造学科课程教学；拓展诗化课程则由学科诗词歌赋衍生的活动课程组成，主要回归生活实践，达到知行合一的目的。

总之，在日常生活中，诗意无时不在，当你用诗意的眼光审视周围世界的时候，诗意就在路边的一朵小花、一棵小草里藏着，就在你身边匆匆而过的熟悉与不熟悉的人的脸上挂着。从发展素质教育的高度上看，诗词歌赋的课程建设与教学目的不是为了培养诗人，而是站在"立德树人"的台阶上，承担起民族优秀传统文化继承与发展的神圣责任——让学生亲近汉语、热爱汉语，进而增强民族语言表达与运用的自尊心与自信心，自然可以带来中小学学科本位、知识本位教学革故鼎新的变化，乃至焕发学科教学的诗意魅力。

三、 诗词歌赋与学生素质发展

诗词歌赋是中华文学宝库中最为耀眼的"明星"，是各个时代、各个领域中独领风骚的文人墨客们挑灯夜读、逐字推敲的心血，是有感而发、直抒胸臆的情怀，我们有必要、有义务将他们古为今用，发扬光大。通过一系列与诗词相关的背、诵、写等活动，让学生们充分感受和理解古代诗词歌赋的内涵、形式，提升学生的文学素养与艺

① 陈维：《例谈诗词歌赋在"生物与环境"教学中的运用》，载《生物学教学》，2015(3)。

术素质，并站在巨人的肩膀上将中华诗词歌赋发扬光大，重现往日之辉煌。

活动目的：

(1)通过开展主题活动，让学生充分理解中华诗词丰富的思想内涵和优美的艺术形式，受到中华优秀传统文化的浸润。

(2)使学生接受中华诗词的熏陶，感受中华诗词悠远深邃的意境。

(3)使学生加深对中华诗词的理解，传承和发展中华诗词艺术。

（一）“我爱背诗”主题活动

1.《中国诗词大会》之观赏

以班级为单位集体观看《中国诗词大会》视频资料，要求同学们将自己以选手的身份带入《中国诗词大会》，身临其境参与比赛与答题，以达到最大的熏陶浸润效果。

2.“我爱背诗词”之竞赛

在班级内，以小组为单位组织诗词背诵大赛，由语文教师集中出题，小组抽题，每人轮流作答，比赛采取积分赛制，积分最多的小组获胜。

3.“以文会友”之填词

在班级内，由语文教师出题，采取上下句留白，学生写出留白的诗词，正确率高者获胜。

4.活动总结

要求学生就参与此次活动的收获，谈谈自己的看法和体会。

（二）“为你写诗”诗歌创作

1.活动过程与内容

(1)教师团拟定作诗的主题，供学生参考，体裁不限。

(2)以班级为单位组织，学生全员参与活动。

(3)诗词基本知识教学与普及。

(4)学生自选主题、体裁，要求结合自身经历在规定时间内进行创作。

(5)教师团进行评定，决出优秀作品。

2.活动总结

（三）“为你读诗”诗歌朗诵

1.活动过程与内容

(1)“为你读诗”诵读比赛

①学生自选诗歌——包括自写诗歌或古代名篇，以班级为单位进行参赛。

②学生自行设定此次诵读活动的情节，包括角色分配，角色扮演以及配乐等。

③活动最后的呈现形式需包括一首诗朗诵和一首诗歌唱。

④评委团根据各班现场表现，就朗诵情感、舞台效果、现场气氛、整体效果等进

行评分 。

(2)“为你读诗”之“为他读诗”

①要求学生自主选择喜欢的诗，为父母、为朋友、为同窗读诗。

②推荐诗歌：

《水调歌头》(苏轼)

《相见欢》(李煜)

《苏幕遮》(范仲淹)

《游子吟》(孟郊)

《满江红》(岳飞)

《青玉案・元夕》(辛弃疾)

2. 活动总结

（四）“因诗作画”活动

中国古诗词中有大量描写自然景物的优美作品，具有很强的画面感和深邃的意境，可谓“诗中有画，画中有诗”。

以班为单位，组织一场“因诗作画”活动。教师选择一首景物诗词，先讲解诗词的内容与意境，再提出要求，让学生按照诗词的内容和意境画一幅图画，最后评优展示。

（五）“诗词演义”活动

中国诗词中有大量叙事性的优美作品，讲述了一个个生动的故事。教师选择一首叙事诗词，先讲解诗词的内容和故事情节，再提出要求，让学生自由结组，演义创作一个小品情景剧，并扮演剧中的角色，进行排练汇演。教师进行点评。

如：

回乡偶书

贺知章

少小离家老大回，乡音无改鬓毛衰。

儿童相见不相识，笑问客从何处来。

再如：《木兰辞》《陌上桑》等。

（六）古诗词节日文化专题教育活动

1. 活动背景

我国是一个诗词歌赋大国，历朝历代诗人辈出，他们的作品流传至今，其中不乏节日文化的佳作。受网络文化与外来文化的影响，现下的青少年热衷于过西方的圣诞节以及情人节，而淡忘了我国许多传统节日。基于此现象，可以挖掘诗词歌赋里蕴含的节日文化，开展专题教育活动：一方面，拓展学生的诗词歌赋课外知识，增强学生的文化自信；另一方面，陶冶诗情，感受节日文化，融洽亲子关系。

2. **活动内容与过程**

教育活动主要由如下环节构成：其一，古诗引入，启思交流：吟诵，找诗中“佳节”；其二，初读有声，导行接受：品味诗词歌赋中的“习俗”；其三，再读有情，导行体验：体验，感悟“倍思亲”；其四，三读有形，探究交流：创作，再写“倍思亲”。每一版块的活动内容均呈阶梯型：出示诗词——出示图片——自己联想。这样的活动凸显了诗词歌赋的语言建构与运用，既扩展了学习内容，又培养了学生读写能力，并在言语实践中陶冶美丽的乡愁情怀。

第十七章　书法绘画与学生审美艺术素质发展

2014 年 10 月，习近平总书记在全国文艺工作座谈会上发表重要讲话时指出，京剧、民乐、书法、国画等都是我国的文化瑰宝，都是外国人了解中国的重要途径。中国古代的这些艺术是中华优秀传统文化的根脉。《中共中央关于繁荣发展社会主义文艺的意见》指出，要从传统文化中提炼符合当今时代需要的思想理念，进行艺术转化和提升，创作更多具有中华文化底色、鲜明中国精神的文艺作品。扶持中华文化基因校园传承工作，建设一批中华优秀传统文化教育基地。中华优秀传统文化中蕴含着宝贵的艺术财富，书法、绘画就是我国古代的两种重要艺术表现形式，学习、传承和创新这两种艺术形式，对于提高学生的审美艺术素质具有重要的现实意义。

一、　中国文化中的书法绘画成果

中国的书法绘画作品是中华优秀传统文化中的灿烂瑰宝，也是世界艺术殿堂里的一朵奇葩，凝聚着中华民族几千年来的智慧和文明。

（一）中国文化中的主要书法成果

中国书法作为一门古老的艺术，从象形文字发展为具有严整书写规范的符号文字，前后经历了几千年。随着时间推移，书写形式不断推陈出新，魏晋南北朝时期，已出现了当代盛行的所有书法形态。中国书法兼具实用性与装饰性，主要的书体有篆书、隶书、草书、楷书和行书五种。

篆书源于先秦，有大、小篆之分，当今流传下来并使用的篆体主要是小篆。它以秦刻石文字为代表，如《秦山刻石》《峄山石刻》等。作为秦朝唯一的官方字体，篆书排列整齐、行笔圆转、线条匀净而长，呈现出庄严美丽的风格。到西汉末年，小篆逐渐被隶书取代，这也标志着象形体古文字的结束。

隶书始于战国，后结合秦篆发展为秦隶。隶书相较于前文字更加实用，方便书写，朝符号化方向发展。从书写材质来看，隶书有帛书、简牍书和(汉)碑刻之分。帛书是较早的隶书，是篆书向隶书过渡的形体之一；简牍书又叫简书，顾名思义就是直接写在竹简和木牍上的文字，简书在写法上开始有波磔笔；(汉)碑刻，通常是指在东汉时期刊刻的摩崖与石碑文字。此时的汉隶是典型、标准化的汉隶书体，当代推崇的汉隶以东汉碑刻为代表。[1] 隶书的主要代表作有《曹全碑》《张迁碑》等。

草书兴起于汉代，最早由隶书的草写而来，其后发展为今草。草书经历了章草和今草两个阶段。章草属于汉隶的快写，一笔一画简省而连缀，字之间上下独立而不连写，是今草的前身；今草不拘章法，是章草去尽波挑演变而成的，完全脱去了隶书的笔画行迹。今草又有小、大草或行草与狂草之分，主要代表作有《急就章》《冠军帖》《小草千字文》等，唐朝“颠张醉素”的狂草更是各中代表。

楷书又叫正楷，形成于汉末，由隶书演化而来。楷书横平竖直，比汉隶更加简洁，有效提高了书写速度。广义的楷书可分为魏碑和唐楷。魏碑在书写上带着汉隶的写法，以钟繇、卫觊等为代表，是为楷书的始祖。狭义上的楷书主要指唐楷。“初唐四大家”的楷书极具严密、精细和工整的法度；颜真卿(《多宝塔碑》)、柳公权(《玄秘塔碑》)等书家使唐楷达到了尽善尽美的程度；宋徽宗赵佶独创“瘦金体”，风格与往常楷书迥异，丰富了楷书的多样性。

行书是行楷和行草的统称，是介于楷书和草书之间的一种字体。行书兼具楷、草两家之所长，是楷书的草化、草书的楷化。其中，行楷是楷法多于草法的一种写法；行草是草法多于楷法的写法。魏晋南北朝时期是行书极为辉煌的时期，“书圣”王羲之的“天下第一行书”——《兰亭集序》，堪称登峰造极，对后世影响极大；唐代的欧阳询独创“欧体”；“宋四家”——苏轼、黄庭坚、米芾、蔡襄的行书承唐法之精髓，上追魏晋，自出新意；金元时期的赵孟頫专以魏晋“二王”为师，其书法造诣也冠绝一时。

（二）中国文化中的主要绘画成果

中国绘画是中华民族的传统艺术门类之一，强调“外师造化，中得心源”[2]，要求以形写神、形神兼备，做到“意存笔先，画尽意在”。中国画按绘画题材大致可分为人物画、山水画和花鸟画三大画科。

人物画是中国传统绘画最主要的画科，是人物、山水、花鸟三大画科中最早出现的，包括道释画、仕女画、肖像画等多个详细分类。中国的人物画可分为三个阶段，李唐之前主要是用浓烈的背景色彩，注重细节写真，画面叙述感强，如顾恺之的传世名作《洛神赋图》和《女史箴图》。唐宋元时期，人物画逐渐从认识功能转向审美功能，从追求绘画对象的传神，转向抒发作者情感。其中，阎立本善于人物肖像和历史人物画像，吴道子则把道释画推到富于表现力的高峰。明清时期，人物画主要向民生、国事及反封建意识方向上发展，张择端的《清明上河图》是最负盛名的画作之一。

山水画发迹于魏晋南北朝，当时属于人物画的附属，隋唐时期开始独立为单独的画科，并进入成熟发展期，至两宋时期发展至高峰。山水画可分为金碧山水、水墨山水、没骨山水等。在颜色上，先有设色，后有水墨；设色画中先有重色，后有淡彩。

---

① 李鑫华：《中国书法与文化》，26页，北京，中国和平出版社，2003。

② “外师造化，中得心源”是唐代画家张璪所提出的艺术创造理论，是中古美学史上“师造化”的代表性言论。

山水画在艺术表现上追求意境的表达。山水画的代表作有《千里江山图》《明皇幸蜀图》《潇湘图》《万壑松风图》等。值得一提的是，五代十国时期的荆浩创立了影响巨大的北方山水画派，其名作《匡庐图》采用了“皴”的画法，被后世画家传承发展。两宋时期，翰林图画院的创立使院体画在北宋中后期达到高峰，产生了中国绘画中最好的山水画①，元画后来接续，史上把宋元山水画引为经典。

花鸟画是以动植物为主要描绘对象的中国传统画科，魏晋南北朝时期开始涌现独立的花鸟画绘品；至唐朝，花鸟画已独立成科。花鸟画中的花鸟是一个宽泛的概念，除了本意花卉与禽鸟之外，还包括草木、竹石、走兽、虫鱼等。画马名扬天下的韩幹，其《照夜白图》生动地展现了唐玄宗爱驹照夜白的飒爽英姿；同时期韩滉的《五牛图》则是中国现存最早的纸本画，其粗重的线条生动地表现了牛的迟缓和憨态；两宋时期是花鸟画的高峰期，绘画题材上出现“四君子”——梅、兰、竹、菊，画家们善用拟人手法将高洁品质寄予其中，借此展现闲情雅趣，或托物言志。

二、 书法绘画与审美艺术教育

中国书法与绘画作品是中华文化长河里璀璨的瑰宝，是中华民族为之骄傲的惊世绝作，它代表了古代人民至高无上的艺术水平、艺术审美与艺术成就。中国书法与绘画既作为专门的艺术门类在艺术界流通，同时又存在于我们的生活当中，对广大人民群众特别是青少年的审美艺术素质产生重要影响。习近平总书记在全国教育大会上强调：“要全面加强和改进学校美育，坚持以美育人、以文化人，提高学生审美和人文素养。”

（一）书法绘画与审美情趣教育

审美情趣是关于文化方面的一种较为稳定的心理现象。它主要指审美主体对被审客体美的感受、欣赏与评价，表现为审美主体的情调与趣味。审美情趣由主体的文化水平、思想情感、生活阅历、性格气质等因素所决定。并且，审美情趣具有地域性，如欧洲人的审美与亚洲的审美就大不相同，欧洲的建筑爱用明亮的黄色，热情而浪漫；东亚如中国的建筑则喜欢契合统治者的威严，显得庄严而大气。因此，审美情趣作为一种文化心理现象，一个民族长期生活在既定的文化氛围中，势必受到本地的文化与艺术熏陶，在追求美与感受美的方面趋于雷同或具有一定趋向，具有一些共性和地域性特点。

中国人的审美情趣与墨水分不开，与追求含蓄内敛的传统文化分不开。从传统的书法绘画作品上观之，在审美情趣上国人主要追求含蓄蕴藉的美、富有生命力的美，以及天人合一、物我合一的美。秦汉时期的隶书是按照当初的规范进行书写的，朴拙而有韵味；用于日常问候的尺牍书疏在魏晋时期的尚韵文人雅士笔下，借书法突出自

① 蒋勋：《写给大家的中国美术史》，194页，北京，生活·读书·新知三联书店，2018。

己的文学修养与书写技艺，讲究韵律、韵味，极具书体之美，后人尊为“法帖”“法书”；张旭观公孙大娘舞剑而悟草书，从“天地万物之变”中汲取活泼、跳荡、生气勃勃的笔意，其狂草气势磅礴，布局大开大合，落笔千钧，狂而不怪。中国的传统绘画讲究“气韵”，用绘画的生气、动感来体现生命的韵律；通过简单的一花一草“造景”“传神”，描画景物的精气神，传达生命的气息。《绘事微言》里就曾提出：“凡画山水，最要得山水性情”。在文人墨客的笔下，山水自然、一花一草皆有性情。画者要在作品中将自己的性情与山水自然的个性、情调浑融契合，使审美主体与客体产生情感上的共鸣，这样落笔才不致呆板。心灵与自然达到和谐统一，进入一种忘我的状态，这是中国传统审美情趣所追求的最高境界。

总之，成千数万的书法绘画作品，是审美情趣提升的最佳素材。在对中国书法绘画作品的观赏、临摹、再创造的过程中，接受艺术的熏陶，对塑造和提升高雅的审美情趣大有裨益。

（二）书法绘画与艺术鉴赏教育

艺术鉴赏是一种审美再创造活动，包含着一系列复杂的审美心理过程。它是鉴赏主体对艺术的直观感受，通过自身文化修养及环境的熏陶建立起对艺术品的一种自我认识。艺术鉴赏是对艺术品理解和评判的过程。通过艺术鉴赏，才能使作品获得艺术的生命力。

书法绘画作为一种直观的视觉艺术，是空间艺术与造型艺术的重要艺术形式，通过纸、笔、墨以及颜料，按照一定的法则，来描绘天地自然与人情世故，来抒发艺术家的认知和情怀。书法与绘画具有直观性与可视性的审美特征，是能够直接被受众感知的艺术形式。对书法绘画作品的鉴赏，需建立在对书画和绘画作品有一定了解的基础之上，是一个由浅入深的过程。如欣赏、评判中国国画，首先要经历书法绘画作品带来的审美愉悦，其后上升到情感的审美体验，最后升华到理性的审美评判。自古以来，文人墨客们便十分重视对书法、绘画作品的鉴赏与收藏。宋徽宗在创立“国家”画院后，更是将艺术名品的鉴赏与收藏推向巅峰，由他授意收入《宣和画谱》(据考证，此谱为历史上第一本宫廷藏画目录)的书法、绘画作品多达6396件，并喜用他标志性的瘦金体为喜爱的画作和书法题字。后世画家、书家对于好的作品趋之若鹜，鉴赏完毕后必盖章或题跋。“传承有序”是书画鉴赏非常重要的一方面，艺术狂热分子们通过此种手段完成几百年的时空对话。至今，这些红章以及题跋是我们辨别真迹的重要线索。在创作主题上，中国的书法与绘画紧贴时代特色，深受当时社会文化的影响，因此要真正理解作者当初的心境，了解作品背后的故事需在一定程度上知晓历史。我们更要从特定的意蕴角度出发去鉴赏作品，如用线性的思维去鉴赏山水画的优劣，画得像不像就是好不好；还没有看懂就去评判写意的山水画，肯定评价不准。中国写意山水画的欣赏因为抽象，较难产生共鸣。因此鉴赏过程中，需要了解山水画作品中所辐射出的某种观念、思想或情绪，能否紧紧地抓住观赏者的心弦，能否给人以充分的艺术审美享受，并使人从中获得某种启迪和教育，才是最高境界的艺术鉴赏。

中国的书法绘画史本身就是一部艺术鉴赏史，不论从题材的完整性，还是技法的多样性，抑或是情感的宣泄都有着丰富的典藏，都是绝佳的艺术品鉴赏题材，这是当今书法绘画作品鉴赏的重要基础。

（三）书法绘画与艺术创作教育

艺术创作是艺术生产过程中最重要的一环，与审美情趣、艺术鉴赏以及艺术品构成一个闭环。中国的艺术创作者们常把目光投向无限的自然客观世界，在自然中寻求表达情感的感性符号，以物作为艺术创作的出发点，即所谓“观物取象”。书法是较为抽象的表现艺术，绘画是具象的再现艺术，它们都从整体着眼，以线为主，平面构图，寻求天人合一的创作境界，并走出了一条极具中国特色的艺术道路——书画结合，书画同源。

中国传统的书画创作，经历了开开合合几个阶段。中国文字是从象形文字开始的，也是从绘画图像开始的，反映的是对现实画面的写实，如“旦”字便是日出东方之时，朝阳与地平线的简画——上面的日字是太阳，下面的横线是地平线，表黎明之意，这样的文字不但方便书写，还极具画面感，中国古时候象形文字时期的书法与绘画是一体的。在表现形式上，中国书画的第二次结合始于东晋，盛于唐宋，并一直保持至今。顾恺之的《女史箴图》是根据同时期张华《女史箴》所创作的，他甚至把张华的文章一段段抄写在上面，就跟今天的图画书似的。他的《洛神赋图》也是据曹植的《洛神赋》而作。今天看来，顾恺之是典型的读后有感而画！至唐宋，书画更是同家，逢画必有诗词或题跋，有诗词、题跋就必有书法。可见，不仅工具相同，中国书画在同一方平面内同源了。最后，书画同源还体现在创作意境上。中国书画的创作都是依靠毛笔而作，两者创作的最高境界都是天人合一。狂旭趁酒书草，浑然忘我；李唐在北宋破国之前的《万壑松风图》下笔遒劲，石头山体坚硬结实，展现的是北宋的大好河山；北宋灭亡南宋起，已是晚年的李唐从金一路颠簸至南宋都城，其《采薇图》中衣衫褴褛的两位老者，反映的便是国破之后又重返家园，悠然的生活中又略带无可奈何的愁绪。

中国的书画创作史就是一部中国社会变革史，不论是起源于生活的书画题材，还是创作技巧，书法绘画的创作与作者的才能、艺术素质分不开，也与当时的时代背景与时代风气和审美情趣分不开。浩如烟海的书画巨作告诉我们，无论在什么年代、在什么环境下，艺术作品的创作都离不开作者敏锐的观察和勤勉的创作习惯，也离不开前人所打下的基础，站在巨人的肩膀上才能推陈出新。

三、 书法绘画与学生素质发展

作为华夏儿女，我们不但要保护、尊重老祖宗留给我们的宝贵艺术作品，还要结合时代内涵，继承和发扬他们的创作精神，继续将中国的书画优良传统发扬光大，着力培养新时代中国的艺术大家。这就要求各个学校要有特定的课程和活动安排，让学生从小受到艺术熏陶。

（一）“以书会友，传递书香”读书活动

据相关数据显示，“阅读量是影响国民审美素养的第二重要因素(第一大影响因素是生活态度)，研究者从日常阅读时间、阅读面这两个维度考察了国民的阅读情况，得出平日阅读时间越多、阅读面越广的国民其审美素养也越高的结论”。① 阅读对一个人知识增长、精神充实、艺术熏陶具有非常重要的作用，它是提高个体修养的重要渠道，可以促进人们审美知识和审美情趣的形成。尤其对于缺乏社会阅历的学生而言，阅读是他们了解世界与培养审美情趣的主要途径。

1. 活动目的

(1)通过“以书会友，传递书香”读书活动，帮助学生提升信息的收集与消化能力，获取丰富的文化知识，开阔视野，提高自身修养。

(2)通过“以书会友，传递书香”读书活动，培养学生良好的审美情趣，树立文化自信，形成良好的道德品格和健全的人格。

2. 活动过程

(1)以年级为单位进行书目推荐，组成若干读书小组，平时以个人阅读为主，每周组织一次小组分享交流活动。

(2)教师和学生家长组成指导小组，对学生的课外的阅读活动进行指导。

(3)学期末举行“我的书香世界”分享(总结)大会。

3. 书目推荐(小学适用)

表 17-1 小学读书活动书目推荐

年级	书名	作者/编者	出版社	定价(元)
一年级	猜猜我有多爱你	山姆·麦克布雷尼	明天出版社	35.8
	三字经	王应麟主编	中国文联出版社	11.0
二年级	父与子(彩拼版)	埃·奥·卜莱恩	中国文联出版社	19.8
	我有友情要出租	方素珍	新疆青少年出版社	29.8
三年级	名人故事	魏红霞主编	北京教育出版社	19.8
	与鸟儿一起飞翔	郑作新	湖南少儿出版社	10.0
四年级	鼹鼠的月亮河	王一梅	中国文联出版社	17.0
	鱼鹰	曹文轩	安徽少儿出版社	16.0

① 易晓明、杜丽姣：《当前我国国民审美素养的现状、影响因素及教育建议》，载《美育学刊》，2015(4)。

续表

年级	书名	作者/编者	出版社	定价(元)
五年级	中国历史故事集	林汉达	中国少年儿童出版社	59.0
	窗边的小豆豆	黑柳彻子	南海出版社	25.0
六年级	海底两万里	凡尔纳	中国文联出版社	10.0
	上下五千年	林汉达	少年儿童出版社	58.0

4. 读书活动的总结与延续

利用好读书活动这一载体，培养学生的阅读兴趣。在活动后期，进行总结、评比、表彰。举办“我最喜爱的图书”分享总结会等系列活动。进一步加深和巩固学生的学习效果，促使学生养成良好的读书习惯，提升审美情趣。

（二）“见识见识，不见不识”文物参观活动

1. 明确活动目的

(1)通过参观学习，让学生近距离观赏中华优秀传统艺术品，提高学生的观察力，拓宽学生的知识视野，增长见识。

(2)培养学生的审美情趣和鉴赏水平，同时，体验艺术的艰辛与伟大。

(3)对学生进行中华优秀传统文化的熏陶，了解中华民族的勤劳和智慧，增强学生的文化自信与民族自豪感。

2. 活动实施过程

(1)以班级为单位，组织学生到各地博物馆、艺术馆参观学习。有条件的学校或班级，可组织夏令营到北京故宫博物院进行参观。

(2)确定博物馆、艺术馆、美术馆、书画艺术馆后，先组织一场预备课，对即将参观的博物馆、艺术馆的基本情况进行概括介绍；然后，再提出几个问题，让学生带着问题去学习参观；同时，进行安全教育。

(3)组织参观。

3. 活动总结

活动结束后，教师布置学生写一篇观后感，并进行总结表彰。

（三）“不登高山，不显平地”艺术实践

1. 活动目的

(1)锻炼学生的动手能力，培养学习兴趣，学以致用。

(2)让学生真切感受艺术创作的艰辛和艺术的魅力。

(3)通过艺术创作，培养学生欣赏艺术、热爱艺术的高雅情趣，进而形成热爱生活、热爱祖国的积极的人生态度。

2. 活动系列内容

(1)请书画艺术家做一场专题讲座。并进行一次简单的艺术知识竞猜。

(2)举办书画笔会、书画比赛或书画展览。

①介绍文房四宝(笔、墨、纸、砚)的功能和正确的使用方法。

②用砚台研一次墨，用毛笔写一幅字、画一幅画，盖一次印章。

③全班同学全部参与绘画与书法体验课。

④部分同学(包括对书法绘画感兴趣的、作品优秀的、有创作潜力的等)进行书法绘画艺术比赛。

⑤择优进行书法绘画展览，邀请家长、师生、相关专家、各班同学参观展览及颁奖。

(3)举办一次陶瓷手工制作体验活动。

参观古代陶瓷博物馆，并到当代陶瓷制作馆进行陶瓷现场制作，切实感受中国陶瓷之美。

3. 活动总结

进行总结和表彰，择优评选“艺术小巧手”和“艺术创作奖”等。

第十八章　中医中药与学生身心健康素质发展

中医中药是中华优秀传统文化的重要组成部分，是古代先民在与疾病长期斗争中逐步认识自身、认识自然、利用自然的经验总结和智慧结晶，是中华民族独特的医疗科学与技术。让学生了解中医中药的基本常识，对于增强文化自信、促进身心健康素质发展具有十分重要的意义。

一、 中国文化中的中医中药成果

我国的中医中药历史悠久，起源于原始社会的新石器时代，传说人类始祖伏羲创制九针，用于治病。古代中医中药技术也被称之为“岐黄之术”，传说轩辕黄帝经常与他的医官岐黄一起讨论医学问题，研究治病的方法。人们就把中医治病之术称之为“岐黄之术”。其实，我国用中医中药治病的行为历史极久。人们在寻找食物的过程中，发现某些食物能减轻或消除某些病痛，这便是发现和应用中药的起源。人们在烘火取暖时，发现用兽皮、树皮包上烧热的石块或沙土做局部取暖可消除某些疾病，人们在实践中反复使用、不断改进提高这种方法，就发展为后来的“热熨法”和“灸法”。人们在使用石器作为生产工具时，发现人体某一部位受到刺伤后，反而能解除另一部位的病痛，从而学会了用砭石、骨针治病，逐渐发展为针刺疗法，进而形成了经络学说……如此这般，历代先民不断积累、传承、发展保健、防病、治病的经验，并上升为理论，形成了系统的中医中药理论与技术成果。传承至今、影响最大的当属《黄帝内经》《伤寒杂病论》《神农本草经》《本草纲目》《肘后备急方》等。

（一）《黄帝内经》

《黄帝内经》又称《内经》，是中国最早的医学典籍，也是中国传统医学四大经典之首。相传为华夏始祖黄帝所作，其实，《黄帝内经》起始于战国时期，最终成型于西汉，作者并非黄帝一人，而是由中国历代黄老医家传承、增补、发展创作而来，冠以“黄帝”之名，意在溯源崇本，借以说明中国医药文化发祥之早 。其重要的历史价值可概括为三点：

第一，《黄帝内经》是第一部中医理论经典。中医学作为一个学术体系的形成，是从《黄帝内经》开始的，所以《黄帝内经》被公认为中医学的奠基之作。这部著作第一次系统讲述了人的生理、病理、疾病、治疗的原则和方法，为人类健康做出了巨大的贡献。中医学形成以后，就庇佑着我们中华民族，使中华民族生生不息，使中华儿女能够战胜疾患、灾难，绵延至今。假如没有中医、没有《黄帝内经》，中华民族是难以想象的。

第二，《黄帝内经》是第一部养生宝典。《黄帝内经》中讲到了怎样治病，但更重要的是讲怎样不得病，怎样使我们在不吃药的情况下就能够健康、能够长寿、能够活到一百岁。《黄帝内经》非常重要的思想是“治未病”“不治已病治未病，不治已乱治未乱”。

第三，《黄帝内经》是第一部关于生命的百科全书，它以生命为中心，讲了医学、天文学、地理学、心理学、社会学、哲学、历史的知识，是一部围绕生命问题而展开的百科全书。如今，这部奇书不仅引起中华儿女的关注，更引起了世界各国人民的极大关注，因此，它的宝贵价值在当今社会已经越来越显著。

（二）《伤寒杂病论》和《金匮要略》

《伤寒杂病论》是集秦汉以来医药理论之大成，并广泛应用于医疗实践的中国传统医学著作，是我国医学史上影响最大的古典医著之一，至今仍是我国部分中医院校使用的必修课教材之一。3 世纪初(约 200—210 年)，张仲景博览群书，广采众方，凝聚毕生心血，写就《伤寒杂病论》一书。伤寒杂病论系统地分析了伤寒的原因、症状、发展阶段和处理方法，创造性地确立了对伤寒病的“六经分类”的辨证施治原则，奠定了理、法、方、药的理论基础。中医所说的伤寒实际上是一切外感病的总称，也包括瘟疫等传染病。《伤寒杂病论》的贡献，首先在于它发展并确立了中医辨证论治的基本法则。张仲景把疾病发生、发展过程中所出现的各种症状，根据病邪入侵经络、脏腑的深浅程度，患者体质的强弱，正气的盛衰，以及病势的进退缓急和有无宿疾(其他旧病)等情况，综合分析，寻找发病的规律，以确定不同情况下的治疗原则。他创造性地把外感热性病的所有症状，归纳为六个症候群(即六个层次)和八个辨证纲领，以六经(太阳、少阳、阳明、太阴、少阴、厥阴)来分析归纳疾病在发展过程中的演变和转归，以八纲(阴阳、表里、寒热、虚实)来辨别疾病的属性、病位、邪正消长和病态表现。由于确立了分析病情、认识症候及临床治疗的法度，因此辨证论治不仅为诊疗一切外感热病提出了纲领性的法则，同时也给中医临床各科找出了诊疗的规律，成为指导后世医家临床实践的基本准绳。

对于治则和方药，《伤寒杂病论》的贡献也十分突出。书中提出的治则以整体观念为指导，调整阴阳，扶正祛邪，还有汗、吐、下、和、温、清、消、补等方法。并在此基础上创立了一系列卓有成效的方剂。据统计《伤寒杂病论》共收录药方 113 个，后来张仲景在此基础上进一步整理完善，编写出《金匮要略》一书，共载方 262 个，除去重复，两书实收录方剂 269 个。

（三）《神农本草经》

《神农本草经》又称《本草经》或《本经》，起源于神农氏，代代口耳相传，秦汉时期众多医学家收集、总结、整理当时的药物学经验，于东汉时期集结整理形成专著，成书非一时，作者亦非一人。该书是我国现存最早的中药学著作，为中医四大典籍之一。

书中提出的大部分中药学理论和配伍规则，以及“七情和合”医疗原则，在几千年的用药实践中发挥了巨大作用，是中医药物学理论发展的源头。在李时珍出版《本草纲目》之前，该书一直被看作是最权威的医书。《神农本草经》全书分三卷，收录中草药 365 种，以三品分类法，分上、中、下三品，文字简练古朴，成为中药理论的精髓。

（四）《本草纲目》

《本草纲目》是我国明代医学家李时珍集毕生精力编著的一部本草类医学著作。自明代嘉靖三十一年(1552 年)至明万历六年(1578 年)，历时 26 年完成。李时珍遍访名医，博览医书，跋山涉水，广采细辨，分门别类，仔细记录，用心整理，三易其稿，方才成书。全书 52 卷，采用“目随纲举”编写体例，故以“纲目”名书。

《本草纲目》内容十分丰富，全书共收录中草药物 1892 种，随附实物插图 1109 种。对每一种药物的气味阴阳、五味宜忌、标本阴阳、升降浮沉、补泻温热、引经报使、用药禁忌都进行了详细的介绍；同时介绍了药物的别名、道地名产、生长形态、易混辨疑、采收方法、炮制技术、药性功效等，还随附了相关的治病方剂。《本草纲目》是一部继承前人医学成果，又有创新发展的本草类集大成的医学著作，在我国医学史上占有举足轻重的地位。

中医中药还有很多成果在世界医学史上具有重要影响。如：春秋时期扁鹊高超的诊断和治疗技术；三国时期华佗最早创立并实施了全身麻醉手术；南北朝时期，王叔和编写了诊脉专著《脉经》、针灸专著《针灸甲乙经》、外科专著《刘涓子鬼遗方》和儿科专著《银海精微》；葛洪编写的《抱朴子》《肘后备急方》，成为我国当代科学家屠呦呦获得诺贝尔医学奖的重要理论启示；唐代医学家孙思邈编写的《千金要方》是我国最早的临床医学百科全书。

二、 中医中药与学生素质发展

中医中药文化理念深邃，内容丰富，不仅仅限于防病治病，而且涉及自然、社会、天文、地理、哲学等许多科学知识，特别是其中蕴含的哲学思想对学生的素质发展具有重要意义。

（一）学习中医中药基本知识， 确立“天人合一”的哲学理念

“天人合一”是中国哲学史上一个重要命题，是中国文化对人类最大的贡献。“天人合一”最早是汉代儒学思想家董仲舒提出的哲学思想体系。

宇宙自然是大天地，人则是一个小天地。人和自然在本质上是相通的，故一切人事均应顺乎自然规律，达到人与自然和谐相处。即老子所说的：“人法地，地法天，天法道，道法自然。”“天”代表“道”“真理”和“法则”，“天人合一”就是与先天本性相合，回归大道，归根复命。

《黄帝内经》认为作为独立于人的精神意识之外的客观存在的“天”与作为具有精神

意识主体的“人”有着统一的本原、属性、结构和规律。人类生活在自然界之中，自然界存在着人类赖以生存的必要条件。同时，自然界的变化又可以直接或间接地影响人体，而机体则相应地产生反应，属于生理范围内的，即生理的适应性；超越了这个范围，即病理性反应。“人与天地相参也，与日月相应也”(《灵枢》)。这种人与自然相统一的特点被中国古代学者称为“天人合一”。

春温、夏热、秋燥、冬寒是季节气候特征，体现着一年中气候变化的一般规律。生物在这种气候变化的影响下，就会有春生、夏长、秋收、冬藏等相应的适应性变化。人体也与之相适应，如“天暑衣厚则腠理开，故汗出……天寒则腠理闭，气湿不行，水下留于膀胱，则为溺与气”(《灵枢》)，说明春夏阳气发泄，气血容易趋向于体表，表现为皮肤松弛、腠理开、汗多；而秋冬季阳气收藏，气血容易趋向于里，表现为皮肤致密、少汗多尿的变化。人体的脉象也有春弦、夏洪、秋浮、冬沉的不同。许多疾病的发生、发展和变化也与季节变化密切相关，如春季常见温病，夏季多发中暑，秋季常见燥症，冬季多有伤寒。

在昼夜晨昏的变化过程中，人体也必须与之相适应。白昼为阳，夜晚为阴，人体也是早晨阳气初生，中午阳气隆盛，到了夜晚则阳气内敛，便于人体休息，恢复精力。许多疾病的发病时间及引起死亡的时间也是有一定规律的。如研究表明，五脏衰竭所致死亡的高峰时间在下半夜至黎明前，春夏季节急性心肌梗死多发生在子时至巳时，而秋冬季节，该病的发作多在午时至亥时。此外据观察，人的脉搏、体温、耗氧量、二氧化碳的释放量、激素的分泌等，都具有 24 小时的节律变化。

学习中医中药知识时，要注意引导学生结合“天人合一”的哲学思想来学习。

（二）学习中医中药基本知识，形成科学的生命观和辩证思维品质

中华传统文化中的阴阳学说阐明了宇宙间一切事物的生长、发展和消亡，都是事物阴阳两个方面不断运动和相互作用的结果。因而，阴阳学说也就成为认识和掌握自然界规律的一种思想方法。人是阴阳对立的统一体，这在生命开始时就已经决定了。具有生命力的父母之精相媾，也就是阴阳二气相媾，形成了生命体 。生命体形成之后，阴阳二气存在于其中，互为存在的条件，相互联系、相互滋生、相互转化，又相互斗争，阴阳二气的基本平衡维系着生命体的运行。要想掌握疾病的发展过程，探求疾病的本质，从而获得满意疗效，就必须探求人体的阴阳变化情况。《黄帝内经》把人体看成各个层次的阴阳对立统一体 ，还把每一脏、每一腑再分出阴阳，从而使每一层次，无论整体与局部、组织结构与生理功能都形成阴阳的对立统一。

整体就是统一性和完整性。中医学非常重视人体本身的统一性、完整性及其与自然界的相互关系，认为人体是一个有机的整体，构成人体的各个组成部分之间在结构上不可分割，在功能上相互协调、互为补充，在病理上则相互影响。而且人体与自然界也是密不可分的，自然界的变化随时影响着人体，人类在能动地适应自然和改造自然的过程中维持着正常的生命活动。这种机体自身整体性和内环境统一性的思想即整

体观念。整体观念是中国古代朴素唯物论和辩证思想在中医学中的体现；它贯穿于中医学的生理、病理、诊法、辨证和治疗等各个方面。

人体是由若干脏腑、组织和器官所组成的。每个脏腑、组织或器官各有其独特的生理功能，而这些不同的功能又都是人体整体活动的一个组成部分，这就决定了人体内部的统一性。也就是说，人体各个组成部分之间，在结构上是不可分割的，在生理上是相互联系、相互支持而又相互制约的，在病理上也是相互影响的。人体的这种统一性，是以五脏为中心，配以六腑，通过经络系统“内属于腑脏，外络于肢节”的作用而实现的。五脏代表着整个人体的五个系统，人体所有器官都可以包括在这五个系统之中。人体以五脏为中心，通过经络系统，把六腑、五体、五官、九窍、四肢百骸等全身组织器官联系成有机的整体，并通过精、气、血、津液的作用，完成机体统一的机能活动。

在认识和分析疾病的病理状况时，中医学也是首先从整体出发，将重点放在局部病变引起的整体病理变化上，并把局部病理变化与整体病理反应统一起来。一般来说，人体某一局部的病理变化，往往与全身的脏腑、气血、阴阳的盛衰有关。由于脏腑、组织和器官在生理、病理上的相互联系和相互影响，就决定了在诊治疾病时，可以通过面色、形体、舌象、脉象等外在的变化，来了解和判断其内在的病变，以做出正确的诊断，从而进行适当的治疗。

人体是一个有机的整体，在治疗局部病变时，也必须从整体出发，采取适当的措施加以治疗，防止头痛医头，脚痛医脚的情况发生。

学习中医中药基本知识时，要注意引导学生学习其中的辩证法思想，学会用客观、全面、联系、发展的观点和方法分析问题、处理问题。

（三）学习中医中药基本知识，掌握实践第一的哲学观点

实践的观点是马克思主义哲学最重要的观点，它强调了实践是认识的来源，是检验认识正确与否的标准。毛泽东曾说，调查研究就像十月怀胎，解决问题就像一朝分娩。党的思想路线强调，实事求是，一切从实际出发，在实践中检验和发展真理。其实，古代中医早就懂得了这个道理，只是没有用如此的理论话语阐述。

中医治病讲究具体患者具体分析，具体病情具体分析，对症下药，辨证施治，并非千人一方，同病同方，前提是诊断必须准确。古代中医治病没有现代医院这么多先进的检查设备，医生只依靠灵敏而富有经验的感觉器官对患者进行诊断，最主要的方法就是望、闻、问、切。

望诊：就是观神色、察形态、辨舌苔。察看人的面色、神态、骨肉、皮肤、舌象，而推断病情，知其常，达其变。

闻诊：就是听患者发出的声音和嗅患者散出的气味来诊断病情。“肝病其臭臊，心病其臭焦，脾病其臭香，肺病其臭腥，肾病其臭腐。”(《内经》)

问诊：就是问讯患者的自身感受和自觉症状，以诊断病情。

切诊：一是切脉，从脉搏的浮、沉、迟、数、虚、实、滑等特征中诊断病情；二是切肤按弹，在抚摸患者皮肤的温热、压痛中诊断病情。

中医的“望、闻、问、切”就是对患者病情的调查研究，而且是医生掌握的第一手资料。医生对这些资料经过一番由此及彼、由表及里、去粗取精、去伪存真的加工推断过程，有针对性地做出诊断，提出治疗方案，实施治疗措施。这充分体现了客观为重、调查研究为首、实践第一的哲学观点。

学习中医中药基本知识时，要教育学生求真理、悟道理、明事理，引导学生汲取其中的哲学营养，养成重客观、重调查、重实践的良好思维品质和行为习惯，避免和防止靠主观臆断、靠“想当然”分析处理问题的错误思想方法。

三、 中医中药与身心健康教育

中医中药理论不仅对于现代中医临床具有重要的指导意义，而且对于指导青少年身心健康教育同样具有十分重要的价值。

（一）学习中医中药基本知识， 认识人体生理结构和器官功能

中医中药理论的形成虽然距今已有2000多年的历史，但人类对个体自身的生理功能及病理变化的认识并未发生多大的改变。《黄帝内经》说，人体的五脏器官功能各异，且相互联系、相互影响。肺主气，司呼吸；心藏神，主血脉；脾升清，主运化；肝藏血，主疏泄；肾藏精，主气化。每一脏器都是一大系统，五大系统通过经络气血联系在一起，构成一个统一体。这五大系统又按照五行生克、制化规律相互协调、资生和抑制，在相对稳态的情况下，各系统按其固有的规律从事各种生命活动。五脏及各自系统的功能发挥正常，一身气血周流畅通、运行无阻，人体就不会生病。如果一旦某一器官及其系统发生了故障，就会导致人体生病。

教师可以在精心筛选后，向学生推荐一本中医读物，并提出若干思考题，引导学生了解中医中药的基本常识，认识人体生理结构和各器官的功能。

（二）学习中医中药基本知识， 了解人体发病机理

天地自然是人的生存环境，人是大自然的组成部分。人与自然和谐统一，是天地之法则。阴阳二气有规律地消长变化，形成了一年四季。春、夏、秋、冬四季交替，产生了风、火、暑、湿、燥、寒六种不同的气候，中国古代称之为“六气”。一般情况下，气候正常演变，对人类生长发育相生无害。《黄帝内经》说“人以天地之气生，四时之法成”，就是说人禀受天地阴阳之气而生，感受阴阳四时变化而生长发育。但如果六气变化过于剧烈，或非其时而有其气；或者人体自身调节能力下降，正气不足时，抵抗力也随之下降，就会引起疾病。这时六气就称之为“六淫”或“六邪”。这是人类发病的客观原因。就人发病的主观原因来看，主要是人的七情（喜、怒、忧、思、悲、恐、惊的感情表现与心理活动）六欲（眼、耳、鼻、舌、身、意的生理需求或愿望）自我控制

不佳，失去平衡而导致疾病。

学校可请中医大夫作一次中医讲座，系统讲解人体发病机理；或现场观摩中医治病过程，让学生认识人体患病的主客观原因。

（三）学习中医中药基本知识，提高防病保健能力

中医中药理论在养生保健方面具有指导作用，它不仅讲到了怎样治病，更重要的是讲到了怎样预防某些疾病。《黄帝内经》有一个非常重要的理念，叫作“治未病”，即预防疾病最重要的是顺应四时变化。《黄帝内经》中写道，春三月，此为发陈，天地俱生，万物以荣；夜卧早起，广步于廷……此春气以应，养生之道也。意思是说，春天是万物复苏的季节，要晚睡早起，注意运动，吸收天地之阳气，有益于身心健康。夏季“在天为热，在地为火，其性为暑”。暑热为阳邪，易伤人之阴，阴伤则病。所以，夏季要谨防暑热。秋季，由热转凉，秋风性燥，使人口干舌燥，最易伤肺。应多吃滋阴食品，忌食辛辣之物。秋风秋雨一片肃杀之气，容易引起人的伤感，伤感则伤肝，因此要保持平和的情绪。冬季“天地闭藏，水冰地坼”。要调节自身适应机能，以防阴邪之风侵入。加强锻炼，健脾养胃，补气养血，提高抗寒抗病能力。其次，要调控好自己的情绪，保持积极乐观的心态，防止七情失控，六欲过度，保持良好的免疫力。

组织学生观看一次中医类节目，或观看相关纪录片，引导学生学习中医养生的科学方法，并在日常生活中坚持运用，提高防病保健能力。

第十九章　中华武术与学生身心健康素质发展

中华武术，又称中国功夫，是中华优秀传统文化的重要组成部分，是我国特有的人体形态文化，具有健身、御敌、竞技等多种功能。

我国的武术具有悠久的历史，它的产生，缘起于我国远古祖先的生产劳动。人们在狩猎生产活动中，逐渐积累了劈、砍、刺等技能，这些技能却成了武术的基础。到了氏族公社时期，经常发生部落争斗，人们对争斗中搏击的经验不断加以总结，比较成功的一击、一刺、一拳、一脚，被反复模仿、传授、习练，武术便逐渐形成了。

中华武术在几千年的传承发展过程中，逐渐融入了丰富的精神文化内涵，积累了丰硕的文化成果。已经成为世界宝贵的非物质文化遗产。

一、 中国文化中的武术成果

（一）导引术

导引术是彭祖发明创立的。彭祖，姓钱，名铿，彭城(今江苏徐州)人，因他是彭氏部落的始祖，故称彭祖。彭祖是尧舜时期一位著名的大臣。他注重养生，发明创立了导引术。不仅自己长期坚持修炼，还广泛普及民间，据说他活了130多岁。早在夏商时期，即部落氏族从游牧进入定居的农耕时代起，彭城(徐州市)就有了武术健身活动，首开中国武术之先河。导引术也正是中华武术形态的最早雏形。

彭祖始创的导引术，是“导气令和，引体令柔”的中国古代健身术。它把静功(呼吸运动)与动功(躯体运动)有机地结合起来，是健身强体的有效体育活动。几千年来，彭祖的导引功法对人们祛病延年、强身健体具有很大的功效。后世的五禽戏、易筋经、八段锦、太极拳等武术功法和套路，都是由此演变发展而来的。由此看来，彭祖的导引术，是中国武术无可非议的雏形，是中华武术的奠基石。

（二）五禽戏

五禽戏是中国传统导引养生的一个重要功法，其创编者是东汉医学家华佗(约145—208年，沛国谯县，今安徽亳州人)。华佗在庄子“二禽戏”(“熊经鸟伸”)的基础上创编了“五禽戏”。据《后汉书·华佗传》记载，他说：“吾有一术，名五禽之戏：一曰虎，二曰鹿，三曰熊，四曰猿，五曰鸟。亦以除疾，兼利蹄足，以当导引。体有不快，起作一禽之戏，恰而汗出，因以著粉，身体轻便而欲食。普施行之，年九十余，耳目聪明，齿牙完坚。”华佗模仿老虎、麋鹿、熊罴、猿猴、鹏鸟的行为动态编成五套健身功法，坚持经常锻炼，不仅可以健身，还可以消除疾病。身体稍有不适，便立即起练，练得浑身出汗，感觉轻松舒服。长期坚持，延年益寿。五禽戏发展至今，形成了不同的流派，风格特点各有不同。如今，五禽戏在华佗故里——安徽亳州最为流行 。

（三）太极拳

太极拳是以中国传统儒、道哲学中的太极、阴阳辩证理念为核心思想，集颐养性情、强身健体、技击对抗等多种功能为一体，结合易学的阴阳五行之变化、中医经络学、古代的导引术和吐纳术，形成的一种内外兼修、柔和、缓慢、轻灵、刚柔相济的中国传统拳术。据说，太极拳由宋代拳师张三峰创立。在历代传播发展中，形成了很多门派。当今影响较大的有四大派系：即南派太极拳、北派太极拳、本山派太极拳和散派太极拳。

近年，太极拳已成为普及大众的强身健体运动，也用于体操表演和体育比赛。

（四）少林武术

少林武术在我国早已家喻户晓、妇孺皆知。少林武术是一项综合性的武术体系，相传是著名的达摩祖师在少林寺面壁修炼十年的漫长岁月中，言传身教创立的，并融入了佛家文化，主张修“禅”是提高功夫的精神动力，因为“禅”是“外不着相，内不动心”，其基本含义就是息心静寂地参悟。所以少林武术和其他派别不同，讲究的是“禅武合一”。少林武术又是汉族武术最具代表性，最具文化内涵，最具宗教文化底蕴，最具完整性和权威性，又最具神秘感的中国武功流派，它已成为汉族武术的主流学派。具有修身养性，善化人性，清静无为的武德。在少林武术中，佛教文化哲理的“禅”与武术功法相辅相成，达到了水乳交融的至高境界。少林功夫内容丰富、套路繁多。据少林寺拳谱记载，少林武术套路有 708 套，其中拳术和器械套路 552 套，另有七十二绝技、擒拿、格斗、卸骨、点穴、气功等各类功法套路 156 套。

（五）咏春拳

咏春拳是清代武术大师五枚师太于清朝中期创立的，后经严咏春、梁博俦等人在民间流传，后人梁赞对咏春拳进行了系统整理，但一直列为“秘而不传”之术；后叶问将咏春拳从佛山带到香港，公开授徒，使得咏春拳在粤港地区被习武者所知晓。叶问的弟子梁挺对原咏春拳术的技击、拳理及法度，精准把握，融会贯通，并进行归纳、整理，建立了“三段十二级”的教练晋级体制和“十二阶”的学员晋级体制，使咏春拳形成了可供修习、教授、考核、升级的教学体系。这套教学体系，突破了原本中国武术早期“多半缺乏文字记载，仅靠师徒口耳相传”的发展瓶颈，解决了大批量群体教学、并保证学员学习效果的问题，使得咏春拳系迅速发展，修炼者达百万人，遍布全球诸多国家和地区。

二、 中华武术与身心健康教育

（一）学习中华武术，树立整体观念，促进强身健体

中华武术的最大特色体现为内外合一的整体观。既讲究形体规范，又追求精神传意。所谓内，是指人的心绪、神态、意志等心理活动和气血的运行；所谓外，是指人的手眼身步等肢体动作。内与外、形与神是相互联系统一的整体。比如习练五禽戏，模仿老虎、麋鹿、熊罴、猿猴、鹏鸟的运动状态时，讲究“外动内静、动中求静、动静兼备、有刚有柔、刚柔并济、练内练外、内外兼练”。中华武术是一种自我身心锻炼的功法，通过调心、调息、调身，可以调动体内的潜在能量，发挥人体自我调节的生理机能，强身健体，预防疾病。人本身就是一个完整的自我调节控制系统，存在着自我调节的生理机能。心理和生理处于平衡状态，就能够保持健康。如果身心失调，就会患病。武术气功锻炼，必须身心兼练，形神统一，才能取得最佳效果，而不可练身不用心，也不可心动身不随。

中华武术之所以神奇，是因为“气”在其中起着不可替代的作用。中医认为，“气”是人体生命活动的根源和最基本的物质，也是最基本的表现形式。《黄帝内经》说：“人之血、气、精、神者，所以奉生而固于性命者……余闻人有精、气、津、液、血、脉，余意以为一气耳。”这说明气是人体生命活动的重要物质。古代先哲把气归纳为两类，即自然之气和生命之气。自然之气包括天气、地气、山气、水气、云气、空气等，它们在自然界的表现形式各有不同。生命之气分为脏腑之气、呼吸之气、水谷之气、真气、元气、宗气、营气、卫气、血气、脉气、精气、神气等，它们在人体各个系统的功能和表现形式也有所不同。生命之气为先天之气，先天之气是人体元气的根本，得之于父母，形成于胚胎，贮藏于肾脏。先天之气合于后天之气及自然之气，人体的生命活动才能正常运行。中华武术气功就是使先天之气、后天之气与自然之气和谐统一的运动方式。

中华武术气功是天人相应、天人合一的学问。人在练功的过程中，发挥意念的作用，以“气”为导引，改善大脑皮层神经元的有序排列和运行状态，开发人的智能；通过四肢形体遵循经络的运动锻炼，调节气血循环，激发体内的潜能，使身体与自然环境保持一定的阴阳平衡，达到体内与体外的高能量物质交换，充实和调动人体的正气，去除体内的浊气，疏通经络，调和气血，实现防病治病、强身健体、延年益寿之目的。

2017 年 1 月 25 日，中共中央办公厅国务院办公厅印发《关于实施中华优秀传统文化传承发展工程的意见》，要求“发展传统体育，抢救濒危传统体育项目，把传统体育项目纳入全民健身工程”，并指出要充分运用海外中国文化中心、孔子学院，助推包括中华武术在内的中华优秀传统文化的国际传播。

（二）学习中华武术，消除浮躁之气，增强心理健康

当今时代，是一个经济、科技飞速发展、日新月异的时代，也是一个诱惑颇多、人心浮躁的时代。人们在快节奏的工作生活中，精神压力大，心情烦躁多，精力难集中。学校是社会生活的组成部分，也难守净土。种种浮躁心理和焦虑行为，常常反映在教师的工作和学生的学习、生活中，甚至导致心理疾病，自残、轻生事件也经常发生。组织倡导师生学习武术气功，无疑是增强心理健康的好方法。

学习武术的方法主要有动功和静功，这两种方法都要求松静自然。首先是入静，要求精力集中，排除杂念，一念代万念，意守丹田。其重点是三调：即调身、调气、调神。调身必须全身由上而下放松，才能心静体安。其次是调气，也称调息，就是调整呼吸，保持呼吸自然平和。再次是调神，调神就是调心，使心绪平稳，意念集中，排除杂念，达到“忘我”或“无我”的状态。这样，就会逐渐进入高度清静、愉快恬适的境地。这样长期坚持练功，就会使大脑皮层的神经元有序运行、有效调节，对七情六欲实施有效控制，不致于过度失控而造成内伤。脑神经运行有序而富有活力，可以激发创造性思维。

因此，习练武术，不仅可以使人经络疏通，气血调和，身轻体健，还可以使人心境平和，心理健康，耳聪目明，思维敏捷。

（三）学习中华武术，提高辩证思维，增强抗病能力

中华武术的理论基础主要是中医原理。其主要的功能是强身健体、防治疾病、益寿延年。练功过程就要身心兼练、内外兼修，使自身的生命之气与自然之气相应相合，达到和谐统一。同时，注意顺应四时，起居有常，不妄作劳，情绪平衡，心情愉快，就可避免七情过度，防止六邪(风、寒、暑、湿、燥、火)侵入。古人说：“六邪不侵，七情无扰，清虚恬静，病安从生?”就是这个道理。

中华武术涉及社会学、中医学、伦理学、兵学、美学等多种传统文化观念，其中蕴含着丰富的朴素辩证法思想。如：阴与阳、形与神、动与静、虚与实、刚与柔、进与退……阴阳学说认为，天为阳，地为阴；白天为阳，夜间为阴；上升为阳，下降为阴；动为阳，静为阴；刚为阳，柔为阴……阴阳并非孤立独存。一是阴阳互根。阴生于阳，阳生于阴，孤阴不生，独阳不存。没有阴就没有阳，没有阳就没有阴。阴阳相互依存。二是阴阳消长。阴消阳长，阳消阴长；阴阳双方此消彼长，经常变化。三是阴阳相互转化。重阴必阳，重阳必阴，阴阳在一定条件下相互转化。四是阴阳相互对立。阴盛则阳病，阳盛则阴病，阴阳上下交争，虚实更作，阴阳相移。五是阴阳制约。即阴阳相互克制。中医学离不开阴阳，武术也离不开阴阳。以阴阳学说为指导，才能把握武术之道。

中医认为，人体能否保持健康，取决于免疫功能的强弱，而免疫功能的强弱，取决于人体的阴阳平衡。偏阴偏阳之谓疾，纯阳而为正，纯阴而为邪。习练武术就是扶正祛邪，使阴阳平衡。阳气盛则百病不生，阳气衰则诸病侵体。阳衰之人，都是精气

神不足，不足者必须练武术。精不足者补之以食，形不足者补之以气。练武术就可以补阳气、补正气。聚气丹田，丹田则气足。丹田气足，充实五脏。五脏气足，输于百骸。百骸气足，可防百病。长期坚持武术锻炼，使人体气血通畅，经络通达，五脏和合，精足、气足、神足，外防六邪侵身，内除七情干扰，就能保持身心康健，益寿延年。

三、 中华武术与学生素质发展

（一）召开主题班会，把武德教育放在首位

中华武术之所以享誉世界，不仅仅在于它的武艺，更重要的是武术先辈们传承下来的，代表中国气质的中华武术精神。其基本内涵主要有三点。

第一，中华武术精神主要表现为爱国主义精神。很多武功高强的人和普通的练武者，都是以维护正义、除暴安良和保家卫国为目的习武的。止戈为武，中国武术追求的不是打打杀杀、以强凌弱，而是相安无事、平等和谐。

第二，中华武术精神是一种自强不息的民族精神。中华武术门派林立，各有绝活，一些仁人志士凭借自己的习武经验和聪明才智，仍旧悉心研究，不断创新。“拳不离手，曲不离口”，后人在学习传承时只有拥有执着的探索精神，才能将中华武术精神发扬光大。

第三，中华武术崇尚武德。“未曾习武先修德”，“短德者不可与之学，丧理者不可与之教”。宽容、忍耐、坚强、尊师爱友、仁义、谦虚和诚实等等都是习武者的武德修养。

学习武术之前，教师需召开一次主题班会，先讲解中华武术精神的基本内涵和武术道德规范，然后，学生分组讨论，共同制定《习武守则》，最后，教师归纳整理，确定守则的内容。教师应让学生明确学习武术的目的是促进身心和谐，增强体质，而不是用来炫耀，更不可用来校园欺凌。

（二）课内课外结合，开展武术习练活动

1. 小学高年级以上，可单独开设武术课程，或在体育课中设置武术学习内容。

2. 学校可聘请一位专业教师，举办一场武术专题讲座。把武术强身健体、预防疾病的原理以客观真实的语言讲清楚，说明白。

3. 教师指导学生习练武术，必须严肃认真，将每一个动作做到位，防止形似而神离。

（三）以赛促学，传承武术文化

1. 武术习练一段时间，学校可选择动作熟练、姿势优美者，组成若干表演队，举办一场武术表演。要求统一服装，形成威武雄壮之势。

2. 举办武术竞赛活动

(1)组建武术竞赛筹备委员会。

(2)制订武术竞赛方案。

(3)制定竞赛规则和评分标准。

(4)确定评委会。

(5)开展预赛和决赛。

(6)总结、表彰、颁奖。

通过中华武术的学习、训练、表演、竞赛活动，吸引广大师生积极参与校园活动，主动了解武术的基本知识，达到强身健体、防御疾病、传承创新之目的。

第二十章 农耕文化与学生劳动技能素质发展

农耕文明，是指由农民在长期农业生产中形成的一种适应生产、生活需要的管理制度、生产方式、耕作技术、礼俗文化等基本文化要素。中国的农耕文明融合了儒家文化、道家文化、墨家文化及各类文化为一体，形成了自己独特的文化内涵和特征，是世界上存在最为广泛的文化集成。

农耕文化是中华文化的起源和基础，农耕文明是人类历史上第一种文明形态。原始农业、原始畜牧业以及古人类的定居生活，使人类从食物的采集者变为食物的生产者，是第一次生产力飞跃。我国农耕文明是世界文明的发祥地，在漫长的农耕文明时代，勤劳智慧的中国人民为人类创造了灿烂的物质和精神成果，丰富和发展了中华文化。至今仍是促进青少年劳动技能素质发展和培育社会主义核心价值观的极好教材。

一、 中国文化中的农耕文化成果

（一）神农氏与中国的农耕文化

据学界的一派学说考证，神农氏本是三皇之一，出生在姜水流域烈山的一个石洞里，属于姜姓部落。传说他为牛头人身，由于其特殊的长相和勤劳勇敢的性格，神农氏长大后被人们推为部落首领；又因他的部落居住在炎热的南方，名为炎族，大家就称他为炎帝。

上古时期，原始部落先民以采集野果和捕猎野兽为生。蛮荒时代，五谷和百草混杂生长，药物和百花一起开放。哪些是可以吃的粮食，哪些是可以治病的草药，谁也分不清。黎民百姓靠打猎过日子，天上的飞禽越打越少，地下的走兽越打越稀，人们就只能饿肚子。人们一旦生疮害病，便无药可医，只有等死。炎帝是一个很有责任感的首领，一直用心解决这些民众赖以生存的问题。他带领大家走进深山老林，亲口品尝各种植物，了解其味道、性状和功效，辨别并记录鲜花、毒草、粮食、蔬菜。他从中选育五谷之后，又发明农具，普及农业生产、生活知识，为人类做出了卓越的贡献，被大家尊称为神农氏。

五谷的发现、选育与广泛种植，使人类社会由渔猎时代进入了农耕时代。中国为推动人类社会进步奠定了生存基础。

（二）茶的发现与茶文化的形成

中国是茶的故乡，中国人饮茶，据说始于神农时代。相传神农氏率领部落先民尝百草时，总是走在前边自己先尝，多次中毒晕倒，吃茶后才得以康复。人们因此发现茶不仅解渴，还可以解毒。饮茶，渐渐地成为古代中国人的生活习惯。随着文明的进步，制茶、饮茶成为一种文化。

中华茶文化源远流长，博大精深。唐人陆羽系统地总结了唐代及唐以前的茶叶生产、饮用的经验，提出了精行俭德的茶道精神，撰写出茶文化的专著《茶经》，奠定了中华茶文化的基础。从此茶文化渗透到了宫廷和社会，特别是融入了士大夫和文人雅士的日常生活，成为中国诗词、绘画、书法等文学艺术的创作题材。仅《全唐诗》中，就有百余位诗人的四百余首与茶有关的诗词流传至今。杜甫有“落日平台上，春风啜茗时”，白居易有“琴里知闻唯绿水，茶中故旧是蒙山”，刘禹锡有“斯须炒成满室香，便酌沏下金沙水”，韦应物有“洁性不可污，为饮涤尘烦”……我国以茶为题材的书法、绘画作品更是数不胜数。

古人在讲究饮茶用具、饮茶用水和煮茶艺术之余，亦将茶文化与儒、道、佛等哲学思想交融，逐渐使茶进入了人们的精神文化生活，形成了中国茶文化体系，并逐渐传播至东亚和东南亚国家，进而到世界各地。

（三）桑蚕业助推丝织业的发展

蚕，最初生长在野生桑树上，以吃桑叶为主，所以也叫桑蚕。在桑蚕未被饲养之前，我们的祖先就懂得利用野生的蚕茧抽丝了，商周时期，栽桑养蚕已经在我国广大地区蓬勃发展起来，丝绸已经成为当时统治阶级衣着的主要原料。养蚕织丝是妇女的主要生产活动。《诗经》中就有许多诗篇提到蚕桑。例如《诗经·豳风·七月》中的“春日载阳，有鸣仓庚。女执懿筐，遵彼微行，爰求柔桑”：春天里一片阳光，黄莺鸟儿在欢唱。妇女们提着箩筐，络绎走在小路上，去给蚕采摘嫩桑。诗句生动地描绘了当时妇女们采桑养蚕的劳动情景。

中国古代有很多记述植桑养蚕技术的书，无论是已经失传的《蚕法》《蚕书》《种树藏果相蚕》等著作，还是流芳百世的如《秦观蚕书》《豳风广义》《广蚕桑说》等古籍，都记载了我国历代劳动人民植桑养蚕的丰富经验。

南北朝时期，压条法已经应用在桑树繁殖上，此方法用桑树枝条来繁殖新桑树，比用种子播种缩短了好多生长时间；宋元以来，我国南方蚕农发明了桑树嫁接技术，它对旧桑树的复壮更新，保存桑树的优良性状，加速桑苗繁殖，培育优良品种，都有重要的意义，这种技术现在仍应用于农林生产中。

植桑养蚕技术的广泛普及，极大地促进了桑蚕业的发展，进而推动了我国丝织业的发展，我国生产的丝绸产品不仅满足了国内市场的需要，还大量出口到世界各国，形成了陆路和海上两条“丝绸之路”。

（四）二十四节气的确立与农业生产

据文献记载，在商朝时只有四个节气，到了周朝时期发展到了八个，到秦汉之间，二十四节气已完全确立。依次为：冬至、小寒、大寒、立春、雨水、惊蛰、春分、清明、谷雨、立夏、小满、芒种、夏至、小暑、大暑、立秋、处暑、白露、秋分、寒露、霜降、立冬、小雪、大雪。冬至到夏至再到冬至之间的时间约 365.25 日，也就是岁实(回归年)。把这个周期分割为 24 段，每段约 15 日 2 时 5 刻，每段起始于一个节气。

几千年来，“顺天应时”是中华人民恪守的准则，“不违农时”是中华农民心中的“圣经”。“夫稼为者人也，生之者地也”；“是故得时之稼兴，失时之稼约”(《吕氏春秋·审时》)；“凡耕之本，在于趋时”；“得时之和，适地之宜”。应时，体现了前人对自然规律的重视。由于不同纬度、不同地域的气象状况有差异，人们根据各自所处的地域，在长期的农业生产实践中总结经验，形成了许多农谚。如“谷雨前后，种瓜点豆”“白露早，寒露迟，秋分种麦正当时”“枣芽发，种棉花”“芒种三天见麦茬”等，用以指导当地的农业生产。

2006 年 5 月 20 日，“二十四节气”经国务院批准，列入第一批国家级非物质文化遗产名录；2016 年 11 月 30 日，它被正式列入联合国教科文组织人类非物质文化遗产代表作名录。

（五）《吕氏春秋》《齐民要术》及《农政全书》

《吕氏春秋》是秦国丞相吕不韦集合门客编写的一部黄老道家名著，成书于秦始皇统一六国前夕。此书以儒家和道家思想为主，辅以名家、法家、墨家、阴阳家等思想学说，闪烁着先秦思想的智慧之光。该书中的《士容论》，有《上农》《任地》《辩土》《审时》四篇，阐述了重农思想和农业生产经验。对于重视农业生产，书中这样写道：“古先圣之所以导其民也，先务于农。民农，非徒为地利也，贵其志也。”就是说，重农不仅为了生产，还有提升思想修养的目的，并且“民农则朴，朴则易用，易用则境安，主位尊”，可看出农业与政治及民生都有十分密切的关系。

《齐民要术》是我国南北朝时期杰出农学家贾思勰所著的一部综合性农学著作，成书于北魏末年，是世界农学史上最早的专著之一，也是中国现存最早的一部完整的农书。全书系统地总结了六世纪以前黄河中下游地区农牧生产经验、食品的加工与贮藏、野生植物的利用，以及治荒的方法，详细介绍了季节、气候和不同土壤与不同农作物的关系，被誉为“中国古代农业百科全书”。

《农政全书》是我国明代农学家徐光启编著的一部农学专著，记录了中国明代农业生产和生活的各个方面，也体现出徐光启的“农政”思想。《农政全书》按内容可分为农政措施和农业技术两部分。书中记载了开垦土地、水利建设、荒政治理等前人不曾涉猎的内容，对于农业发展具有十分重要的指导价值，在农业发展史上占有重要地位。

农业是中华文明存在和发展的基础，历朝历代，都十分重视农业生产技术经验的总结和推广。据《中国农学书录》记载，中国古代农书共有 500 多种，流传至今的有 300 多种。除《吕氏春秋》《齐民要术》《农政全书》外，元代官修农书《农桑辑要》、明代王祯的《王祯农书》和清代官修农书《授时通考》也具有重要影响。

二、 农耕文化与劳动技能教育

（一）学习农耕文化，培养吃苦耐劳、自强不息的品质

农耕文化是吃苦耐劳、自强不息的文化。正如唐代诗人李绅的《悯农》所写：“锄禾日当午，汗滴禾下土。谁知盘中餐，粒粒皆辛苦。”日复一日，年复一年的劳作，铸就了中华民族克勤克俭、吃苦耐劳、自强不息的优秀品格。勤奋耕耘——收获粮食与刻苦学习获取知识，具有天然的联系和相同的道理。所以，自古贤明之士就有“耕读传家久，诗书继世长”的名言。“耕读传家”对一个家庭来说，耕、读不可或缺，靠“耕”来维持家庭生活，凭“读”来提高家庭的文化水平和社会地位。通过学习农耕文化，让学生切实感受到“一分耕耘，一分收获”和天道酬勤的道理。并将这种吃苦耐劳、自强不息的精神投入到学习上，洒下勤奋和汗水，去获取丰厚的科学文化知识。

习近平总书记提出要培养德智体美劳全面发展的社会主义建设者和接班人，要在学生中弘扬劳动精神，教育引导学生崇尚劳动、尊重劳动，懂得劳动最光荣、劳动最崇高、劳动最伟大、劳动最美丽的道理，长大后能够辛勤劳动、诚实劳动、创造性劳动。这些重要论述均高扬劳动教育的旗帜，具有重大的时代价值和鲜明的现实针对性。

劳动教育是培养社会主义劳动者的需要。马克思主义劳动观是马克思主义唯物史观的核心内容。劳动不仅创造了人类，也是人类的本质特征和存在方式，并推动着社会历史滚滚向前发展。中华人民共和国成立后，在中国共产党的领导下，正是依靠广大人民群众的辛勤劳动，才使中国从一个贫穷落后的国家转变为经济大国。习近平总书记高度重视劳动教育，他曾这样说道：“人世间的美好梦想，只有通过诚实劳动才能实现；发展中的各种难题，只有通过诚实劳动才能破解；生命里的一切辉煌，只有通过诚实劳动才能铸就。”可以说，尊重劳动、倡导劳动、保护劳动，是社会主义社会先进性的显著标志；勤奋劳动、诚实劳动、创造性劳动，是社会主义国家劳动者的鲜明特征。在实现中华民族伟大复兴的中国梦、满足新时代人民对美好生活的向往、做强实体经济的今天，高度重视劳动教育，具有更加迫切的现实意义和历史意义。①

（二）学习农耕文化，培养因地制宜的辩证思维品质

农耕文化讲究“取宜”，即适宜、适合。因时制宜，不同的时令气候，种植不同的作物；因地制宜，不同的土壤肥力，种植不同的作物；因事制宜，不同的生产条件，种植不同的作物。

在指导学生体验农耕文化时，可引导他们学习古人“取宜”的理念，培养因地制宜、因时制宜、因事制宜的辩证唯物主义思维方式，防止和摒弃照抄照搬、简单模仿的形

---

① 刘向兵：《劳动教育：功在当代，利在千秋》，www. qstheory. cn/wp/2018-09/17/c_1123440139. htm，2019-06-06。

而上学和教条主义思维方法。进而确立“具体问题具体分析，实事求是，一切从实际出发”的马克思主义立场、观点和方法。

（三）学习农耕文化，培养和谐理念

农耕文化是一种和谐文化。在农耕社会中，人们长期居住在一个相对固定的村落或地域。家庭内部讲究父慈子孝、兄友弟恭、男耕女织、家和万事兴；邻里之间讲究团结友善、和睦相处、守望相助；在处理天地自然关系时，讲究顺天应时、尊重自然、保护地力。农耕生活的平实性与和谐性，使中华民族铸就了以和为贵的理念，孕育了天人合一的思想，追求着人与自然的和谐共生，人与社会的和谐相处，人与人的和谐相伴。和谐理念塑造了中华民族的价值取向和行为规范，这是农耕文化的核心理念。我们要利用好这一宝贵的精神资源，对学生进行和谐理念和生态文明意识的教育。

现代文明正在异化着人类的生存环境和生活方式，包括纯朴的自然人性。故乡离人们越来越远，人们像水上的浮萍找不到归宿。要引导学生回望传统的村落，回味自然山水；回望自己的民族，回味传统文化；传承和弘扬农耕文明，留住我们生活的根，留住山水田园与乡愁……建设好我们的精神家园。

三、农耕文化与学生素质发展

（一）亲近自然，培养生存技能

农耕劳动是人类祖先在生产力水平极其低下、生存面临威胁的情况下，认识自然、利用自然、维持生存的活动。其中蕴含的农耕文化是培养学生生存技能的极好教材。教师要精心策划。春季和秋季，分别组织游春踏青活动和赏秋采摘活动。带领学生走进山林、走进田野，亲近自然、了解自然，指导学生认识各种山花野草的名称、形状和用处，认识农田里的稻麦菽黍稷和瓜果蔬菜，让学生了解哪些可以食用充饥，哪些可以药用治病，哪些有毒有害，哪些可以制作器物；自然中的地表水，哪些可以饮用，哪些不可饮用。并指导学生采集植物或昆虫标本，采摘收集植物的种子。

活动结束返校之后，举办班级游春或赏秋成果展览。让学生把游春或赏秋活动中采集的植物标本或昆虫标本，加以装饰，并做出文字说明，参与展览。评出奖励等次，予以表彰鼓励。

（二）参与农耕劳动，掌握种植技术

农耕文化的形成和发展是一个漫长的历史过程，经历了由原始农业、传统农业到现代农业的缓慢演进。尽管现代农业融入了很多先进技术，但农作物成熟的基本规律没有改变。农业生产活动和技术改进都是围绕着农作物的生长规律进行的，因此，让学生掌握最基本的农业种植技术，对于培养他们的劳动技能素质十分必要。

教师可联系一个农村或一个农业种植园，利用假期带领学生参与农业生产劳动，

拜农民为师。也可以到农村认领一块耕地作为试验田。在生产实践中了解怎样整地备耕，怎样施肥浇水，怎样耕地播种，怎样除草追肥，怎样收获储藏，体验农业生产各个环节的劳动过程，掌握最基本的农业种植技术；感受劳动的艰辛，培养正确的劳动观念，形成热爱劳动的好习惯；同时，发现农业生产中存在的问题和不足，发现农业技术有待改进、创新的空间。

（三）比较古今变化，创新现代农业

农业生产的发展，依赖于农业生产技术的提高，而农业生产工具的改进是一个重要因素，体现着最直观的变化。这条漫长的农耕历史发展线索，到农耕文化展览馆中就可以看到。

教师可组织带领学生到农耕文化展览馆学习参观，并提出明确具体的要求。一是认真听取讲解员的介绍，做好笔记，不心猿意马。二是仔细观察，认识农业生产工具的名称和用处，不走马观花。三是认真比较农具在各个时代的变化。认真比较传统与现代农业生产技术的变化。四是认真学习不同时期农业生产技术的发明与应用。通过听讲、观察、比较、分析，增强对农耕文化的感性认识，为理性认识打好基础，也为创新现代农业做好思想理论准备。

第二十一章　长城文化与学生综合素质发展

一、 中国文化中的长城文化成果[①]

万里长城不仅是享誉世界的建筑奇迹，而且是一座丰富多彩的文化宝库。长城文化主要包括长城的军事文化、建筑文化、民族文化、国际文化。此外还有政治文化、抗战文化、交通文化、通信文化、诗歌文化、民间文化、旅游文化等等。

（一）长城文化概述

万里长城始建于春秋战国时期，至今已有2700多年的历史了。万里长城西起甘肃嘉峪关，东到辽宁丹东鸭绿江畔的虎山口，横亘甘肃、宁夏、陕西、山西、内蒙古、河北、北京、辽宁八个省、自治区、直辖市。沿线的险要之处或交通要塞都设有关口，如山海关、嘉峪关等。万里长城修筑时间之长，工程量之大，施工难度之高，文化内涵之丰富，堪称世界之最。

万里长城是享誉世界的文物古迹，更是中华民族的文化瑰宝，是民族的骄傲。它象征着以爱国主义为核心的团结统一、爱好和平、勤劳勇敢、自强不息的伟大民族精神。

中国古建筑专家罗哲文先生作《长城赞》龙门对，是对长城文化的高度评价和赞誉。

上联是“起春秋，历秦汉，及辽金，迄元明，上下两千多年。有多少将帅元戎、戍卒吏丞、百工黔首，费尽移山心力，修筑此伟大工程。坚强毅力、聪明智慧、血汗辛勤，为中华留下丰碑国宝”。

下联是“跨峻岭，穿草原，横瀚海，经绝壁，纵横十万余里。望不断长龙雉堞、雄关隘口、亭障烽堠，有如玉带明珠，点缀成江山秀锦。起伏奔腾、飞舞盘旋、月宫遥见，给世界增添壮丽奇观”。

（二）长城的军事文化

长城的本质是军事防御工程。体现了民众积极防御、众志成城、抵抗侵略的军事文化。

长城始建于公元前5世纪春秋战国时期，各诸侯国为了防御别国入侵，修筑烽火台，并用城墙连接起来，形成了最早的长城。公元前3世纪秦始皇统一中国，派遣大

① 詹万生：《詹万生德育文选》第5卷，474～481页，北京，首都师范大学出版社，2018。

将蒙恬率领 30 万大军北逐匈奴后，把原来分段修筑的长城连接起来，以抵御匈奴再来侵犯。其后历代不断维修扩建，到 17 世纪中叶，明朝洪武至万历年间，经过 20 多次大规模的修建，筑成一条西起甘肃嘉峪关，东至辽东虎山口的万里长城。

长城的建筑结构十分复杂，由城墙、敌台、关城、烽火台、城障和军用道路等共同组成。城墙为前沿阵地和防御主体；敌台为前沿战斗据点；关城为区域防线的门户和通道，是防御重点和兵家必争之地；烽火台是传递军情的报警设施；城障是官兵驻守戍边的城堡；军用道路是调集兵马，保障后勤供应的交通动脉。各个设施相互配合，构成强大的综合性防御功能。

（三）长城的建筑文化

长城是人类建筑史上的奇迹。它雄伟壮观、气势磅礴、风格独特。历代所修的长城若相加在一起，总长度在 5 万千米以上，若将其砖石土方用来修建一道高 5 米、厚 1 米的大墙，可以环绕地球十几圈。

秦始皇统一中国后，为了防御北方匈奴人的侵犯，下令把各诸侯国的城墙连接起来，并不断修缮加固。据记载，秦始皇使用了近百万劳动力修筑长城，占当时国内总人口的二十分之一。在没有机械协助的当时，全部劳动都由人力完成，人们在崇山峻岭、峭壁深壑中修筑长城，十分艰难。

明朝在“外边”长城之外，还修筑了“内边”长城和“内三关”长城。“内边”长城以北齐所筑为基础，起自内蒙古与山西交界处的偏关以西，东行经雁门关、平型诸关入河北，然后向东北，经来源、房山、昌平诸县，直达居庸关，然后又由北向东，至怀柔的四海关、与“外边”长城相接，以紫荆关为中心，大致成南北走向。“内三关”长城在很多地方和“内边”长城并行，有些地方两城相隔仅数十里。除此以外，还修筑了大量的“重城”。雁门关一带的“重城”就有 24 道之多。

二、 长城文化与综合素质教育

万里长城是中华民族的脊梁，长城文化是伟大中华民族精神的重要组成部分。五千年来，中华民族形成了以爱国主义为核心的团结统一、爱好和平、勤劳勇敢、自强不息的伟大中华民族精神。长城文化完整地体现了这种精神，是进行综合素质教育的最好教材。

（一）长城文化与固国安邦教育

自古以来，国家安全是国家的根本利益，是国家生存和发展的基石，没有安全就不会有真正的生存权，更谈不上稳定和发展，谋求国家安全应该是一个国家追求的首要、永恒目标。国家安全不仅关乎国家的兴亡，还关乎每个公民的切身利益。覆巢之下无完卵，国破家必亡，就是这个道理。

青少年是民族的希望，祖国的未来，其成长健康与否关系到国家的前途和命运。

青少年正处于人生成长的关键时期，人生观、世界观、价值观正处于逐步形成的重要阶段，因此，加强青少年的国家安全教育具有特殊的重要意义。同时，青少年接触网络多，接受新事物快，但阅历浅、经验少、防范意识弱，加强国家安全教育更十分必要。

一方面，家庭教育必须重视青少年国家安全意识教育的常态化和生活化。家庭是孩子的第一所学校，家长是第一任老师。家庭教育在青少年成长中具有奠基性、深刻性和长远性意义。家长必须提高自身的国家安全意识，以身示范，言传身教，使孩子在耳濡目染中受到影响。

另一方面，在学校教育中，开设思想品德课和国防教育课，并保证其教学质量，使学生有效提高国家安全意识。同时，注重创新教育方式方法，通过图文、动漫、微视频、音频等各种形式，将不同的教育内容与各种校园文化、社会实践活动相结合，把国家安全意识教育渗透到学生"第二课堂"和日常行为训练中去。

（二）长城文化与勤劳勇敢教育

万里长城具有独特的建筑风格、复杂的建筑结构和浩大的建筑规模。面对各地不同地形和自然条件，勤劳智慧的中国人民巧妙地选择了就地取材，因地制宜，用险制塞的选材与构筑原则，如利用山岭，凭借黄河天险等屏障，这种做法有利于节约人力、物力和财力，从而使长城和当地的自然环境和谐地融为一体，取得了协调一致的效果。各段长城连缀，绵延不绝，横贯中国北方大地，形成了一种雄伟壮观、气势磅礴、风格独特的建筑文化。

（三）长城文化与民族团结教育

中国是一个多民族国家，在漫长的历史发展中，在我国北方生活的民族先后有东胡、匈奴、突厥、鲜卑、契丹、蒙古、满族等少数民族。他们"逐水草迁徙"，被称为游牧民族。黄河流域和长江流域是我国农业的发祥地，长期居住和生活着"以农耕为主业"的汉族，史称农耕民族。游牧民族和农耕民族两种生产方式和生活方式是对立统一的，既有相互依赖的同一性，又有相互排斥的斗争性。同一性表现在农耕民族需要从游牧民族地区取得牲畜和畜产品，游牧民族需要从农耕民族地区取得农产品和手工业品，必然形成两类民族经济的联系、交流和互补。

在正常的经济交流得不到满足时，往往就诉诸骚扰、掠夺、侵犯乃至战争。在汉唐时期，农耕民族经济文化比较发达，在战场上也处于优势并最终取得胜利。南宋时期和明朝末年，由于封建统治阶级的腐败无能，曾经出现了蒙古族入主中原建立的元朝和满族入关建立的清朝。然而，不论是蒙古族建立的元朝，还是满族建立的清朝，最终都被农耕文明的汉文化所同化、所融合。这一方面取决于农耕文明在当时那个年代的先进性和进步性，另一方面取决于中华传统文化的和谐、大一统思想的凝聚力。

以长城文化为教材，切实加强对青少年学生进行热爱祖国、团结统一、和谐共生的伟大民族精神教育。

三、 长城文化与学生素质发展

中华儿女不但要了解长城，而且应了解长城文化；不但要学习长城文化，而且应宣传长城文化；不但要继承长城文化，而且应弘扬长城文化。以长城文化为依托，举办“知我长城，爱我长城”主题班会，开展“爱我长城，护我长城”公益活动，进行“登上长城，放飞梦想”登城竞赛，是学生综合素质发展的重要途径和方法。

（一）“知我长城，爱我长城”主题班会

1. 活动目的

(1)通过“知我长城，爱我长城”主题班会，使同学们增长长城知识，了解长城文化，感受长城精神，树立爱长城、爱祖国的思想品德。

(2)通过“知我长城，爱我长城”主题班会，使同学们立志传承以爱国主义为核心的团结统一、爱好和平、勤劳勇敢、自强不息的伟大中华民族精神，立志为实现中华民族伟大复兴的中国梦作贡献。

2. 活动过程与内容

(1)播放纪录片《话说长城》。

(2)知识问答：

①历代长城的总长度是多少？

②长城何时出现？

③古代长城的用途是什么？

④从这里南通北京昌平区、北京市区，北去北京延庆区，西北往宣化、张家口，“路从此分，四通八达”，讲的是中国________长城名字的由来。

⑤“万里长城，慕田峪独秀”形容的是以下哪座长城？

A. 八达岭长城　B. 居庸关长城　C. 慕田峪长城　D. 司马台长城

(3)配乐诗朗诵：毛泽东《清平乐·六盘山》

天高云淡，望断南飞雁。
不到长城非好汉，屈指行程二万。
六盘山上高峰，红旗漫卷西风。
今日长缨在手，何时缚住苍龙。

（二）“爱我长城，护我长城”公益行动

1. 公益行动的目的

(1)让学生感受到修筑长城的艰辛，体会古代先民的勤劳、智慧和勇敢。

(2)让学生意识到保护长城、弘扬中华文化的重要性。

(3)让学生接触社会、了解社会，增强社会责任感。

2. 公益行动的主要内容

(1) 清理长城垃圾。学生来到长城后，把不文明游客丢弃在长城上的果皮、纸屑等垃圾捡起来带走，并号召其他游客把登长城的垃圾带走，保护长城文物古迹不受垃圾污染。

(2)发布“知我长城，爱我长城”倡议书。

保护长城倡议书

亲爱的同学们：

高大坚固、气魄雄伟，这些都是人们赋予长城的形容。长城是我们中华民族的骄傲，更是全世界的自豪。可是，随着越来越多的游客涌入，我们美丽的长城正面临着严重的破坏：游客在长城上乱扔垃圾，在城墙上乱写乱画，严重破坏了长城的雄伟面貌。同学们，你们看到此，难道不觉得痛心吗？

多年前，名叫威廉·林赛的英国人来到中国发起了“干净的长城运动”，带领着游客一起在长城上捡垃圾。他说：“除了照片，什么也别带走；除了脚印，什么也别留下。”我们作为中国人，作为修筑万里长城的先辈们的后代，更应该马上行动起来！让我们做到以下几点：

1. 不在长城上乱丢垃圾，请将它们送回“家”——垃圾桶。

2. 不在长城上乱涂乱刻，让长城伤痕累累。

3. 不把长城上具有几百年历史的文物，如大炮等当成坐椅来休息。

保护长城是每个人的责任。让我们从自身做起，从小事做起，爱我中华，护我长城！

3. 公益行动的总结表彰

（三）“登上长城，放飞梦想”登城竞赛

1. 登城竞赛的目的意义

(1)体验长城文化，感受长城精神，传承以爱国主义为核心的团结统一、爱好和平、勤劳勇敢、自强不息的伟大中华民族精神。

(2)登上长城，极目远望，感受自然之壮美，体验天人合一的感觉。

(3)在长城上与各国友人交谈，开阔视野，增强人际交往能力，以此引导启发学生走向五湖四海，周游世界各国的梦想。启迪学生在少年时代敢于有梦，勇于追梦，勤于圆梦，使梦想成真。

2. 登城竞赛准备工作

(1)筹备工作

①成立组织机构：总指挥、领队、指导教师、裁判员。

②确立团队名称。

③打造团队文化：队旗、队帽、队服、口号。

④筹备保障条件：饮食、交通、通信。

(2)设置奖项

登高奖、速度奖、互助奖、摄影奖、自我超越奖、参与奖等。

(3)制定安全措施

安全准备：医疗、突发事件预案等。

3. 登城竞赛实施过程

推荐登城路线：八达岭长城城门——北一敌楼——北二敌楼——北三敌楼——北四敌楼。

路线说明：八达岭长城城门平台一直到北四敌楼，海拔为750余米，坡度有缓有急。其中，从平台到北一敌楼距离较短，坡度较缓；从北二敌楼到北三敌楼坡度逐渐增大，长度延长，从北三敌楼到北四敌楼，延长距离最大，台阶加大，坡度最陡，最陡处坡度达60～70度，攀登难度较大。

比赛方式：团队赛制，比赛分A、B轮，每轮4个团队。A轮比赛时，每一个关卡由B轮中两位同学作为裁判进行计时和登记工作。A轮完成比赛后，A轮同学轮替B轮同学做裁判和计分员，B轮小组进行比赛。每个小组必须在规定时间内完成每段的攀登，详情数据如下：

项目	平台至北一敌楼	北一至北二敌楼	北二至北三敌楼	北三至北四敌楼
延长(米)	41.4	113.5	157.7	232.6
海拔(米)	670.96	685.90	713.85	777.03
时间(分钟)	5	10	15	25

4. 登城竞赛的体验分享

教师引导学生有感而发，撰写一篇散文或一首诗词，也可以拍摄最美图片并作文字说明。

第四篇

中国素质教育发展的实践导引

第二十二章 开展综合实践活动，提升学生综合素养

怎样发展中国素质教育？新时代、新特点需要新理念、新思路，在传统三个课堂的基础上开展综合实践活动课程的设计和实施，既是贯彻教育部《中小学综合实践活动课程指导纲要》精神，也是提升学生综合素养，落实立德树人根本任务的创新之举。

一、 综合实践活动课程的性质与基本理念

（一）综合实践活动课程的性质

什么是综合实践活动课程？教育部《中小学综合实践活动课程指导纲要》指出：综合实践活动是从学生的真实生活和发展需要出发，从生活情境中发现问题，转化为活动主题，通过探究、服务、制作、体验等方式，培养学生综合素质的跨学科实践性课程。

综合实践活动是国家义务教育和普通高中课程方案规定的必修课程，与学科课程并列设置，是基础教育课程体系的重要组成部分。该课程由地方统筹管理和指导，具体内容以学校开发为主，对象覆盖基础教育领域。

（二）综合实践活动课程的基本理念

1. 课程目标以培养学生综合素质为导向

本课程强调学生综合运用各学科知识，认识、分析和解决现实问题，提升综合素质，特别是社会责任感、创新精神和实践能力，以适应快速变化的社会生活、职业世界和个人自主发展的需要，迎接信息时代和知识社会的挑战。

2. 课程开发面向学生的个体生活和社会生活

本课程面向学生完整的生活世界，引导学生从日常学习生活、社会生活或与大自然的接触中提出具有教育意义的活动主题，使学生获得关于自我、社会、自然的真实体验，建立学习与生活的有机联系。要避免仅从学科知识体系出发进行活动设计。

3. 课程实施注重学生主动实践和开放生成

本课程鼓励学生从自身成长需要出发，选择活动主题，主动参与并亲身经历实践过程，体验并践行价值信念。在实施过程中，随着活动的不断展开，在教师指导下，学生可根据实际需要，对活动的目标与内容、组织与方法、过程与步骤等做出动态调

整，使活动不断深化。

4. 课程评价主张多元评价和综合考察

本课程要求突出评价对学生的发展价值，充分肯定学生活动方式和问题解决策略的多样性，鼓励学生自我评价与同伴间的合作交流和经验分享。提倡多采用质性评价方式，避免将评价简化为分数或等级。要将学生在综合实践活动中的各种表现和活动成果作为分析考察课程实施状况与学生发展状况的重要依据，对学生的活动过程和结果进行综合评价。

二、 综合实践活动课程的总目标和领域目标

（一）总目标

通过综合实践活动课程建设的研究与实验，使小学生、初中生、高中生逐渐从个体生活、家庭生活、学校生活、社会生活和融入自然中获得丰富的实践经验，逐步形成对自然、社会和自我之间内在联系的整体认识，具有价值体认、责任担当、问题解决、创意物化等方面的意识和能力，提升综合素养和个性特长，指导学生做好个人成长规划，为在将来成为社会主义建设者和接班人做好准备。

（二）领域目标

1. 小学阶段具体目标

价值体认：通过亲历、参与少先队活动、场馆活动和主题教育活动，参观爱国主义教育基地等，获得有积极意义的价值体验。理解并遵守公共空间的基本行为规范，初步形成集体思想、组织观念，培养对中国共产党的朴素感情，为自己是中国人感到自豪。

责任担当：围绕日常生活开展服务活动，能处理生活中的基本事务，初步养成自理能力、自立精神、热爱生活的态度，具有积极参与学校和社区生活的意愿。

问题解决：能在教师的引导下，结合学校、家庭生活中的现象，发现并提出自己感兴趣的问题。能将问题转化为研究小课题，体验课题研究的过程与方法，提出自己的想法，形成对问题的初步解释。

创意物化：通过动手操作实践，初步掌握手工设计与制作的基本技能；学会运用信息技术，设计并制作有一定创意的数字作品。运用常见、简单的信息技术解决实际问题，服务于学习和生活。

2. 初中阶段具体目标

价值体认：积极参加班团队活动、场馆体验、红色之旅等，亲历社会实践，加深有积极意义的价值体验。能主动分享体验和感受，与老师、同伴交流思想认识，形成国家认同，热爱中国共产党。通过职业体验活动，发展兴趣专长，形成积极的劳动观

念和态度，具有初步的生涯规划意识和能力。

责任担当：观察周围的生活环境，围绕家庭、学校、社区的需要开展服务活动，增强服务意识，养成独立的生活习惯；愿意参与学校服务活动，增强服务学校的行动能力；初步形成探究社区问题的意识，愿意参与社区服务，初步形成对自我、学校、社区负责任的态度和社会公德意识，初步具备法治观念。

问题解决：能关注自然、社会、生活中的现象，深入思考并提出有价值的问题，将问题转化为有价值的研究课题，学会运用科学方法开展研究。能主动运用所学知识理解与解决问题，并做出基于证据的解释，形成基本符合规范的研究报告或其他形式的研究成果。

创意物化：运用一定的操作技能解决生活中的问题，将一定的想法或创意付诸实践，通过设计、制作或装配等，制作和不断改进较为复杂的制品或用品，发展实践创新意识和审美意识，提高创意实现能力。通过信息技术的学习实践，提高利用信息技术进行分析和解决问题的能力以及数字化产品的设计与制作能力。

3. 高中阶段具体目标

价值体认：通过自觉参加班团活动、走访模范人物、研学旅行、职业体验活动，组织社团活动，深化社会规则体验、国家认同、文化自信，初步体悟个人成长与职业世界、社会进步、国家发展和人类命运共同体的关系，增强根据自身兴趣专长进行生涯规划和职业选择的能力，强化对中国共产党的认识和感情，具有中国特色社会主义共同理想和国际视野。

责任担当：关心他人、社区和社会发展，能持续地参与社区服务与社会实践活动，关注社区及社会存在的主要问题，热心参与志愿者活动和公益活动，增强社会责任意识和法治观念，形成主动服务他人、服务社会的情怀，理解并践行社会公德，提高社会服务能力。

问题解决：能对个人感兴趣的领域开展广泛的实践探索，提出具有一定新意和深度的问题，综合运用知识分析问题，用科学方法开展研究，增强解决实际问题的能力。能及时对研究过程及研究结果进行审视、反思并优化调整，建构基于证据的、具有说服力的解释，形成比较规范的研究报告或其他形式的研究成果。

创意物化：积极参与动手操作实践，熟练掌握多种操作技能，综合运用技能解决生活中的复杂问题。增强创意设计、动手操作、技术应用和物化能力。形成在实践操作中学习的意识，提高综合解决问题的能力。

三、 综合实践活动课程的主要内容和活动方式

（一）主要内容

小学、初中、高中共十二个年级从个人生活、家庭生活、学校生活、社会生活和

融入自然五大生活领域，根据小学生、初中生、高中生年龄阶段的身心特点、成长规律，每个月设计一项综合实践活动内容。

五大生活领域的活动内容设计：

1. 个人生活实践活动内容：起居自理、合理饮食、讲究卫生、健康锻炼。

2. 家庭生活实践活动内容：孝敬父母、亲情关爱、家务劳动、家训家风。

3. 学校生活实践活动内容：尊敬老师、团结同学、关心集体、遵守校规、建校劳动、动漫制作、软件编程、陶艺创作、校园安全。

4. 社会生活实践活动内容：与人交往、公益劳动、志愿服务、勤工俭学、军事训练、学工学农、热爱家乡(社区)、节庆活动、爱党爱国。

5. 融入自然实践活动内容：旅行准备、交通工具、热爱自然、保护环境。

五大生活领域所包含的30项活动内容，要本着从易到难、从简到繁、从具体到抽象、从感性到理性，分布到小学、初中、高中各个年级之中。指导学生逐步形成各项活动内容的价值体认、责任担当、问题解决、创意物化等方面的意识和能力，提升综合素养和个性特长。要设计未来政治家、未来企业家、未来教育家、未来科学家、未来艺术家、未来大律师等实践活动课程。让学生敢于有梦，勇于追梦，勤于圆梦。

（二）活动方式

1. 考察探究

开展研究性学习，在观察、记录和思考中，引导学生主动获取知识，分析并解决问题，如野外考察、社会调查、研学旅行等，它注重运用实地观察、访谈、实验等方法，让学生形成理性思维，并拥有批判质疑和勇于探究的精神。

2. 社会服务

学生在教师的指导下，走出教室，参与社会活动，以自己的劳动满足社会组织或他人的需要，如公益活动、志愿服务、勤工俭学等。它强调学生在满足被服务者需要的过程中，获得自身发展，促进相关知识技能的学习，提升实践能力，成为履职尽责、敢于担当的人。

3. 设计制作

学生运用各种工具、工艺进行设计，并动手操作，将自己的创意、方案付诸现实，转化为物品或作品的过程，注重提高学生的技术意识、工程思维、动手操作能力等。

4. 职业体验

学生在实际工作岗位上或模拟情境中见习、实习，体认职业角色的过程，发现自己的专长，培养职业兴趣，形成正确的劳动观念和人生志向，提升生涯规划能力。

5. 党团队活动

小学开展少先队活动，初中开展共青团活动，高中开展入党教育活动。党团队活动可以在学校举行，也可以在社会上的节日纪念日活动中开展，还可以在融入大自然的旅行郊游活动中举行。

6. 主题班会

主题班会有多种形式，如讨论探究式、辩论明理式、情感体验式、情景模拟式、角色扮演式、文艺演出式、知识竞赛式、网上互动式等。

7. 参观考察

组织学生参观德育馆、博物馆、科技馆、敬老院、福利院等，也可参观政府机关、企业公司、社会团体、社区、农村、军营，使学生在参观活动中观察、感悟、体验社会生活。

四、 综合实践活动的实施与考核评价

（一）活动实施

学校是综合实践活动课程实施的主体，要明确实施机构及人员、组织方式等，加强过程指导和管理，确保课程实施到位。

1. 课时安排

小学一至二年级，平均每周不少于 1 课时；小学三至六年级和初中，平均每周不少于 2 课时；高中执行课程方案相关要求，完成规定学分。各学校要切实保证综合实践活动时间，在开足规定课时总数的前提下，根据具体活动需要，把课时的集中使用与分散使用有机结合起来。要根据学生活动主题的特点和需要，灵活安排、有效使用综合实践活动时间。

2. 实施机构与人员

学校要成立综合实践活动课程领导小组，结合实际情况设置专门的综合实践活动课程中心或教研组，或由教科室、教务处、学生处等职能部门承担起学校课程实施规划、组织、协调与管理等方面的责任，负责制定并落实学校综合实践活动课程实施方案。要建立专兼职相结合、相对稳定的指导教师队伍。学校教职工要全员参与，分工合作。原则上每所学校至少配备 1 名专任教师，主要负责指导学生开展综合实践活动。

3. 组织方式

综合实践活动以小组合作方式为主，也可以个人单独进行。小组合作范围可以从班级内部，逐步走向跨班级、跨年级、跨学校和跨区域等。要根据实际情况灵活运用各种组织方式。要引导学生根据兴趣、能力、特长、活动需要，明确分工，做到人尽其责，合理高效。既要让学生有独立思考的时间和空间，又要充分发挥合作学习的优势，重视培养学生的自主参与意识与合作沟通能力。鼓励学生利用信息技术手段突破时空界限，进行广泛的交流与密切合作。

（二）考核评价

1. 做好写实记录

教师要指导学生客观记录参与活动的具体情况，包括活动主题、持续时间、所承担的角色、任务分工及完成情况等，及时填写活动记录单，并收集相关事实材料，如活动现场照片、作品、研究报告、实践单位证明等。活动记录、事实材料要真实、有据可查，才能为综合实践活动评价提供必要基础。

2. 建立档案袋

在活动过程中，教师要指导学生分类整理、遴选具有代表性的重要活动记录、典型事实材料以及其他有关资料，编排、汇总、归档，形成每个学生的综合实践活动档案袋，并纳入学生综合素质档案。档案袋是学生自我评价、同伴互评、教师评价学生的重要依据，也是招生录取中综合评价的重要参考。

3. 设计考核评价体系

原则上每学期末学校应对学生综合实践活动做考核评价，通过学生自评、教师导评、生生互评、家长助评的方式，不给分数，不分等级，只写评语。教师要对学生综合素质发展水平进行客观分析，写出评语，引导学生扬长避短，明确努力方向。根据考核评价结果，教师要会同家长帮助学生制定《公民素质成长规划》。

【名言哲理】

中国人有一句老话："不入虎穴，焉得虎子。"这句话对于人们的实践是真理，对于认识论也是真理。离开实践的认识是不可能的。——毛泽东《实践论》

手脑双全，是创造教育的目的。中国教育革命的对策是使手脑联盟。——陶行知

要解放孩子的头脑、双手、脚、空间、时间，使他们充分得到自由的生活，从自由的生活中得到真正的教育。——陶行知

科学是将领，实践是士兵。——达·芬奇

有知识的人不实践，等于一只蜜蜂不酿蜜。——萨迪

人类用认识的活动去了解事物，用实践的活动去改变事物；用前者去掌握宇宙，用后者去制造宇宙。——克罗齐

实践和行动是人生的基本任务；学问和知识不过是手段、方法，通过这些才能做好主要工作。所以，人生必须具备的知识应该按实践和行动的需要来决定。——裴斯泰洛齐

第二十三章 开发学科课程功能，融入素质教育理念

国民素质的提高和优化是教育的根本目的。如何提高国民素质？十九大报告中强调，建设教育强国是中华民族伟大复兴的基础工程，必须把教育事业放在优先位置。优先发展教育重要的工作和主要的任务就是“落实立德树人，发展素质教育”。学科课程教学占据了学生在校学习的主要时间，自然也是发展国民素质的主要渠道和途径。学科课程如何立德树人，如何发展素质教育？这一切取决于对学科课程功能的认识和发挥。

依照课程原理，任何学科课程的构成都离不开教学目标、教学内容、教学组织以及教学评价。目前，初中、高中各学科课程的教学目标主要集中在中考、高考上，尚未从人的全面发展去构建契合素质教育的目标；学科课程教学内容的构成基本上是围绕学科知识建立起来的课程体系，相对忽视立德树人价值论内容的选择和构建；教学组织与实施尽管让学生主体性地位有所提升，倡导小组合作探究的学习方式，但活动的内容与形式基本上局限在学科知识的理解与接受层面；考试仍然是评价的主要手段与方式，考试的结果仍然是评价的主要依据。在优先发展教育的新时代，学科课程需要从教学目标到教学评价融入素质教育理念，培养德、智、体、美、劳全面发展的优秀人才，为提高国民素质做出重要而独特的贡献。

一、语、数、外课程教学中的素质教育

（一）语、数、外素质教育的本质与责任

语、数、外是基础教育阶段主要的学科，其课程也是贯彻国家教育方针、集中体现国家意志的主要载体，直接影响人才培养质量。三个科目是否需要承担素质教育发展的任务？如何实施素质教育？这涉及这些课程教学的本质与责任。如何认识其素质教育的本质？

语文学科课程外在的表现现象是“语言、文字、文章、文学和文化”等内容，数学学科课程的外在表现现象是“符号运算、形式推理、模型建构”等内容，外语学科课程外在的表现现象是“外语语境、语篇、语言知识、文化知识、语言技能和学习策略”等，尽管三门学科课程表现的课程形态迥异，但本质而言均属于符号学科。

作为符号学科的语文、数学、外语课程，其教学的根本责任各有侧重。语文课程

教学的根本责任就在于培养学生创造性运用符号的智慧，也就是培养学生在运用祖国语言文字符号的过程中积累言语经验，娴熟表达能力，高雅审美情趣，积淀文化底蕴，提升思维品质，培育社会主义核心价值观；数学课程教学的根本责任是训练学生运用抽象的数学符号运算、形式推理、模型构建等方式，理解和表达现实世界中事物的本质、关系和规律，密切人类生活社会发展的关系；外语课程教学的根本责任在于训练学生学习和使用外国语言文字汲取人类优秀文明成果，借鉴外国先进科学技术，传播中华优秀文化，增进中国与其他国家的相互理解和交流的智慧与能力。

人是创造性运用符号创造文化的动物。作为符号学科，语、数、外共同的责任无疑就是培养并发展学生的符号智慧。其区别在于，语文和外语运用的是语言文字符号，而数学主要运用的是抽象的数学符号。语文与外语的区别不仅体现在国内与国外有别，还体现在语言文字"象形"与"非象形"等方面。

（二）语、数、外素质教育的目标与内容

关于语、数、外学科课程教学目标的认识，是教育主体对它们的功能、价值、意义认识的生动体现。从课程发展史看，教学目标的建构经历了基础知识、基本能力的"双基目标"阶段到知识能力、过程方法以及情感态度价值观"三维目标"立体融合嬗变的过程。在"双基"教学目标阶段，显然没有把立德树人作为一个重要的任务对待，致使这三个科目成为知识教学和能力训练的代名词；而在"三维目标"立体融合教学阶段，尽管强调情感态度价值观发展的目标，但没有恰当地处理好知识能力与过程方法的关系，致使三维目标成为彼此疏离的"悬空目标"。哲学家罗素认为：道德缺陷与智慧不足同为世间罪恶之根源①。这也就意味着语、数、外教学目标建构，不管是"双基目标"还是"三维目标"均需要履行学科教学的智慧培养与学科教学的道德培养的责任。尽管教学目标的建构是人为的，同样也是为人的，但"人为的"意味着我们的教师能够对语、数、外课程教学的教学价值进行主动的判断与选择，"为人的"则意味无论何种教学目标建构均要促进学生身心健康，素质全面发展。因此在新时代，语、数、外课程教学发展素质教育，需要从教学目标建构把握符号智慧培养与道德教育的关系，做到德言同构。即在创造性运用语言文字或数学抽象符号学习语、数、外课程的过程中，促进学生符号智慧与道德品格素质同步发展，圆融共生。

符号智慧和道德品格是提升学生素质的两种重要力量，相辅相成，缺一不可。引用语、数、外学科发展素质教育，从教学内容的维度而言，一方面需要把握学科本位的知识体系，另一方面需要从人的道德品格去挖掘体现生命价值、意义与社会伦理道德规范的内容，且将二者融合起来，构成素质教育的融合点、训练点。在此基础上，融合到语言文字符号以及数学抽象符号的识别、理解、综合实践的过程。语文课程内容有字、词、句、段、篇、章、语、修、逻、文等要素，数学课程内容有函数、几何

① ［英］韦斯顿：《认证是一门学问——如何让你的观点有说服力》，6页，北京，新华出版社，2011。

与代数、概率与统计等，外语课程内容分为基础、实用以及拓展等，但都有思维品质、道德品格培养的共同要求。比如数学课，有一位教师执教《圆的认识》，改变了原有的学科知识本位的内容教学方式，引导学生先感知“太阳、月亮、鲜花”自然之圆，借自然圆的形状、结构等要素，引导学生认识父母早出晚归的循环往复之圆，春节祝福的亲人相聚祝福之圆，从而抽象出圆心、半径和圆周长等数学抽象概念，由于巧妙地融合了“尊重自然生态之圆”“礼敬社会生态之圆”，学生就在运用抽象数学符号的时候，自然塑造自我人生生态之圆，达到了数学符号智慧与道德品质相互促进、同构共生的目的。不难看出，语、数、外这样的符号学科着眼于符号智慧与道德品质协同，会促使学生不断积蓄具有创造性、能动性和内生性的本质力量，还会生成具有道德性、精神性与外在性的人性力量，从而成为一个德才兼备的高素质人才。

（三）语、数、外素质教育的过程与评价

传统的语、数、外课程教学，从教学过程与评价的维度审视，师生关系是主体与客体的关系，教师追求统一的认识、统一的结论，以自己的思想去代替或束缚学生的思想，以自己的思维模式去规范和窒息学生的思维和智力，教学过程成为教师单向度灌输知识的活动。教学评价主要注重掌握知识的以频考为手段的结果，这其实是外在规训的“强化刺激”教学。根据脑科学的研究结果表明，大脑的基本机能是兴奋和抑制，在学习过程中，采用单一的学习形式、用单一的方法刺激，时间一长，不但不能引起兴奋，反而导致抑制。语、数、外推行素质教育，需要处理好如下关系：其一，需要正确处理教师的“组织者、导引者、示范者”的角色与学生的“相遇者、探索者、实践者”的地位相结合的关系，要求教师尊重学生的学习权利，不以教师知识的霸权取代或削弱学生主动学习的权利；其二，正确处理教师“教”与学生“学”的关系，教师需要把握符号学科“符号智慧”培养的教学点，采取“面向全体，关注个性，着眼成长，着力引导”的策略，引导学生创造性认知、理解、运用符号；学生需要“自立其志、自奋其力，自致其知、自健其德”；其三，正确处理学生学习语、数、外经验与人生经验的辩证关系，在评价上让学生既看得见语、数、外学习智慧的进步，也看得见道德品格的进步。

语、数、外教学过程包括起点、中点和终点，呈现出教学过程的系统性、学生的心灵智慧与道德品格成长的交互性与过程性。这就意味其课程教学设计就不能平面化、线性化，而应该走向立体化、主体化。比如有位语文教师执教《桂林山水》一课的时候，面对这样的句子——“漓江的水真静啊，静得让你感觉不到它在流动；漓江的水真清啊，清得可以看见江底的沙石；漓江的水真绿啊，绿得仿佛那是一块无瑕的翡翠”，没有机械地串讲所谓的排比等静态的语文知识，而是要求学生自我朗读、品味，并将品味的内容外化为语言符号运用的成果：其一，小组交流汇报总结出这个句子所表达的方法——“感觉＋证据”；其二，引导学生探索这三句话组合的规律——由听觉到视觉，再到多感觉融合，进而形成“调动多感觉观察景物”的“理念”；其三，为了促使学生看得见进步，让学生当一次小导游，仿照作者的桂林之行，介绍自己曾经去过的一个印

象深刻的景点，并给出语言建构与表达的支架——“我看见过/攀登过……我玩赏过/游览过……却没有看见过……”；其四，学生汇报运用语言符号呈现成果：“我看见过午夜幽香的昙花惊现，迷恋过凌寒傲枝的清梅独绽，却从没看见过绍兴漫野的樱花。绍兴的樱花真满啊，满得挤弯了枝头，染艳了一地素锦；绍兴的樱花真美啊，美得陶醉了微风，唤上了满心欢喜；绍兴的樱花真香啊，香得痴馋了蝶蹁，熏香了此间光华。”从这个教学过程看，语、数、外学科教学如果围绕符号智慧与道德品格进行教学，教师与学生、学生与学生、教师与文本、学生与文本之间产生一种诗意的共生、共鸣、积淀、升华的关系，学生学习之路就变成归真、求善、至美的生命成长之路。

二、理、化、生课程教学的素质教育

（一）理、化、生的素质教育本质与责任

不同于符号课程语、数、外，理、化、生在一程度上成为理科的代名词，这个代名词的背后又是科学至上思维的体现。这一认识自然导致很多理、化、生教师奉“科学主义”为圭臬，课堂教学注重科学知识的灌输，相对忽视学生的自我探索、理解与建构；由于缺乏对学生自主探究的尊重，教师在知识灌输活动中，注重的是静态知识的认知，即前人积累的有关外在世界，尤其是自然界存在的客观事实与客观规律，而忽视引导学生运用切合自己的科学方法去发现、探索客观现象、动态变化的程序性知识及其规律，这种教学方式，更成为应付中考、高考以及其他考试的手段。教学观念是教学行为与策略的先导，要促使传统的理、化、生课程教学向素质教育发展，需要从培养全面发展的人的高度正确理解理、化、生课程教学的本质和责任。

自然科学繁荣昌盛是人类努力奋斗的事业，为促进物质文明发展起到了决定性的作用。从研究对象来看，脱胎于自然科学的物理、化学，乃至生物，以及小学统称的科学课程，自然现象与自然界的生物、动物的物质结构特征与运动规律是这些学科的主要对象；从研究手段看，由于对象的客观性，其存在的世界也包括宇宙的“时一空”结构，需要通过科学的实验作为认知的方式，即使生物学包括人的精神、神经等内容，也需要借助物质化科学的手段、基于实验观察和物质存在去做研究。这自然需要培育一种求真求实的科学精神。另外，任何自然现象的探索，任何物质运动规律的发现以及任何新材料的发明，其出发点和终极关怀均指向人类社会，对促进人类文明，人类社会的价值观、道德观等的革故鼎新会产生深刻的影响。在马克思主义者看来，自然科学也是人的社会本质的表现，因此，应当联系人的本质来看待自然科学。这就意味理化生不仅具有自然的物质性，还具有人类社会的道德性，其中科学精神与科学道德品格就是其主要内容。如果说，语、数、外培养的是人自身的符号智慧，那么，理、化、生课程教学履行的责任自然就是培养学生形成处理人与自然界的实践智慧：不仅要让学生在凭借功能化的实验器材去获得系统的科学知识，更重要的是促使他们梳理

人与自然和谐相处的自然生态观，在认识自然、改造自然的过程中习得科学方法，陶冶科学精神，张扬自然科学的归真、求善和至美。

（二）理、化、生的素质教育目标与内容

基于理、化、生课程教学本质与责任的认识，其教学目标的建构自然不是教育书中所谓“自然科学知识点”的简单抽取与罗列。审视教育部 2017 年新修订的《普通高中课程标准》的理、化、生课程目标与内容，我们不难发现：理、化、生课程的学习在肯定本学科发展固有逻辑的基础上，强调的教学目标也不是静态的学科知识目标，而是立体圆融的动态生成目标，这个目标由如下维度构成：其一，坚守自然科学的学科立场，坚持人与自然和谐共处的立场，认识自然与改造自然要坚持科学发展观；其二，培养科学的思维品质，注重引导和培养学生自主或合作认识自然现象，探索生命规律，形成科学思维的习惯，能够运用已有的理化生知识、证据和逻辑，联系生活实际进行思考，或展开论证，掌握科学探究的思路与方法；善于从实践的层面，尝试解决现实生活问题；其三，涵养科学的人文情怀，无论是进行物理学的物理现象与规律探索，还是从化学的角度认识物质结构的组成、变化与改造，均应该拥有良善的德性，尤其是在面对现实世界的挑战时，能充分利用自然科学知识主动宣传引导，愿意承担抵制反人类和不良生活习惯等社会责任。

理、化、生教师在课程开发的时候，不仅要以课程开发者和研究者的身份，打破“教教材”“唯教材是上”的传统思维定式，在考虑学科立场的基础上，将立德树人工作自觉地纳入到教学目标建构中去，还需要依据学生科学精神、科学思维品质以及科学人文情怀对理化生教学内容重新以专题的形式进行设计与整合，建构出适应学生生命成长教学主题的统一、综合和共同的教学内容体系。比如南方某市一完全中学，变理、化、生碎片化教学为主题模块融合教学。即以科学知识、科学精神、科学情怀为课程教学目标建构的主要元素，从学生自然与生命、物质与文明等视角整合理化生学习的主题，集合图、文、歌、画等资源构成一个立体的自我建模、自我内化的教学内容体系，让学生能够领略自然科学的主题之象、主题之情、主题之义、主题之理，主题之美。其结果就是教师的教学不再是照本宣科，而是还原为理化生生活的整体性，教学的生态化，让师生过上完整的生活。

（三）理、化、生的素质教育过程与评价

根据理、化、生教学目标与内容建构的认识，教学过程与评价自然就成为一种基于处理人与自然关系的科学知识、科学精神、科学情怀培养的工具实践活动，也是一种培养人的活动。

作为工具实践活动，理、化、生教学需要以学科知识为基础，以走向自然、走向实践为宗旨。开展理、化、生教育教学的训练时，既要重视人作为认识主体的主体性，又要重视人作为生活主体的目的性与文化性、生物性与社会性、历史性、现实性和未来的指向性。这一实践训练，需要的不是教师提供确定无疑的答案和行动指南似的先

验性的知识体系，而是通过“自致其知、自健其德、自启其智”的实践活动建构适合自己的经验图式。

作为一种培养人的活动，它应在实践中进行。学生的科学工具智慧和实践能力不是教师“讲”出来的，而是学生在充分的“践行”中形成的。理化生课程教学应成为学生“践行”的场所。从科学知识体悟方面来分析，任何学习是需要感悟和体验的过程，而不是简单地得到知识的结果。研究表明：人类知识分为编码化的显性知识(Explicit Knowledge)和隐含经验类的非显性知识，以及默会知识(Tacit Knowledge)。[①] 显性知识是指能够言传，即能用语言文字符号表达出来的知识，其特点是以结果为中心，是可预知的，相对封闭、固定的，是可以被“告知”的；而默会知识就是我们常说的“只可意会，不可言传”的知识。它以“经验”为本位，以“过程”为中心，具有内隐、个性化和不可“告知”等特点。就理、化、生课程教学而言，先辈在自然科学方面探索的规律、设计的过程与采取的方法而形成的结论，这些都是编码化的显性知识；而蕴含其中的自然科学态度、科学精神、科学家人格、人际交往的智慧、科学的人文精神等，都属于默会知识，这类知识很难说通过学习几条规则就能掌握，即使有这样的规则，它也不能反映出这类知识的丰富性和真正内涵。

因此，理、化、生的素质教育过程要注重实践特色，体现科学态度、科学精神、科学的人文精神的培养；理化生的素质教育评价要注重默会知识的特点，兼顾体验性、过程性、成长性的评价方式。

三、 政、 史、 地课程教学中的素质教育

（一）政、 史、 地的素质教育本质与责任

从新课标的视域看，思想政治学科是帮助学生确立正确的政治方向，提高思想政治素养，增强社会理解和参与能力的综合性、活动型学科课程。历史学科是在一定历史观指导下，指导学生探寻人类历史真相、认识历史进程、探索历史规律、总结历史经验、揭示历史发展趋势的，促进学生全面发展的基础性课程。地理学科是研究地理环境以及人类活动与地理环境关系的科学，具有综合性、区域性等特点的基础性课程，兼有自然科学和社会科学的性质。本质而言，政、史、地都是人类文化的重要组成部分，在传承人类文明的共同遗产，提高公民文化素质等方面起着不可替代的重要作用。尽管学界对于地理学科的认识属于自然科学还是人文科学存在认识上的分歧，但现实中将这三门学科笼统地归于人文社会科学是约定俗成的事实。

人文社会科学不同于自然科学特别强调严格的科学思维方法与科学的论证、研究手段。致使传统的政、史、地课程教学对学习者做了一个潜在的、不切合实际的假设，

① 贺斌：《默会知识研究：概述与启示》，载《全球教育展望》，2013(5)。

即学生是缺乏主动的思想政治、历史、地理信息加工能力的，是被动反应的个体，这些学科只能以毫无错误的方式给学生传授毫无错误的知识。由此，政、史、地采取的是彼此梳理且置学生的主体性于不顾的“灌输人文知识”的教学方式，成为典型的“贝多芬”(背多分)的代名词。本质而言，政、史、地这些人文学科是“文明之学”，更是“人学”，它们的责任在于从观念层面解决学生生命存在的根据和价值取向的问题，还以精神实践的方式，引导学生研习历史文献资料、地理条件以及社会生存法则，获取人与自然、人与人、人与社会的“精神智慧”，从而成为一个具有人文精神、人文关怀与健全人格等整体素质的文明人。

（二）政、史、地的素质教育目标与内容

政、史、地从各自的学科立场审视，均有自己的价值选择与追求，自然形成了不同的学科教学目标与内容体系。比如，思想政治课程是用一定政治观点、道德规范，对学生施加有目的、有计划、有组织的影响，使他们形成符合社会所要求的思想品德的教育实践活动。历史学课程的宗旨是拓宽学生历史视野，发展历史思维，提高历史学科核心素养，使学生能够从历史发展的角度，理解并认同社会主义核心价值观和中华优秀传统文化，认识并弘扬以爱国主义为核心的民族精神和以改革创新为核心的时代精神，具有广阔的国际视野，树立正确的世界观、人生观、价值观和历史观。地理学科课程的宗旨就是培养学生具备人地协调观、综合思维、区域认知以及地理实践力，学会从地理视角认识和欣赏自然与人文环境，懂得人与自然和谐共生的道理，提高生活品位和精神境界。基于“文明人”培养的责任思考，政、史、地要挣脱传统课程教学窠臼的束缚，在教学目标与内容的建构上需要落实“以人为本”的教学理念，一方面充分肯定学习者是具有一定早期经验和历史积淀正在发展的能动体；另一方面做好课程资源整合工作，在尊重各自学科发展规律的基础上实现立德树人的学科教学目标与学科知识内容的立体融合。

政、史、地课程发展素质教育，除了树立以人为本的课程观念外，首要的任务就是能够让学生从课本中走出，回归到学生的生活实践，用富有立体融合的学科视野，用最质朴的教育情怀，引导学生追寻教育理想，培养具备未来社会必需的人文素养的优秀学生，为幸福生活奠基，为幸福人生导航。比如，广东省中山市纪中三鑫双语学校研究并实施的“幸福教室”实验，研发了“全学科融合课程”与“全学科实践课程”，包含“爱生活、爱自然、爱成长、爱民族”四个一级主题，不仅覆盖语、数、英等学科，还融合了政、史、地。主题学习内容相互关联、渗透、补充。让知识不再断裂，思维不再断层，最大程度地贴近学生的最近发展区。

（三）政、史、地的素质教育过程与评价

在素质教育的视域，学生是学习的主体、认识的主体、发展的主体，也是自然人、社会人、理想自我、和谐发展的立体人，是历史人、现实人与未来人融会贯通的完整人，还是工具智慧、精神智慧与符号智慧协同发展的超人。从完整人的角度看，学生

的素质发展在于纵向衔接，构建垂直教育体系，这就需要学生拥有终生学习能力。从立体人的角度看，学生的素质发展在于横向整合，融会贯通德智体美劳各科素质，这就需要强健其体魄，用健康的身体坚强地独立于世界；文明其精神，拥有良善的德性及和谐人际关系；美好其情怀，令其诗意地栖居大地；更主要的是需要综合运用学科知识来应对多种复杂情境的智慧，以便解决各种实际问题。从创造人的角度看，需要养成工具智慧，以便创造性地运用劳动、信息等工具；养成精神实践智慧，以便从国际、民族的视野审视社会的问题；掌握各种符号智慧，以便赋予自我的成长以无限的可能。①

基于学生完整存在的思考，政治、历史、地理课程教学过程和评价层面自然应当充分调动学生的学习积极性、主动性和创造性，使学生最大限度地通过动眼、动口、动脑，把外部的学习活动逐步内化为自身需要的实践活动，促进学生的知识与能力、情感与态度、过程与方法和谐发展与提高。因此，为了有助于“学者好学”，政、史、地教师应树立“以人为本”的观念，带领学生自主参与制订学习目标，变单一知识传授为关注个性、才能的发展，变设置知识学习的“通道”为创设激发兴趣、诱导情感的“情境”，让学生自己去设计、开发、行动、体验乃至创造，独立自主完成一系列学习活动，允许他们自主地选择学习内容，自主结成合作学习伙伴，从中享受学习的愉悦与成功的快乐。

【名言哲理】

好雨知时节，当春乃发生。随风潜入夜，润物细无声。——杜甫《春夜喜雨》

先生之最大的快乐，是创造出值得自己崇拜的学生。——陶行知

“思想自由、兼容并包”，强调学科之间各有其学理依据，应取长补短、相互争鸣，以求共生共长。——蔡元培

学生要离开死书本、死知识，在鲜活的社会生活中，去探索人生之道、社会之理，培养独立思考的能力和精神。——胡适

社会即学校，生活即教育。——陶行知

教师——教活书、活教书、教书活；学生——读书活、活读书、读活书。——陈鹤琴

能培养独创性和唤起对知识愉悦的，是教师的最高本领。——爱因斯坦

教育的伟大目标不只是装饰，而是训练心灵，使具备有用的能力，而非填塞前人经验的累积。——爱德华兹

① 冯铁山：《新课程改革视野里的学生观》，载《辽宁教育研究》，2003(10)。

第二十四章　贯彻因材施教原则，发展学生个性特长

因材施教关注不同的教育对象，尊重其个性差异，发展其个性特长，体现了以人为本的教育理念。在实施素质教育中，必须贯彻因材施教原则，针对不同类型、不同个性、不同禀赋的学生，要以关注和发展学生的个性特长为教育的出发点落脚点，让每个学生的个性得到充分的张扬，特长得到充分的发展。

一、　个性特长与因材施教

（一）关注学生个性特长是素质教育的着眼点

个性是指一个人独特的、稳定的心理倾向和心理特征的总和，人的个性特征中所包含的气质、性格、兴趣和能力，影响着甚至决定着人一生的发展。从一定意义上来说，素质教育的宗旨是发展人的个性和爱好特长，开发人的潜能，优化完善人的素质结构，使人的个性特长得到充分的发展，成为符合其潜质的个性化人才。

苏霍姆林斯基曾经指出：人的个性是一种由体力、智力思想、情感意志、情结等炼成的最复杂的合金，不了解这一切就谈不上教育。由于个体在遗传、环境及体验等方面千差万别，个体的神经活动方式、活动特点及活动水平均呈现出明显的个体差异。这也就导致了个体的适应性和适应能力、个体的智力和非智力水平等方面会表现出明显的差异。这些差异在现实生活中既表现在个体之间，也表现在个体的不同发展阶段。比如，有的人善于归纳，有的人善于演绎，有的人善于听，有的人善于记，有的人善于动手，有的人善于思考等。由于个体间的聪明才智和个性特点不尽相同，每个人在各个方面的发展变化便各有其独特的途径和方式。教育作为塑造人、引导人的不可或缺的重要方法，就是要给不同特长的学生创造不同的条件，让他们可以充分自由地发挥自己的才能，积极引导、鼓励和支持学生的特长发挥，让他们在自己喜欢、擅长的领域里探索、求知、发展，成为各种类型的人才。正如苏霍姆林斯基所说，教育要帮助学生“在无数的生活道路中，找到一条最能鲜明发挥他个人创造性和个性才能的道路”。特别强调的是，无论多么有能力的教师也万不可强迫学生各个方面齐头并进成为“全才”，不要轻易地去强迫学生改变自己的爱好、兴趣和特长，这是不现实的，也是不可能的。

因材施教就是要尊重和理解学生存在的个性差异，在学生现有的一定知识积累和

基本技能的基础上，根据学生的个性特点和禀赋差异，采取不同的教育方法，其最终目的就是着眼于发展学生的潜能，使每个学生都能够沿着适合自身的发展道路和发展方式，获得智力、情感、身心以及价值观等方面的健康而充分的发展，实现其个性特长的自由张扬，彰显其独特的魅力和才华。

（二）分析学生个性特长是素质教育的切入点

素质教育是一种新的教学理念，它以提高国民的整体素质为目标，以促进每一个人的全面发展为宗旨，力争使每个学生都得到最好的发展。特别需要指出的是，素质教育应是在分析学生的个性特长的基础上，通过因材施教的途径和方法贯彻实施的，是让每一位学生个性特长在教书育人总目标的指引下，达到让学生个体扬长避短、发挥潜能、突出创造的目的。

在反思我国教育模式，推进教育改革的过程中，会发现我们的传统教育模式更多的是按统一模式“铸造”或“改造”人的教育，而没有做到以人为本，充分尊重学生个性差异，进行因材施教。因此，真正落实素质教育，需要我们的教育家和教育工作者培养一双“识材”的慧眼，按照因材施教原则，善于对学生进行“个性化”雕琢，因势利导地培育出各具特色的独特之才，成为为祖国建设各显其能的千千万万的人才。

现代教育应立足于人的发展，根据学生先天资质的差异和后天培养的不同，将个别教育与全体教育相结合，帮助学生深入了解自己，正确认识自己，使每个学生找准自己的位置，明确自己的发展方向，走一条适合自己特点的人生道路。因此，我们要进一步明确，因材施教是落实素质教育所必须遵循的一条重要法则，只有做好因材施教，才能真正落实素质教育，因材施教是现代教学过程中实施素质教育的切入点，也是引导学生踏上适合自身特点的成长、成才之路的正确策略。

（三）坚持因材施教是素质教育的着力点

性格是一个人在对待事物的实际行动中所表现的较稳定的意识倾向、态度和行为方式等方面的综合特征。① 人的性格的形成不是一朝一夕的事情，但一经形成就相对稳定，并基本贯穿于他的全部行动之中。个体由于受到先天遗传、后天环境等因素的影响，即使处在同一个班级之内往往也存在着很大的差异，这就要求我们坚持因材施教，根据学生的性格特点确定科学合理的培养方案，努力提高学生的个性化特长和综合素质。

在贯彻因材施教原则过程中，教师要敏锐地发现每个学生的优势和缺点，因势利导，努力促使其扬长避短。如在引导学生参与知识的探究过程中注意设计的提问或练习，要带有一定的坡度和跨度，积极鼓励各种程度的学生勇于挑战，迎难而进，享受到成功的喜悦。总之，教师要正视和尊重学生差异，正确对待差异，把差异当作一种资源来开发。教师要善于发现学生的潜在素质和闪光点，因势利导，创设有利于学生

---

① 刘茂哉：《试论性格的概念》，载《江西师范大学学报（哲学社会科学版）》，1986(04)。

发挥自己特长、张扬自己个性的学习条件和环境。因材施教要做到对每个学生负责，让每个学生都能在现有的基础上得到良好的发展，切实使素质教育落到实处。

（四）促进学生发展是素质教育的落脚点

人的全面发展是在人的个性充分发展的基础上实现的，这也是马克思关于人的发展理论的一个重要观点。马克思曾指出“任何个人的职责、使命、任务就是全面发展自己的一切能力”，从而达到“个性比较全面的发展”。素质教育就要根据教育规律，根据学生个性的特点，因材施教，培养出适合各自个性特点的各种类型的人才。

培养学生的性格特长与全面提高学生素质是相辅相成的。因材施教让每个学生个体成为一个个有鲜明个性的、完整的、活生生的人，使个体发展更具个性化特色，成就更好的自己，这也正是素质教育之意义。这就要求教育过程中所使用的教学方式、教学内容、教学手段、教学环境以及教学评价等都要适应学生的个性差异需要。只有学生个体的需要被满足，学生才能发扬主体性，提高主体意识，激发创造力，从而扬自身之长，发挥个性之独特魅力，真正实现全面和谐的发展。

二、 因材施教的条件与保障

（一）学校要营建因材施教的育人氛围

切实落实素质教育原则，要求我们必须摒弃陈旧的教育观念，树立正确的教育观、人才观和质量观。正如《中共中央、国务院关于深化教育改革全面推进素质教育的决定》中指出的：智育工作要转变教育观念，改革人才培养模式，积极实行启发式和讨论式教学，激发学生独立思考和创新的意识，切实提高教学质量。从当今世界教育改革的大趋势看，现代教育观念包括实现人的全面发展、体现教育公平、以能力为主等教育理念，如果具体到基础教育范畴，首先要求我们树立正确的教育本质观、教育质量观以及人才观、学生观、课程观、方法观等等。如果仍然坚持以教师为中心、以课堂为中心、以书本为中心，甚至以考试为中心、以分数为中心等，而不是以提高国民素质为根本宗旨，就不能适应素质教育的要求。因此，学校要从根本上转变教育观念，认真实施因材施教原则，关注学生个体的个性化发展，以培养学生的创新精神和实践能力为重点，以学生的健康发展、持续发展、特色性发展为目标。在转变观念的基础上，学校还要加强科学管理，营建积极向上、开放多元的校园文化环境。如成立专项小组针对此项工作进行专门研究制定政策与方案，认真布置、检查、指导和总结等，为贯彻因材施教原则奠定坚实优良的基础保障。

（二）教师要提升自身因材施教的能力

教师对学生的影响是全面的，影响力也是很大的，实施因材施教的关键正是处在教育教学“第一线”的教师。因材施教作为一个重要的教育思想，对使用它的教师有着更高、更严的要求。因此，真正落实因材施教，需要全方位提高教师的自身素质。

第一，教师要提高识“材”的意识。实施因材施教，一个重要前提就是识“材”。每一个学生都是生动、丰富而独特的生命体，他们出生于不同的环境，有着不同的成长经历，逐渐形成了不同的兴趣爱好、性格特质以及行为方式等。如果教师不能认识到这些差异的存在，以“大一统”的教育方式对待学生，其结果往往是抹杀了学生的个性。因此，教师能够识“材”就成了贯彻因材施教的前提条件。每一位教师都应本着对每一个学生负责的态度，深入了解学生的个性化特点，因势利导，发展学生的个性特长。只有对学生这个“材”认识深刻了，才能有针对性地制定因材施教方案，全面落实素质教育要求。

第二，教师要提高因“材”施教的能力。有了识“材”意识，加深了对学生个体的了解，还需要教师根据不同学生的个性化差异，采取不同的教学方法，真正引导学生扬长避短，这就需要教师要不断地提高自己的因材施教能力。每一位教师必须在素质教育理念和因材施教原则指导下，深入钻研教学规律和育人规律。要明确教书育人不仅要备教材，更要备学生，学生也是教育主体，他们不仅是知识的接受者，更是教学过程的参与者。教师要综合运用教育学、心理学、管理学等诸多学科的知识，在准确了解每位学生个性特质的基础上，科学设计教育教学环节，力争将每一个学生的积极性充分调动起来，使学生的学习兴趣浓厚，潜能得到较大程度的发挥。

第三，教师要与学生建立平等的双主体关系。传统的教育观念下，教师的权威地位不可动摇，教师的主体地位受到高度尊重。随着“以人为本”的科学发展理念深入人心和教育改革的深入发展，重视学生主体地位、发挥学生主体作用的呼声日益成为一种共识。因此，适时调整教师角色成了一种必然要求。“以教师为主导，学生为主体”的教育教学过程是师生“双主体互动”的过程，需要教师从传统的角色中转换过来，以新的角色定位，促进形成新的教育教学行为，从而促进教师和学生的互动和谐发展。当然，教师角色转换并不是要完全否定教师的权威，教师角色的调整应是在“师道”得以延续的基础上，转变和调整那些忽视学生主体的教育教学因素。

（三）建立灵活多样的课堂教学模式

课堂是贯彻因材施教的主要阵地，这就需要在良好的教学环境下，根据因材施教的要求创建灵活多样的教学模式。具体的做法主要有：

一要实现学科间的渗透、融合和互补。每个学科都是教育的一个方面，都要服务于培养全面发展的高素质人才这一中心，因此，各学科教学要有融合与协同的意识，注重相互间的渗透、融合与互补。例如，要将思想品德教育的要求和审美能力的培养渗透到各门学科中，充分发挥各学科的教育功能。

二要多开展专题性教学活动。教学过程中可围绕某个主题，开展专题性教学活动，将有关学科与活动组成一个教学单元，其专题可以是以某一学科知识为主，结合其他学科和活动。这样的活动，一是促进了学生对知识的综合理解，二是让学生根据自己的兴趣特长在活动的某个方面或某个环节发挥作用。

三要努力开发校本课程，形成学校特色。校本课程是课程体系的重要组成部分，是结合当地的优势与特色，结合了本校历史传统的“特色课程”，在课程建设中发挥着补充完善的作用，有利于学生充分利用本地资源，激发学生在本地、本校特色方面的发展。

四要加强校园文化建设。在教育教学过程中，要打破只重视课堂显性课程的学习的狭隘眼界，把目光投向那些不在课堂、没有书本、看不见教师的校园文化环境。优良的校园文化让校园处处蕴含教育的因素，在潜移默化中最大限度地发挥育人的功效。

五要开设综合生活学科的专题性教学活动。将自然、社会、劳动、人文地理等有关社会生活知识综合成“生活”课，不仅减少课程门类，而且改变教学方式。学生社团和兴趣小组是这类活动的主角，学生可以各尽所能、各显风采，是知行合一的科学教育方式。

（四）科学制订因材施教的教学目标和计划

科学合理的教学目标和计划是一切教学活动的纲领性文件，它对教学过程具有引导、控制的功能。制订适合学校培养人才标准的教学目标和计划，是每所学校的头等大事，也是因材施教顺利实施的重要支撑。

制订科学的教学计划和目标，要把握整体性、灵活性、层次性以及可操作性的有机统一。从总体上说，教学目标和计划要适应国家教育发展的政策性要求，要同本校教育目标相契合，同时还要结合本地、本校师生的特点，根据实事求是的原则，体现出一定的本地、本校的特色，形成具有该学校特色的教学目标和要求。特别是根据因材施教的原则，对于教学目标和要求要努力做到分层次、分阶段、分类别，在现实的实践中应更加体现出可操作性。

（五）建立多元化的因材施教评估体系

应当指出，在国家没有推出素质教育之前，评价教育成效的主要标准就是“分数”“升学率”，手段就是层层考试。这种教育评价的特点主要是“一张考卷定终生”，对于具有不同个性特质的学生来讲，用整齐划一的评价模式去评判他们确实不是完全公平的。同样，用这样的标准来评价教师，会造成教师教学的主要目的是尽可能地提高学生的分数，也会忽略因材施教或者根本没有精力去落实因材施教。因此，为了保证素质教育真正切实实现，要努力建立多元化的教育评价体系，评价的目的就是根据因材施教原则规范教育教学过程。

教育评价体系是一个动态的体系，它不是一成不变的。国家的发展阶段和要求，教育的政策性调整等，都要求教育评价体系要与时俱进，不断地调整和修改。同时，教育评价体系也不是只有一个标准，而是体现多元化，区分层次性。因材施教的目的是每个学生的全面发展，评价体系的多元化和层次性是实现因材施教的关键点，它是因材施教的指南，为因材施教的顺利实施提供科学的导向，因此，要建立科学化的教育评价体系，使这种评价真正地成为一种促进学生个性化发展，促进素质教育落实的有效手段。

（六）努力实现学校教育、家庭教育与社会（社区）教育的有机结合

一般来讲，因材施教主要在学校的教育教学过程中实施，但如果没有家长的理解与配合，没有社会(社区)的支持与协同，也是难以达到预期效果的。可以设想，如果家长仍然按照过去的旧观念对待孩子，或是对教师的因材施教行为持怀疑甚至反对态度，学校的因材施教成效是要大打折扣的；如果学校和学生所处的社区环境缺乏文明健康的育人环境，那么，学校的因材施教成效也会被抵消。因此，学校要努力实现与家庭教育和社会(社区)教育的合作。

在争取家庭教育支持方面，各地各学校可采取开办家长学校、成立家长委员会、设立家长访校日、建立家访制度等方式，密切家庭与学校的联系，帮助家长了解教育改革和发展的形势与要求，帮助家长学会科学的家庭教育方法，在识“材”和育“材”方面形成合力。

在争取社会(社区)支持方面，学校要多与当地政府有关部门特别是文化宣传部门建立良性互动关系，使社会(社区)环境和资源为学校的因材施教提供有力的保障。

三、因材施教的主要方法

（一）改革教学组织方式

根据因材施教原则，面对不同类型、不同层次、不同个性的学生，教学组织也应打破“一刀切”的教学模式，根据学生学习现状及需求划分为不同层次，推行分级分层教学。

目前，许多学校开展了分层教学试验，由学生根据自身的学习兴趣和学习能力，确定自己适合的层次，自主选择按照相应层次确定的班级，这不失为进行因材施教的一种积极有益的探索。需要明确的是，实行分层教学，是按照素质与能力分层，而不能单纯“以成绩划分快慢班”。因此这需要而且必须听取学生和家长的意愿，由学校精心调配教学力量，有计划有步骤地实施。在分层教学过程中，应针对不同层次学生的兴趣和能力，制订不同的教学目标、教学要求和教学方法，以充分调动学生学习的主动性，使之有较大的收获。同时，对不同层次的学生应采用不同的考核和评价方式。

分组教学也是实施因材施教的一种有益尝试。分组以能力层次为依据，以兴趣特长为中心，以有利于顺利开展因材施教为原则。教师以平等身份参与到小组的合作学习中去，注重对学生的个别指导，多采取启发激励的方式。由学生之间互相切磋、各抒己见的小组合作学习，有利于发挥学生学习的积极性，是主体性教学的有效方式。

（二）采用多样化的教学方法设计教学活动

因材施教需要借助一系列教学活动来落实，教师作为因材施教的一线组织者，要

从学生“学”的角度来精心设计教学活动，使学生的学习活动有明确的目标，并按照教育教学规律构成一个有梯度的连续性活动。

在教师所设计的各项教学活动中，要以引导学生个性特长发展为重点，以提高学生的综合素质和能力为目标，而不仅仅是掌握现成的文化知识点。通过教师精心设计的一系列教学活动，使学生主动参与教学活动，学会主动思考、主动探究和互动配合。在教学活动中，学生之间的合作交流、竞争选择、取长补短，让他们在相互交流碰撞中共同提高，这不仅有助于学生个体优势的发展，也促进了团结协作能力的提高。教学活动的设计应从两个方面考虑：一是组织方式上进行个别操作、分组互动、全班交流；二是互动方式上通过游戏、讨论、竞赛和表演等调动学生的兴趣爱好和特长。

（三）挖掘学生自我发展的内在动力

因材施教并非是教育者的“单打独斗”，有效的因材施教还需要发挥受教育者的能动性才能顺利实现。众所周知，一个人的发展归根结底是自主发展，任何教育都必须提高学生的自我教育能力。因此，因材施教还需要从学生的角度着力，激发学生自身因材“自教”的内在动力，在引导学生正确认识自我的基础上，着重培养学生自我教育能力是因材施教的一个不可缺少的重要途径。

一是要帮助提高学生自我教育能力，学会自主发展。教师培养学生的良好个性品质就是让学生学会自我成长，教师要鼓励学生加强自我认知、自我控制和自我修养，特别是要启发他们认识自己个性中的优缺点，正确地了解自己、评价自己和发展自己。在这方面，教师要为学生提供自我教育的好素材，如名人格言、英雄事迹、名人传记等，让他们经常写一些反思日记，及时总结经验教训，不断提升自身修养，增强自我教育能力。二是要帮助学生探索一套适合自己的学习方法。教师要依据学生个体差异引导学生掌握适合自己的学习方法，培养良好的学习习惯。当然，建立一套适合自己的学习方法不是一蹴而就的，需要一定时间的摸索和调整，需要教师在课上课下对学生进行科学、耐心地引导。

（四）开展丰富多彩的第二课堂活动

加德纳的多元智能理论认为，智力是每个人不同程度地表现在生活各个方面的能力，智能的结构是多元的，应该认识到每个学生都有自己特有的长处。学生在校学习过程分为第一课堂和第二课堂，第一课堂即我们通常意义上的课堂教学，这一课堂主要是对学生进行知识的传授。第二课堂是在课下进行的一系列活动课，它是课堂理论教学的延续和补充，其中心目的就在于针对学生的先天个性资质，通过开展各种类型的活动，激发学生的兴趣，开发学生的潜能，使学生的个性特长得以发展和锻炼。

第二课堂也是因材施教的重要环节，在第二课堂的活动中，教师的因材施教也有利于学生特长发展，有利于学生才智得到充分发挥与开发。第二课堂活动可以围绕科技创新、知识竞赛、志愿服务、文体竞赛等项目开展，形式不拘一格，丰富多彩。学生可以根据自己的兴趣爱好和特长自愿选择参加。教师们应根据各自的特长与学科优势，积极担任学生活动的指导教师，对学生进行指导和帮助，让学生通过丰富多彩又形式多样的各种活动，找到适合自己个性特点的发展空间，提升自身的综合素质。

（五）运用现代教育技术实施因材施教

运用现代教育技术推进教育教学改革是时代的要求，也是因材施教的必然要求。随着社会信息化程度的提高，信息化也为我们的教育教学开拓出了无限广阔的新天地，促使因材施教的方式发生深刻的变革。

当代社会信息技术的普及和运用，使每一个人获取信息和运用信息的机会都变得平等了，传统教学过程中教师对信息占有的优势地位日渐消失，以往学生获取信息的被动状态逐渐改变了，师生双方都可以超越时间和空间的局限，去自由自主地获取大量的信息，师生在信息面前都成了主角。这对教师提出了挑战，需要教师加强信息技术在教学中的应用，因材施教也要在教育技术上有所创新和突破。专家学者们预见，信息技术在教育教学过程中的应用，不仅为学生的学习创造出了更大的自由空间，也为师生交流互动提供了更多的机会和更便利的方式。学生可以运用信息技术搜索自己感兴趣的知识，探究自己感兴趣的问题，也可以通过信息媒介跨越时空，向自己敬仰的教师请教或提出质疑。对于教师来说，运用好信息技术也是教育教学的一个新的增长点，不仅拓展学习和研究的时间和空间，还增加了与学生交流的便捷渠道，开创了教学相长的新形式。在这一全新背景下，教师的因材施教要增强技术层面的创新，可尝试运用微博、微信等信息交流方式，加强对学生的个别化教育、层次性辅导、主题性研讨等，从而引导学生将信息技术应用到学习生活中，展示自身的个性特长，提升自己的综合素质和能力。

【名言哲理】

人像树木一样，要使他们尽量长上去，不能勉强都长得一样高，应当是：立脚点上求平等，于出头处谋自由。——陶行知

培养教育人和种花木一样，首先要认识花木的特点，区别不同情况给以施肥、浇水和培养教育。这叫“因材施教”。——陶行知

教是为了不需要教。就是说咱们当老师的人要引导他们，使他们能够自己学，自己学一辈子，学到老。——叶圣陶

教育不是灌输，而是点燃火焰！——苏格拉底

如果你想让教师的劳动能够给教师带来乐趣，使天天上课不至于变成一种单调乏味的义务，那你就应引导每一位教师走上从事研究的这条幸福的道路上来。——苏霍姆林斯基

一般地说来，教育学是最辩证、最灵活的一种科学。也是最复杂、最多样化的一种科学。——马卡连柯

第二十五章 加强学校文化建设，丰富素质教育载体

学校是传递和创造文化的场所，不仅要传承人类已有的文明，更要创造、革新、发展既有的文化。严格意义上讲，学校的功能就是传承文化、管理文化、建设文化、创造文化。

一、 学校文化与素质教育

学校文化具有教育引导、陶冶塑造、鼓舞激励、调节制约学生群体，使之健康、和谐、全面、持续成长的功能。学校文化的终极目标是全体学生的全面发展，学校文化和素质教育在目标和功能上高度统一，学校文化是实施素质教育的重要途径和切入点，学校文化建设是开展素质教育的一部分。

（一）学校文化建设的概念

全面理解学校文化建设的内涵，需要对文化、学校文化、学校文化与校园文化之间的关系等进行系统地了解。

1. 文化

站在不同角度和立场对文化的概念有不同的解释。据有关资料显示，目前文化的定义达几百种之多。汉语词典①对文化的解释是：人类在社会历史发展过程中所创造的物质财富和精神财富的总和。也有学者把文化界定为“文化是人的存在形式和生活方式”。② 由此可见，文化是人类的特有产物，具有一定的积淀历程，是人们创造生成的财富，是人类的存在形式、活动方式和活动成果，是民族的、发展的，是动态和静态的统一。

2. 学校文化

广义的学校文化是学校在教育教学过程中形成的特殊文化，体现的是一定社会背景下，全体师生在教育实践中积淀和创造出来的，并为其成员所认同和遵循的价值观、精神、行为准则及其规章制度、行为方式、物质设施等的一种整合和结晶。狭义的学校文化指“校园文化”，是学校校园环境中存在的一切文化现象。有的学者认为，学校

① 李国炎等：《新编汉语词典》，414 页，长沙，湖南出版社，1988。
② 宋兵波：《论学校文化建设的内涵与价值使命》，载《基础教育论坛(下旬刊)》，2019(03)。

文化是人们在组织中表现出来的做事方式和处世态度。① 由此可见，学校文化是社会文化的一部分；受社会政治经济文化影响，并体现和反映着社会潮流和时代精神；是全体师生及家长长期积淀和创造的价值观念、物质财富、行为方式和处世态度；具有学校特征，影响和制约着学校成员。

3. **学校文化与校园文化**

校园文化的概念始于20世纪80年代，学校文化在20世纪90年代以后才逐渐使用。从词汇逻辑看，“校园”泛指学校范围内的区域，“学校”则指专门进行教育的机构。从存在逻辑上看，有学校而未必有校园，有些学校就是社区内的一栋楼。目前，虽然校园文化的理论与实践和学校文化没有太大差异，但称学校文化更能突破逻辑中的空间文化意识，而强化组织文化意识。由校园文化到学校文化是文化内涵由感性到理性、由片面到全面、由局部到全局的理性发展结果。②

4. **学校文化建设**

学校文化重在建设，它包括物质文化建设、精神文化建设、制度文化建设和行为文化建设。这四个方面全面、协调发展，将为学校树立起完整的文化形象。学校文化建设渗透于学校的教学、科研、管理、生活及各种校园活动等方面，学校文化建设是学校实施素质教育和精神文明建设的重要组成部分，是青年学生成长成才的内在需要，更是推进学校和谐发展的重要载体。天津师范大学教育科学学院康万栋教授认为，每所学校都有自己的文化，区别只是在于是先进的还是落后的、积极的还是消极的、低品位的还是高品位的。③ 学校文化建设就是通过继承、创新和整合，使先进的、高品位的学校文化成为学校的强势文化、主导文化。还有的学者认为，学校文化建设就是改进、优化师生在学校存在形式与生活方式的过程。这些概念强调学校文化建设是对原有学校文化的继承和创新，是一个改进、提升和完善的过程。

（二）学校文化建设的意义

1. **学校文化建设是延续学校文明，传承民族精神的基本路径和最佳方式**

学校文化是多年历史的积淀，反映着一个时代、一个社会、一个民族的价值导向，弘扬民族精神、传承传统文化是学校的责任和义务。加强学校文化建设就要总结分析、挖掘提炼学校建设和发展过程中蕴含的优秀品质、先进理念、典型人物和先进事迹，保护并利用好具有文化内涵的报刊、书籍、字画、建筑、树木等学校实物，讲好学校故事，延续学校文明，传承中华文化。

---

① 季苹：《学校文化自我诊断》，13页，北京，教育科学出版社，2004。

② 宫麟丰：《理清校园文化与学校文化内涵异同的理论与实践价值》，载《辽宁高职学报》，第11卷，第6期，2009。

③ 康万栋：《文化管理：学校管理的新走向》，载《中国教育报》，2009-04-28。

2. 学校文化建设是优化学校管理、丰富学校内涵、提升学校品质，确保学校教育持续发展的支撑点和生长点

创新是学校文化建设的基本属性。学校要实现新的发展，就要从改造和创新学校文化做起。学校文化不仅包含思想观念，还包含价值导向、舆论导向、行为导向，只有在思想观念上、公众导向上做好引领和拓展，学校才会创生出新的生命力。随着时代的进步，知识的更新，现代化、信息化、智能化将融入学校的每个角落，加强学校文化建设成为优化学校管理、丰富学校内涵、提升学校品质，确保学校教育持续发展的必要支点。

3. 学校文化建设是提升学校形象、彰显学校特色、创建学校品牌的基本途径

一个学校的文化代表着一个学校的形象，学校文化建设归根到底就是学校特色的建设。每个学校的地域不同、环境不同、成员不同、生活习惯和处事方式不同，学校之间存在着较大的差异，即使在某些方面存在一定的相似或相同之处，局部的细微差别也会使学校呈现的风格或品质大相径庭。因此，学校文化建设的过程就是提升学校形象、彰显学校特色、创建学校品牌的过程。

4. 学校文化建设是弘扬社会主义先进文化，推进社会主义精神文明建设的重要组成部分

当今世界，政治格局呈现多元化、多极化发展态势，世界局势风云变幻，社会思潮复杂多变，国际思想文化交流、交融、交锋频繁。作为新时代中国特色社会主义背景下的学校文化，只有高举新时代中国特色社会主义的伟大旗帜，才能在社会主义文化大发展、大繁荣的历史进程中，自觉确立坚定正确的政治方向，牢固树立中国特色社会主义道路自信、理论自信、制度自信、文化自信。新时期学校文化建设，承载着弘扬社会主义先进文化、推进社会主义精神文明建设的重要使命。

（三）学校文化建设要全面落实素质教育理念

1. 学校文化建设的目标就是实施素质教育

学校文化的形成和发展具有鲜明的社会性和时代性，只有符合国家教育方针和社会人才需要的学校文化才具有生命力和发展空间。学校文化强调以特有的、先进的、高品位的文化教育和影响学生，面对的是全体学生，力求学生的各方面都得到发展，这正是素质教育面向全体学生全面发展的目标追求。

2. 学校文化建设的内容与素质教育相同

学校文化对学生的影响是潜移默化的、全面而深远的，涉及德育、智育、体育、美育、劳动观念、生活技能及心理品质等学生学习生活的方方面面，可以说，这些都是学生自身素质的基本内容，也是素质教育所关注和提升的内容。内容上的一致性，使学校文化建设必然步入素质教育的发展轨道。

3. 学校文化建设的效能与素质教育高度统一

素质教育就是提高学生素质的教育，实施素质教育就要发挥提升和整合学生素质的效能。一所学校对学生影响最深的不是某一知识或技能，而是在学校文化熏陶下形成的人生态度、思维方式、行为习惯和处事方式。品质不同的学校文化，必然塑造出品质不同的学生。这正是学校文化对学生综合影响的作用，与素质教育提高学生综合素质高度一致。

4. 学校文化建设的关键是突出素质教育意识

学校文化建设的要求就是素质教育的要求，学校文化建设的任务和目的就是推动学校实施素质教育。加强学校文化建设的着眼点要落实到实施素质教育轨道上来，要以素质教育为指导，体现并服务于素质教育的需要，按素质教育的要求继承、创新和发展学校文化。

二、 学校文化建设的原则

（一）和谐性原则

学校文化建设要按照党和国家全面建成小康社会，全面建成富强、民主、文明、和谐、美丽的社会主义现代化强国，统筹推进经济建设、政治建设、文化建设、社会建设、生态文明建设的总体要求，自主、自觉、全面推进学校文化建设。要做到办学目标与社会需要相和谐，办学理念与教育规律相和谐，学校管理与师生成长相和谐，学校环境与师生工作学习相和谐，学校与家庭社会相和谐，学校文化与社会文化相和谐等，让师生在宽松、自然、融洽、舒畅的环境和氛围中工作、学习和生活。

（二）创新性原则

学校文化是一个学校区别于其他学校的重要标志，学校文化建设要注重个性、遵从实际、讲究特色、体现创新。要利用优势因素和“专利”策略，选取学校办学优势和教育教学工作的最佳结合点，选择与其他学校不同的路径或方式，拓展思路，深入挖潜，总结提炼，构建体系，强化落实，形成自身特有的学校文化。坚持创新性原则要做到准确定位，以点带面，出奇制胜，填补空白。

（三）继承性原则

学校文化建设是在原有学校文化基础上的延续与发展，原有文化资源不仅是学校文化建设的基础，也是学校创新、发展的本源。割裂学校历史的学校文化建设，本身就是对学校历史文化的否定和破坏，也不可能达到建设、改良、弘扬和繁荣学校文化的目的。因此，加强学校文化建设不能单纯地追新求异，而要总结、分析学校历史，挖掘学校多年积淀下来的精神内涵和优良传统，在继承中求发展，在发展中最大程度地发挥学校已有的内涵动力和惯性资源。

（四）系统性原则

学校文化建设是一个庞大的系统工程，不仅内容丰富，涉及面广，而且需要各元素之间相互联系、互为补充。因此，学校文化建设要统筹规划，系统安排，整体设计，全面实施，不能一叶障目，以偏概全，要追求学校文化各要素的均衡、协调发展。

（五）前瞻性原则

学校文化建设是对现有文化的改造和重组，对学校的现在和未来都会产生重大影响。学校文化建设要以科学的教育理论为指导，以先进的学校文化为方向，以动态的、发展的眼光对待学校各种教育活动和思想倾向，科学规划学校文化发展体系，正确预见学校文化前景，并在规划和建设中体现出先进的教育思想、科学的办学理念及远大的发展前景。

三、 学校文化建设的内容

根据学校文化的内部结构和存在形式，学校文化建设的内容主要包括以下几个方面。

（一）学校精神文化建设

学校精神文化是学校精神的高度概括，是学校精神成果的总和，是师生包括家长长期创造的精神环境和文化氛围。它反映着全校师生员工的价值取向、理想追求和探索精神，反映并规范着全校师生员工的行为和作风。学校精神文化建设就是对学校精神、学校观念方面进行的优化、改造和改良。学校精神文化建设涉及内容较多，不仅有教职工的办学理念、办学愿景、办学策略、办学宗旨、办学目标、核心价值观、责任意识、心理体验等，而且还包括学生的世界观、人生观、价值观、学习态度、进取意识、竞争意识、纪律意识等。代表学校精神的文字表述和学校物化的精神产品也是学校精神文化建设的主要内容，如校训、校风、教风、学风、班风、校歌、校旗、校徽、誓词、师生作品或论著、学校刊物、学校标识、校史资料、学校专题报告、总结及有关学校和师生的报道等。①

（二）学校物质文化建设

学校物质文化建设就是通过改善学校物质环境和学校文化设施，实现办学条件最优化、办学环境优良化的工作过程。学校物质文化建设主要涉及学校建筑，包括教学楼、办公楼、图书馆、体育馆、活动室、实验室、食堂、宿舍、厕所、道路、大门、操场、绿地、学校景观设施等；学校环境，包括橱窗、报栏、雕塑、凉亭、假山、喷泉、花坛、标语、文化长廊、墙壁设计、花草树木以及学校楼堂馆所外显文化装饰、

① 詹万生：《和谐德育论》，305页，北京，教育科学出版社，2008。

教室楼道外显文化装饰等；教学设施，包括普通教室、计算机室、实验室、图书室、电子阅览室、音乐室、舞蹈室、排练厅、体育厅、报告厅、多种功能教室等；办公教学仪器设备，包括互联网、多媒体、桌椅橱柜、教学器材、图书资料等；专业活动场地，包括篮球场、足球场、跑道等。①

（三）学校制度文化建设

学校制度文化建设是学校各项工作的依赖和保障，涉及学校教育教学工作的各个方面，是通过规范、完善、建立健全学校各项规章制度，实现学校管理科学化、师生行为规范化、学校工作有序化、学校风气和师生意识健康化的工作过程。学校制度文化建设主要涉及学生管理制度，包括学生守则、行为规范、一日常规、礼仪规范、就餐制度、宿舍制度、评选制度、安全制度等；员工管理制度，包括岗位职责、职业道德规范、考勤制度、评教制度、培训制度、评选考核制度等；教学管理制度，包括学籍管理制度、考试管理制度、听评课制度、教学督导制度、课程管理与建设制度、实验实习管理制度、排课调课管理制度、教研教改制度等；教育科研管理制度，包括学校教育科研规划、课题申报制度、课题经费审批制度、科研成果奖励制度、教育科研培训制度等；行政后勤管理制度，包括人事制度、财务制度、工作纪律、后勤服务制度、资产管理制度等；学校常规和传统习惯，包括节日团拜会、职工家庭庆典常规等。②

（四）学校行为文化建设

学校行为文化建设就是根据学校精神文化的内容要求，依照学校制度文化相关规定，利用现有物质文化设施条件，对师生、家长进行行为要求，训练，评价和干预的过程。学校行为文化主要涉及学生行为文化建设，包括入学教育、学校一日常规训练、班级一日常规训练、课堂行为规范训练、课间行为规范训练、课外活动行为规范训练、社团活动行为规范训练、校外行为规范训练、网络文明行为训练以及开学仪式、升旗仪式、节日纪念日仪式、入队入团仪式、成童成人仪式、毕业仪式等；教师行为文化建设，包括教师职业道德规范教育、教师行为规范教育、课堂教学规范教育、社会形象教育等；家长行为文化建设，包括家长委员会日常行为规范教育、家长开放日行为规范教育、家长听课行为规范教育、义工和值日家长行为规范教育以及家长家庭行为规范、社会行为规范教育等。同时，还要重视并做好学校行为文化建设涉及人员的道德行为评价和干预、矫正等相关工作。

---

①詹万生：《和谐德育论》，305页，北京，教育科学出版社，2008。

②詹万生：《和谐德育论》，305页，北京，教育科学出版社，2008。

四、 运用学校文化，实施素质教育

（一）学校精神文化的入心励志活动——“以学校为荣 为学校添彩”演讲比赛

1. 活动目的与计划

通过组织“以学校为荣 为学校添彩”演讲比赛，促进学生对学校历史、学校精神、学校文化的学习和了解，掌握校史、熟知校训、理解校风学风及学校标识的基本内涵，培养爱校情感，增强“以校为荣”的荣誉感、自豪感和以实际行动传承并践行学校精神的使命感、责任感，做最好的自己，为学校添彩。

2. 活动内容与形式

(1)学习学校发展史，了解代表学校形象的核心价值观、学校精神、办学愿景、办学理念、校训、校风、教风、学风及校旗、校徽、校歌、校花、校树等具体内涵。

(2)举办学校知识主题班会或交流会，畅谈对学校精神和学校文化的理解，以及对学习和生活带来的警示和教育意义。

(3)围绕学校文化和个人理想撰写“以学校为荣 为学校添彩”演讲稿，开展小组、班级、年级演讲选拔赛，确定决赛选手，组织面向全校师生的主题演讲比赛。

3. 活动组织与程序

(1)整理和发布学校文化相关知识。

(2)制订和发布“以学校为荣 为学校添彩”演讲比赛活动方案，成立组委会，明确职责任务，做好宣传动员工作。

(3)分步实施，有序推进，组织完成“以学校为荣 为学校添彩”演讲比赛。

(4)总结评价活动运行状况，表彰先进学生、先进集体、获奖选手。

4. 活动价值

“以学校为荣 为学校添彩”演讲比赛是弘扬学校文化、培育学校精神、提高学校凝聚力、开展学生理想信念教育的有效载体。组织举办演讲比赛要突出学校文化和学校精神内涵的学习和宣传，强调每个学生是弘扬学校文化和践行学校精神的主体，增强学生“以学校为荣 为学校添彩”的道德情感，引导学生立志高远，脚踏实地，刻苦修炼，自我超越，报效学校，报效国家。组织活动要保证充裕的活动时间，从发动到总结可安排 4 周时间。

（二）学校物质文化的环境育人活动——“学校兼职解说员”评聘工作

1. 活动目的与计划

(1)通过实施“学校兼职解说员评聘”工作，普及学校物质文化知识，促进学生对学校硬件设施及学校标识的深度了解，增强爱护学校楼堂馆舍、花草树木等基础设施的道德情感，创建奋发向上、积极健康的学习生活环境。

(2)评选、命名一批“学校兼职解说员”，满足班级、年级、学校等组织的校内外人员参观、考察工作的需要。

(3)为提高学生口头解说表达能力、演讲技巧及消除在公共场合的畏惧胆怯心理，搭建实践体验平台。

2. 活动内容与形式

(1)整理完善《学校物质文化建设手册》，系统汇集学校基本设施及深层寓意的相关知识，为学生学习了解学校现状，把握学校文化核心理念和价值提供保障。

(2)学校组织资深专家培训参与报名“学校兼职解说员”的学生，并安排试讲与点评指导。

(3)评选班级、年级、学校三个类别的“兼职解说员”，学校分别颁发“聘书”；在班级、年级、学校组织开展的新生入学、家长会及迎接外来参观人员的活动中，选派“学校兼职解说员”承担引导和解说任务。

3. 活动组织与程序

(1)成立“学校兼职解说员”评聘工作委员会，吸纳学校领导、团队干部、骨干教师及学生代表参与评聘工作，有条件的学校可以设立“学校兼职解说员”专业社团。

(2)组织“兼职解说员”评选，通过班级、年级、学校不同范围的家长及校外人员接待活动的实践锻炼，分批表彰和聘用“班级兼职解说员”“年级兼职解说员”“学校兼职解说员”。

(3)对校外事务活动中表现突出，且能发挥示范、引领、帮教功能的“学校兼职解说员”，适时授予“星级学校兼职解说员”称号。

4. 活动价值与提要

“学校兼职解说员”评聘工作是加强学校文化宣传、规范校外事务礼遇、增强学生爱校情感、培养学生解说表达能力的有效载体，推进“学校兼职解说员”评聘工作要坚持有计划、有组织、有条件、有标准和长期持久的工作原则，对“班级”“年级”“学校”兼职解说员的评聘，不仅要考查讲解人对学校物质文化知识的解说水平，而且还要考查讲解人对学校典型事件或故事的了解和掌握水平，更要考查在讲述这些“实物、人物、故事”时所表现出的态度、情感和信念等。

(三)学校制度文化的遵规守纪活动——“12.4”全国法制宣传日主题班会

1. 活动目的与计划

通过组织“‘12.4’全国法制宣传日主题班会”，引导学生认识法律在维护社会健康秩序中的巨大功能，了解法律所特有的社会性、强制性、普遍性和约束性特征，明确遵纪守法是每个公民的责任和义务，遵规守纪是学生法律意识的具体体现，培养形成遵守集体约定、严守班规校纪、信守诺言、尊重他人、维护秩序的良好品格。

2. 活动内容与形式

(1)了解“12.4”全国法制宣传日的由来及意义。

(2)学习法律的属性和作用，明确国家法律的组成结构。

(3)学习《学生守则》《义务教育法》及班规校纪等相关内容。

(4)遵规守纪方面的故事、小品、情景剧、文艺节目等准备与表演。

(5)结合个人实际的交流研讨，总结表态。

3. 活动组织与程序

(1)宣传动员，成立“‘12.4’全国法制宣传日主题班会”策划小组。

(2)收集资料，研制“‘12.4’全国法制宣传日主题班会”活动方案。

(3)发放学习资料，明确责任分工，召开相关人员筹备演练会。

(4)组织举办“‘12.4’全国法制宣传日主题班会”。

(5)撰写班会感想，择优在班级宣传栏张贴交流。

4. 活动价值

借助“12.4”全国法制宣传日”浓厚的法制教育氛围开展遵规守纪教育，要充分利用广播、电视、报纸、杂志及社会各界在法制宣传方面的巨大声势，形成遵纪守法，人人有责的共识。在此基础上，明确遵守集体约定、执行班规校纪是每个学生遵纪守法的具体体现，要打消学生“投机取巧”“特例特权”的侥幸心理，捍卫法律的严肃性，培养学生对法律的敬畏之心，言行上拥有诚信意识和遵规守纪的良好习惯。

（四）学校行为文化的文明礼仪活动——“知、改、做”文明礼仪教育月

1. 活动目的与计划

通过组织以“知文明礼仪知识，改自己及他人不文明行为和习惯，做一名文明有礼的好学生”为主题的文明礼仪教育月，规范学生文明行为，提高学生综合素养。

2. 活动内容与形式

(1)学习文明礼仪知识。组织学生观看礼仪教育录像带，举办专题报告会，召开主题班会，开设礼仪知识教育课，指导学生学习行为规范的相关材料，帮助学生了解自己在学校、家庭、社会中应遵循的礼仪规范和行为要求。

(2)纠正不文明行为和习惯。根据文明礼仪知识相关要求，发现自己和他人在学习、生活和工作中存在的不文明、不规范行为及习惯，及时指出并纠正，必要时现场表演、重复训练。

(3)争做文明学生。在引导学生集中学习礼仪知识、改正不文明行为的基础上，教育学生长期持久地把礼仪规范落实到日常学习、生活中，形成自觉遵守礼仪规范的好习惯，时时争做“文明学生”及“礼仪规范标兵”。

3. 活动组织与程序

(1)组建“知、改、做”文明礼仪主题教育月领导小组，制订活动方案，明确责任

分工。

(2)组织文明礼仪主题教育月开幕仪式，做好宣传动员工作。

(3)发放学习材料，有计划地指导学生了解掌握与身心特点相适应的礼仪知识。

(4)组织主题班会和小组讨论会，以批评和自我批评的形式暴露言谈举止中不规范、不文明的行为和习惯，掌握正确的行为方式和方法，及时效仿，重复演练。

(5)阶段性总结评价，表彰命名一批“文明学生”及“礼仪规范标兵”。

4. 活动价值

开展“知、改、做”文明礼仪主题教育活动，要强调学生从认知、认可、入心到行动的“知、情、意、行”四环节闭环式教育过程，不仅要重视“知不知”的宣传教育工作，而且要重视“信不信”“行不行”“评不评”等延伸性工作。要关注学生的“真实理解、真实情感、真实印迹和真实影响”，倡导知行合一，重在行动，贵在坚持。活动各环节的有序推进和连贯持久的言行训练，是行为教育取得明显实效的前提和保障。

【名言哲理】

学生在学习上大致可分为四种：“生而好学为上，熏染而学次之，督促而学以次之，最下者虽督促不学。”然而生而好学与督促不学的人究竟是少数，大多数得到相当熏染、督促就学习。——陶行知

不要让学校大门把儿童的意识跟周围世界隔绝开来。——苏霍姆林斯基

校长对学校的领导，首先是教育思想的领导。——苏霍姆林斯基

情感如同肥沃的土地，知识的种子就播在这个土壤上。——苏霍姆林斯基

只有当行为给学生带来真实感，激励着儿童在他的心灵留下愉快、振奋、精力充沛的情感时，知识才会转变为信念。——苏霍姆林斯基

让学生体验到一种自己在亲身参与掌握知识的情感，乃是唤起少年特有的对知识的兴趣的重要条件。——苏霍姆林斯基

不是锤的打击，乃是水的载歌载舞，使鹅卵臻于完美。——泰戈尔

求知与求学的欲望应该采用一切可能的方式去在孩子们身上激发起来。——夸美纽斯

人的行为总是一再重复。因此卓越不是单一的举动，而是习惯。——亚里士多德

第二十六章　设计系列主题班会，引导学生自我教育

德育是素质教育的首要任务，同时在素质教育发展中起着导向、动力和保证作用。主题班会是德育的重要途径之一，通过系列主题班会对学生进行教育可以提高综合素质。

一、 主题班会设计的原则

主题班会要体现以学生为主体、教师为主导的总原则，要体现以下五个具体原则。

（一）教育性原则

教育性是主题班会的灵魂。主题的确定、内容的安排和形式的选择都要体现教育性。组织班会时，要根据新时代党和国家对青少年儿童的要求和学生自身发展的需要，做到主题鲜明、内容丰富、形式灵活，教育效果落到实处。

（二）主体性原则

按照马克思主义经典作家的观点：主体是人，客体是自然。学生是有思想、有个性的人，是受教育的主体，同时在班级活动中也是教育的主体。主题班会的设计和组织要体现学生的主体性，使学生在亲自做的过程中，获得感受和体验。在活动内容上，要尊重学生的现实需要和兴趣，给他们较多的选择和机会；在活动过程中，要尊重学生独特的思维方式和活动方式，给他们较多的自由，让他们自主且独立地活动。

（三）针对性原则

主题班会的设计要针对学生身心发展的特点、规律和学生思想、学习、生活实际情况，提出具体的要求和任务，采取相应的内容和方法，体现“近、小、实、亲”，增强教育实效。近，就是贴近生活，贴近学生，贴近实际；小，就是从小处着眼，从小处着手，从小事做起；实，就是倾注真情实感，讲述真实情形，做诚实守信的人；亲，就是亲切融洽，可亲可信，亲身践行。

（四）时代性原则

主题班会是紧密联系学生实际，针对学生具体问题而组织召开的。学生发展离不开时代大环境、大气候的影响，当前我国已进入中国特色社会主义新时代，主题班会的设计应自然地与时代接轨，体现出时代性和社会性，要选择有时代感的主题和内容，

从时事中抓住有教育意义的题材，从社会生活变化中抓题材，从学生身边的新鲜事中抓题材。

（五）系统性原则

根据学生全面发展的需要，主题班会的教育主题、活动内容、活动过程和教育力量都要成为一个系统。

班会主题和内容要全面和循序渐进，体现学生德、智、体、美、劳诸方面的教育，形成全面的教育系统，使学生得到多方面的提高和发展。

班会活动的过程要达到整体活动和个体活动的辩证统一。就一次活动来说，只有从酝酿、设计、准备阶段，发动学生全身心的投入进来，活动实施时才会有激发性，教育性也就蕴含其中了。从整体活动来看，各个主题班会之间也应有系统性和连贯性，体现横向贯通、纵向衔接，形成体系。

二、 主题班会活动的形式

了解主题班会的形式有助于师生有针对性地设计主题班会，增强班会课的魅力，提高教育效果。常用的主题班会形式主要有以下几种。

（一）座谈式

座谈式主题班会内容可以是师生共同探讨学习方法，也可以是教师、家长与学生心灵的沟通。形式较为随意，气氛也较平和，要给人一种亲切舒畅的感觉。特别是学生在这种形式下往往能与教师、与家长讲出肺腑之言，而和谐、友好的气氛，温馨的环境，让参与者的心连在一起，心灵深处可产生一种自然的默契。

（二）竞赛式

竞赛式主题班会是针对学生的竞争心理、好胜心理所采用的一种活动形式，在“两军”对垒中，融入哲理、知识，或辩论社会热点问题的是非性。竞赛内容可以为知识竞赛、演讲比赛、讲故事比赛、手工制作比赛、诗歌朗诵比赛等。这种形式的班会可令学生情绪高涨，活动气氛热烈。教师组织这种班会，事先要做好充分的准备，要注意广泛发动学生参与，学生关注程度和参与热情越高，效果越好。

（三）文艺表演式

举办文艺表演也可以达到教育目的，其具体形式有：讲故事、唱歌跳舞、诗歌朗诵、绘画、书法、摄影展示等。这种形式的主题班会是学生展示才能、发挥创造性的好机会，也是引导学生进行自我教育、锻炼学生组织能力的好机会。班会过程气氛活跃，寓教于乐，能使学生受到情感上的激励和艺术上的熏陶，很受学生欢迎。

（四）社会实践式

学校可以学生在参加实践活动过程中受到的教育为主题举行班会，如学习了一组科普文章后，可带领学生实地观察花草树木的生长，采用看一看、闻一闻、摸一摸、量一量等方法，观察植物的生长规律，并做好记载；去采访学校的领导、教师、同学，了解他们成长的经历，开设榜样学习类班会；还可以走出校园，到敬老院、街道、社区进行义务劳动或宣传演出等。实践性主题班会的特点是让学生亲耳所闻、亲眼看见，有真情实感，可使学生对教育内容印象深、领会快。

（五）角色扮演式

教育的效果好坏往往不是取决于教师说了什么，而是学生从中体验到什么。要想让学生接受要求，培养良好的行为习惯，就必须使学生有深刻的体验，而让学生在不同的环境下扮演不同角色，恰恰是增强学生内在体验的有效手段。因此，班主任可以根据主题选择好需要学生扮演的角色，召开角色扮演式主题班会。

（六）情景模拟式

班会上可以模拟一种情境，让学生产生“身临其境”的感受，从而达到教育的目的，如“与时间老人座谈”的想象情境班会，“警钟在这里长鸣”模拟法庭辩论班会。情景模拟式的主题班会，适合少年儿童的特点，能增强学生的想象力和实践能力。班会气氛逼真，学生身临其境，学生学习的兴致高涨，教育效果也会很好。

（七）讨论探究式

此类班会即在班主任的精心组织安排下，学生围绕已定的“主题”分组讨论，记录讨论结果，然后围绕主题每组派一名代表当堂发言。通过讨论让主题深入学生心中，从中接受教育，最后由班主任做出正确全面地总结，提出具体的要求和希望。

这种班会形式更适用于对某一焦点、热点问题的讨论或对学生进行某一主题思想教育，在充分发挥学生主观能动性的基础上，使学生潜移默化地受到深刻的教育，对班级管理是非常有益的。

（八）问卷式

此类班会为根据特定的主题，设计问题，制作调查问卷，并给学生回答。班主任对问卷答案进行统计，给予学生个别引导或集体引导。这种班会形式适用于征求学生意见或收集学生对某一焦点问题的看法。在充分发扬民主的基础上顺利完成“主题”任务，有助于增强和谐友好的师生感情。

（九）网络聊天式

一些敏感的话题教师若与学生面对面交流，学生会有顾虑，不愿说出心里话。那么，教师何不借助网络这个强大的工具呢？网络聊天的一大优点是淡化师生身份，容易使学生畅所欲言。处于青春期的学生在对异性产生好感后，又不知道该如何正确处理，教师便可利用 QQ 群进行“我心里的小秘密”的聊天式班会，用这种不见面的交谈，交换师生看法，及时了解了学生的情感动态，帮助他们走出情感的误区。

（十）报告式

报告式主题班会是围绕某个教育主题，请专家做专题报告，专家可以来自校外，也可以是校内的领导和教师，甚至也可以让学生来当。报告内容需为学生关心的问题，这样才能引起学生的兴趣，产生强烈的教育效果。如为激发学生的学习积极性，可以邀请高校大学生，为学生做关于学习方法的专题报告；为对学生进行法制教育，可邀请司法部门从业者给学生做法制专题报告。报告式主题班会可以翔实而深刻地对学生进行某些特定方面的教育。

（十一）辩论式

辩论使人明智，通过辩论可以使学生明晰是非。因此教师可以针对学生易混淆或理解不深的问题，将学生分成正反方进行辩论。学生亲自当主持人、辩手阐述自己的观点。辩论前，教师需要求学生为自己一方的观点寻找依据，可以是数据，可以是真实事件等，引导学生有说服力地辩论。学生要在辩论中以理服人、以礼待人、以情动人。这样既可培养学生的逻辑思维能力、收集和处理信息的能力、口头表达能力、合作交流能力，又能使学生懂得礼貌待人。

总之，主题班会的形式是各种各样的，远不止上述几种。教师与学校究竟采用何种形式，要因时、因事而异，要有创意，切忌单一，只有这样才能收到良好的教育效果，达到教育目的。

三、 主题班会设计与实施

有效设计主题班会，是成功举办班会活动的前提。那么接下来我们来介绍如何设计主题班会。

（一）教育主题的确定

主题是班会的核心，设计主题班会时，只有确立适当的主题，才能让之后的工作有序开展。

一般而言，班会主题有节令性主题、问题性主题、知识性主题、情感性主题、时事性主题等。选择主题应遵循针对性、目的性、时效性、可操作性、创新性、互动性等原则。

主题班会是班级教育活动的主要形式之一。教师要根据学校和班级计划的要求，针对学生的实际情况和当时的社会背景，有目的、有计划、有步骤地开展。因此教师在选择班会主题时，可以从以下几个方面思考：首先，依据学生学习、生活、交友等方面的情况，分析把握学生普遍的思想动态；其次，充分考虑学生的兴趣，引导他们积极主动参与；第三，依据学生特点、学风特点、纪律特点确定班会主题，增强针对性；第四，参考学校教育教学工作计划确定班会主题；第五，利用偶发事件确定班会主题；第六，让学生参与确定班会主题。

（二）教育内容的选取

班会课的目标主要在于使学生的主体意识、行为能力、情感态度价值观得到全面发展，并且，它往往不以某一门学科知识为中心，而是强调学科间的相互联系及知识的综合运用。其教育内容丰富多彩，主要有：第一，思想教育。这是班会的主要内容，即使在进行其他方面教育时，也要贯穿思想教育的要求；第二，时事形势教育；第三，节假日传统教育；第四，文学、美术、音乐、影视作品的介绍、欣赏和评析；第五，历史、体育、卫生等各种知识的介绍，或推荐、评价有关书籍；第六，处理班务工作和组织班级活动。如编排座位，选举干部，讨论和制订班级公约，为春游、秋游、运动会、节日庆祝等活动做动员或小结等；第七，就班级中最近产生的不良或值得思考的问题进行讲评；第八，现代科技教育。

（三）教育形式的选择

选择主题班会的形式时，要从实施效果的角度来考虑，可以不拘一格、丰富多彩，充分发挥学生的主体作用。(1)要适合学生年龄特点，寓思想教育于生动活泼的形式中。(2)要考虑每个班级的实际情况和学生的学习情况，选择适合的形式。(3)要选择学习生活中的新鲜形式。生活中有着很多能给我们带来启发和智慧的东西。班主任要能够成为善于发现、善于学习、善于借鉴的有心人。(4)要巧妙运用多媒体技术。多媒体技术的应用使得主题班会的形式更加丰富和精彩。班主任要能够重视多媒体的运用，用好视频，做好课件，辅助教学。

【名言哲理】

集体生活是儿童之自我向社会化道路发展的重要推动力；为儿童心理正常发展的必需。——陶行知

以人格引领人格，以心灵赢得心灵，以思想点燃思想，以自由呼唤自由，以平等造就平等，以宽容培养宽容。——李镇西

既然习惯是人生的主宰，人们就应当努力求得好的习惯。习惯如果是在幼年就起始的，那就是最完美的习惯，这是一定的，这个我们叫作教育。教育其实是一种从早年就起始的习惯。——培根

教育技巧的全部诀窍就在于抓住儿童的这种上进心，这种道德上的自勉。要是儿童自己不求上进，不知自勉，任何教育者就都不能在他的身上培养出好的品质。可是只有在集体和教师首先看到儿童优点的那些地方，儿童才会产生上进心。——苏霍姆林斯基

请你记住：教育——首先是关怀备至地、深思熟虑地、小心翼翼地去触及年轻的心灵。——苏霍姆林斯基

第二十七章　发挥中国德育馆的功能，开展素质拓展活动

一、 中国德育馆是素质教育的重要基地

建设中国德育馆，对于学习贯彻党的十九大精神，全面贯彻党的教育方针，落实立德树人根本任务，发展素质教育，培养德智体美劳全面发展的社会主义建设者和接班人，具有重大的现实意义；对于实施中华优秀传统文化传承发展工程，实施传统美德进校园工程，具有重要的实践意义；对于提高国家文化软实力，发挥引领风尚、教育人民、服务社会、推动发展的作用，实现中华民族伟大复兴的中国梦，具有深远的历史意义。

中国德育馆共有三个展厅，分别是中国古代德育厅、中国近代德育厅、中国现代德育厅。各展厅内蕴含着丰富的中国德育思想，叙述了发人深省的动人故事。

（一）中国德育馆古代厅展陈

中国德育馆古代厅展陈了中国德育思想发端、发展的一系列丰富的传统德育思想。古代厅以中华民族优秀传统文化和传统美德为主题。

中华传统美德源远流长，发端于尧舜禹，到夏商周时代，形成于西周春秋时期，由儒家伦理思想创始人孔子创立并由后世儒家不断传承发展。孔子思想体系的核心是德治主义，他执着地倡导德化社会与德化人生。德化社会的最高标准是“礼”，德化人生的最高价值是“仁”。在“仁德”的统摄下，孔子还提出一系列道德规范，如恭、宽、信、敏、惠、忠、恕、孝、悌、礼、智、仁、勇、勤、和、敬、俭等。孟子继承发展了孔子的伦理思想，概括为“四德”“五伦”。“四德”，即仁、义、礼、智；“五伦”，即父子有亲、君臣有义、夫妇有别、长幼有序、朋友有信五类人伦。汉代董仲舒提出“罢黜百家，独尊儒术”，把儒家伦理归纳为“仁、义、礼、智、信”五德，后世称为“五常”。宋代理学家吸收春秋时期孔子的“孝悌”思想和管仲的“国之四维”说，把传统美德概括为“孝、悌、忠、信、礼、义、廉、耻”八德。詹万生对中华传统美德进一步概括为“忠、孝、仁、义、礼、信、廉、耻、智、勇、勤、和”十二德。①

---

① 詹万生：《詹万生德育文选》第5卷，451页，北京，首都师范大学出版社，2018。

（二）中国德育馆近代厅展陈

中国德育馆近代厅以爱国主义和民族精神为主题。

1840 年，鸦片战争爆发，西方列强的坚船利炮轰开了中国的大门。腐败无能的清政府在帝国主义的武力胁迫之下向侵略者屈膝投降，与之签订了一系列割地赔款、丧权辱国的条约。中国从此进入了灾难深重的时代。严酷的现实促使龚自珍、林则徐、魏源、洪仁玕等一批仁人志士思考、寻求救国之方。洋务运动中，曾国藩、谭嗣同、梁启超等倡导重建国人的道德修养，寻求变革救国；辛亥革命时期，德育的主导思想是孙中山创立的三民主义，面对西风东渐的形势，孙中山、蔡元培等提出了“忠、孝、仁、爱、信、义、和、平”新八德。

新文化运动的兴起，马克思主义的传播，中国共产党的成立，使中国革命面貌焕然一新，也使德育工作发生了革命性变化。具有代表性的活动和事件，一是组织工人运动，开展思想政治教育；二是在黄埔军校和北伐战争中开展思想政治教育；三是创立红军革命根据地，把支部建在连上；四是在古田会议上对红军进行革命军纪思想的政治教育；五是长征途中必胜信念和大无畏革命精神的教育；六是抗日战争中对党员干部进行的延安整风；七是解放战争中的新式整军运动。这些行之有效的思想政治教育工作都为新民主主义革命的胜利提供了强大的精神动力和思想保证。新民主主义革命时期，形成了井冈山精神、长征精神、延安精神、西柏坡精神等，都是我们宝贵的爱国主义教育、思想政治教育资源。

（三）中国德育馆现代厅展陈

中国德育馆现代厅以党的教育方针、社会主义核心价值观和立德树人为主题。

随着新中国成立，中国的德育事业发展进入新的征程。《中国人民政治协商会议共同纲领》确立了发展“为人民服务”的思想，为人民政府的文化教育工作的主要任务之一；结合抗美援朝运动，国家对学生进行爱国主义、国际主义和革命英雄主义教育；毛泽东提出的“三好”目标，即身体好、学习好、工作好，成了学校德育的重要内容；1963 年 3 月 5 日，毛泽东题写了“向雷锋同志学习”的题词，为全国青少年树立了一个光辉的榜样。

改革开放后，邓小平提出培养和造就一代有理想、有道德、有文化、有纪律的共产主义新人。1991 年 12 月 26 日，中央教育科学研究所德育研究中心成立，以该中心为核心的德育科研团队创建了德育课题、德育著述、德育杂志、德育网站、德育基地、德育年会六位一体的工作格局，经过“九五”“十五”两个五年规划，整体构建了大中小学一体化的德育体系。与此同时，全国高校思想政治教育研究会和中小学德育研究会相继成立。1994 年，中共中央国务院印发了《关于进一步加强和改进学校德育工作的若干意见》。1998 年，教育部对高校“两课”改革调整，统称“思想政治理论课”，形成“98”方案；2005 年，高校“思想政治理论课”进一步改革调整，形成“05”方案。1981 年 9 月 1 日教育部正式颁布执行《中小学学生守则》，2015 年修订为《中小学生守则》。1989 年

11 月 17 日国家教委颁布《高等学校学生行为准则(试行)》，2005 年 3 月 25 日，教育部对其作了修订。

党的十六大报告提出要坚持弘扬和培育“以爱国主义为核心的团结统一、爱好和平、勤劳勇敢、自强不息的伟大民族精神”。党的十六届六中全会提出了社会主义核心价值体系，同时提出了建设和谐文化，构建社会主义和谐社会的重要任务。党的十八大进一步提出“富强、民主、文明、和谐，自由、平等、公正、法治，爱国、敬业、诚信、友善”的社会主义核心价值观，同时提出“把立德树人作为教育的根本任务”。党的十九大强调“落实立德树人根本任务，发展素质教育”。党的十八大以来，习近平总书记十分重视德育工作，先后在六一儿童节、五四青年节、教师节发表了重要讲话，对立德树人根本任务和素质教育思想作了深刻的诠释。

（四）中国德育馆的重要意义

中国德育馆是德育文化的传承基地、德育研究的资源智库、德育教学的专业场所、德育活动的展示平台。

无论是在现实意义上，还是历史意义上，又或者实践层面上，中国德育馆的建立与运行都具有里程碑式的意义，是德育史上的开创之举。一方面，针对思想道德素质，中国德育馆给师生们尤其是学生提供了充足的学习资源与专门活动基地，通过图片、文字等丰富的思想文化资源、环境氛围资源，增强了学生及教师德育学习的仪式感与庄重感，是学生获取德育知识，接受先进的思想文化熏陶等素质教育的专业场所。另一方面，中国德育馆的教学与演讲功能，不仅为学生们提供了如主题演技、知识竞猜等活动的场所，也通过场景提供的方式，可在孔子像前、德育广场等地开展智育、体育、美育等其他素质教育活动。中国德育馆构成了集典藏与陈列、学习与教化、传承与传播、激励当代及后代的重要的思想文化场所，是实施素质教育的重要基地。

二、 中国德育馆的功能开发

（一）中国德育馆功能介绍①

中国德育馆的主要功能集德育展览、德育教学、德育科研、德育培训、德育活动、德育媒体“六位一体”。本次重点介绍中国德育馆的展览功能、教学功能和演讲功能。

1. 德育展览功能

中国德育馆设置了几个主要大型展厅：第一展厅“中国古代德育厅”，以继承和弘扬中华优秀传统文化和中华传统美德教育为主题；第二展厅“中国近现代德育厅”，以继承和弘扬伟大中华民族精神和爱国主义教育为主题；第三展厅“中国当代德育厅”，

① 詹万生：《詹万生德育文选》第 5 卷，388～390 页，北京，首都师范大学出版社，2018。

以学习和践行社会主义核心价值观和实现中华民族伟大复兴的中国梦为主题；第四展厅“地方德育厅”，以引导学生了解家乡、热爱家乡、建设家乡为主题。每个展厅包括六至八个单元。每一个单元都设计了展板展示内容、多媒体展示内容、雕塑或实物展示内容、德育文献数据库，可以为中小学生提供参观学习的场所和资源，也可以为本校、本区、本市和全国各地德育会议、培训班、研讨会在这里举行提供参观学习的场所和资源。

2. **德育教学功能**

中国德育馆的大型展厅和专用德育教室，为学校德育课程、主题班会、主题团日、学生社团、主题演讲、专家报告提供德育教学场所和资源，为本区中小学提供德育教学和交流研讨的场所和资源，为本市和全国各地德育干部、德育教师培训和交流研讨提供场所和资源，也为社会各界道德建设交流研讨提供场所和资源。可聘请德育专家对各项德育课程教学、主题班会等进行评审，评选出的优秀教学成果收入本馆数据库，不断充实和丰富数据库的内容。

3. **德育演讲功能**

中国德育馆设大型展厅和德育大讲堂，定期或不定期邀请著名德育专家来此作专题德育、素质教育、党团队教育活动、师德、医德、官德、家庭美德、社会公德的演讲以及英模报告会和企业社会责任报告会，举办学生和教师的专题德育演讲会，举办社会各界精神文明建设的专题演讲会。

（二）德育素质拓展活动组织

结合德育馆的展览、教学和演讲功能，基于理论与实践相结合的原则，民众可以在馆内围绕德育主题开展多样性的素质拓展活动。

1. **活动组织**

活动组织，是指在特定环境中为了有效地实现共同目标和任务，确定组织成员、任务及各项活动之间的关系，对资源进行合理配置的过程。作为活动组织，能够使个体的力量得以汇集、融合和放大，以体现组织的功用。它包括组织设计、人员设计与组织运行等几个方面。在德育馆内开展素质拓展活动，组织设计上可采取教师与学生双主体的模式，其中教师负责监督与控制，学生负责具体的事务安排与设计；学生还可在德育馆内充分发挥主人翁意识，主导活动的人员设计，制定相关的制度，保障活动正常运行。

德育馆的活动开展主体可以是教师(学校)、学生或社会团体，如媒体、研究机构、党政团体组织、企事业单位、驻地部队等。

2. **活动主题**

中国德育馆作为中华德育文化的传播基地，在此地开展的活动主要以德育、思想道德素质或学生素质为核心开展。在德育馆内根据某一项主题采取相应的形式开展相应活动。活动主题可以从“己—家—国—天下”几个方面确立，如爱国主题、社会教育主题、家庭伦理主题和自我提升主题等，也可以根据展厅及时间跨度开展不同时间段的主题活动。

3. 活动方式

基于德育馆的各项功能及功能厅的设置，可以在馆内开展知识竞赛、主题演讲、主题班会、主题沙龙、辩论赛、情景剧、朗诵、故事会等多项活动。

三、中国德育馆与德育素质拓展

中国德育馆常驻馆一般包含古代厅、近代厅和现代厅三个厅，利用德育馆的空间分布特色和展陈文稿的内涵，开展与古代德育、近代德育、现代德育相对应的活动可分层次进行，以此加深学生对中华优秀文化中的德育思想的理解与印象，增强学生在馆的体验感、获得感。结合德育馆的功能，可开展如下素质拓展活动。

（一）传承发展中国传统德育文化系列活动

1. 活动内容

(1)知识竞赛

①竞赛方式：竞赛方式采取现场问答、抢答的方式。赛制视参加人数而定，可小组赛亦可单人赛。

②竞赛题型：竞赛题型为单项选择、多项选择、填空题相结合。

(2)主题班会

在德育馆的展厅与专用德育教室内，教师可开展相关的主题班会活动。主题班会的形式可以有多种选择，如师生共同探讨的座谈式、“两军”对垒的竞赛式、重视实操的社会实践式、给定主题分组讨论的讨论探究式、焦点问题问卷式、淡化敏感话题的网络聊天式、专人作报告的报告式。

(3)情景剧

利用德育馆得天独厚的古代优秀文化的熏陶与同学们共同出演情景剧，帮助学生加深对历史故事的理解，加强记忆力，锻炼学生的观察力、表现力等。情景剧的故事主题可以为：

①小学阶段：孟母三迁、三人行必有我师、司马光砸缸等。

②中学阶段：相煎何急、程门立雪、管宁割席等。

③高中阶段：以人为镜、将相和、精忠报国等。

(4)诵读体验

在特定的环境内朗诵符合环境的文章，学生更能感同身受。在中国德育馆孔子等先贤像前朗读儒家经典等，具有更厚重的仪式感。也可以将古文诵读和比赛结合起来，由在场的学生跟教师作为评委，声情并茂。朗读选文如：

【劝学】

君子曰：学不可以已。

青，取之于蓝，而青于蓝；冰，水为之，而寒于水。木直中绳，𫐓以为轮，其曲中规。虽有槁暴，不复挺者，𫐓使之然也。故木受绳则直，金就砺则利，君子博学而日参省乎己，则知明而行无过矣。

【三字经】(节选)

人之初，性本善。性相近，习相远。苟不教，性乃迁。教之道，贵以专。

昔孟母，择邻处。子不学，断机杼。窦燕山，有义方。教五子，名俱扬。

养不教，父之过。教不严，师之惰。子不学，非所宜。幼不学，老何为。

玉不琢，不成器。人不学，不知义。为人子，方少时。亲师友，习礼仪。

香九龄，能温席。孝于亲，所当执。融四岁，能让梨。弟于长，宜先知。

2. 活动总结

活动最后，教师对系列活动进行总结陈述，一方面加深学生对于所学理论知识的印象与理解；另一方面借此次实践活动，鼓励学生到实践中去，真正使古代优秀的德育思想在现实生活中发挥作用。

（二）传承发展中国近代革命文化系列参观活动

1. 活动内容

参观我国的各地方革命博物馆、纪念馆、烈士陵园等。

2. 活动过程

(1)活动准备

①理论准备：提前做好相关知识储备，熟知中国近代革命文化发展的主要历史，做到心中有丘壑。

②物质准备：校旗、共青团团旗、相机。

(2)活动实施

①规定时间内在规定地点集合，乘坐预定好的大巴前往参观地点。

②在馆前整理队形，宣读参观纪律和注意事项，缅怀先烈3分钟。

③全体进入博物馆，在讲解员的带领下参观博物馆。

④全体少先队员、团员、党员宣誓，并合影留念。

(3)活动注意事项

①活动前应该做好学生安全出行通告。

②活动过程中要注意在公众场所避免喧哗，更不可追逐打闹，着装需得体。

③活动后期全体成员要安全返校，禁止单独行动。

④每个省市的革命博物馆、纪念馆各不相同，可以组织就近参观。

3. 活动总结

在回程途中，组织的教师可向同学们抛出“我今天看到什么”“学到什么”“想到什么”三个问题，让同学们展开讨论，各抒己见，共同分享，加深印象，并在活动结束后写一篇心得体会。

（三）社会主义核心价值观主题班会

1. 活动内容

(1)“社会主义核心价值观”知识讲解

①组织教师对“社会主义核心价值观”主要内容进行梳理与讲解。

②学习社会主义核心价值观童谣。

③我们的价值观讨论：让学生用简洁的词汇说出自己的价值观是什么。

(2)校园文明大家谈

①谈谈身边的不文明行为，集体讨论发言。

②谈谈如何建设文明校园，包括尊师重道、保护环境、友爱同学等多个方面。

2. 活动总结

在活动最后，教师进行总结发言，对整体活动的开展情况、同学们的现场表现等进行评论与鼓励，并对在座的同学表示希望他们通过日常的一言一行，努力学习，成为社会主义好少年。

【名言哲理】

克明俊德，以亲九族。九族既睦，平章百姓。百姓昭明，协和万邦。——《尚书·尧典》

兼相爱，交相利。——《墨子》

富贵不能淫，贫贱不能移，威武不能屈，此之谓大丈夫。——《孟子》

先生不应该专教书，他的责任是教人做人；学生不应该专读书，他的责任是学习人生之道。——陶行知

德可以分为两种：一种是智慧的德，另一种是行为的德，前者是从学习中得来的，后者是从实践中得来的。—— 亚里士多德

没有一种礼貌会在外表上叫人一眼就看出教养的不足，正确的教育在于使外表上的彬彬有礼和人的高尚的教养同时表现出来。——歌德

没有伟大的品格，就没有伟大的人，甚至没有伟大的艺术和伟大的行动者。

——罗曼·罗兰

道德准则，只有当它们被学生自己去追求、获得和亲自体验过的时候，只有当它们变成学生独立的个人信念的时候，才能真正成为学生的精神财富。——苏霍姆林斯基

教育工作中百分之一的废品，都会使国家遭受严重的损失。——马卡连柯

第二十八章 开展校园生态文明建设，引领学生素质发展

生态文明建设，是指人类在利用和改造自然的过程中，主动保护自然，积极改善和优化人与自然的关系，建设健康有序的生态运行机制和良好的生态环境。校园生态文明建设主要包括生态环境建设、生态文明教育、生态文明实践三个方面。

一、 校园生态文明建设的指导思想和重要意义

（一）以习近平生态文明思想为指导

在2018年5月18日召开的全国生态环境保护大会上，习近平总书记发表重要讲话，系统阐述了生态文明思想。习近平总书记从河北到福建，再到浙江、上海的工作实践中，传承中华文明“天人合一”精髓，将马克思主义中国化，吸收中外文明研究方面的最新成果，一以贯之，并不断升华，形成了系统的生态文明思想，其内涵主要体现在以下方面。以“人与自然和谐共生”为本质要求；以“绿水青山就是金山银山”为基本内核；以“良好生态环境是最普惠民生福祉”为宗旨精神；以“山水林田湖草是生命共同体”为系统思想；以“最严格制度最严密法治保护生态环境”为重要抓手；以“共谋全球生态文明建设”彰显大国担当。习近平总书记指出，要深化生态文明体制改革，尽快把生态文明制度的“四梁八柱”建立起来，把生态文明建设纳入制度化、法治化轨道。2015年9月，国务院印发《生态文明体制改革总体方案》，其中提出的八项制度，就是生态文明体制建设的“四梁八柱”。八项制度是健全自然资源资产产权制度、建立国土开发保护制度、建立空间规划体系、完善资源总量管理和节约制度、健全资源有偿使用和补偿制度、建立健全环境治理体系、健全环境保护和生态市场体系、完善绩效考核和责任追究制度。

习近平生态文明思想是在马克思主义生态思想的指导下，对自然规律、对社会经济发展规律科学认识的深化。习近平的生态文明思想表明以习近平总书记为核心的党中央把生态文明建设摆到前所未有的战略位置，明确地提出建设美丽中国的宏伟目标，确立绿色发展的重大理念，做出一系列顶层设计、制度安排和决策部署，为进一步发展生态文明建设指明了方向，提供了遵循。习近平生态文明思想是解决当前人类发展问题的有效途径，符合社会主义和谐社会发展要求，是推动人类社会发展进步的中国方案，是对人类发展的贡献。

校园生态文明建设是国家生态文明建设的重要组成部分，开展校园生态文明建设、引领全面素质发展，必须以习近平生态文明思想为指导。

（二）校园生态文明建设的重要意义

1. 校园生态文明建设是国家生态文明建设的重要组成部分

校园生态文明建设包括生态环境建设、生态文明教育、生态文明实践三个方面。在生态环境建设方面，校园生态文明建设理应成为全社会生态文明建设的示范点。其既有生态实验的自然土壤，又有生态文化的营造氛围，还有环境育人的天然功能。在生态文明教育方面，校园生态文明建设理应成为青少年生态文明认知的主渠道。学校既要深化学生对生态自然规律的认识，遵循生态规律，也要明确人与自然的关系，还要深刻地认识到保护环境的重要性，保护生态的重要性，增强保护环境的意识，保护生态的理念，与环境为友。在生态文明实践方面，校园生态文明建设理应成为青少年生态文明养成的根据地。学校既可以为学生开展生态实验提供观察、记录、体验的自然标本，又可以为学生开展生态保护提供微观条件，还可以为学生维护美丽校园、提高生态文明素质提供实践机会。

因此，校园生态文明建设是国家生态文明建设的重要组成部分。

2. 校园生态文明建设是学校文化建设的重要内涵

学校文化是指一所学校经过长期发展积淀而形成共识的一种价值体系，即价值观念、办学思想、群体意识、行为规范等，也是一所学校办学精神与环境氛围的集中体现。学校文化建设主要分为四个部分，包括精神文化建设、制度文化建设、环境文化建设和行为文化建设，这四个方面建设的全面、协调发展，将为学校树立起完整的文化形象。在校园文化建设中，达成高尚和谐的精神文化是目的，环境文化(也称物质文化)是实现目的的途径和载体，是推进学校文化建设的必要前提。校园生态文明建设是学校环境文化建设的重要内涵，良好的校园环境会给学生带来温馨、舒适的学习和生活状态。

3. 校园生态文明建设对学生素质发展的积极作用

生态文明素质是人的诸多素质之一，过去我们常讲政治素质、思想道德素质、科学文化素质、知识能力素质和身心健康素质等，没有明确强调生态文明素质。实际上，生态文明素质也是人的综合素质的重要组成部分。思想政治教育要解决提高政治素质的问题，品德教育要解决提高思想道德素质的问题，心理健康教育要解决身心健康素质的问题，生态文明教育则要解决提高生态文明素质的问题。生态文明教育是素质教育新的拓展，生态文明教育要协调好人与自然生态环境的关系，促进人与自然和谐共处，人类保护自然环境的观念。生态文明素质是指按生态科学的规律正确对待人的生产生活，经济社会发展与资源、环境、生态的关系，促进环境友好、资源节约、清洁生产、循环经济社会建设的基本素质。生态文明素质的获得，离不开生态文明教育，离不开生态文明建设的实践。校园的生态文明教育与生态文明建设实践，对于引领学生素质发展、促进全社会生态文明素质的提高、促进社会主义生态文明建设有着积极的作用。

二、 校园生态文明建设的主要内容和基本原则

（一）校园生态文明建设的主要内容

校园生态文明建设包括生态环境建设、生态文明教育、生态文明实践三个方面。下面，将从此三个方面展开，阐述校园生态文明建设的主要内容。

1. 生态环境建设方面

生态环境也称校园物质环境，是以物质形态存在的学校教学活动的场所和设施，既是学校开展各式活动的空间前提，又是学校独有的物质文化特征的体现。因此，人们常常会称其为“会说话的空间”，它包括以下几个部分：

(1)学校外部环境，主要涵盖校舍建筑(教学楼、图书馆、操场、宿舍、食堂等)以及学校绿化。

(2)校园雕塑，如纪念性雕塑、象征性雕塑、装饰性雕塑等。

(3)标志性物质环境，即校服、校旗、校徽等。

(4)教室环境，包括教室的空间、教室的布置、座位的排放等。

(5)教学设施，顾名思义就是教学仪器、书本、实验设备、办公设备以及后勤保障设施。

校园生态环境建设要坚持以人文精神培养为核心，以精神文化为重点，以服务教育教学为宗旨，以素质培养为目标，从校情出发，突出特色，通过建设活动，促进校园环境基础设施改善，校园环境活动内容创新，校园环境活动领域拓展，实现校园净化、亮化、美化、绿化、文化，使学校成为师生身心愉悦的成长乐园，从而提高学校综合办学水平，全面推动学生、教师和学校三位一体的和谐发展，形成能够充分展示学校个性魅力和办学特色的校园文化，努力创建绿色环保、干净整洁、健康文明、平安和谐校园。

有条件的学校生态环境建设要体现学校的文化内涵，巧妙设计各景点，花草树木布局错落有致、疏密合理，墙边区角考虑周详，做到“春有花，夏有荫，秋有果，冬有绿”。

2. 生态文明教育方面

生态文明教育旨在提高学生的生态文明素质。生态文明素质包括生态文明认知、生态道德教育、生态文明内化。在这三个要素中，生态文明认知是基础、生态道德教育是核心，生态文明内化是目的。就提高生态文明素质的教育来说，生态道德素质是人类应有的崇高道德的一个重要标志。只有开展以提高人的道德素质、开发人的道德能力为目标的生态道德素质教育，才能形成人与自然的和谐的关系。现代人的生态道

德素质应该包括对生命和自然的尊重，拥有保护生命和自然的道德意识、道德情感，道德行为。

(1)生态文明认知

生态文明是人类文明的一种形式。它以尊重和维护生态环境为主旨，以可持续发展为根据，以未来人类的继续发展为着眼点。人类对生态文明的探索，是对人与自然和谐关系的表现。生态文明的主要内涵是，人类通过遵守可持续性、共同性和公平性等原则，通过实施节能减排和发展低碳经济，构建和谐社会和建设生态文明，实现人类社会与生态系统的协调发展；人与生态系统的协调发展仍应以人类为主体，包括改造自然的内容，注重保护生态环境和防灾减灾；生态自然界是天然自然界和人工自然界的统一，是人类文明发展的目标。生态文明认知教育就是在生态科普知识宣传的基础上，加强生态知识教育，着重进行生态学揭示的生态规律的教育，以及生态科学知识、环境科学知识、生态环境法律知识和人与自然关系的发展史教育。生态文明认知要在受教育者了解生态系统相关知识的基础上，使人们认识和实践调节人与人、人与社会、人与自然之间关于生态环境利益关系的规范。

(2)生态道德教育

生态道德教育要在进行生态道德知识、生态道德情感和生态道德能力三个层面实施，促进学生自觉遵循保护生态环境的行为准则和道德规范，履行对生命和自然的道德义务和责任。加强生态道德教育是德育拓展深化的需要，随着人们对自然规律的认识的深化，处理好人与自然的关系，促进人与自然的和谐，建设环境友好型社会、资源节约型社会，成为人们道德进步的必然选择。在原有思想教育、政治教育、道德教育、法纪教育、心理健康教育的基础上正确认识人与自然的关系、人与生态环境的关系，树立保护生态环境的观念、建设生态文明的观念，也成为学校德育的新的领域。

(3)生态文明内化

通过生态道德知识的学习和生态道德情感的发展，那些外在的要求和规范逐渐内化为受教育者自身的一种信念和追求，这种信念和追求有利于生态道德能力的形成。生态道德能力是对生态道德知识的吸收、消化、运用和发展的能力。因此，培养和提高人们的生态道德能力，要确立人们的生态道德建设主体地位，注意培养人们的自我认识、自我教育和自我陶冶能力，也就是不断增强人们履行生态道德准则和规范的本领，并使这种本领逐渐内化为人们的一种良好的稳定的心理状态和思维习惯，从而实现由“他律”向“自律”的转换，达到“慎独”“自省”“自讼”“从心所欲不逾矩”的自由自主的境界。同时，要不断充实生态道德教育内容，使人们能够全面把握生态道德的理性知识，引导人们加强生态道德实践经验的积累并进行多样化的生态道德思维训练。

3. 生态文明实践方面

生态文明实践的目标就是生态道德养成教育，作为生态道德理论转化为人们的社会实践的关键性环节，生态道德养成教育具有十分丰富的内容，主要包括敬畏环境的训练、保护环境的实践、低碳生活的习惯、职业环保的操守。

(1)敬畏环境的训练

实现人类社会与生态系统的协调发展，首先要在学习自然知识、掌握自然规律的基础上，把握“度”的概念。有了这个概念，才可以敬畏自然、敬畏环境，才可以趋利避害、防灾减灾，才可以防患未然、注意安全，才可以制定标准，指导生活。具体来讲，在防灾减灾方面，要注意自然灾害对人类生产、生活带来的破坏，要在编制防灾减灾预案、加强防灾减灾基础设施建设、加强灾害监测预报、演练灾害预防、灾害应急救援、灾后过渡性安置和恢复重建，以及监督管理、法律责任等方面都有所训练；在安全教育方面，要进行交通安全、防坠落、自护救护等训练；在饮食安全方面，要养成关注“绿色标志”的意识，要进行饮食的卫生要求、食物中毒的预防、饮食的营养搭配、日常禁忌和误区等训练。

(2)保护环境的实践

保护环境要落实创新、协调、绿色、开放、共享发展理念，将保护环境，节约资源能源等生态文明意识渗透到中小学生的日常学习、生活当中，树立“发展为先、生态为重、创新为魂、民生为本”理念，围绕生态发展、绿色崛起战略，在全社会营造以浪费资源、破坏生态、污染环境为耻，以简朴节约、植树护绿、保护环境为荣的良好氛围。强化青少年学生保护生态资源、优化生态环境、培育生态文化的意识，真正做到生态环保教育从娃娃抓起。按照当前的政策趋势，污水处理、大气治理、土壤治理、固废处理四个领域尤其值得关注。因此，青少年保护环境的实践也要围绕保护水资源、保护蓝天、保护土壤、垃圾分类等方面进行，可以组织学生建设环境保护小博物馆，开展保护母亲河行动，带头垃圾分类，收集可回收物品，设计环保袋，回收废旧电池，进行无害化处理等。

通过保护环境的实践，引导青少年从点滴做起，自觉遵守社会公德和生态道德，养成不随地吐痰、不摘折花木、不乱扔杂物、不危害动物，以及实行垃圾袋装和分类投放等良好的道德意识行为。倡导健康、文明、科学的生活方式，使生态道德规范在社会生活中成为行为常态。

(3)低碳生活的习惯

低碳意指较少温室气体(二氧化碳为主)排放。目前，全球气候变暖，自然灾害频繁发生，这都和人类浪费资源、破坏生态有关。人类保护环境已经迫在眉睫。全球化的“低碳革命”正在兴起，低碳产业、低碳经济、低碳生活等的出现表明了人们为了保护环境，降低污染的努力。随着“低碳经济”“碳汇”等新名词的出现，“低碳族”应运而生并迅速壮大。教师要帮助学生在生活中节俭，改变自己不良的生活陋习，自觉养成环保习惯。通过制作环保购物袋、回收塑料瓶，征集以低碳环保为主题的手工艺品等实践，真正让学生做到衣、食、住、行都体现低碳生活，为节能减排尽自己的一份力。

(二)校园生态文明建设的基本原则

建立生态文明观教育体系，提升学生生态文明建设的认知度，学生对于生态文明的认知程度需要通过引导性的教育来实现。有关生态保护方面等基础性的教育在我国已广泛开展，如何进一步拓展生态文明教育的深度、广度，增强教育的有效性，可以在针对性、系统性、时代性、实践性、个性化方面寻求策略。

1. 针对性原则

提高学生生态文明教育的针对性，应重点了解学生对本地生态文明建设、宣传、教育等方面的意见和评价，以及对未来的期望。通过问卷调查的方式，可以针对不同层次的学生群体开展不同内容的具体化教育。活动应能给师生带来激情和上进心，能让师生从中学到知识，获得教益，受到健康的熏陶和感染；活动应坚持以人为本的思想，注重不同领域的学生差异，结合学生的年龄特点和接受能力，有针对性地开展校园生态文明建设。

2. 系统性原则

注重学生生态文明教育的系统性原则，加强系统化的生态文明教育，包括形式的系统化和内容的系统化。

形式的系统化是指教育可以通过多种路径、多种方式广泛进行，可以通过开设网站，举办学术研讨会，出版书籍等形式进行。在学校教育方面，要将其纳入各级学校教育的规划，包括开设有关环境保护与生态文明课程与专业，积极组织相关的社会实践、课题研究和竞赛交流等，并将其尽快纳入教学大纲及学业评价体系。

内容的系统化是指教育内容的层次性和连贯性、全面性。即生态知识：包括一般意义上的生态环境知识和科学技术等；生态国情：我国生态环境和生态文明建设的现状、面临的问题和困境等；生态法制：生态环境保护与生态文明建设的相关法律、法规与政策规章的普及；生态道德：从工业文明的价值观念向生态文明的价值观念转变，教育学生尊重自然的生存权利与发展规律、关注人与自然的和谐与共存。

3. 时代性原则

增强学生生态文明教育的时代性原则，生态文明教育是一个终身教育过程，必须以一定的时代主题为依托，才能实现教育过程的可操作性和结果的有效性。具体来说，生态文明是一个涉及各个历史时期、各个社会领域和全人类共同利益的复杂体系，政府出台的相关政策规划以及确定的时代主题，为生态文明系统工程提供了若干可操作的工具和路径。加强生态文明教育的时代性并与现实改革紧密结合起来，是提高我国学生生态文明意识的当务之急。生态文明就文明形式来说是新的文明形式，就文明形态来说是更高的文明形态。生态文明建设的实践，是要实现小康社会的重要目标，实现共同理想，实现中华民族伟大复兴的中国梦。

4. 实践性原则

生态文化建设，重在实践，要开展符合学生特点，引导学生全面成才，形式喜闻乐见，学生参与性强，深受学生喜爱和支持的校园生态文化活动。

5. **个性化原则**

在校园生态文化建设中，既要注重规范性的要求，又要因地制宜，因校制宜，注意不同类型学校、不同年级的个性化差异，结合办学特色，因材施教，选择和编创具有创意的内容，形成富有个性的校园特色文化。

三、 校园生态文明建设的基本途径与主要方法

开展校园生态文明建设的主要途径有文明校园建设工程、生态文明教育活动和生态文明实践活动，旨在通过一系列建设活动增强学生的生态文明理念，加强学生生态文明意识，引导学生积极保护环境。通过生态环境建设系列活动，达到美化校园环境、清新校园空气、增强学生在校的体验感与幸福感；通过生态文明教育活动，让学生知晓环境保护、建设生态文明社会的重要性，获得保护环境的基本知识；通过生态文明实践系列活动，促进学生树立保护环境要从我做起、从身边小事做起的环保意识，培养学生的动手能力，真正将环境保护落实到实践中去。

以下是校园生态文明建设的具体方案例子，介绍了开展校园生态文明建设的主要方法。同时各校师生可结合学校实际，创新活动方式，积极开展丰富多样的生态文明建设实践活动。

（一）“绿色校园”建设活动

1. **活动内容**

(1)学校建设内容：破硬建绿、拆墙透绿、屋顶显绿。

(2)师生合作内容：规划建绿、见缝插绿、通道架绿。

(3)学生操作内容：墙壁挂绿、窗台见绿、室内有绿。

2. **活动过程**

(1)学校制订整体实施方案，包括宣传发动、前期准备、活动实施、总结深化等阶段。

(2)教师与学生共同制定实施细则，活动行动细则需落实到个人。

(3)学生参与学校到学校的“绿色校园”建设活动中来，如绿色校园规划活动可通过写信、班级班会讨论集体呈现意见等为校园绿化出谋划策；墙壁挂绿活动可由学生全程参与活动——自行设计挂绿方案，购买绿植，养护绿植等。

3. **活动注意事项**

(1)活动开展过程中，部分活动由于涉及建筑施工、高空作业，要由学校专业施工队伍负责并完成。

(2)规划建绿、见缝插绿、通道架绿三项活动由学校和学生团队共同规划完成，如学生可参与到学校的绿化规划建设等。

(3)墙壁挂绿、窗台见绿、室内有绿三项工程由学生单独设计完成，以教室为中心外至走廊和阳台作为主要活动空间。

(4)活动开始前期要充分考虑购买绿植的经费预算及方案；活动开展过程中要倡导学生爱护绿植、保护绿植、让绿植长久存活的理念与意识；活动后期要考虑活动开展带来的环境污染——杂物横放、水渍、土渍等，做好卫生打扫。

(5)各校师生可根据本校的具体情况开展校园绿化建设活动。

（二）“文明生态、文明校园”主题活动

1. 活动内容

生态文明的相关知识教育、生态文明的道德教育，具体可包括：生态环境知识竞答；集体观看环保专题片；“我和大自然是朋友”征文比赛、演讲比赛；“生态校园、生态社会、生态文明”手抄报、板报、专题报的制作；生态文明纪念日的征集；植物、动物认领。

2. 活动过程

本活动分为上、下两个部分。

上半部分以生态文明的知识教育为核心展开，包括生态环境知识竞答、集体观看环保专题片、生态文明纪念日的征集三个子活动。下半部分以生态文明的道德教育展开，包括“我和大自然是朋友”征文比赛，“生态校园、生态社会、生态文明”手抄报、板报、专题报制作，动植物认领等。

3. 活动注意事项

一切环保活动应当建立在环保的基础上，在具体的实践过程中应该做到不破坏环境、不浪费资源。

（三）“生态校园”实践活动

1. 活动内容

(1)“敬畏自然”安全知识普及和演练活动

(2)“低碳减排，绿色生活”环保实践及签名活动

(3)“变废为宝”学生手工课(及作品展)

2. 活动过程

(1)“敬畏自然”安全知识普及班会和演练活动

①安全知识普及班会：班主任组织学生以防震、防火、防洪、极端天气防护等为主题进行相关资料收集；组织学生按专题进行资料整理；在班会时间以小组为单位讲解本组准备的安全知识；班主任组织班委对所有专题的讲解内容进行记录并编撰成册，复印后赠与每位同学。

②安全演练活动：学校制定安全实施手册，如地震防护演练等，要求每学期至少开展两次自然灾害安全演练活动，锻炼同学们的应灾应变能力。

(2)“低碳减排，绿色生活”环保倡议活动

班级学习低碳生活方式、学习方式，培养良好的环保生活习惯，并组织同学们集思广益共同商拟一份“低碳减排，绿色生活”环保倡议书，邀请同学们在横幅上签字并写上自己的环保宣言。“低碳减排，绿色生活”环保倡议书的范例如下：

“低碳减排，绿色生活”环保倡议书

亲爱的同学们：

地球只有一个，美丽和谐的家园需要我们所有人共同努力来维护。随着经济的发展，环境污染已经是全人类的一大难题，节能环保是我们可持续发展的必然方向，弘扬节约美德，倡导低碳生活，建设环保型、节约型社会是我们的当务之急。因此，我们发出保护环境的倡议：

1. 离开寝室、教室牢记随手关灯，做到“无人在，无灯开”。
2. 珍惜每一滴水，洗衣洗澡时杜绝长流水。
3. 节约用纸，双面使用，珍惜有限的森林资源。
4. 减少垃圾，不乱丢废弃物，推动垃圾分类回收。
5. 不用一次性木筷、纸杯，就餐时自备餐具；不用塑料袋，自带环保袋。
6. 提倡步行，骑单车，坐公交，我锻炼，我健康。
7. 拒吃野生动物，不买野生动物制品，善待生命。
8. 从我做起，及时制止浪费资源、能源的行为。

古语曰：不积跬步，无以至千里；不积小流，无以成江海。为此，让我们一起从节约“一滴水、一度电、一张纸”开始做起。节约能源，就是延长我们的生命；保护环境，就是保护人类自己。期望每一位学子在倡议下携起手来，共同创造绿色美好的明天，共同缔造资源节约型、环境友好型的和谐社会。以自己的小行动拯救我们的大地球！践行低碳生活理念，携手共建绿色家园！

(3)“变废为宝”学生手工课

①在学习生活中产生的很多“垃圾”，如喝完水的瓶子、易拉罐、报废的银行卡等，通过“变废为宝”手工课，开发同学们的动手能力与脑力，将用过的物件实现第二次利用。学生可根据自己手中有限的物品发挥无限的创意来节约环保、改善学习生活条件。

②为鼓励学生们积极参与，制作完成后可进行一次“创意环保作品展”，对同学们的作品进行展览，并要求创作者本人在展览时进行制作方法和环保理念的讲解。

3. 活动总结

环保实践活动的目的在于培养学生树立环保意识，在生活中时时刻刻以环保意识引领实践。在整个系列活动完成后，以班级为单位，以班主任为主导，以学生为核心应对此系列活动的开展、收获、改进点等进行总结反思，真正将环保理念刻入骨髓，做 21 世纪生态文明的积极践行者。

【名言哲理】

人创造环境，同样环境也创造人。——马克思、恩格斯

教育是农业，不是工业。工业是标准的流水线，所需要的是流水生产线上的一名技术熟练的操作工。农业所应对的都是鲜活的生命体，说教育是农业，也就因为教育所应对的也是鲜活的生命，而且是天地间生命体的最高级别。对生命的尊重，对学生个性差异的尊重，这是我们教育价值观多样化时代的要求和特点。——叶圣陶

历览前贤国与家，成由勤俭败由奢。——李商隐《咏史》

奢者狼藉俭者安，一凶一吉在眼前。—— 白居易《草茫茫-惩厚葬也》

不违农时，谷不可胜食也；数罟不入洿池，鱼鳖不可胜食也；斧斤以时入山林，材木不可胜用也。谷与鱼鳖不可胜食，材木不可胜用，是使民养生丧死无憾也。养生丧死无憾，王道之始也。——《孟子》

春三月，山林不登斧，以成草木之长；夏三月，川泽不入网罟，以成鱼鳖之长。——《逸周书·大聚》

大地给予所有的人是物质的精华，而最后，它从人们那里得到的回赠却是这些物质的垃圾。——惠特曼

人们常常将自己周围的环境当作一种免费的商品，任意地糟蹋而不知加以珍惜。——甘哈曼

我们违背大自然的结果是，我们破坏了自然景观的美，自然动态的美和天籁的美。——诺曼·卡曾斯

我们已经背弃了大自然。她曾经那样准确恰当地为我们指路，而我却想用她的教导来教训她。——蒙田

教育的最高目的，就是要帮助学生学会与整个世界和谐相处。——布鲁纳

只有服从大自然，才能战胜大自然。——达尔文

第二十九章 进行智力因素评价，指导学生生涯规划

一、 智力因素对素质教育的意义

（一）发展智力比掌握知识更重要

在孩子的学习中，掌握知识很重要，没有知识拿什么去思考，去创造？但是，现代社会是个“智力社会”，智力比知识更重要。

世界上的知识增长速度如此之快，任何一个人想把知识全部记忆都是不可能的，唯一的适应办法就是发展智力。只要有了聪明才智，无论知识如何发展，人都可以迅速跟上知识的变化。

（二）智力因素对因材施教的价值

智力是影响学习的重要因素，尽管智力的定义尚无定论，但它与学习的密切关系是众所公认的。国内外学者的多项研究结果表明，智力与学生的学业成绩存在着中等程度的相关，智力不仅影响着学生的学业成就，而且更重要的是影响着学生掌握知识与技能的速度、深度和灵活性，并且在很大程度上决定着学生的准备状态，决定着学生学习的可教育程度。

长期以来，智力是一个受争议的概念，至今心理学家对智力尚无公认的确切定义。国内外有关学者提出了不少关于智力的理论，归纳起来有如下几类：

1. 智力是抽象思维的能力。
2. 智力是一种学习的潜在能力。
3. 智力是适应环境的能力。
4. 智力是各种认知能力的有机综合。
5. 智力就是智力测验所测的能力。

智力是一种综合的认识能力，它包括观察力、注意力、记忆力、想象力、思维力和创造力 6 个基本因素，抽象思维能力是智力的核心，创造力是智力的最高表现。智力的这种观点应理解为：第一，智力与认识过程有关，但并非认识过程本身；第二，构成智力的各种认识特点必须比较稳定，那些变化无常的认识特点不能称为智力；第三，智力不是六种因素的机械相加，而是六种因素的有机结合；第四，智力是一种能力，而情绪、情感、性格、气质、动机、兴趣、意志等非能力的特征则属于非智力

因素。

在一个人身上，智力的六个基本因素表现的程度不同，使得我们在素质教育的过程中，必须因材施教，充分发掘学生的天赋条件，使他们都能在达到基础素质要求的同时得以发展符合个人特点的素质。

（三）智力因素对生涯规划的意义

一个人身上，只有一种或是几种智能是其优势，这就是所谓最佳智能。无论是哪种智能，一旦成为一个孩子的最佳智能，便会表现出以下特点：有一种天生的气质贯穿始终；有持续性；有相对固定性，不会轻易被动摇或是被取代；对这一领域有特殊的敏感；在所选的领域有特别的创造性，等等。教育对孩子最大的帮助是发现他们的强项，引导他们走入适应的领域，使其潜能得以发挥，从而获得最大的成就感。

二、 智力因素的测试和评价

（一）观察力

1. 什么是观察力

人的智力活动是从观察开始的。

观察是对客观事物有意识、有计划地感知，这是对客观事物的直接而具体的反映。例如，一个学生看到树叶上有一条小毛虫在爬，这种看不叫观察。如果他一边看，一边分析毛虫是什么形状，什么颜色，有几条腿，怎么行走的，这才叫观察。一个人观察的能力就是观察力。

2. 观察力的测试方法

对学生观察力的测试，可以从以下几个方面着手：

(1)观察准备：为了提高观察效果，观察前必须做好准备。首先，要有思想准备。每次观察的任务和目的在思想上要明确。其次，要有知识准备。对自己所观察的事物一无所知，观察起来就比较盲目。最后，要有意志准备。观察时精神集中，不走神，克服外界干扰。

(2)观察顺序：每次观察要制订观察计划和具体步骤，确定每次观察的重点和顺序。

(3)观察“细节”：细节的观察是高水平的观察。

(4)观察“特点”：世界上没有完全一样的两片叶子。要教孩子运用对比的方法去抓特点。

(5)边观察边思考：观察时的思维是智力发展的重要途径，也是观察的深层次训练。只有观察与思考的结合，才能透过现象看到本质。

3. 观察力的评价

如果学生在上述五个方面都表现突出，我们认为该生的观察力是“优秀”等级，即在观察之前，做好思想准备、物质准备，制订了清晰的观察步骤和计划，观察时能够抓住细节、特点进行观察，同时展开思考。

如果学生观察前的准备做好了，也有观察计划，观察也比较细致，但是没能深入思考，我们认为观察力属于“良好”等级。

如果学生观察前的准备做好了，也有观察计划，观察不够细致，没有抓住特点，我们认为观察力属于“一般”等级。

如果学生观察前的准备做好了(甚至连准备都没做)，缺少观察计划，观察也不细致，不能抓住特点，我们认为观察力属于“差”等级。

（二）注意力

1. 什么是注意力

心理活动指向和集中于一定对象的能力就是注意力。

注意力不是单独的心理活动，它必须与观察、记忆、思维和想象等智力活动相结合，如注意看、注意听、注意想等。

2. 注意力的测试方法

对学生注意力的测试，可以从以下几个方面着手。

(1)注意力范围：也被称为注意力的广度。这意味着一个人可以清楚地同时感知物体的数量。注意力范围是有限的。

(2)注意力稳定性：指注意力在一定对象上所能持续的时间。其标志是在某一段时间内注意的高度集中。影响注意稳定性的因素主要有以下几点：对象本身的特点、活动的内容和活动的方式、主体状态。

(3)注意力分配：指将注意指向两个或两个以上同时进行的对象或活动。注意力的分配是比较难的，但在一定条件下又是可能的。良好的注意分配能力是在实践活动中锻炼出来的。

(4)注意力转移：指注意力从一个对象转移到另一个对象的有针对性且及时的方式。

3. 注意力的评价

如果学生在上述四个方面表现突出，我们认为该生的注意力是“优秀”等级，即注意范围较大，注意稳定，注意分配较好，能够及时进行注意转移。

如果学生注意范围不大，注意比较稳定，注意分配也可以，我们认为该生的注意力是“良好”等级。

如果学生注意范围不大，注意不稳定，注意分配不好，我们认为该生的注意力是“一般”或“差”等级。

（三）记忆力

1. 什么是记忆力

记忆是人类大脑对过去经历中所发生的事情的反映，是人类大脑中过去感知过的事物所留下的痕迹。记忆是智力活动的仓库。

记忆包括识记、保持、再认和重现。其中，识记、保持属于“记”这一方面，再认和重现属于“忆”这一方面。识记是对事物的反复感知，获得印象，留下痕迹的过程。保持则是把识记的材料进行加工、概括，掌握它、储存它，不至于遗忘。再认是在重新遇到感知过的材料时，它可以被识别。重现则指感知过的事物不在眼前也能够把它重新呈现出来。

2. 记忆力的测试方法

对学生记忆力的测试，可以从以下几个方面着手。

(1)敏捷性：就是我们平时说的“记得快不快”。

(2)持久性：就是我们平时说的“记得牢不牢”。

(3)正确性：就是我们平时说的“记得准不准”。

(4)准备性：是指记忆了很多知识后，在解决问题时能否迅速、准确地将所需提取出来，也就是我们平时说的“想得快不快”。

3. 记忆力的评价

如果学生在上述四个方面表现突出，我们认为该生记忆力是“优秀”等级，即“记得快”“记得牢”“记得准”“想得快”。

如果学生“记得较快”“记得较牢”“记得较准”“想得较快”，我们认为该生的记忆力是“良好”等级。

如果学生“记得慢”“记得不牢”“记得不准”“想得慢”，我们认为该生的记忆力是“一般”或“差”等级。

（四）想象力

1. 什么是想象力

想象是在对过去感知过材料的基础上，在言语的调节下创造出新形象的智力活动。它是以表象和经验为基础，经过加工、改造从而创造出新形象甚至不存在的形象或事物的一种智力活动。它的生理基础是大脑中旧的联系经过一系列排列组合构成新的联系的过程。

2. 想象力的测试与评价

想象力的测试和评价应该积极选用多种展示形式，这既给了学生展示自己想象力的机会，也为其他同学进行评价提供了依托和抓手。

(1)展示形式的多元化。实物投影展示学生的作品，并由学生讲解。利用黑板来进行展示都可以。

(2)展示内容的多元化。学生就某一个主题的想象力作品可能有多种，可以提供时间、空间让学生展示并说明。

(3)展示学生的多元化。根据主题完成想象的快、慢，合理安排不同层次学生进行展示，最大限度地调动不同层次学生的参与度。

想象与思维是分不开的，想象是在记忆意象的基础上进行的，想象是在实践过程中发生和发展的，而且想象的正确性也是要通过实践来检验的。因此，对想象力的测试和评价，实际上就是对思维、记忆、学生曾经经历的实践的测试与评价。

（五）思维力

1. 什么是思维力

思维是智力的核心，是检验一个人智力水平的主要标志。思维是人们对客观事物的普遍而间接的反映。它不仅反映了个体事物或者是事物的个体属性，而且还反映了事物之间内在的本质的联系。

2. 思维力的测试方法

对学生思维力的测试，可以从以下几个方面着手。

(1)思维深刻性：是指对事物进行深入的分析和综合，可以抓住事物的主要方面，通过现象把握本质。

(2)思维敏捷性：快速、正确操作的能力。

(3)思维灵活性：即思维敏捷，不固执，应变能力强，适应性强，可以从不同的角度提出问题和分析问题。

(4)思维独创性：指独立思考，创造出新的具有社会价值的思维品质。

3. 思维力的评价

如果学生在上述四个方面表现突出，我们认为该生的思维力是“优秀”等级，即对事物能够深入分析，抓住本质，快速操作，灵活应变，独立思考。

如果学生概括分析较好，操作正确，应变较好，思维独创性尚可，我们认为该生的思维力属于“良好”等级。

如果学生只能简单地分析，较为一般地操作，适应性一般，没有独立的思考，我们认为该生的思维力属于“一般”或“差”等级。

（六）创造力

1. 什么是创造力

创造是提供新颖、有意义的成果的活动，同样，也可认为是提供独创的、有价值的成果的活动，是人们运用已经掌握的知识、经验产生出某种新颖、独特的产品。这些新产品、新技术、新理论、新概念等，对个人或社会都是有价值的。创造力是能进行创造活动的能力。

2. 创造力的测试和评价

对学生创造力的测试和评价，可以从以下几个方面着手。

(1)创新精神：崇尚创新、追求创新、以创新为荣的精神，以及敢于怀疑书本、敢于怀疑权威、敢于想象、敢于创造的精神。

(2)创新意识：认为任何现成的东西都是不完美的、可以再造的，敢于怀疑、善于发现问题并具有提出问题的“问题意识”。

(3)创新思维：创新思维具有思维过程的流畅性和敏捷性；思维方式的独创性、求异性；思维结构的灵活性与跳跃性；思维运行的联动性、综合性；思维进程的突发性；思维表达的新颖性和思维成果的效用性。

(4)创新个性：事业心、进取心、自信心、好胜心、兴趣、勤奋、求知欲等。

三、 基于智力因素评价指导生涯规划

首先要对自己的智力因素进行自我评估(如从观察力、注意力、记忆力、想象力、思维力、创造力等角度)，其次了解自身的兴趣、个性、特长等，从而选择适合自己的职业生涯目标。

（一）基于观察力的职业生涯规划

如果具有良好的观察力，可以从事如下职业：政治家、科学家、医生、警察、教师、商人、文学家、咨询师等。

例如，政治家的观察力，在于他善于洞察政治风云，了解有关国计民生，及时识别各种人物的政治倾向和本领。科学家的观察力，在于他对一个项目的具体研究探索、细微观察和实验验证。文学家的观察力，在于他善于捕捉事物的现象，发掘人物性格特征及其表现形式。新闻记者的观察力则要敏锐地观察社会，发现并捕捉社会中的新鲜事物。

（二）基于注意力的职业生涯规划

如果具有良好的注意力，可以从事如下工作：飞行员、司机等；各种体育运动，篮球、足球、赛车、拳击、体操、射击等；各类棋艺活动，如围棋、国际象棋等；各种手工艺制作，如剪纸、插花、捏泥人、木偶制作等。

例如，飞行员、司机等许多工作，都需具备较好的注意转移能力。研究表明，一个飞行员在起飞和降落的5～6分钟时间内，注意的转移达200多次，如无良好的注意转移能力，就很难胜任工作。从事各类棋艺活动、手工艺制作，则必须将注意力较长时间地稳定在所进行的活动或工作中。

（三）基于记忆力的职业生涯规划

如果具有良好的记忆力，可以从事如下职业：会计、出纳、理财规划师、导游等。

例如，会计、出纳、理财规划师，良好的记忆力表现在他们可以快速说出各种情况下的存款利率，并帮助我们做出适合的判断。导游拥有良好的记忆力，就可以出口成章地向游客介绍各个景区，景点的历史、现在和未来。

（四）基于想象力的职业生涯规划

如果具有良好的想象力，可以从事如下职业：作家、音乐家、画家、演员、导演、

科学家等。

例如，作家、音乐家、画家在进行创作时，他们必须在生活经验的基础上展开合理的想象，结合文学、文艺的创作特点，创作出优秀的作品。科学家要想做出突破性的科学研究，也需要有合理的甚至不合常规的想象，比如，化学家凯库勒提出苯的环状结构，据说就是受到了梦境中蛇在舞蹈中头尾相连的启发。

（五）基于思维力的职业生涯规划

如果具有良好的思维力，可以从事如下职业：主持人、科学家、政治领袖、营养师、工程师等。

例如，主持人既要思考着有备的提问和交流，又要琢磨着准确选择后的即兴追问和沟通，所以主持人必须具备良好的思维力。科学家要想开展研究，必须具备缜密的逻辑思维能力。政治领袖施展自己的政治抱负，不能杂乱无章、毫无头绪，而要有严密的政治纲领、系统的政府工作能力，这些都建立在良好的思维力之上。

（六）基于创造力的职业生涯规划

如果具有良好的创造力，可以从事如下职业：设计师、音乐家、科学家、作家、画家、营养师等。

例如，音乐家、作家、画家，他们运用自己独特的创造力和想象力，赋予作品鲜活的生命力和艺术魅力，感染了人们。正是有了创造力，我们的生活才愈加丰富多彩。

【名言哲理】

学然后知不足，教然后知困。——《礼记·学记》

三人行，必有我师焉。择其善者而从之，其不善者而改之。——《论语》

学而不思则罔，思而不学则殆。——《论语》

知之者不如好之者，好之者不如乐之者。——《论语》

敏而好学，不耻下问。——《论语》

书犹药也，善读之可以医愚。——刘向《说苑》

业精于勤，荒于嬉；行成于思，毁于随。——韩愈《进学解》

读书破万卷，下笔如有神。——杜甫《奉赠韦左丞丈二十二韵》

读书有三到，谓心到，眼到，口到。——朱熹《训学斋规》

发奋识遍天下字，立志读尽人间书。——苏轼

非淡泊无以明志，非宁静无以致远。——诸葛亮《诫子书》

立志宜思真品格，读书须尽苦功夫。——阮元

莫等闲，白了少年头，空悲切。——岳飞《满江红》

鸟欲高飞先振翅，人求上进先读书。——李苦禅

问题不在于告诉他一个真理，而在于教他怎样去发现真理。——卢梭

打开一切科学的钥匙都毫无疑问是问号。——巴尔扎克

求学的三个条件是：多观察、多吃苦、多研究。——加菲劳

只有能够激发学生去进行自我教育的教育，才是真正的教育。——苏霍姆林斯基

第三十章 进行非智力因素评价，指导学生做好生涯规划

在进行智力因素评价，指导学生做好生涯规划的基础上，我们有必要对非智力因素评价也引起足够的重视，并用于指导学生做好生涯规划。

一、 非智力因素对素质教育的意义

非智力因素是美国心理学家亚力克山大于 1935 年在《智力：具体与抽象》一文中首次提出来的。非智力因素是指除智力因素之外，影响智力活动和智力发展的那些具有动力作用的个性心理因素。它主要包括需要、动机、兴趣、情感、意志、气质和性格等。在个性心理结构中，诸多非智力因素组成了相互作用、相互制约，又彼此联系、彼此强化的动力系统，是人的个性中最积极、最活跃的因素，它决定着人进行活动的态度及其程度。

詹万生认为，非智力因素指人在认识世界、改造世界的社会活动中，不直接参与认知过程的因素，包括需要、兴趣、动机、情感、意志、性格、习惯、理想、信念、道德，乃至人生观、价值观、世界观等。

非智力因素包含的因素众多，即其外延很广，根据非智力因素对心理活动的调节范围以及对学习活动直接作用的程度，可将非智力因素划分为三个不同层次。

表 30-1 非智力因素的三个层次

层次	组成因素
第一层次 高层次水平非智力因素	理想、信念、人生观、价值观、世界观
第二层次 狭义的非智力因素	动机、兴趣、情感、意志、性格
第三层次 具体的非智力因素	成就动机、求知欲望、学习热情，自尊心、自信心、好胜心，责任感、义务感、荣誉感，自制性、坚持性、独立性

（一）人的非智力因素不可或缺

我们常常可以看到，智力水平不是一个人走向成功的唯一因素。有的人智力水平

很高，可是成就并没有多大，究其原因，其非智力因素没有得到很好的发展；反之，有的人智力水平一般，可是他的非智力因素发展得很好，性格很阳光，主观很努力，持之以恒，锲而不舍，也会取得很大的成功。纵观古今中外，许多著名学者、科学家、行业领军人物，都具有高尚伟大的目标、热烈求知的情感、顽强战斗的意志和刚毅不拔的个性，再加上他们具备天赋和较高的智力水平，站在成功的制高点上既是历史的必然，也是人生的必然。

爱因斯坦认为他成功的秘诀是：A＝X＋Y＋Z(A 代表成功，X 代表艰苦的劳动，Y 代表正确的方向，Z 代表少说废话)。法国化学家、细菌学家巴斯德说："告诉你使我达到目标的奥妙吧，我唯一的力量就是坚持精神。"

所以说，成大器者，是智力因素和情感、意志、个性等非智力因素共同作用的结果。因为非智力因素的韧性、耐力和毅力在成功面前不可或缺。

（二）智力因素与非智力因素相辅相成

智力因素与非智力因素缺一不可，二者是在统一、交织的过程中发展起来的。二者的共同逻辑基础是人类实践；二者互相依赖，互相发展；二者可以互相转化。人类实践活动是智力因素和非智力因素发展、形成的共同基础。在人类实践活动中，没有智力活动，就没有人类文明的进步；没有非智力因素的补强、激励和坚持，就会半途而废，就会昙花一现，就会一直在小聪明中徘徊。而智力因素与非智力因素在互相依赖、互相制约之中得到发展，二者相互促进，相辅相成。智力活动是艰苦的脑力劳动，需要非智力因素的支持；开展智力活动，又对非智力因素不断提出要求。同时，在实践活动中形成起来的智力各因素的稳定的特性，即人类对自然规律的认识，可以直接转化为性格的理智特征，即人类的主观自觉。例如，观察力的目的性、条理性、敏锐性和复杂性；记忆力的敏捷性、持久性；想象力的主动性、丰富性、生动性、现实性；注意力的集中性、稳定性、分配性、转移性等性格的内在因素，可以直接转化为性格的理智特征。可见，发展智力的过程也是发展、促进非智力因素形成的过程。

非智力因素对智力因素起着补偿甚至补强作用。我国的古训中就经常讲"勤能补拙""人一能之，己百之；人十能之，己千之""笨鸟先飞"。由此可见，培养非智力因素是发展智力的条件和方法。

一般说来，智力和非智力因素的发展是互相促进的。这就是说，好的心态往往能使智力因素得到相应的发展，反之亦然。注意学习方法的人，在一般情况下，也在优化态度和习惯，他的非智力因素的水平也会有相应的提高，反之亦然。

（三）非智力因素既要关注也要培养

智力和非智力因素发展的一致性也不是天然的、自发的、绝对的。因此，无论对智力水平较高或较低的学生，都必须关注其非智力因素，培养其非智力因素。既要发展他们的智力水平，也要培养他们的非智力因素，使之能相互促进，共同提高。

在学校教育中，提倡全面发展，就要重点研究补缺补差。教育工作者要善于观察、分析、了解、研究学生在哪些方面比较欠缺，要做到心中有数，既要注意发展学生的智力，又要重视培养学生的非智力因素。要纠正两种认识误区：一是忽视型，对智力水平较高的学生，由于学习好、反应快、理解强而忽视对他们的非智力因素的培养，结果发展平庸；二是忙乱型，对智力水平较差的学生往往认为抓他们学习都来不及，无法再抓非智力因素的培养，这样的认识也是错误的。应当知道：磨刀不误砍柴工，抓好非智力因素的培养能促进智力的发展。对智力水平较差的学生，更应抓紧非智力因素的培养，养成好习惯，从而促进智力的发展。

二、 注重非智力因素评价， 对学生形成正向激励

（一）什么是非智力因素评价

非智力因素评价，就是评价者依据一定的理论(特别是非智力因素方面的理论)，以测量为手段，针对多项测量结果，结合被评价者其他相关因素，对其各种非智力因素的属性做出准确、客观的等级归类，进行解释和判断并提出调节、发展其非智力因素的建议的系列综合过程。非智力因素评价具有间接性、客观性、相对性、典型性、代表性等特点。

作为心理活动一个重要组成部分的非智力因素，具有复杂性，因此，非智力因素评价也是一项复杂而困难的工作。非智力因素评价具有导向性、应用性、多元性、多因性的特征。导向性，是指通过非智力因素评价，引导师生朝着我们期望的非智力因素发展，增加优秀品质。应用性，是指只有准确地了解了中小学生非智力因素的发展水平，才能提出有针对性的建议和措施，调节、培养和发展其各种非智力因素。多元性，是指非智力因素包括动机、兴趣、情绪、意志、性格、习惯等多项内容，对它的评价不能通过一两项简单测量来完成。多因性，是指非智力因素评价的归因多数情况下不是单因素的。比如，测量中反映出一位同学非常喜欢某门课程，我们不能简单地把它归结为是某一种非智力因素起作用的结果。实际上，产生这种行为可能有多种原因：也许是因为这门课的实用价值较大，促使他产生学好这门课的动机；也许是他觉得这门课程很有趣，使他产生学习它的兴趣；也许是这门课的教师比较和蔼，经常鼓励或表扬他，使他产生了某种愉快的情绪体验；等等。总之，产生这种行为的原因，可能是多种非智力因素交互作用的结果。我们不能简单推断，一概而论。这也正是我们对中小学生进行非智力因素评价的目的所在。

（二）非智力因素的评价方法

1. 问卷调查法

问卷调查法通常要求被测者根据个人的真实情况和想法，以自我报告的方式对一系列问卷项目(问题或陈述句)做出反应选择。问卷中的每一项目都提供两种或两种以

上的备择答案，被测者必须从中选出一个最接近自己的知觉、态度、经历、观点和兴趣的答案。其中的问题多是一些被测者过去可能经历过的情境，问他在这些情境中将会怎样做，从而查明被测者在各种情境下的综合反应模式。

问卷调查虽是一种较为迅捷的评价方法，但由于它是凭借自省的结果作判断，故使其效度即反应的真实性容易因反应定势而降低。如：出现社会赞许(偏向较高社会价值选择的系统倾向)、默认(偏向一律按同意反应，而不管题目内容如何的系统倾向)以及各种各样的语义误差和有意歪曲误差等。为此，研究者时常在问卷中加入一些测谎题，检测被测者的反应选择是否真实。

2. 行为观察法

行为观察法是观察者根据研究目的和观察计划，用感官和辅助工具直接对被试的行为或特征进行记录、描述和分类的一种评价方法。非智力因素同其他各种心理现象一样，与人的行为有着一定的一致性。因此，在自然状态下，对学生在学习和智力活动过程中的行为表现进行观察，就可以推断出其非智力因素的发展水平。通过行为观察可以获得较为客观、真实的数据。

3. 行为评定法

与行为观察法不同，行为评定法包括观察者的判断、比较，甚至解释的成分。在行为评定中，熟悉受评者的人(如对于学生而言，教师、父母、好友等都是)要根据受评者在一段时间内的行为表现，对其行为频率、强度以及某些特质做出主观评价。由于在行为评定中更多地加入了主观推断，因此不免会有晕轮效应、成见、社会刻板效应等误差的存在。该方法可以利用熟悉受评者的人进行评定，能够在较短的时间内获得有关受评者的大量信息，因此行为评定法在非智力因素评价中，相对于问卷调查和行为观察等主要方法而言，无疑是合理而必要的补充。评定量表是当前应用最为广泛的行为评定工具。而评定量表中题目的设计则是行为评定方法成败的关键。如果说调查问卷侧重描写情境，那么评定量表还要兼顾描写行为表现，并且所描写的行为表现一定要让评定者有机会看到。为了保证记分的客观性，描写必须具体，并且要尽量做到使不同的人有大致相同的理解。

4. 自然实验法

自然实验法是主试者预先安排一些与被试者学习、生活或工作有关的情境，通过观察被试者在其中的行为表现，对其非智力因素的特征加以评价的一种方法。与行为观察法比较，它具有自己的特点，即主试者无须等待某种行为的出现或发生，可以创设一定的条件去诱发。而且，由于能够控制、改变条件，使得主试者可以探究条件与行为间的因果关系，并可以对不同条件下被试者的行为进行比较，说明各种条件对被试者行为的影响。

5. 作品分析法

作品分析法在心理诊断中得到广泛应用，例如通过书写的风格判断个人的心理特征。所谓作品分析法，就是通过一个人在其成长过程中留下的产品或“痕迹”来推断这个人的知识范围、技能、能力以及性格等。产品的内容是多方面的，如日记、书信、自传、保留的纪念品，等等。在非智力因素评价中，作为评价对象的学生的产品主要是课外作业和考试试卷。教师可以通过学生的作业或试卷判断其计划性、准确性、细心程度、忍耐性、冲动性等。

6. **仪器测量法**

非智力因素的评价工作同样可以运用仪器来进行。其主要原理是：让被试通过使用仪器从事某项认知操作活动，从而诊断其中发挥作用的非智力因素。

（三）非智力因素评价对象

目前，已经开发出对多元智能的评价系统，从评价设计、评价工具、评价参数、数据分析到评价结论，以及运用评价结果指导职业选择、教育安置和心理健康，都有专门化的体系和学者，可以服务于青少年素质的发展。

1. **对兴趣的评价**

用于考查个体对某类活动或事物的偏好，包括对学生能力倾向性、不同智能的学习兴趣和职业兴趣等方面的测量；借助眼动仪、AR 等，通过诱导个体表达、观察行为、从成就推测、根据指标调查表等方法评价兴趣；可用于发展和职业选择咨询。

2. **对动机的评价**

用于考察驱动个体行为的动力系统，涉及对学生动机的方向、唤醒度、强度及维持度进行测评，包括个体动机的主要特征和激活方式(内外控方式、场依存方式和归因模式成就动机、成长型思维模式)的评价。测评方法多样，可借助传感器，通过投射、自陈、调查表、行为观察等方法评价动机；可用于职业选择和教育促进。

3. **对情绪的评价**

用于考察个体情绪的性质和特征，包括对学生积极情绪、消极情绪、情绪健康、情绪管理能力等的评价；可通过表情识别、投射、自陈、调查表和行为观察等方法评价；可用于职业选择、教育安置和心理健康测评等方面。

4. **对情感的评价**

用于考察个体的连续性、稳定性情感特征，包括对学生责任感、道德感、美感等高级情感的评价，可通过文本分析、行为分析、表情识别、投射、自陈、调查表和行为观察等方法评价；可用于职业选择、教育安置和心理健康测评等方面。

5. **对意志力的评价**

对学生坚毅度、抑制力、复原力和抗挫折能力等的评价，可通过文本分析、行为分析、表情识别、投射、自陈、调查表和行为观察等方法评价；可用于职业选择、教育安置和心理健康测评等方面。

6. **对性格的评价**

对学生气质和性格特征的评价，可通过文本分析、行为分析、表情识别、投射、自陈、调查表和行为观察等方法评价；可用于职业咨询、教育安置和心理健康测评等方面。

7. **对习惯的评价**

对学生生活、学习、社会互动习惯的评价，可通过文本分析、行为分析、表情识别、投射、自陈、调查表和行为观察等方法评价；可用于职业咨询、教育安置和心理健康测评等方面。

三、 关注非智力因素， 指导学生生涯规划

（一）生涯规划的内涵与类型

1. **生涯规划的内涵**

所谓生涯规划，就是制订一个方案，个人职业发展的行动方案。具体讲，就是个人结合自身情况以及机遇和制约因素，为自己确立职业目标，选择职业发展路径，制订教育、培训和发展计划等，并为自己实现职业生涯目标而确定行动方案。生涯规划的实质就是，结合自身情况及各种制约因素，为实现职业目标，制订一个完备的行动方案。简而言之，就是指个人为自身的职业发展所做的策划和准备。

青少年正处于职业生涯中的启蒙期、准备期和探索期，对于这个群体来说，生涯规划还没有更具体的内涵：在基础教育阶段，青少年应当客观、全面地认识自己的能力、兴趣、个性和价值观，了解各种职业、行业、环境的需求趋势和影响因素，培养职业生涯发展兴趣，选择适当的职业目标以及为需要做出的准备，制订出循序渐进的实施方案，包括相应的身心发展、文化学习、专业培训等方面的计划，并做到及时评估和修订。

2. **生涯规划的类型**

按照规划的时间维度，生涯规划可以划分为短期规划、中期规划、长期规划和人生规划四种类型。

(1)短期规划。2 年以内的规划，主要是可预见、可操作、应完成的目标和任务。

(2)中期规划。一般是 2～5 年的规划，是重积累、重坚持、最常见的目标和任务。

(3)长期规划。指 5～10 年的规划，是较长远、较宏大、需恒心的目标和任务。

(4)人生规划。指时间长达 40 年以上的规划，绝对需要不忘初心、持之以恒的目标和任务。

这四种类型的规划，由小到大，需渐进式实现。在实际操作中，还需要细化、具体化，把职业规划的重点放在 2～5 年内的中期规划，这样既便于根据实际情况设定可

行目标，又便于随时根据现实的反馈进行修正或调整。跨度时间太长的规划由于个人自身和环境的变化难以把握，而时间跨度太短的规划意义又不大。

(二)自我评价与定位：职业选择前的准备

职业选择既是个人与职业之间的双向选择，也是不断发现自己、认识自己的过程。青少年在这个过程中，要尽可能充分了解自己的优势和长处，明确自己的职业倾向，结合社会该职业的基本发展状况，给自己一个理性的评价和明确的定位。

1. 明确职业兴趣定位

兴趣决定态度。职业兴趣定位在自我评价与定位中占据首要位置。因此，青少年确定择业目标时应首先考虑自己喜不喜欢，并就此选择合理、合适的职业岗位。以下为一些定位的例子，仅供参考。

(1)喜欢同具体事物打交道，而不喜欢与人打交道者，可以选择诸如制图、勘测、工程技术、建筑、机器制造、出纳、会计等工作岗位。

(2)喜欢与人交往，对销售、采访等活动感兴趣者，可选择的工作岗位是记者、推销员、服务员、教师、行政管理人员等。

(3)喜欢有规律、有秩序地进行活动，习惯于在预先安排好的程序下工作的人，可选择的工作岗位是图书管理员、档案管理员、行政管理人员等。

(4)乐于助人，喜欢从事社会福利和助人工作的人，相应的工作岗位可以为律师、咨询员、科技推广人员、医生、护士等。

(5)喜欢掌管一些权力，希望受到众人尊敬和获得声望的人，可考虑担任行政官员、企业管理人员、学校班主任、辅导员等。

(6)对人的行为举止和心理状态感兴趣，喜欢研究人的行为的人，适合从事心理学、政治学、人类学等研究工作及教育、行为管理等研究人和管理人的工作。

(7)喜欢科学技术事业，对分析、推理、测试等活动感兴趣的人，相应适合的职业领域应该是生物、化学、工程学、物理学、地质学等。

(8)喜欢抽象的创造性工作，或者喜欢独立工作，对自己的才能比较自信，擅长解决抽象问题的人，比较适合的工作是社会调查、经济分析、各类科学研究和化验、新产品开发等。

(9)对运用一定的技术操作各种机器、机械制造新产品等感兴趣的人，适合的工作应该是各种驾驶员、机器制造、建筑、石油、煤炭开采等。

(10)喜欢从事具体的工作，希望能很快看到自己的劳动成果，愿意做能看得见、摸得着的产品制作工作，并从完成的产品中得到满足的人，相应的职业则是室内装饰、园林、美容、手工制作、机械维修等。

2. 能力倾向定位

能力倾向定位在自我评价与定位中占据第二的位置。青少年分析自己的职业选择时，必然面临着“能做什么”的问题。能力倾向定位包括两个方面，即一般能力和特殊能力。一般能力包括注意力、观察力、记忆力、想象力、逻辑思维能力等；特殊能力是指胜任某一职业要求的专业技能和特殊能力。例如从事技术管理工作，就需要较强的技术和经济观念，对新技术产品的敏感性和鉴别能力，以及周密的思维能力；从事工程技术工作，就需要有坚实的专业基础和较强的动手能力。

3. 性格倾向定位

性格是个体人格中具有核心意义的部分，几乎涉及一个人的心理过程及个性特征的各个方面，它与职业息息相关。研判自己的性格特征并以此来确定职业选择，可以扬长避短，发挥优势。一般说来，精明自信、乐观进取，对商业信息比较敏感，善于说服他人接受自己的观点，喜欢追求经济效益和个人成就，具有一定的组织计划能力的人，适合经济学、国际经济与贸易、财政学、金融学、保险、会计学、财务管理、物流管理、电子商务等专业，以后的职业往“经营型”发展；多疑、好问、倔强的性格，比较适合从事科研、治学方面的工作；深沉、严谨、认真的性格，比较适合做人事、行政、党务工作；开朗、活泼热情、温和的性格，比较适合从事外贸、涉外、文体、教育、服务工作以及其他与人交往多的职业；而勇敢、沉着、果断与坚定是管理者所需要的性格特质。如果性格和工作不相适应，往往会造成职业倦怠，甚至半途而废。因此，人们需要根据自己的性格特征并以此来确定自己的职业选择十分重要。

4. 价值观倾向定位

“人各有志”的“志”，表现在职业选择上就是职业价值观。一个人如果追求自我价值的实现，那么他就会选择那种最能体现自己志向的职业；如果一个人价值观不明确，或者一味追求名与利，那么他择业时，就会非常看重所选职业的名声和待遇。

绝大多数人的职业价值观是多元的，会有几种或多种价值追求。有些价值观是原则性的、绝对的、不变的，也有些价值观随着时代变化、人生经历、环境影响在变化；有些价值观是清晰的、明确的，例如对金钱的重视或不重视，但有些情况是，价值观会有模糊和淡化，随着个人心情甚至是无法解释的情绪因素而变化。青少年要有理想、有追求，树立正确的人生价值观，找到自己的追求，明确自身职业选择。

（三）生涯规划的步骤方法

1. 职业生涯规划的简单方法

最简单的职业生涯规划方法，是归零思考的方法。该方法是依次问自己以下 5 个问题：

(1)我是谁？

(2)我想干什么？

(3)我能干什么？

(4)环境支持或允许我做什么？

(5)我的职业与生活规划是什么？

回答了这五个问题，找到它们的最高共同点，就有了自己的职业生涯规划。

现在，取出五张白纸、一支铅笔、一块橡皮，在每张纸的最上边分别写上以上五个问题。然后，静下心来，排除干扰，按照顺序，独立地仔细思考每一个问题。

对于第一个问题“我是谁?”，回答的要点是：面对自己，真实地写出想到的每个答案，写完了再想想有没有遗漏，认为确实没有了，按重要性进行排序。

我是谁?

我的性格是____；

我的能力是____；

我的理想是____；

我的未来是____；

别人认为我是____。

对于第二个问题“我想干什么?”，你可将思绪回溯到孩童时代，从人生初次萌生第一个想干什么的念头开始，然后随年龄的增长，再进行认真的排序。

我想干什么?

我小时候想干的工作是____________________________________；

我中学时想干的工作是____________________________________；

我现在想干的工作是______________________________________；

我的父母希望我干的工作是________________________________；

我一定要干的工作是______________________________________。

对于第三个问题“我能干什么?”则是对自己能力与潜力的全面总结，一个人职业的定位最根本的还要归结于他的能力，而他职业发展空间的大小则取决于自己的潜力。对于一个人潜力的了解应该从几个方面着手去认识，如对事的兴趣、做事的韧性、临事的判断力以及知识结构是否全面、是否及时更新等。

我能干什么?

我小时候曾干成的事情是__________________________________；

我中学时曾干成的事情是__________________________________；

我大学时曾干成的事情是__________________________________；

我认为我能干成的还有____________________________________；

别人认为我能干成的事情是________________________________。

对第四个问题“环境支持或允许我干什么?”的回答则要稍作分析：环境，有本学校、本城市、本省，自小向大，只要认为自己有可能借助的环境，都应在考虑范畴之内，在这些环境中，认真想想自己可能获得什么支持和允许，弄明白后一一写下来，再以重要性排列。

环境支持或允许我干什么?

我所在的寝室支持或允许我做的是__________________________；

我所在的班级支持或允许我做的是________________________________；

我所在的学院支持或允许我做的是________________________________；

我所在的学校支持或允许我做的是________________________________；

我所在的城市支持或允许我做的是________________________________。

对第五个问题“我的职业与生活规划是什么?”的回答，来自以下的操作——把五张纸一字排开，然后认真比较第一至第四张纸上的答案，将内容相同或相近的答案用一条横线连起来，学生会得到几条连线，而不与其他连线相交的又处于最上面的线，可能就是他最应该去做的事情，职业生涯可试着以此为方向。学生可在此方向上以三年为单位，提出近期、中期与远期的目标；再在近期的目标中提出今年的目标；将今年的目标分解为每季度目标、每月目标、每周目标、每天目标。

这样，学生每天睡前就可以对照自己的目标进行反省，总结当日成就与失误、经验与教训，修正明天的目标与方法，第二天醒过来后稍加温习就可以投入行动了！这样日积月累，学生的目标与梦想终会实现。

2. 职业生涯规划的系统方法

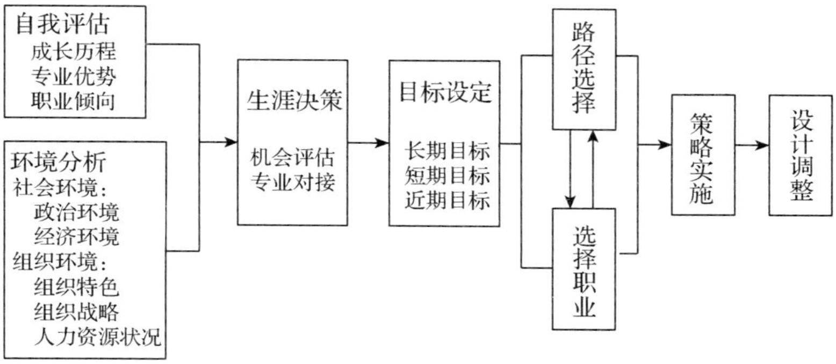

图 30-1 职业生涯规划的系统方法

职业生涯规划的内容与步骤，具体见上图所示。

(1)自我评估

知己知彼，百战不殆。职业生涯规划的思路是一个“从内而外”的过程，从先认识自己开始。自我评估的内涵，包括自己的爱好、特长、性格、学识、技能、智商、情商、思维方式等。想清楚自己想干什么、能干什么、在众多的职业面前选择最适合自己的，是合理选择的第一步。青少年职业生涯自我评估主要从成长历程、专业优势和职业倾向几个方面进行。

(2)环境分析

环境分析就是“知彼”的分析。职业生涯规划要结合现实的社会需要，不能脱离现实，“闭门造车”。

职业生涯规划需要在系统的自我评估之后，进行深入的环境分析，然后结合主客观条件综合规划。这里说的环境包括了解职业环境和工作环境分析。职业环境分析，主要包括宏观层面的社会环境分析、中观的行业与地域环境分析和微观层面的组织环境分析。探索工作环境，主要包括建立职业的概念，探究专业与职业的关系，了解工作环境的宏观发展趋势，了解职业的分类和人才市场的需求，把握具体职业特别是自己适合的职业对人员的各种要求、条件和待遇等。

(3)生涯决策

在前面“知己”“知彼”的基础上，青少年就可以做出对自己职业生涯发展方向的初步选择与决定了。在这里，要结合自己的优势、兴趣和追求，综合考虑客观条件，分析职业倾向与现实的生涯发展机会的匹配状况，分析生涯发展方向和机会的成功成本与概率，恰当地做出生涯决策。

一般而言，进行生涯决策，必须遵循以下原则：①择己所爱；②择己所能；③择世所需；④择己所利。

(4)目标设定

青少年第一次做职业规划目标设定，是一次重要体验。目标设定是制订职业生涯规划的关键，职业生涯目标的设立要以自己的最佳才能、最优性格、最大兴趣、最有利的环境机会等条件为依据。结合短期目标、中期目标、长期目标和人生终极目标综合考虑。设立初步的生涯目标后，他可以制订一个总分表格，对目标进行细化分解，以利目标的清晰和目标可评估以及目标实现的可行性，并根据细分目标制订实现的具体计划方案。

(5)发展路径选择

职业生涯发展路径是指一个人选定职业后从什么方向上实现自己的职业目标。条条大路通罗马，但每个人的发展路径也许相同，也许不同，有的可以复制借鉴，有的不能完全复制。但是每个人都有适合其发展的路径，这才是最重要的。有的人向专业技术方向发展，有的人向学术研究方向发展，有的人向行政管理方向发展。发展方向明确了，发展路径就好选了。因此，在制订“职业发展行动计划”之前，必须结合职业决策做出发展路径选择，以便安排今后的学习和工作，使其沿着自己选择的路径发展。

(6)策略实施

没有行动，职业目标就是一种梦想。策略实施就是要有具体的行为措施来保证，要制订实现职业生涯目标的行动方案。要围绕规划，制订可行的实施方案，并且要注重去落实这个方案。行动贵在坚持，按照规划的短期、中期、长远发展目标制订出阶段性的行动方案，再将阶段性的方案细化到日常可操作的层面。如果持之以恒，就会养成习惯，良好的习惯是成功的保障。只要认定了目标，坚持行动，锲而不舍，就会离成功越来越近。

(7)设计调整

辩证唯物主义认为，事物都是处在运动变化中的，青少年在成长过程中，也会遇到外部环境条件或自身情况的变化，这时职业生涯规划也要随之变化。影响职业生涯的内外因素很多，有些变化是与时俱进的，有些变化是难以预测的。在制订职业生涯规划时，由于认识不成熟、对自身及外界环境了解不充分，最初确定的职业生涯目标往往都是比较模糊或抽象的，有时甚至是不正确的。我们还须反思优劣，评估成效，判断自己的职业定位与职业方向是否合适，自觉地总结经验和教训并进行反馈，评价自己的职业生涯规划并进行修正，通过对自我及环境的认识、指导、反馈与修正，调整最终职业目标与分阶段职业目标的偏差，促进职业生涯规划的有效实施。

【名言哲理】

教人未见意趣，必不乐学。——朱熹

古之立大事者，不惟有超世之才，亦必有坚韧不拔之志。——苏轼《晁错论》

任何人都应该有自尊心、自信心、独立性，不然就是奴才。但自尊不是轻人，自信不是自满，独立不是孤立。——徐特立

最有价值的知识是关于方法的知识。——达尔文

儿童是个有主动性的人，他的活动，受兴趣和需要的支配，强迫学习是违反心理学原则的，一切有成效的活动须以某种兴趣作为先决条件。——皮亚杰

追求理想是一个人进行自我教育的最初的动力，而没有自我教育就不能想象会有完美的精神生活。我认为，教会学生自己教育自己，这是一种最高级的技巧和艺术。——苏霍姆林斯基

自我教育需要有非常重要而强有力的促进因素——自尊心、自我尊重感、上进心。——苏霍姆林斯基

人与人之间只有很少的差异，但这种很少的差异却往往造成了巨大的差别！很少的差异就是具备的心态是积极的还是消极的，巨大的差异就是成功与失败。——拿破仑·希尔

后　记

为了贯彻落实习近平总书记在十九大报告中指出的“要全面贯彻党的教育方针，落实立德树人根本任务，发展素质教育”和在2018年全国教育大会提出的“要努力构建德智体美劳全面培养的教育体系”的精神，我们学术团队自觉承担起《整体构建中国素质教育发展体系》的研究与编写任务。

本书的创意和策划是詹万生及其学术思想传承人刘波。教育部老领导柳斌、詹万生、刘波分别为本书撰写了序言。篇章标题和编写内容是在詹万生的统一设计和指导下，由学术团队共同完成，最终由詹万生、刘波审阅定稿。各篇章的统稿和撰稿分工如下：

第一篇中国素质教育发展的理论研究，詹万生统稿；第一章中国素质教育发展的指导思想，詹万生、王昱崴撰稿；第二章中国传统文化与素质教育，詹万生撰稿；第三章中国素质教育发展的历史过程，詹万生撰稿；第四章中国素质教育发展的理论基础，詹万生、黄葱撰稿；第五章中国素质教育发展的基本含义，詹万生、黄葱撰稿。

第二篇中国素质教育发展的体系构建，詹万生、刘世保、任振焦、张宏伟统稿；第六章中国素质教育发展体系的整体构建，詹万生、黄葱撰稿；第七章思想道德素质教育体系的构建，詹万生、张宏伟、王昱崴撰稿；第八章科学文化素质教育体系的构建，张宏伟、张国建撰稿；第九章身体心理素质教育体系的构建，张宏伟、张翠苹撰稿；第十章审美艺术素质教育体系的构建，李培东撰稿；第十一章劳动技能素质教育体系的构建，张宏伟撰稿。

第三篇中国文化与素质教育发展研究，任振焦统稿；第十二章治国理政思想与学生政治素质发展，詹万生、黄葱撰稿；第十三章人生哲理与学生思想道德素质发展，郁树廷撰稿；第十四章家训家规与学生立身处世素质发展，詹栋撰稿；第十五章四大发明与学生科学创新素质发展，詹万生、王昱崴撰稿；第十六章诗词歌赋与学生文学艺术素质发展，冯铁山撰稿；第十七章书法绘画与学生审美艺术素质发展，詹万生、黄葱撰稿；第十八章中医中药与学生身心健康素质发展，任振焦撰稿；第十九章中华武术与学生身心健康素质发展，任振焦撰稿；第二十章农耕文化与学生劳动技能素质发展，任振焦撰稿；第二十一章长城文化与学生综合素质发展，詹万生撰稿。

第四篇中国素质教育发展的实践导引，刘世保统稿；第二十二章开展综合实践活动，提升学生综合素养，詹万生、王昱崴撰稿；第二十三章开发学科课程功能，融入素质教育理念，冯铁山撰稿；第二十四章贯彻因材施教原则，发展学生个性特长，郁树廷撰稿；第二十五章加强学校文化建设，丰富素质教育载体，李培东撰稿；第二十六章设计系列主题班会，引导学生自我教育，符运杰撰稿；第二十七章发挥中国德育馆的功能，开展素质拓展活动，詹万生、黄葱撰稿；第二十八章开展校园生态文明建设，引领学生素质发展，季铁军、刘世保撰稿；第二十九章进行智力因素评价，指导学生生涯规划，花冬梅撰稿；第三十章进行非智力因素评价，指导学生做好生涯规划，邹为民撰稿。

在本书编写和出版的过程中，得到了教育部老领导柳斌先生、中国教育科学研究院崔保师院长和北京师范大学出版社的高度重视和大力支持。在此表示衷心的感谢！

诚挚欢迎全国教育界广大专家、校长、教师提出宝贵意见，积极参加中国素质教育发展大会，认真开展素质教育的研究与实验。谢谢！

《整体构建中国素质教育发展体系》编委会

2019 年 2 月 28 日

于天津市武清区中国德育馆